Der Aberglaube des Mittelalters

Carl Meyer

Der Aberglaube des Mittelalters und der nächstfolgenden Jahrhunderte

Voltmedia

ISBN 3-937229-66-3

Neugesetzt und überarbeitet von Natasha Compes, Wuppertal

Gesamtherstellung: Oldenbourg Taschenbuch GmbH, Kirchheim

Einbandgestaltung: Oliver Wirth, Bonn

Einleitung.

Man pflegt den Einfluß des Altertums auf die mittlere und neuere Zeit in der Regel als einen schlechthin wohltätigen zu bezeichnen. In manchen Beziehungen, vielleicht gerade in den wichtigsten, ist diese Anschauung ohne Zweifel eine berechtigte; denn ohne jenen Einfluß wären wohl weder Kunst noch Wissenschaft späterer Jahrhunderte das geworden, was sie unter dem Einfluß ihrer antiken Vorbilder in Wirklichkeit geworden sind. Und doch hat die Kultur des Altertums auch ihre unleugbaren Schattenseiten, welche dann, in den Boden des Mittelalters verpflanzt, in der Folgezeit nur nachteilig wirken konnten. Die Astrologie, die Alchemie, die Magie, kurz abergläubische Vorstellungen jeder Art hat das sinkende Römertum, nachdem es sie selber meist aus Ägypten oder aus dem Orient empfangen hatte, dem Abendland als Erbschaft hinterlassen; ihr weiteres Wachsen und Gedeihen ist dann freilich ein mittelalterliches, ursprünglich aber wurzeln sie doch in der römischen Kaiserzeit und ihrer Theokratie. Das Altertum, zumal das römische, stand der Natur und ihren Kräften, nur allzuhäufig indifferent gegenüber und war infolgedessen verhältnismäßig arm an demjenigen, was man gewöhnlich Erfindungen zu nennen pflegt. Die Schiffahrt war der Hauptsache nach auf Küstenfahrten beschränkt, man kannte keine Wassermühlen, keine Uhren, kein Pulver, ja nicht einmal die Kunst, Bücher zu drucken. Stattdessen glaubte man an Vorbedeutungen jeglicher Art, an die Möglichkeit, Geister und Tote zu beschwören, an Orakel usw. und war, statt sich die wirklichen Kräfte der Natur dienstbar zu machen, nur zu geneigt, den rein in der Phantasie der Menschen existierenden allen nur denkbaren Einfluß auf deren Schicksale einzuräumen. Natürlich teilte sich diese Befangenheit, welche das objektive Erkenntnisvermögen und den Einblick in den Zusammenhang der Dinge trübte, den folgenden Jahrhunderten mit; sie konnte nur allmählich und erst dann abnehmen, als die Erfindungen der Araber bekannt wurden, und als das christliche Abendland selbst, das Italien der Renaissance an der Spitze, die „Entdeckung der Welt und des Menschen" von sich aus begann.

Nun hat aber das Altertum neben seiner griechisch-römischen Kultur noch eine zweite, die jüdisch-christliche gehabt, und auch diese hat auf die kommenden Jahrhunderte die nachhaltigsten Einflüsse ausgeübt. Das hervorragendste Denkmal dieser jüdisch-christlichen Kultur ist bekanntlich die Bibel; auch diese mußte aber, ganz abgesehen von Talmud und Kabbala und im Gegensatz zu ihrer eigenen ursprünglichen Bestimmung, nachteilig wirken, wenn man, statt sich auf das Wesentliche und Unentbehrliche ihres Inhaltes zu beschränken, hauptsächlich darauf ausging, alle in ihr enthaltenen Aussprüche und Verordnungen unterschiedslos und ohne die Verschiedenheiten von Zeit und Raum zu berücksichtigen, zur Geltung zu bringen. Die Bibel wurde nicht nur da als Richtschnur gebraucht, wo sie es sein durfte und mußte, sondern womöglich überall; die Inquisition des späteren Mittelalters z.B. berief sich auf Stellen wie Exodus XXII, 18, wenn sie Zauberer und Hexen oder solche, die das

Unglück hatten, dafür gehalten zu werden, ins Gefängnis oder gar auf den Scheiterhaufen führte. Die heilige Schrift selbst kann natürlich deshalb so wenig wie manchen Profanschriftsteller der Griechen oder Römer ein Vorwurf treffen; der Tadel fällt vielmehr auf die Unzulänglichkeit des menschlichen Wissens und der menschlichen Urteilskraft, welche in voreiligem Eifer und mit unzureichenden Mitteln der Erklärung in der Anwendung desjenigen, was das Altertum ihnen bot, fehlgriffen. Harmloser war eine andere weitverbreitete Tendenz des Mittelalters, nämlich die, die in der heiligen Schrift, namentlich im Neuen Testament, erzählten Wunder unablässig neu hervorzubringen und womöglich noch zu überbieten. Wenn man dieselbe auch von dem Vorwurfe, die Einsicht in die Realität der Dinge eher gehemmt als gefördert zu haben, nicht freisprechen kann, so muß doch andererseits anerkannt werden, daß sie wenigstens unmittelbar kein Unheil angerichtet hat.

Neben dem klassischen und neben dem jüdisch-christlichen Altertum sind natürlich auch das keltische und das germanische Heidentum nicht ohne Einfluß auf die abergläubischen Vorstellungen und Gebräuche des Mittelalters geblieben; doch wird der des zuletzt genannten vielfach überschätzt, und seitdem Jacob Grimm eine Unmasse entweder speziell mittelalterlichen oder anderswoher stammenden Aberglaubens in seine *Deutsche Mythologie* aufgenommen hat, ist dieser Hang immer noch in sehr vielen Büchern vertreten. Wir werden im fünften Kapitel des ersten Buches auf diese Frage zurückkommen.

Erstes Buch.

Der Aberglaube in den verschiedenen Gebieten der Natur.

Erstes Kapitel.

Astrologie. Chiromantie. Physiognomik. Geomantie.

Zu denjenigen Gattungen des Aberglaubens, deren Verpflanzung aus dem Altertum in spätere Jahrhunderte sich klar nachweisen läßt, gehört in erster Linie die Astrologie nebst den verwandten Gebieten der Chiromantie, der Physiognomik oder Metoposkopie und der Geomantie. Der Glaube an die Macht und den Einfluß der Gestirne ist das ganze Mittelalter hindurch nie völlig erloschen, zumal da neben der Tradition des Altertums auch sarazenische Einflüsse von Spanien und Sizilien aus ihre fernere Existenz bedingten. In der ritterlichen Poesie des Mittelalters spielt er allerdings eine verhältnismäßig unbedeutende Rolle und wird auch infolgedessen nicht häufig erwähnt; man würde indessen sehr irren, wenn man deshalb an ihrer Existenz zweifeln wollte. In Spanien und Italien wurde vielmehr, dort durch die Araber, hier durch Kaiser Friedrich II. und seine Parteigänger, dafür gesorgt, daß der Wahn als solcher nicht ausstarb, und Araber und Italiener teilten sich bereits die astrologische Tätigkeit. Der kaiserliche Astrologe Theodorus könnte seinem Namen nach ein Byzantiner gewesen sein, und Ezzelino da Romano scheint eine ganze Menge solcher Individuen um sich gehabt zu haben, welche er gut besoldete, unter ihnen den langbärtigen Sarazenen Paul aus Bagdad und den berühmten Guido Bonatti aus Cascia. Wie sehr aber die spätere Bedeutung der Sterndeuterei durch die Tradition des Altertums bedingt ist, beweist namentlich der Umstand, daß von den Astrologen des vierzehnten und fünfzehnten Jahrhunderts mindestens die Hälfte aus Italien stammt, also aus demjenigen Land, in welchem überhaupt diese Tradition am frühesten und mächtigsten wieder auflebte. Die genannten zwei Jahrhunderte sind überhaupt die Blütezeit der mittelalterlichen Astrologie, und wenn sich später die Astrologen gleichmäßiger auf die verschiedenen Nationen des Abendlandes verteilen, so spricht doch das erwähnte Zahlenverhältnis deutlich genug für den eigentlichen Ausgangspunkt der ganzen Sache. Handelt es sich doch hier nicht um populäre Vorstellungen der abendländischen Völker romanischen oder germanischen Stammes, sondern um Vorstellungen, welche auf dem Wege der Gelehrsamkeit und der Wissenschaft durch lateinisch oder arabisch geschriebene Werke zu jenen gekommen sind. Man sammelte nicht, was das Volk glaubte, sondern was die Gelehrten aufgefunden hatten, und machte dieses nach und nach zum Gemeingut der Menge. Die Hauptstätten astrologischer Gelehrsamkeit sind bekanntlich Padua, Bologna, Toledo und später auch Paris gewesen.

Man unterscheidet heutzutage zwischen Astronomie und Astrologie und braucht jene als Bezeichnung der echten auf Erforschung der Himmelskörper gerichteten Wissenschaft, diese hingegen zur Bezeichnung der häufig mit ihr verbundenen Tendenz, menschliche Zustände und Schicksale aus den Sternen zu erklären oder gar vorauszusagen. Früher bezeichnete man mit dem einen Namen der Astrologie beides, und die Unterscheidung drang erst durch, als die zuletzt genannte Tendenz allmählich ihren Kredit zu verlieren begann. Doch läßt sich auch in den astronomischen Werken vergangener Jahrhunderte das wirklich astronomische Element, die sogenannte natürliche Astrologie, von der eigentlichen, jetzt noch so genannten Astrologie, der judiziarischen, wie sie wohl auch heißt, leicht unterscheiden.

Das Wesen dieser judiziarischen Astrologie besteht nun darin, aus den Stellungen, welche die Planeten teils unter sich, teils unter den zwölf Zeichen des Tierkreises einnehmen, die Zukunft zu ermitteln. Dabei kann es sich sowohl um allgemeine Katastrophen wie Krieg, Mißwachs, verheerende Seuchen, Weltuntergang usw. als um das Schicksal einzelner Individuen handeln. Eine besonders hervorragende Rolle spielte dieselbe namentlich im Krieg, wo die Ungewißheit des Erfolgs in Verbindung mit der entscheidenden Bedeutung desselben die Befragung der Astrologen wünschenswert mochte erscheinen lassen. Hatte z.B. das griechische Altertum kriegerische Unternehmungen etwa von den Phasen des Mondes abhängig gemacht, so verbanden nun vom dreizehnten Jahrhundert an italienische Stadttyrannen und Kondottieri dieselben mit den Planeten und den übrigen himmlischen Zeichen. Als Ezzelino da Romano im Jahre 1259 gegen die Lombardei zog, versammelte er vorher seine Astrologen, um die Konstellation am Tag seines Aufbruchs zu erfahren; sie war folgendermaßen beschaffen: Das Sternbild des Schützen war im Aufsteigen, die Sonne stand im Sternbild der Jungfrau, der Mond in dem des Skorpions, Saturn in dem des Wassermanns, Jupiter in dem der Waage in rückläufiger Bewegung, ebenso Mars in dem des Löwen, Venus im Krebs, Merkur im Löwen; Haupt und Schwanz des Drachen endlich befanden sich unter den übrigen Fixsternen. Nun war allerdings Mars im Zeichen des Löwen ein günstiges Zeichen, insofern jener Gott des Krieges war und dieser Herrschaft und Macht bezeichnete; auch Jupiter im Zeichen der Waage und Merkur in dem des Löwen konnten als günstige Aspekte aufgefaßt werden. Aber Ezzelino hatte den Mond im Zeichen des Skorpions übersehen; jener regierte nach den Systemen der Astronomen die Füße des Menschen, und dieser ist ein anerkannt giftiges Tier; dazu kam noch, daß das ganze Unternehmen bei aufsteigendem Schützen begonnen wurde. So war es denn kein Wunder, wenn Ezzelino bald darauf an der Adda durch einen Pfeil am linken Fuße verwundet wurde. Unser Gewährsmann, Rolandinus von Padua, nimmt übrigens an, jener habe die betreffende Zeit im Hinblick auf die betreffenden günstigen Konstellationen selber gewählt.

Ähnliches kam in Italien vom dreizehnten bis zum fünfzehnten Jahrhundert häufig genug vor. So oft z.B. Guido da Montefeltro, das Haupt der Ghibellinen von Forli, einen Kriegszug vorhatte, mußte Guido Bonatti, der hervorragendste Astrologe des dreizehnten Jahrhunderts, auf den Glockenturm von San Merkuriale steigen, um die Sterne zu befragen. Bei dem ersten Glockenschlag, welchen der Astrologe tat, rüstete sich Montefeltro mit seinen Leuten, beim zweiten setzten sie sich zu Pferde, und beim dritten rückten sie aus der Stadt; ihre Heimkehr soll meistens eine siegreiche gewesen sein. Natürlich wäre es in solchen Fällen nicht uninteressant zu wissen, ob Bonatti neben den Konstellationen oder statt derselben nicht etwa auch die wirklichen kriegerischen Chancen seines Herrn mehr oder weniger zu berechnen wußte und seine Glockenschläge dann mehr nach diesen als nach jenen richtete; immerhin scheint Montefeltro persönlich von der Richtigkeit von Bonattis astrologischer Tätigkeit überzeugt gewesen zu sein; denn er verlor, als er diesen nicht mehr hatte, allen Mut und zog sich in die Einsamkeit eines Klosters zurück. Die Florentiner ließen sich noch im Jahre 1362 durch ihren Astrologen die Stunde bestimmen, in welcher sie gegen die Pisaner ausziehen sollten, und es war damals überhaupt sowohl bei den Tyrannen als in den republikanischen Städten Italiens allgemein herrschende Sitte, sich einen Sterndeuter zu halten. Auch die Kondottieri ihrerseits scheinen wenigstens in der Regel den Wahn der übrigen geteilt zu haben; als z.B. Paolo Vitelli im Jahre 1498 in den Dienst der Florentiner trat, bat er sich einen mit bildlich dargestellten Konstellationen versehenen Kommandostab aus und erhielt auch in der Tat einen solchen.

Diesseits der Alpen ist wohl kein Feldherr durch seine Hingabe an die Astrologie so bekannt geworden wie Wallenstein; er hatte dieselbe in Padua studiert und hatte infolgedessen einen italienischen Sterndeuter Namens Battista Zenno, von den Deutschen gewöhnlich Seni genannt, bei sich; daß er gerade in seinen letzten Tagen sich häufig mit demselben beriet, ist historische Tatsache. Wallenstein war am 14. September 1583 um 4 Uhr abends geboren, und Kepler hat sich bekanntlich das Vergnügen gemacht, die

Konstellation seiner Geburtsstunde nachträglich, d.h. im Jahre 1609, zu berechnen. Er konstatierte die Verbindung von Jupiter und Saturn im ersten astrologischen Haus, dem des Lebens; Saturn schien ihm auf melancholische und stets gärende Gedanken, auf Nichtachtung menschlicher, ja, selbst göttlicher Gebote, auf Mangel an brüderlicher und ehelicher Liebe hinzudeuten; doch hoffte er von Jupiter etwelche Modifizierung dieser schlimmen Anlagen. Unter derselben Konstellation waren übrigens auch die Königin Elisabeth von England und der polnische Kanzler Zamoisky geboren. Am unumwundensten sagt es aber Andreas Goldmayer in seiner 1635 zu Straßburg gedruckten *Astrologisch schwedischen Kriegs-Chronika* heraus: „Ein Kriegsoberster bedarf dreierlei Rat: geistlich, politisch, astrologisch." Diese *Kriegs-Chronika* knüpft er an das Leben Gustav Adolfs an; der König soll u.a. als Knabe „wegen der glückseeligen Influentz Mercurii im Steinbock im Hause Saturni, vnd erwünschtem sextilschein Martis vnd dess Monds" viel Talent zum Erlernen der lateinischen und der deutschen Sprache gehabt haben. Im übrigen läßt sich der Verdacht kaum abweisen, daß die in derselben mitgeteilten Berechnungen erst nachträglich, d.h. erst nach dem Tode des Schwedenkönigs angestellt wurden, und ähnliches mag auch sonst häufig genug vorgekommen sein. Notorisch spätere Berechnungen enthalten z.B. des nämlichen Goldmayers *Strassburgische Chronica, astrologisch beschrieben* (Straßburg 1636. 4°) und seine *Historische, Astronomische und Astrologische Beschreibung usw. der Stadt Würtzburg* (Nürnberg 1645. 4°); hier berechnet der Verfasser nachträglich die Konstellationen, unter welchen die beiden Städte angeblich gegründet worden waren.

Daß man allerlei Landeskalamitäten schon vor ihrem wirklichen oder erwarteten Eintreffen in den Sternen zu lesen glaubte, liegt in der Natur der Sache. Trafen dieselben dann nicht ein, so fehlte es natürlich weder an Entschuldigungen auf gläubiger Seite noch an Spott auf Seite der Zweifler und Gegner. So hatte eine Konjunktion der drei Planeten Saturn, Jupiter und Mars im Zeichen der Fische die Astrologen veranlaßt, auf das Jahr 1524 eine zweite allgemeine Sintflut zu prophezeien. Johannes Stöfler, ein Schwabe (geb. 1452, gest. 1531), hatte schon 1518 ein hierauf bezügliches Prognostikon an den damaligen König Karl I. von Spanien, den späteren Kaiser Karl V. erlassen; andere Sterndeuter wie Conradus Gallianus und Johannes Cario bestätigten dasselbe, während Augustin Niphus sich mit dessen Widerlegung abmühte. Je näher der verhängnisvolle Tag kam, desto höher stieg die Angst der Leute, namentlich der Küstenbewohner der verschiedensten europäischen Länder, und desto umfassendere Rettungsmaßregeln wurden demgemäß ergriffen. Viele flüchteten sich auf die Berge, und dem Kaiser wurde sogar zugemutet, er solle seine Armeen in Gebirgsgegenden verlegen und daselbst Magazine errichten; in Toulouse wurde sogar eine Arche gebaut. Als die gefürchtete Flut schließlich ausblieb, hieß es, sie sei durch die Bußtränen der Gläubigen abgewendet worden; schließlich erinnerte man sich auch noch, daß Gott schon dem Noah (Genesis VIII, 21) verheißen hatte, er werde keine zweite Sintflut mehr schicken. Andere weissagten den jüngsten Tag aus den Sternen und ängstigten die Welt auf diese Weise. Zur Abwechslung prophezeite wohl auch ein Astrologe zufällig richtig. So stellte der bereits erwähnte Cario, der Hofastrologe Joachims I. von Brandenburg, dem Hause Hohenzollern „regiam et summam inter Christianos dignitatem“ in Aussicht; Nikolaus Leutinger, welcher diesen Zug in seiner *Brandenburgischen Geschichte* mitteilt, fügt hinzu: „que partim eventum suum sortita sunt, partim in potestate Dei posita.“ Derselbe Cario soll auch auf das Jahr 1789 eine allgemeine Umwälzung angekündigt haben, welche Adelung noch 1787 belächelte. Sonst erwähnt Cario die Konstellationen verhältnismäßig selten und zieht es stattdessen vor, einfach zu prophezeien; hingegen gibt er die bevorstehenden Sonnen- und Mondfinsternissen gerne an, um seine übrigen Weissagungen gleichzeitig mit denselben an den Mann zu bringen. Mit der Politik und ihren Wechselfällen beschäftigte sich u.a. auch Antonio Torquato, ein Arzt aus Ferrara und zugleich wie so manche Ärzte seines Zeitalters Astrologe, in seinem an Matthias Corvinus gerichteten Prognostikon. Da heißt es z.B., in Italien werde infolge schlimmer Konstellationen durch die Eifersucht der Häuser Aragon und Sforza große Zwietracht entstehen; auch vom Einmarsch der Franzosen, dem Sturz der Aragonesen von Neapel und der Sforzas in Mailand sowie von der Verschwörung gegen Venedig ist die Rede; dann wird des deutschen Bauernkriegs, der Eroberung von Belgrad und Rhodos durch die Türken (1521 und 1522), der Einnahme Roms (1527) sowie der Ketzerei im Norden, d.h. der deutschen Reformation, gedacht, und außerdem werden noch einige Überschwemmungen in Aussicht gestellt. Das Prognostikon umfaßt die Zeit von 1480 bis 1538 oder 1540; weiter reichen Torquatos Kenntnisse nicht, und zum Schluß fabelt er noch von dem baldigen Erlöschen des Islams und von der zu erwartenden Sehnsucht der Mohammedaner und der Indier, sich taufen zu lassen. Nach Grässe wäre dasselbe schon im Jahre 1480 in italienischer Sprache gedruckt herausgekommen, später in deutscher Übersetzung 1534 in Wien und 1536 in Worms. Die Ausgabe von 1480 ist indessen etwas problematischer Natur; wenn eine solche überhaupt existierte, so war sie jedenfalls nicht so bestimmt in ihren Ausdrücken wie die späteren von 1534 und 1536.

Abgesehen von den unheilvollen Konstellationen der Planeten traute man auch den Kometen seit sehr alter Zeit meist nur Schlimmes zu. Der ersten Pest, welche Konstantinopel zur Zeit Justinians im Jahre 531 heimsuchte, ging selbstverständlich ein solcher voraus, und im Abendlande glaubte Gregor von Tours zu wissen, daß dieselben gefahrvolle Ereignisse, namentlich aber Pestilenzen ankündigten. Die Chronisten und Annalisten des Mittelalters notierten die Kometen in der Regel wie andere außergewöhnliche Erscheinungen in der Natur, und zwar wo möglich im Zusammenhange mit den angeblich durch sie bedingten oder wenigstens angekündigten Katastrophen. So konnte denn J. Grasser, Pfarrer zu St. Peter in Basel, beim Erscheinen des berühmten Kometen von 1618 eine hierauf bezügliche Predigt halten und in derselben eine ganze Reihe solcher Erscheinungen von 596 bis 1618 nach Christi Geburt nebst ihren vermeintlichen Folgen chronologisch zusammenstellen. Die Predigt erschien noch in demselben Jahre 1618 gedruckt unter dem Titel *Christliches Bedencken vber den Erschrockenlichen Kometen*; die Kometen verkünden nach ihr Todesfälle in fürstlichen Häusern, Kriege, Aufstände, Religionsverfolgungen, Überschwemmungen, Dürre, Teuerung, Erdbeben und Seuchen. So tritt denn infolge des Kometen von 596 „der vetzweiffelte Machomet“ auf, und im weiteren Verlauf der Darstellung werden der Tod Karls des Großen, der Schwarze Tod, der Untergang Karls des Kühnen vor Nancy, das erste Auftreten der Franzosenkrankheit in Spanien, kurz eine Menge wichtiger und unwichtiger Begebenheiten mit Kometen in Verbindung gebracht. Ab und zu ließ man es sich auch gefallen, daß die Ursache der Wirkung um mehrere Jahre vorausging, und so bezieht denn Grasser den Kometen von 1607 auf die erst drei Jahre später erfolgte Ermordung Heinrichs IV. von Frankreich und den von 1301 sogar auf die erst 1308 erfolgte des deutschen Königs Albrecht. Auch das Lächerliche durfte neben dem Ernsten und Tragischen nicht fehlen, und so lesen wir z.B.: „A. 1668 war ein Komet, darauff folget in Westphalen grosses Sterben unter den Katzen.“ Einzelne besonders wichtige Kometen setzten auch eine ganze Menge von Federn in Bewegung, so der schon erwähnte von 1618, ferner der von 1556, welcher Karl V. bewog, die deutsche Kaiserkrone niederzulegen, der von 1614, über welchen Lubienitzky allein einen dikken Quartband schrieb, der von 1811 u.a.m.

Die Beziehungen der Gestirne auf Ereignisse von allgemeiner Bedeutung werden indessen von denjenigen noch übertroffen, in welchen sie zu den Erlebnissen und zu der Natur der einzelnen Individuen stehen sollten. Jene mochten die Welt momentan in Aufregung versetzen; war aber der betreffende Tag oder die betreffende Stunde vorübergegangen, ohne daß das angedrohte Unglück wirklich eintraf, so war die ganze Sache wieder vergessen; und war das Unheil etwa wirklich hereingebrochen, so entdeckte man wohl auch noch andere und triftigere Ursachen desselben, oder man tröstete sich im schlimmsten Fall etwa damit, daß auch die Planeten ohne Gott nichts vermöchten, und daß Gott doch noch über den Himmelskörpern stehe. Handelte es sich aber einmal um das Schicksal eines einzelnen, so war die Neugier, das künftige eigene Schicksal oder das der nächsten Angehörigen kennenzulernen, in der Regel so groß, daß nur Naturen von außergewöhnlicher sittlicher Stärke der Versuchung, die Sterne zu befragen, zu widerstehen vermochten.

Wo es sich nun darum handelte, die Schicksale oder den Charakter einzelner zu ermitteln, war es von Wichtigkeit, die Konstellation zu kennen, unter welchen dieselben geboren oder empfangen waren. Es herrschte nämlich der Wahn, daß die Planeten nebst den zwölf Zeichen des Tierkreises in der Geburtsstunde oder in der der Empfängnis, zwischen welchen die Systeme beständig schwankten, einen besonders wirksamen Einfluß auf die Schicksale des neugeborenen oder zu erwartenden Menschen hätten. Man nannte die Versuche, diese Einflüsse zu ermitteln, einem „das Horoskop“ oder „die Nativität stellen“. In dieser Weise hatte schon in der späteren römischen Kaiserzeit der heidnische Firmicus Maternus die

Konstellationen angegeben, unter welchen man zum Herrn oder zum Sklaven, zum Advokaten, zum Gladiator, zum Mörder, zur Mißgeburt usw. prädestiniert war. Dieser Wahn vererbte sich nun auf die kommenden Jahrhunderte, und man dachte sich infolgedessen nicht nur die menschliche Natur überhaupt, sondern auch eine Menge einzelner Unternehmungen und Erlebnisse durch die Sterne bedingt. Eine Menge Leute sind infolgedessen ihr ganzes Leben hindurch von den allerseltsamsten Hoffnungen und Befürchtungen erfüllt gewesen, oder sie haben vor allen entscheidenden Unternehmungen die Astrologen befragt. Filippo Maria Visconti z.B. versäumte letzteres in ernsteren Fällen nie und blieb, wenn der Mond mit der Sonne in Konjunktion stand, regelmäßig zu Hause und kümmerte sich um keine Geschäfte. Lodovico Moro ließ sich von seinem Astrologen zu völlig zwecklosen Reitpartien durch Schmutz und Kot bewegen. Papst Paul III. ging, je nachdem wie die Sprüche der Sterndeuter ausfielen, auf Reisen, oder er änderte seinen Plan. Und selbst Melanchthon richtete sich in viel höherem Grade, als man bei einem Mann von seiner Stellung und Gesinnung erwarten sollte, nach astrologischen Bedingungen; er war in Tübingen Stöflers Schüler gewesen und lobte an dem Lehrer der Medizin und Mathematik zu Wittenberg namentlich, daß derselbe mit ersterer die Astrologie verbinde. Der Hang zur Astrologie war überhaupt bei den Machthabern in den letzten Jahrhunderten des Mittelalters und über dieses hinaus noch im sechzehnten und siebzehnten unverhältnismäßig stark ausgebildet, und während die unwissende Menge sich durch

Kometen, Sonnen- und Mondfinsternisse ängstigen ließ, war es an manchen Höfen zur förmlichen Tradition geworden, sich einen oder mehrere Astrologen zu halten. Die Italiener gingen in dieser Beziehung mit gutem Beispiel voran, die Franzosen und die Deutschen folgten nach. Der schon genannte Filippo Maria Visconti hielt sich nicht weniger als fünf Sterndeuter, und die ganze Familie der Visconti galt für mehr oder weniger sterngläubig, was sich bei diesem Geschlecht speziell allerdings leicht aus seiner Stellung erklären läßt. Am französischen Hof nahm im sechzehnten Jahrhundert namentlich Nostradamus, eigentlich Michel Nôtre-Dame, eine hervorragende Stellung ein; er soll als Arzt Hunger gelitten und sich hauptsächlich deswegen der Astrologie ergeben haben; aber auch später unter Heinrich IV., Ludwig XIII. und Ludwig XIV. wurden die Astrologen befragt, und als Anna von Österreich mit Ludwig XIV. niederkam, war der Hofastrologe Morin sogar im Zimmer der Königin verborgen, um dem künftigen Beherrscher von Frankreich das Horoskop zu stellen. In Deutschland sind hauptsächlich Kaiser Rudolf II., Kurfürst Albrecht von Mainz, Joachim I. von Brandenburg und Landgraf Wilhelm von Hessen, in Dänemark König Friedrich II. als Gönner der Sterndeuterei zu nennen.

Natürlich mußte man bei Planeten und Sternbildern gewisse allgemein anerkannte physische und moralische Eigenschaften voraussetzen, wenn man ihnen derartige Einflüsse auf menschliche Schicksale und Charakterzüge zuschrieb. Die einzelnen Planeten haben nun bekanntlich bestimmte mythologische Namen; die gegenwärtig und schon im Mittelalter üblichen sind die der römischen Gottheiten Merkur, Venus, Mars, Jupiter und Saturn; dazu kommen dann noch Sonne und Mond, welche man sich vor Kopernikus gleich den Planeten um die Erde als den vermeintlichen Mittelpunkt der Welt kreisend dachte. Nun werden zwar nur wenige im Ernst mit Uhlemann behaupten wollen, die zwölf großen und die sieben höchsten Götter aller alten Völker seien astronomisch zu deuten; wohl aber wird man speziell für Ägypten, die eigentliche Wiege der Astronomie und Astrologie, die Identität der Planeten mit den sieben Göttern Ra, Joh, Thoth, Nephthys, Molech, Ammon und Rephan zugeben, ohne übrigens damit zu behaupten, daß dieses die einzige oder älteste Bedeutung derselben gewesen sei; ganz ebenso verhält es sich auch mit den Zeichen des Tierkreises. Die Eigenschaften, welche man nun den Planeten zuschrieb, beruhen überwiegend auf den hauptsächlichsten Charakterzügen der ihnen entsprechenden griechisch-römischen Gottheiten; doch darf hierbei nicht übersehen werden, daß die Gleichstellung dieser mit den ägyptischen bereits von gewissen übereinstimmenden Zügen ausgegangen war.

Nun galten im allgemeinen am Tage Sonne, Jupiter und Saturn, in der Nacht Mond, Mars und Venus für glückbringend und günstig, Merkur hingegen galt durchweg für schwankend und unzuverlässig. Dabei kam es aber noch darauf an, ob das betreffende Gestirn in seinem Haus oder in der Erhöhung stand oder ob es eine unglückbringende Stellung einnahm und infolgedessen Unheil brachte. Da aber z.B. bei Saturn regelmäßig der zweite Fall eintrat und bei Venus ebenso regelmäßig der erste, so galt jener in der Praxis durchweg für verderblich, diese durchweg für glückbringend. Außerdem übertrug man auf Planetengötter und Planeten die den vier aristotelischen Elementen Feuer, Luft, Wasser und Erde entnommenen vier Temperamente Hitze, Feuchtigkeit, Kälte und Trockenheit, wobei dann in der Regel einem Himmelskörper gerade wie einem Element je zwei Temperamente zukamen. Saturn z.B. galt für kalt und trocken und infolgedessen für langsam und träge, Jupiter für heiß und feucht, Mars für heiß und trocken, zornig und heftig; er ist „ein Schalk und gar böss". Die Sonne galt zwar ebenfalls für feurig, heiß und trocken, daneben aber doch für gemäßigt. Venus sodann vereinigte Kälte und Feuchtigkeit, jedoch ebenfalls in gemäßigtem Grade, in sich; Merkur erwies sich auch in dieser Beziehung als schwankend. Der Mond endlich galt für feucht und kalt, wurde aber hier und da von der Sonne erwärmt. Mit diesen Eigenschaften der Planeten hingen nun die körperlichen und geistigen Gaben zusammen, welche sie den unter ihrem Einfluß stehenden Menschen verliehen, ferner ihr Einfluß auf einzelne menschliche Schicksale und Unternehmungen.

Überhaupt gehen die Systeme hier ins Unendliche. Nicht nur Elemente, Temperamente und Planeten entsprechen sich, die Parallelen dehnen sich vielmehr auch noch auf andere Gebiete aus. Und der Mensch als Mikrokosmos vereinigt Bestandteile von allen vier Elementen und folglich auch von ihren Temperamenten in sich. Überwiegt das Element der Erde in ihm, so ist er kalt und trocken und infolgedessen melancholisch; unter den Jahreszeiten entspricht dieser Komplexion der Herbst, unter den Planeten Saturn, unter den Farben die schwarze. Überwiegen die wäßrigen Bestandteile, so ist der Mensch kalt, feucht und phlegmatisch; dazu gehört unter den Jahreszeiten der Winter, unter den Planeten Venus, Merkur und Mond, unter den Farben Grün, Grau und Weiß, ferner der saure Geschmack, Musik, Gesang, Philosophie, Geometrie und Rhetorik. Ebenso gehören Luft, Wärme, Feuchtigkeit, sanguinisches Temperament und Frühling zusammen; dazu kommen dann Jupiter, die blaue Farbe, Friede und Gerechtigkeit. Ist endlich bei einem Individuum das Feuer das herrschende Element, so ist dasselbe warm, trocken und cholerisch; es entsprechen diesen Temperamenten der Sommer, der Planet Mars, die Sonne, die rote Farbe, der bittere Geschmack und der Krieg.

Aber auch damit ist das System der Astrologie noch lange nicht erschöpft. Neben dem ganzen Menschen dachte man sich auch die einzelnen Teile und Glieder seines Körpers oder wenigstens die wichtigeren unter denselben von verschiedenen Planeten beherrscht. So gehörten dem Saturn das rechte Ohr und die Milz, dem Jupiter und Mars Leber und Rippen, der Sonne das Hirn, der Magen, die Adern und das Gesicht, der Venus und dem Merkur die Nieren, dem Mond Hirn, Kehle, Magen und Bauch.

In ähnlicher Weise unterschied man nun auch bei den zwölf Zeichen des Tierkreises Geschlecht, Temperament, Wirkungen und besondere Funktionen. Für männlich galten Widder, Zwillinge, Löwe, Waage, Schütze und

Wassermann, für weiblich Krebs, Jungfrau, Skorpion, Steinbock, Fische und seltsamerweise auch der Stier. Der Widder galt für heiß und trocken, und derjenige, dessen Horoskop in sein Zeichen fiel, neigte demgemäß zu einem heißen cholerischen Temperament; in ähnlicher Weise teilten auch die übrigen Sternbilder den Menschen ihre Eigenschaften mit, der Krebs sein Phlegma, die Jungfrau ihre Melancholie usw. Auch die einzelnen Glieder verteilten sich unter die zwölf Zeichen gerade wie unter die Planeten. Dem Widder gehörte der Kopf, dem Stier Kehle und Hals, den Zwillingen Schultern, Arme und Hände, dem Krebs Brust, Lunge, Milz, Magen und Rippen; der Löwe beherrschte den Rücken, die Seiten und das Herz, die Jungfrau Bauch, Eingeweide und Zwerchfell; unter der Waage standen der Nabel und die Lenden, unter dem Skorpion Scham, Nieren und Blase, unter dem Schützen After und Schenkel, unter dem Steinbock die Knie, unter den Fischen endlich Knöchel und Füße. Daß sich bei einem solchen auf lauter Willkür beruhenden Systeme hier und da auch einzelne Abweichungen finden, liegt in der Natur der Sache; der Hauptsache nach aber ziehen sich diese Vorstellungen von Claudius Ptolemäus und Firmicus Maternus Jahrhunderte hindurch bis zu den astrologischen Schriften des siebzehnten Jahrhunderts. In einzelnen Fällen stimmen wohl die betreffenden Körperteile hinsichtlich ihrer Fähigkeiten mit ihrem Tierzeichen überein, z.B. Widder und Kopf, Stier und Hals, Steinbock und Knie, in anderen hingegen scheint die bloße Reihenfolge entschieden zu haben; wenigstens dürfte es schwierig sein, z.B., zwischen den Fischen und den Füßen eine andere Beziehung ausfindig zu machen. Auch die Zahl der Glieder entspricht manchmal der des Zeichens, z.B. bei Zwillingen und Schultern oder bei Fischen und Füßen, anderwärts aber ist sie unberücksichtigt geblieben, z.B. bei der Brust, der Lunge und den Schenkeln.

Auch gewisse Tiere, Pflanzen und Minerale dachte man sich in engster Verbindung mit den Planeten und den Zeichen des Tierkreises. So gehört noch im Anschluß an antike Mythen und Vorstellungen der Wolf dem Mars und die Taube der Venus; sonst aber scheinen manche Tiere doch mehr oder weniger willkürlich bald da, bald dort untergebracht zu sein; es dürfte z.B. nicht ganz leicht nachzuweisen sein, warum die Schnecke ebenfalls zu Mars, die Lerche zu Jupiter, die Heuschrecke zu Merkur gekommen ist. Hier und da entscheiden freilich Farbe oder Temperament. Wenn z.B. dem Saturn die schwarze Farbe gehört, so erklärt es sich auch, weshalb der Maulwurf und der Rabe unter ihm stehen; galt der Mond für feucht und kalt, so gab man ihm selbstverständlich Reptilien und Fische, z.B. den Frosch, die Kröte, den Hecht, die Forelle, den Krebs. Unter der Pflanzenwelt gehören dem Saturn vorzugsweise dunkel aussehende Gewächse wie die Tanne, die Fichte, die Zypresse, die Schwarzpappel, der Lorbeer. Unter Jupiter stehen die Birke, die Schlüsselblume, die Johannisbeere, die Erdbeere, der Feigenbaum u.a.m., unter Mars namentlich scharfe und stechende Pflanzen wie die Distel, die Stechpalme, die saure Kirsche, der Meerrettich. Die der Sonne zugeteilten Früchte zeichnen sich durch goldgelbe Farbe oder süßen Geschmack aus, so z.B. die Sonnenblume, der Safran, die gelbe Wasserlilie, die Zitrone, die Honigbirne, die Weinrebe. Der Venus gehören die Tulpe, die blaue Hyazinthe, die weiße Lilie, die Rose, der süße Apfel, dem Merkur die Haselstaude, der Klee, der Wacholder, dem Mond endlich Silberpappel, weiße Rose, große und kleine Hauswurz, Rübe, Bohne, Zwiebel und Gurke. Was endlich die Erzeugnisse des Mineralreichs betrifft, so gehören das Gold, der Diamant und der Rubin der Sonne, der Kristall dem Mond, Jupiter und Saturn, der Amethyst und der Türkis dem Jupiter allein, der Smaragd der Sonne und der Venus. In ähnlicher Weise entsprechen sich dann auch Hyazinth und Wassermann, Amethyst und Fische, Jaspis und Widder usw. Man schrieb nun die Leiden jedes Gliedes dem Einfluß desjenigen Planeten zu, unter welchem dasselbe stand; um jene zu lindern oder zu beseitigen, hatte man sich dann einfach derjenigen Pflanzen und Kräuter zu bedienen, welche gleich dem kranken Körperteil unter dem nämlichen Planeten standen. Aus diesen gegenseitigen Beziehungen erklärt sich auch der Zusammenhang der Astrologie mit der mittelalterlichen Heilkunde; denn wenn die Sterne über alles entscheiden konnten, so mußten sich selbstverständlich auch die Krankheiten und Gebrechen des menschlichen Körpers ihrem Einfluß fügen. Und hieraus erklärt sich nun der Umstand, daß so viele Ärzte gleichzeitig Astrologen waren, wobei dann natürlich je nach den Umständen oder auch nach dem individuellen Standpunkt des Arztes bald diese, bald jene Seite mehr in den Vordergrund trat. Als im Jahre 1597 die Pest in Hamburg wütete, erklärte ein

Arzt die schlechte Luft für die Ursache der Entstehung oder Verbreitung derselben; auf dieses hin bezeichnete ein anderer, welcher zugleich Astrologe war und die wahre Ursache der Seuche in den Sternen glaubte gelesen zu haben, die Gründe seines Kollegen für Eselsargumente (argumenta asinina). Das war in der Tat echt und konsequent astrologisch gedacht!

Unter den sogenannten Planeten des vorkopernikanischen Weltsystems nimmt namentlich der Mond im Aberglauben eine hervorragende Stellung ein. Letztere erklärt sich teils aus dem Umstande, daß er in seinen verschiedenen Phasen dem Auge mehr Abwechslung bot als die Sonne, teils daraus, daß er gleich dieser und im Gegensatz zu den wirklichen Planeten auch dem unbewaffneten Auge den größeren Teil des Jahres hindurch sichtbar sein konnte. So war es denn kein Wunder, daß eine Menge Verrichtungen des alltäglichen Lebens je nach der Sichtbarkeit oder Unsichtbarkeit oder je nach dem Zunehmen und Abnehmen des Mondes unternommen oder unterlassen wurden. Dahin gehören namentlich das Säen von Feld- und Gartenfrüchten, das Schneiden der Haare und Nägel, der Aderlaß, das Entwöhnen der Kinder, das Tragen neuer Kleider, das Antreten von Reisen, Abmachen von Geschäften usw., also zum Teil die nämlichen Dinge, welche sonst von anderen Sternen und Sternbildern abhängen konnten. Hierauf beziehen sich die Verse des Thomas Naogeorgus:

Hand venam incidunt, nec eunt ad balnera lotum,
Nec demunt ungues, resecant nec forpice crines,

Non etiam ablactant pueros, nec stercore terram
Laetificant, sua nec medicinis corpora sanant,
Nec quidquam faciunt aliud, nisi sedulo lunam
Observant, cursusque astrorum, ortusque obitusque.

Die Kalender mit astrologischem Beiwerk sind eine speziell deutsche Erscheinung; der 1499 verfaßte *Almanach nova plurimis annis venturis inservientia per Joannem Stöfflerinum Justingensem et Jacobum Pflaumen Ulmensem accuratissime supputatum* soll zuerst solches enthalten haben, und das Aderlaßmännchen erschien zuerst 1518 ebenfalls bei Stöffler. Ungefähr bis in die Achtzigerjahre des vorigen Jahrhunderts trauten sich von da an die Kalenderschreiber, regelmäßig mit diesem Beiwerk zu erscheinen, unter dem Volk aber haben sich manche der hierhergehörigen Ansichten bis auf den heutigen Tag erhalten.

Übrigens nahm man, wenn es sich um Gestirne handelte, welche dem bloßen Auge entweder gar nicht oder wenigstens nur mangelhaft sichtbar waren, seine Zuflucht keineswegs immer zu selbständiger Beobachtung; eine solche wäre wohl für die Mehrzahl derjenigen, welche sich mit Prognostizieren abgaben, eine zu kostspielige oder zu umständliche Sache gewesen. Es gab vielmehr beschriebene, namentlich aber seit der Erfindung der Buchdruckerkunst gedruckte Tafeln, sogenannte Ephemeriden; auf diesen waren dann, wenigstens wenn es sich um judiziarische Astrologie handelte, neben den Aspekten auch die notwendigen Einwirkungen auf die Witterung, die Gesundheit, die Schicksale, kurz auf das ganze Tun und Treiben der Menschen angegeben. Endlich ging man noch einen Schritt weiter und erfand sogar Mittel und Wege, auf welchen man ohne Sterne und ohne Ephemeriden den Planetenstand erfahren konnte, unter welchem jemand geboren war. Man nahm einfach die einzelnen Buchstaben seines Namens oder vielmehr ihren Zahlenwert, wobei den Buchstaben A bis K die Zahlen 1 bis 10, L, M, N usw. die Zahlen 20, 30, 40 usw. entsprachen; ebenso verfuhr man mit dem Namen des Vaters oder der Mutter der betreffenden Person. Nun wurde addiert, dann die Summe durch irgendeine vorgeschriebene Zahl dividiert und zuletzt der übriggebliebene Rest in einer der dem Kalender beigefügten Tafeln gesucht; in letzterer erfuhr man nun, daß die Zahl 5 dem Saturn, 6 dem Jupiter, 7 dem Mars, 8 der Sonne, 2 und 9 der Venus, 3 dem Merkur und 4 dem Mond gehöre; ging die Division ohne Rest auf, so trat die der Venus gehörige Zahl 9 ein. Einem so rein mechanischen Verfahren gegenüber, jedem beliebigen Menschen mit Hilfe von zufällig in seinem Namen befindlichen Buchstaben die Nativität zu stellen, erscheint die gewöhnliche judiziarische Astrologie beinahe als etwas relativ vernünftiges.

Das System der Astrologie, wie es im Altertum sowohl als im Mittelalter herrschte, läßt in bezug auf Großartigkeit wie auf Berücksichtigung aller nur denkbaren Verhältnisse und Bedürfnisse wenig zu wünschen übrig. Es berücksichtigt sowohl den menschlichen Körper als den Geist, es wirkt auf den Menschen schon in der Stunde der Empfängnis, dann in der Geburtsstunde, das ganze Leben hindurch und macht sogar seine Todesstunde und seine Todesart von ganz bestimmten Bedingungen abhängig. Unter den Einflüssen der Himmelskörper stehen ferner Tiere, Pflanzen, Mineralien, ja, sogar die vier Elemente, die Jahreszeiten, kurz die Astrologie ist, konsequent durchgeführt, mehr als ein bloßer Kreis von Vorstellungen, sie ist das System einer völlig ausgebildeten Weltanschauung. Trotzdem mußte sie in allen Jahrhunderten Leuten, welche empirisch verfuhren und die wirklichen Begebenheiten mit den in Aussicht gestellten regelmäßig verglichen, beständige Blößen bieten. Schon die Satirendichter der römischen Kaiserzeit spotteten über sie und ihre Anhänger, und Tacitus spricht sich bekanntlich mit ebensoviel Widerwillen als Resignation über das Treiben der „Chaldäer" in Rom und speziell am kaiserlichen Hofe aus. Gelegentliche Ausweisungen dieser Leute halfen freilich wenig, weil man sie unter der Hand doch wieder brauchte und weil die Kaiser selbst, sei es, daß sie von der Richtigkeit der Sache überzeugt waren, sei es aus bloßer Leidenschaft, nicht auf dieselbe verzichten wollten und höchstens der Menge die angeblich mit derselben verbundenen Vorteile nicht gönnten. In der späteren Kaiserzeit schrieb Firmicus sein aus acht Büchern bestehendes Werk notorisch, um die Einwendungen der Gegner zu widerlegen; auch mußte er, um dem ganzen System das Unheimliche, welches ihm anklebte, zu nehmen, am Ende des zweiten Buches eine Reihe von sittlichen Anforderungen an die Astrologen stellen, welchen freilich in der Praxis nur die wenigsten nachkommen mochten; der Astrologe solle einen göttlichen Wandel führen, rechtschaffen und frei von Geldgier sein, auf unerlaubte und unsittliche Fragen oder auf solche, welche auf jemandes Nachteil zielten, nicht eingehen usw. Was die Kirchenväter betrifft, so bezeichnet Lactantius die Astrologie als teuflische Erfindung (daemonum inventum), und Cassiodor nennt sie sogar „sakrilegisch".

Im eigentlichen Mittelalter gibt St. Thomas von Aquin den Einfluß der Gestirne auf Vegetation und Witterung zu, leugnet aber den auf menschliche Schicksale. Gottfried von Straßburg, der geistreichste und empfindsamste Dichter des deutschen Mittelalters, überläßt in seinem *Tristan* die Verantwortung für dasjenige, was der Zwerg Melot in den Sternen gelesen hat, seiner französischen Quelle. Noch deutlicher spricht sich dann Dante in seiner *Göttlichen Komödie* aus. Die judiziarische Astrologie, meint er, würde, falls sie kein bloßer Wahn wäre, jede menschliche Willensfreiheit (libero arbitrio) vernichten und auf diese Weise sowohl Lohn als Strafe zum Unrecht machen; nicht einmal jede Regung komme vom Himmel (d.h. von den Planeten), wäre es aber auch so, so hätte der Mensch doch noch seinen freien Willen. Vincent von Beauvais, etwas befangener als die eben genannten, räumt den Gestirnen Einflüsse auf den menschlichen Körper und seine Beschaffenheit ein, nimmt aber wenigstens Geist und Schicksal von diesen Einflüssen aus. Johannes Gerson endlich rät, trügerische Superstitionen überhaupt zu verwerfen und sich an den Rat bewährter Männer zu halten, auch das göttliche Sittengesetz in Staatsangelegenheiten zu beobachten. Astrologische Bücher solle man lesen und dulden, wenn sie mehr Gutes und Nützliches als Schädliches enthielten; überwiege aber das Schädliche, so solle man sie vertilgen.

Das Zeitalter der Renaissance gab die Astrologie schon deshalb nicht auf, weil das Altertum dieselbe bereits gehabt hatte; nichtdestoweniger währt aber neben dem Glauben an die Macht der Sterne auch der Kampf gegen jenen fort. In Paris wären die ersten Vertreter dieser Wahnwissenschaft beinahe verbrannt worden, und in Florenz begegnen uns während des fünfzehnten Jahrhunderts zwei Männer, welche sich an diesem Kampfe in hervorragender Weise beteiligt haben. Der eine, Paolo Toscanelli (1397-1482), bekannt als Arzt und Kosmograph, konnte sich selbst als handgreiflichen Beweis von der Nichtigkeit astrologischer Prophezeiungen anführen; er erreichte nämlich ein hohes Alter, während ihm das Horoskop nur ein ganz kurzes Leben in Aussicht gestellt hatte. Der andere, Graf Pico della Mirandola, schrieb sogar zwölf Bücher gegen die Astrologie (*Jo. Pici della Mirandula disputationum in astrologos libri XII*). Er verfuhr empirisch und verglich während eines Winters hundertunddreißig Tage hindurch die wirkliche Witterung mit der von den Astrologen angekündigten; es ergab sich infolgedessen, daß die letztere nur an sechs oder sieben Tagen völlig eintraf. In Deutschland kam Cornelius Agrippa von Nettesheim, nachdem er sich anfänglich viel auf das Stellen des Horoskops eingelassen hatte, schließlich zu der Einsicht, dasselbe tauge nichts, und bereute es, in dieser Weise tätig gewesen zu sein; doch hinderte ihn diese seine bessere Überzeugung keineswegs, auch noch später um seines persönlichen Vorteils willen gelegentlich von ihr Gebrauch zu machen. Sebastian Brant erklärte in seinem *Narrenschiff*, Gott sei mächtiger als die Planeten, viele

Kinder Saturns seien gerecht, fromm und heilig, und andere seien, obschon Kinder Jupiters oder der Sonne, doch nicht ohne Bosheit. Ebenso heißt es auch in Jo. Kungspergers *Practic für den Zürcher Kalender* von 1508 (bei Hansen am Wasen):

Nun solt ir wussen vnd verstan
Das aller planeten complexion
Dich zu keinen bösen dingen
Mögen dich nit zwingen
Von wegen der grossen fryheit
Die got an vns hat geleit
Zu keiner handt sunden list usw.

Auch Paracelsus (1493-1541) spottete in seinen echten Schriften durchweg über das Horoskopstellen: „Das Kind bedarff keines Gestirns noch Planeten; seine Mutter ist sein Planet und sein Stern." Gleichwohl wurden ihm später, neben zahlreichen anderen, auch astrologische Schriften untergeschoben. Sehr praktisch verfuhr noch im siebzehnten Jahrhundert ein schweizerischer Prediger, Bartholomäus Anhorn; schon Cicero hatte nämlich darauf aufmerksam gemacht, daß unter den nämlichen Konstellationen geborene Leute doch oft ganz verschiedene Temperamente und Schicksale hätten; diesen Satz bewies nun Anhorn auf das schlagendste, indem er ihn auf Esau und Jacob anwandte.

Hier und da mochte sich wohl auch das Gewissen eines Astrologen von Beruf regen. Ein solcher war, abgesehen von dem schon erwähnten Agrippa von Nettesheim, der berühmte Dominikaner Thomas Campanella, dessen aus sieben Büchern bestehende Astrologie im Jahre 1630 zu Frankfurt am Main erschien; Campanella selbst gehörte der Hauptsache nach noch dem sechzehnten Jahrhundert an. Er leugnet z.B. den Einfluß der Gestirne auf den Charakter ganzer Nationen und führt als Beweis gegen denselben u.a. den Unterschied zwischen den Griechen und Deutschen seines Jahrhunderts und den Germanen zur Zeit Julius Cäsars oder den Griechen des Altertums an. Er verwahrt sich ferner gegen den Gebrauch von „sortilegia“, von „tabulie superstitiosae“ und „rotie Moysi falso attributae“ beim Horoskopstellen. Am merkwürdigsten ist übrigens das letzte Buch seines Werkes, welches vom Vermeiden des von den Sternen Beschlossenen (*De siderali fato vitando*) handelt. Hier gibt Campanella zum Teil Mittel an, welche jeder auch ohne besondere Anweisung finden konnte; man solle, wenn die Gestirne Schiffbruch in Aussicht stellten, kein Schiff besteigen, wenn sie einem ganzen Lande Unheil drohten, auswandern, wenn außergewöhnliche Kälte prophezeit sei, Türen und Fenster schließen und überdies gehörig heizen. Etwas seltsamer lauten freilich die Mittel, welche er gegen bösartige Seuchen empfiehlt; hier handelt es sich darum, das Haus mit weißen seidenen Tüchern und Zweigen von heilkräftigen Pflanzen zu schmücken, zwei Lichter und fünf Fackeln, welche den sieben Planeten entsprächen, anzuzünden, mit guten Freunden zu verkehren und fröhliche Musik zu pflegen. Überhaupt, meint Campanella, habe Gott gegen jedes Übel ein Mittel geschaffen, welches vor jenem schütze oder es hebe.

Den widerwärtigsten Eindruck machen entschieden diejenigen, welche Astrologen halten und befragen, dann aber dieselben teils aus übler Laune, teils wegen schlimmer Prophezeiungen auf diese oder jene Art mißhandeln. So soll schon Albumasar auf Befehl des Kalifen geprügelt worden sein, an der Richtigkeit seiner Prophezeiungen aber nichtsdestoweniger festgehalten haben. Giovanni Bentivoglio, Stadttyrann von Bologna, ließ den Lucas Gauricus, welcher ihm den Verlust seiner Herrschaft an Papst Julius II. in Aussicht gestellt hatte, an einem von einer Wendeltreppe herabhängenden Seil viermal hin und her an die Wand schmeißen und zuletzt einsperren, natürlich ohne dadurch die wirklich drohende Gefahr abwenden zu können. Noch brutaler verfuhr Giangaleazzo Visconti; er ließ einen Astrologen, welcher sich selbst ein langes Leben prophezeit hatte, hängen, um ihm seinen Irrtum klarzumachen. Heinrich VII. von England endlich fragte einen Sterndeuter kurz vor dem Weihnachtsfeste, ob er wisse, wo er dieses zubringen werde; als dieser erklärte, er wisse es nicht, ließ ihn der König bis zum Neujahrstag einsperren; der Astrologe hatte diesem nämlich seinen baldigen Tod geweissagt und sich dadurch dessen Ungnade zugezogen.

Endlich gab es neben der wissenschaftlichen Widerlegung der Astrologie und neben der einfachen Mißhandlung ihrer Vertreter noch ein drittes Mittel, dieselbe zu bekämpfen, nämlich die Satire. Man parodierte die Prognostika, indem man in scheinbar ernsthaftem Tone lauter Dinge prophezeite, welche sich im Grunde von selbst verstanden, z.B. daß im nächsten Jahre das Gold kostbarer sein werde als das Blei, daß die Männer Bärte bekommen würden und die Weiber nicht, daß die schwarzen Kühe weiße Milch geben und die schwarzen Hühner weiße Eier legen würden usw. Eine solche Satire verfaßte im fünfzehnten Jahrhundert der Nürnberger Dichter Hans Folz; nach ihm trat Jacob Heinrichmann wieder mit einer solchen auf, und dann kamen Rabelais und Nasus; auf den beiden letzteren endlich beruht Fischarts *Aller Praktik Grossmutter.* Auch Paracelsus soll ein ähnliches Schriftchen verfaßt haben: *Prognostication auff XXIV iar zukünftig, durch den hochgelerten Doctorem Paracelsum.* (Augsburg 1536. 4°.) Es gab deutsche, italienische, französische und lateinische Schriften dieser Art, und dieselben kündigen sich zuweilen schon durch ihren Titel als dasjenige an, was sie eigentlich sind. Ein solcher Titel lautet z.B.: *Grandes et recreatives prognostications pour ceste presente Annee 08145000470 ... Par Maistre Astrophile Le Rovpievx, Intendant des affaires de Saturne, grand Eschanson de Jupiter, Premier Escuyer du Dieu Mars, Maistre Chartier du Soleil, Premier valet de la garde-robbe de Cypris etc...* Dem Titel dieser Schrift entsprechen auch die Prophezeiungen, Ostern werde auf einen Sonntag im Frühjahr, Michaelis in den Herbst fallen, die Fasten würden vierzig Tage dauern usw.

Die Kirche mußte der Sterndeuterei offiziell selbstverständlich entgegentreten. Sie mußte es schon deswegen, weil einzelne Astrologen sich mit ihren Berechnungen geradezu auf das Gebiet des christlichen Glaubens wagten und neben den übrigen Religionen auch das Christentum auf Konstellationen am Himmel zurückführten. Da hieß es z.B., die Konjunktion Jupiters mit Saturn habe die jüdische Religion hervorgebracht, die mit Mars den chaldäischen Glauben, die mit der Sonne den ägyptischen, die mit Venus den Islam, die mit Merkur endlich das Christentum. Cecco d'Ascoli hatte sogar Christus die Nativität gestellt und seinen Kreuzestod aus dieser abgeleitet; er wurde dafür in Florenz im Jahre 1327 verbrannt. Dazu kam, daß die Astrologie an sich schon zu denjenigen heidnischen Zaubereien gehörte, welche bereits das mosaische Gesetz verurteilt hatte, so daß der christlichen Kirche auch von dieser Seite der Weg ganz bestimmt vorgezeichnet war. Endlich konnte es der Kirche nicht entgehen, daß dieselbe ihrem ganzen Wesen nach die menschliche Willensfreiheit leugnete und im Grunde für jeden Frevel die Sterne verantwortlich machte. Sie wurde dadurch eine Wurzel aller Unsittlichkeit und Gottlosigkeit und förderte das Böse, weil der Himmel selbst als Urheber desselben erschien, sie nahm dem Einzelnen jede Verantwortlichkeit ab und hob im Zusammenhang damit den Glauben an eine ewige Seligkeit oder Verdammnis auf. Mochten nun auch einzelne Astrologen besser sein als das von ihnen vertretene Prinzip, mochte vielleicht die Mehrzahl es überhaupt den Gegnern überlassen, aus jenem die sittlichen Konsequenzen zu ziehen, so galt für die Kirche eben doch der Satz „principiis obsta"; sie hatte es mit den Prinzipien zu tun, und so kam es, daß sie der Astrologie, einzelne Ausnahmen abgerechnet, immer feind war und daß Kirchenväter und Konzile in der Verdammung derselben wetteiferten.

Die Abnahme der Astrologie war aber trotz allen gegen dieselbe ergriffenen Maßregeln nur eine allmähliche;

zuerst büßte natürlich die judiziarische Seite derselben ihren Kredit ein. Schon Jean-Baptiste Morin, der letzte bedeutende Sterndeuter (1583-1656) zog nicht mehr recht, obschon er auf seine *Astrologia gallica* – sie erschien erst im Jahre 1661 gedruckt im Haag – volle dreißig Jahre verwendet hatte; er prophezeite zu häufig falsch und sagte namentlich seinem Gegner Gassendi ungefähr zwanzigmal den Tod voraus, ohne daß seine Voraussagungen eintrafen. Daneben durfte aber allerdings sein wenig älterer Zeitgenosse Leonhard Thurneysser aus Basel (1530-1596) es in Berlin nicht nur wagen, Kalender mit orakelhaften Prophezeiungen herauszugeben, sondern auch den von diesen Bedrohten gleichzeitig als Schutzmittel Talismane aus Metall zu verkaufen, welche er zum Teil durch Berliner Goldschmiede hatte verfertigen lassen. Kepler sodann verwarf den Glauben an die Abhängigkeit des menschlichen Schicksals von den Sternen in der Theorie zwar ganz, jedoch nicht ohne ihm in der Praxis, sei es aus Not oder sei es, um den noch herrschenden Vorstellungen seiner Zeitgenossen nicht allzu schroff entgegenzutreten, hier und da Zugeständnisse zu machen. Seine schwankende Stellung zu denselben verrät schon der Titel einer hierauf bezüglichen von ihm verfaßten Schrift, welche im Jahre 1610 zu Frankfurt am Main erschien; er lautet: *Tertius interveniens. Das ist, Warnung an etliche Theologos, Medicos und Philosophos, sonderlich D. Philippum Feselium, dass sie bey billicher Verwerffung der Sternguckerischen Aberglauben nicht das Kindt mit dem Badt aussschütten, und hiermit jhrer Profession vnwissendt zuwider handlen.* Die natürliche Astrologie hingegen, d.h. den vermeintlichen Einfluß der Gestirne auf die physische Existenz der Erde und ihrer Bewohner ließ er bis zu einem gewissen Grade gelten. Die Kalender freilich getrauten sich ungefähr bis in die Achtzigerjahre des vorigen Jahrhunderts, die Verrichtungen des täglichen Lebens je nach dem Stand der Himmelskörper zu empfehlen oder zu widerraten; der gemeine Mann aber steht, namentlich dem Mond und den Kometen gegenüber, noch heutzutage vielfach auf dem Standpunkt einer modifizierten Astrologie. Und selbst in den höheren und gebildeteren Ständen hat es in unserem Jahrhundert nicht an einzelnen Nachzüglern gefehlt, welche ihren praktischen Glauben an die Macht der Gestirne auch glaubten theoretisch zu begründen oder wenigstens aussprechen zu müssen.

Mit der Astrologie sind mehrere andere Gattungen des Aberglaubens mehr oder weniger nah verwandt. Stellte man den ganzen Menschen unter den Einfluß bestimmter Gestirne, so lag es nahe, auch die einzelnen Glieder seines Körpers unter diese zu verteilen und ihre gesunden oder kranken Zustände aus denselben zu erklären. Manches hierauf bezügliche ist schon oben mitgeteilt worden; bei einzelnen Körperteilen aber, z.B. beim Antlitz und bei der Hand, haben diese Vorstellungen eine so systematische Ausbildung erlangt, daß sie einer besonderen Besprechung bedürfen. Was zunächst die Hand betrifft, so ist sie wohl dasjenige Glied, welches sich am engsten und konsequentesten an die Gesetze der Astrologie anschließt. Die hierhergehörigen Vorstellungen werden unter dem Namen der Chiromantie zusammengefaßt; sie beschäftigen sich vorzugsweise mit der inneren Handfläche und den mannigfach ineinander verschlungenen Linien, Erhöhungen und Vertiefungen derselben, welche die menschliche Phantasie schon in sehr früher Zeit in Anspruch nahmen. Nachdem schon Aristoteles den darüber vorhandenen Vorstellungskreis als solchen erwähnt hatte, wurde derselbe im zweiten Jahrhundert nach Christus durch Artemidor zu einem förmlichen System erhoben. Im Mittelalter und namentlich im Zeitalter der Renaissance lebte dann dieses letztere wieder auf.

Man stellte die einzelnen Finger der Hand oder die Erhöhungen unter denselben, die sogenannten „Berge“, unter die Herrschaft einzelner Planeten, und ebenso verfuhr man mit den Linien der inneren Handfläche und den durch diese gebildeten Figuren. Nun baute man ganz wie bei der Astrologie auf dieser Grundlage weiter und verteilte die den einzelnen Planetengöttern entsprechenden körperlichen oder geistigen Eigenschaften auf die angegebenen Teile der Hand und erreichte so ein dem astrologischen ähnliches System. Im einzelnen fehlt es natürlich nicht an kleinen Abweichungen innerhalb desselben, die Grundanschauungen aber, welchen das System sein Dasein verdankt, sind doch überall die nämlichen gewesen. Der Daumen z.B. gehört nach Cardanus dem Mars und ist infolgedessen der Sitz der Stärke, Tapferkeit und Wollust; der Zeigefinger steht unter Jupiter und hängt mit Würden, Ehrenstellen und dem Priesterstande zusammen, während der von Saturn beherrschte Mittelfinger die Fähigkeit zu magischen Künsten andeutet. Der Goldfinger, von der Sonne beherrscht, weist auf Freundschaft, Macht und Ehre; über den kleinen Finger endlich gebietet Venus, und diese verleiht Glück bei den Frauen und schöne Kinder. Das Dreieck in der Mitte der inneren Handfläche gehört dem Merkur und hängt mit Klugheit, Gelehrsamkeit und Geschick zum Stehlen zusammen. Der Mond endlich regiert den Rand der Hände, bringt aber lauter schlimme Gaben wie Schleimfluß, Erstickung, Schiffbruch u. dgl. m. Bei anderen gehört die Höhe unter dem Daumen der Venus, und auf diese folgen der Reihe nach bis zum kleinen Finger Jupiter, Saturn, Sonne und Merkur; dem Mars ist hier das Dreieck und dem Mond die übrige flache Hand zugefallen. Dazu kommen dann noch die Lebenslinie, die Glückslinie, die Bett- und Tischlinien, der Sonnenweg, der Milchweg, der verbrannte Weg, der Venusgürtel, die Marslinien. Die Hauptsache war natürlich, daß an den betreffenden Stellen der Hand sich Linien oder Punkte befanden, in welchen man die Zeichen der betreffenden Planeten zu erkennen glaubte, und durch welche man sich die Einflüsse der letzteren vermittelt dachte; dann kam es etwa noch darauf an, ob die Haut runzelig oder glatt war, usw. Widersprüche und Unklarheiten konnten natürlich auch hier nicht ausbleiben, wenn z.B. an der nämlichen Hand mehrere Zeichen sich befanden, welche die widersprechendsten Einflüsse zuließen; man kümmerte sich aber wenig um dieselben. Gehört es doch überhaupt zu den charakteristischen Eigentümlichkeiten derartiger Systeme, daß ihre Vertreter sich um empirisches Erforschen der Tatsachen möglichst wenig kümmern und dafür ihren Vorgängern auf dem nämlichen Gebiete möglichst gewissenhaft nachschreiben; wäre letzteres nicht der Fall gewesen, so hätten sich die betreffenden Systeme kaum Jahrhunderte hindurch halten können. Als Probe dessen, was man alles aus Zeichen und Linien der Hände zu lesen glaubte, diene folgende Stelle aus einer deutschen Übersetzung des Werkes von Indagine: „Vnd in welcher frawen handt, in bestymptem gleych (Gelenk) des mittelfingers, fünff oder sechs linien nach der lenge vnder sich gond, bedeütt das die selbige ein sun geberen soll, der geistlich, oder ein priester werd. Vnd welcher ein sternlin darbey hat im selbigen gleychs finger, der sol erstochen oder erschlagen werden." In ihrer vollen Konsequenz ist die Chiromantie mindestens ebenso fatalistisch wie die Astrologie, und wenn sie verhältnismäßig weniger als jene bekämpft und verspottet wurde, so hat sie diesen Umstand weniger ihrer größeren Berechtigung als ihrer geringeren Bedeutung zu verdanken. Zuweilen suchten ihre Verfechter freilich auch selbst die äußersten Konsequenzen dieses Wahns zu mildern und der höheren Hand Gottes noch einen gewissen Einfluß zu reservieren; so z.B. der Verfasser der Schrift *Die Astron. Lehrsätzen nach lehrende Chiromantie* (2. Aufl. Frankf. u. Lpzg. 1746); er nennt indes doch diejenigen, welche die Sache ganz verwerfen, „eines allzuschwachen und groben Gehirns".

Auch die Physiognomik oder Metoposkopie hängt wenigstens teilweise mit der Astrologie zusammen, insofern sie, soweit es sich um das eigentliche Metopon, die menschliche Stirn, handelt, Einflüsse der Planeten annimmt. Gleichwohl hat sie von Anfang an das Empirische in viel höherem Grade betont, als es z.B. die Chiromantie tat. Im übrigen sind die einzelnen hierhergehörigen Schriften, soweit es sich um Umfang und Konsequenzen des ganzen Ideenkreises handelt, voneinander ziemlich verschieden. Da gibt es zunächst Metoposkopien im engsten Sinne des Wortes, welche sich buchstäblich auf die Beobachtung der menschlichen Stirn beschränken. Dahin gehört z.B. die des Hieronymus Cardanus, ein Buch von wenig umfangreichem Text, das aber eine Unzahl von bildlichen Darstellungen auf mehr als zweihundert Seiten, zum Teil wahre Galgengesichter, enthält. Hier kommt also ausschließlich die Stirn in Betracht nebst den auf ihr befindlichen Linien, Punkten, Erhöhungen, Dreiecken, Sternchen und Kreuzen; an letzteren erkennt man die vier Komplexionen, Wärme, Kälte, Feuchtigkeit und Trockenheit. Von den sieben horizontalen Linien, welche auf einer solchen Stirn möglich sind, gehört die oberste dem Saturn, die zweite dem Jupiter, die dritte dem Mars, die vierte der Sonne, die fünfte der Venus, die sechste dem Merkur, die siebte endlich dem Mond. Im übrigen können die nämlichen Zeichen ganz verschiedene Bedeutung haben, je nachdem sie ein männliches oder ein weibliches Angesicht zieren. Natürlich handelt es sich keineswegs nur etwa um die Ermittlung physischer oder allenfalls intellektueller Eigenschaften, sondern auch um Schicksal und Zukunft, Länge oder Kürze des Lebens, Todesart, finanzielle Stellung, ein- oder mehrmalige Verheiratung, bei Frauen außerdem um glückliche oder unglückliche Niederkünfte. Der Metoposkope erkennt ferner aus den Linien der Stirn genau, ob der zu einer gewaltsamen Todesart prädestinierte Mensch dereinst vergiftet oder ermordet oder gehängt wird oder ob er den Tod des Ertrinkens findet. Ähnliche Schlüsse werden am Ende des dreizehnten Buches aus den Muttermalen gezogen, und auf diese folgt noch die Schrift des Melampus, *Divinatio ex naevis corporis*, in griechischer und lateinischer Sprache.

Daß das Altertum auf die spätere Physiognomik Einfluß hatte, läßt sich nicht bezweifeln; derselbe lag um so näher, als gerade derjenige griechische Philosoph, dessen Name überhaupt im Mittelalter den besten Klang hatte, Aristoteles, mit derselben, vielleicht allerdings mit Unrecht, unauflöslich verbunden ist. Die ihm zugeschriebene Physiognomik bildet nicht nur die Grundlage der späteren hierhergehörigen antiken Literatur, sondern ihre Resultate sind zum Teil auch in die Schriften der mittelalterlichen Physiognomiker, der Thomas von Cantimpré, Vincent de Beauvais und Konrad von Megenberg, ferner eines Cornelius Agrippa von Nettesheim, Joannes Indagine, H. Cardanus, B. Anhorn usw. übergegangen.

In einer Beziehung jedoch unterscheiden sich die zuletzt genannten von den Physiognomikern des Altertums. Die letzteren nämlich waren hauptsächlich von drei Gesichtspunkten ausgegangen, nämlich von der Ähnlichkeit menschlicher Gesichtszüge mit gewissen tierischen Typen, ferner von den Eigentümlichkeiten gewisser Menschenrassen und endlich von rein ethischen Gesichtspunkten. Die späteren hingegen verzichteten teilweise auf die beiden zuerst genannten Gesichtspunkte und hielten sich ausschließlich an den dritten; außerdem verflochten sie die Sache auf die unvernünftigste Weise mit astrologischen Vorstellungen. Bei Agrippa von Nettesheim z.B.

haben die unter dem Einfluß Saturns stehenden Menschen traurige Gesichtszüge, die unter Jupiter stehenden heitere, die unter Venus stehenden liebenswürdige, und den Zügen des Gesichts entsprechen dann natürlich auch die des Charakters, die ganze Haltung, die Bewegungen.

In Betracht kommen nun die Haare, die Stirn, Augen, Brauen, Nase, Mund, Lippen, Zähne, Zunge, Ohren, Kinn, Bart, ferner der Totalausdruck des Gesichts und der ganze Kopf, aber auch Hals, Kehle, Schultern, Arme, Hände, Adern und Nägel. Auch die Brust, der Bauch, der Rücken, das Fleisch, die Rippen, die Haut überhaupt, die Hüften und die Lenden mußten sich der Beobachtung unterziehen, und sogar die Knie, das Schienbein, die Füße nebst den Fersen, ja, sogar der ganze Gang wurden zur Entscheidung herbeigezogen. Kleine Augen verraten Neid, große Grobheit und Ungeschicklichkeit, gelbschwarze Gesichtsfarbe Unverstand und Eigensinn, weiße Furchtsamkeit. Ferner mußten sich Leute mit kleinen Augen mit den Affen auf die gleiche Stufe stellen lassen, während solche mit großen an Ochs und Esel zu erinnern schienen. Schwarzgelbe Gesichtsfarbe gibt dem Gesicht Ähnlichkeit mit dem eines Mohren, während die weiße wenigstens dem Mann einen weibischen Anstrich verleiht. Weiber mit langen Füßen galten für besonders fruchtbar, Leute mit gebogener Nase für freigebig, hochherzig, beredt und stolz; als Beispiel dieser Spezies wurde u.a. Kaiser Maximilian I. hervorgehoben. Ein Mensch hingegen, dessen Angesicht aller physiognomischen und astrologischen Regeln spottete und der die Leidenschaften, welche seine Züge angeblich zeigten, in Wirklichkeit nicht besaß, war Sokrates. Hören wir freilich den Firmicus Maternus, so hatte Sokrates allerdings dieselben, war aber infolge seiner daneben ebenfalls vorhandenen Tugenden Herr über sie geworden.

Bekannt ist, wie noch am Ende des vorigen Jahrhunderts Johann Caspar Lavater sich einläßlich mit der Physiognomik beschäftigte, freilich ohne dieselbe über die Stufe einer geistreichen Spielerei erheben zu können.

Eine Trugwissenschaft endlich, welche ebenfalls mehr oder weniger hierher gehört, ist die Geomantie oder Punktierkunst; denn auch hier fehlt es nicht an Beziehungen zu den Sternen, und die Zwecke, um welcher willen punktiert wurde, sind im allgemeinen die nämlichen wie die, denen zuliebe man die Sterne selbst oder die Linien der Stirne und der Hand befragte. Ihre ursprüngliche Heimat soll Arabien gewesen sein, und in der Tat klingt der Name, welchen Delrio an die Spitze der ihm bekannten Geomanten stellt, Hali, entschieden arabisch; außer diesem nennt er noch Oliverius Malmesburius, Gerhard von Cremona, Bartholomäus von Parma, Caspar Peucer. Auch Agrippa von Nettesheim gehört mit seiner *Geomantie* hierher. Ursprünglich bestand das Verfahren der Geomanten darin, daß man eine Anzahl Punkte in die Erde grub, und Isidor erklärt infolgedessen „geomantia“ durch „divinatio e terra“; später aber bediente man sich dazu auch anderer Stoffe, unter welchen uns hölzerne Tafeln, Pergament und Papier genannt werden. Die Grundlage des ganzen Verfahrens bildeten eine Anzahl Punkte, welche man zu bestimmten Figuren kombinierte; diese Figuren wurden sodann in bestimmte Beziehungen zu den Planeten, den

Zeichen des Tierkreises, den vier Elementen und Temperamenten, auch wohl zu den sieben Wochentagen gebracht. Die Hauptsache aber war die, daß man gewisse Begriffe wie Leben, Gesundheit, Glück, Erwerb und umgekehrt Verlust, Gefahr, Schmerz, Tod in ähnlicher Weise mit den geomantischen Figuren in Verbindung setzte. Nahm man dazu etwa noch den Namen der Person, um welche es sich handelte, mit seinen einzelnen Buchstaben und deren Zahlenwert, und addierte oder subtrahierte man diese Zahlen je nach der gegebenen Vorschrift, so fand sich schließlich beinahe für jede denkbare Situation irgendeine günstige oder ungünstige Antwort. Der Phantasie war selbstverständlich bei diesem Verfahren ein ungeheurer Spielraum überlassen; die vielen möglichen Fragen, Zahlen, Figuren und Antworten konnten einem Menschen, welcher diesem Wahn einmal verfallen war, einen guten Teil seiner Zeit ausfüllen.

Die königliche Bibliothek zu Dresden besitzt noch jetzt einige dreißig Foliobände geomantischen Inhaltes. Dieselben enthalten die Regeln der Punktierkunst nebst darauf bezüglichem Apparat; dazu kommen dann noch zehn fernere Bände mit Anwendungen derselben auf alle möglichen Fragen des öffentlichen wie des privaten Lebens; von diesem letzteren hat Kurfürst August von Sachsen nicht weniger als drei eigenhändig geschrieben. August punktierte oft unmittelbar hintereinander nach zahlreichen Methoden und berechnete die magischen Zahlen namentlich für ihm nahestehende Personen, für Glieder seiner Familie, Beamte u. dgl.; namentlich eifrig scheint er während der Jahre 1576 bis 1580 in dieser Weise tätig gewesen zu sein. Die Angelegenheiten, in welchen er es tat, waren freilich von höchst seltsamer Tragweite. Ein relativ unschuldiger Zeitvertreib war es noch, wenn er den Ertrag der Jagd, welche am 19. April des Jahres 1576 stattfinden sollte, auf diese Weise zum voraus konstatieren wollte. Die Antwort lautete ungünstig, die Jagd selber aber fiel dennoch ergiebig aus; statt nun aber an der Richtigkeit seines Verfahrens zu zweifeln, suchte sich der Kurfürst den Widerspruch daraus zu erklären, daß er an einem Gründonnerstag, also an einem Tag punktiert hatte, an welchem dasselbe überhaupt unschicklich war. Ebenso können wir es uns noch gefallen lassen, wenn August aus seinen geomantischen Figuren zu erfahren sucht, ob Kurfürst Johann Georg von Brandenburg sich zum zweiten Mal vermählen werde, oder wenn er zu wissen glaubt, daß seine eigene Tochter Elisabeth, die Gemahlin des Pfalzgrafen Johann Kasimir, mit einem Knaben schwanger gehe, während dieselbe schließlich doch mit einem Mädchen niederkam. Schon bedenklicher ist der Versuch, aus den Punktierbüchern herauszulesen, ob Charlotte von Bourbon, eine ehemalige Nonne und später die Gemahlin Wilhelms von Oranien, eine Hure sei oder nicht. Geradezu empörend aber war es, wenn er durch Punktieren Verbrechern und Verbrechen auf die Spur zu kommen suchte, zumal in seinen Augen der Kalvinismus eines der strafwürdigsten Verbrechen war. Man denke sich die Punktierkunst als Hilfsmittel des Untersuchungsrichters, als eine geomantia forensis!

Psychologisch interessant ist nun die Stellung, welche der Kurfürst zu den Prophezeiungen und Resultaten seiner geomantischen Tafeln einnimmt. Er ist von der Richtigkeit ihrer Antworten nur dann wirklich überzeugt, wenn sie zu seinen persönlichen Wünschen stimmen. Ist hingegen die Antwort unklar oder zweideutig, so formuliert er sie stets nach der ihm günstigsten Methode. Ist sie endlich entschieden ungünstig, so hofft er von Gott besseres, als seine Bücher ihn erwarten lassen.

Zweites Kapitel.

Die Alchemie.

Ein Wahn, welcher dem astrologischen ebenbürtig zur Seite steht und gleich ihm ebenfalls ein Erbteil des Altertums oder vielmehr der byzantinischen Kultur zu sein scheint, ist die Alchemie. Ihre ursprüngliche Heimat ist Ägypten, die älteren Griechen und Römer haben von der Möglichkeit einer Verwandlung unedler Metalle in edle schwerlich etwas gewußt; zur wirklichen Chemie verhält sie sich ungefähr wie die Astrologie zur Astronomie, und auch hier haben auf dem Gebiete und im Interesse der Afterwissenschaft unternommene Versuche häufig der wahren Dienste geleistet. Während aber verschiedene europäische Bibliotheken alchemistische Abhandlungen in griechischer Sprache besitzen, deren Verfasser der byzantinischen Zeit angehören, scheinen doch die mittelalterlichen Wortführer der Alchemie, Albertus Magnus, Roger Bacon, Raymundus Lullius, Arnaldus Villanovanus usw. diese nicht gekannt zu haben; ihre hierhergehörigen Schriften beruhen vielmehr auf denen der Araber, welche ihrerseits die Alchemie in Ägypten selbst hatten kennenlernen können. Die Bekanntschaft mit den Griechen läßt sich erst im fünfzehnten Jahrhundert nachweisen, in umfassender Weise zuerst bei Giovanni Francesco Pico della Mirandola († 1533), und zwar in seiner Schrift *De auro*; allgemeiner wird sie dann im Laufe des sechzehnten Jahrhunderts.

An und für sich sind in der Alchemie drei verschiedene Bestrebungen zu unterscheiden, die Gewinnung von

Gold, die des Steines der Weisen und die Bereitung des Homunkulus, von welchen jedoch die zuletzt genannte an Bedeutung hinter den beiden anderen sehr zurücktritt. Was zunächst die Gewinnung von Gold betrifft, so glaubte man an die Möglichkeit, aus unedlen Metallen jenes durch allerlei chemische Prozeduren, durch Kochen, Destillieren, Solvieren und namentlich auch durch Berührung mit dem sogenannten Stein der Weisen, bereiten zu können. Relativ unbedeutende Wahrnehmungen, welche an und für sich richtig sein mochten, führten zu großen Irrtümern, und man schloß namentlich aus Farbveränderungen der Metalle auf Veränderungsfähigkeit derselben nach allen ihren Eigenschaften. Im Gegensatz zu dem für das Abendland, wenigstens relativ, nicht hohen Alter des ganzen Vorstellungskreises machte sich überdies schon früh die Tendenz geltend, den alchemistischen Versuchen ein möglichst hohes und fabelhaftes Alter anzudichten. Nach einer solchen Annahme soll z.B. das goldene Vlies eigentlich nichts anderes als eine auf Tierhaut geschriebene Anweisung zum Goldmachen gewesen sein; so berichtet im siebten oder achten Jahrhundert Johannes von Antiochien und ebenso Suidas.

Wichtig wird die Alchemie aber erst etwa seit dem dreizehnten Jahrhundert. Von jetzt an treten im Abendlande bald da, bald dort Männer auf, welche entweder wirkliche Versuche auf diesem Gebiet machen oder wenigstens, sei es schon bei ihren Zeitgenossen, sei es erst bei späteren Generationen, im Geruch von Adepten standen. Hierher gehören z.B. Raymundus Lullius aus Mallorca, Arnaldus Villanovanus, wahrscheinlich ein Spanier, u.a.m. Lullius soll König Eduard I. von England zum Zweck eines Kriegszuges gegen die Türken Gold im Wert von mehreren Millionen gemacht haben, der König aber habe es schließlich vorgezogen, dasselbe im Krieg gegen die Franzosen zu brauchen. Daß die Adepten unter solchen Umständen an den Höfen größerer und kleinerer Fürsten willkommen waren, ist begreiflich; die Kassen derselben waren zum Teil infolge von Kriegen, zum Teil infolge von Verschwendungen nur zu häufig leer, und an einem vernünftigen Steuersystem fehlte es in der Regel ohnehin. So war es denn kein Wunder, wenn die Alchemie Jahrhunderte hindurch ihre hohen und höchsten Gönner hatte, unter diesen z.B. König Alfons X. von Kastilien, Heinrich VI. von England, die deutschen Kaiser Ru dolf II., Ferdinand III. und Leopold I., ja, vorübergehend sogar Friedrich den Großen. Daß die wirklichen Schätze, welche sich in den Händen solcher Leute befanden, nicht durch Goldkochen gewonnen waren, versteht sich eigentlich von selbst, die Tradition war aber von jeher geneigt, sie auf jenes zurückzuführen. Noch im vorigen Jahrhundert konnte man in verschiedenen Schatzkammern dergleichen angeblich gekochtes Gold sehen. Auch die Chemiker, welche selber nicht gerade Alchemie trieben, gaben in der Regel wenigstens im Prinzip die Möglichkeit oder Berechtigung derselben zu. Ganz bequem machten es sich manche Alchemisten mit der Widerlegung der ihnen gemachten Vorwürfe; wäre, meint ein solcher, die Verwandlung eines Stoffes in einen anderen überhaupt nicht möglich, so hätte der Satan Christum schwerlich aufgefordert, einen Stein in Brot zu verwandeln.

Die eigentliche Blütezeit der Alchemie waren, wenigstens Blüte für Deutschland, das sechzehnte und das siebzehnte Jahrhundert; damals fingen italienische Adepten, deren Ruf in der Heimat bereits erschüttert war, in anderen Ländern an, die Leichtgläubigen auszubeuten. Hierher gehören z.B. die Lehrer der Alchemie, welche Kurfürst Werner von Trier in Kapellen um sich hatte; Werners vierter Nachfolger, Kurfürst Johann, hielt sich ebenfalls einen fremden Goldkoch, den Kroaten Georg, der ihm aber zuletzt weglief und bei Herzog Eberbard von Württemberg Aufnahme fand. Wie sehr man auch in anderen deutschen Residenzen, z.B. in Berlin und Dresden, von der Möglichkeit des Goldmachens überzeugt war, beweisen Existenzen wie die Leonhart Thurneyssers oder Johann Friedrich Böttichers, des Erfinders des Porzellans.

Andererseits hat es aber auch zu keiner Zeit an Gegnern der Alchemie gefehlt, welche ihre abweichenden Ansichten bald auf literarischem Wege, bald tatsächlich an den Tag legten. Papst Johann XXII. erließ schon im Jahre 1317 ein Verbot gegen dieselbe, ohne übrigens damit namhafte Erfolge zu erreichen; das nämliche tat 1380 König Karl V. von Frankreich namentlich wegen der häufig mit alchemistischen Versuchen verbundenen Falschmünzerei; in England erließ Heinrich IV. Verbote, und im Jahre 1488 schritt die Republik Venedig ein. Im großen und ganzen aber waren die Fürsten doch zu sehr von Geldgier erfüllt, als daß von ihnen ein konsequentes Vorgehen gegen das Treiben der Alchemie hätte erwartet werden können, und die meisten unter ihnen schritten nur dann ernstlich ein, wenn ihre persönlichen Erwartungen sich nicht verwirklicht hatten. Was sodann die literarischen Gegner betrifft, so versetzt z.B. Dante, der schon durch die räumliche Anlage seiner *Göttlichen Komödie* zu summarischem Verfahren genötigt war, dieselben in die Hölle, und zwar in die letzte der zehn schlimmen Bolgien. Petrarcas Polemik gegen sie gehört ebenfalls nicht zu den „sine ira et studio" geschriebenen Stücken dieses Gelehrten, und Sebastian Brant führt das Goldkochen unter der Rubrik „falsch und beschiss" an; er bezeichnet dasselbe demgemäß in der derben Ausdrucksweise seines Jahrhunderts, als einen „grossen bschiss". Ähnlich urteilte Kaiser Maximilian I., welcher erklärte, für diese Kunst sei sogar ein Kaiser zu arm. Der schon früher als Gegner der Astrologie erwähnte Erastus widerlegte den Glauben an die Verwandlung der Metalle in der Schrift *Explicatio quaestionis famosae illius, utrum ex metallis ignobilibus aurum verum et naturale arte conflari possit*, stand aber mit seiner Ansicht damals – es war im Jahre 1572 – noch ziemlich isoliert da. Mehr satirisch ist die Schrift des Johannes Clajus gehalten, welche 1586 zu Leipzig erschien unter dem Titel *Altkumistika, das ist: die Kunst, aus Mist durch seine Wirkung Gold zu machen. Wider die betrieglichen Alchimisten und ungeschickte vermeynte Theophrastisten.* Im siebzehnten Jahrhundert leugnete der bekannte Jesuit Athanasius Kircher die Möglichkeit des Goldmachens auf chemischem Wege; statt aber konsequent zu sein und jede Art von Goldmacherei zu verwerfen, gab er doch teuflisches Blendwerk als möglich zu; das war allerdings im Geiste des siebzehnten Jahrhunderts gedacht, der wissenschaftlichen Erkenntnis der Dinge aber war damit so wenig gedient als mit der Alchemie selbst. Selbstverständlich gab es endlich auch noch solche, welche einerseits die faktische Möglichkeit der Verwandlung zugaben, daneben aber auch die von Betrügern unter den Adepten; in diesem Sinne ist z.B. das Leben des Mechanicus Plager in Schnabels *Insel Felsenburg* aufzufassen.

Das persönliche Los der Adepten war übrigens, so gesucht sie unter Umständen sein mochten, doch meist ein trauriges, und die Geschichte mehr als eines Jahrhunderts berichtet von gegen dieselben verhängten Strafen an Leib und Leben. Notorisch unwissende, welche nichts zustande brachten, jagte man in der Regel einfach fort; stand aber ein Adept im Geruche wirklicher Kenntnisse, so wartete seiner, falls er nichts lieferte, die Folter, und notorische Betrüger wurden geradezu gehängt. Aber auch die kleineren und größeren Herren, welche Gönner der Alchemie waren, ruinierten sich häufig bald so, bald anders. Der Prior der Karthäuser zu Nürnberg z.B. kochte heimlich Gold und brachte sein Kloster dadurch in Schulden; er geriet infolgedessen in Not und Verzweiflung, wurde abgesetzt, in den Kerker geworfen und starb bald in diesem. Andere verursachten durch ihre alchemistischen Versuche Feuersbrünste; als z.B. König Matthias von Ungarn im Jahre 1488 in Wien war, verbrannten daselbst infolge eines solchen Versuchs hundert Häuser. Und Franz Anselm von Hutten, Fürstbischof von Würzburg, soll sogar bei einem ähnlichen Anlaß in seinem Laboratorium selbst verbrannt sein. Dazu kommen dann noch gelegentliche Geständnisse, die von solchen gemacht wurden, welche die Erfolglosigkeit ihres Strebens zur rechten Zeit erkannten; so gibt Cornelius Agrippa von Nettesheim zu verstehen, er habe aus dem Geist des Goldes genauso viel Gold zustandegebracht, als das Gewicht desjenigen Goldes betrug, aus welchem er den Geist gezogen hatte; doch fügt er hinzu, andere hätten es vielleicht noch weiter bringen können. Übrigens wurde die Erfahrung, daß durch das Goldkochen noch niemand reich, wohl aber schon sehr viele arm geworden seien, zu allen Zeiten ausgesprochen, und sie hat auch demgemäß bald da, bald dort in Sprichwörtern ihren entsprechenden Ausdruck gefunden.

Größere Dimensionen nahm übrigens die Opposition gegen die Alchemisten erst im achtzehnten Jahrhundert an. Namentlich wiesen jetzt die Philanthropen, ohne sich um die Möglichkeit der Kunst viel zu kümmern, an der Hand der Erfahrung nach, daß die regelmäßigen Folgen alchemistischer Versuche weitaus in den meisten Fällen Verarmung und infolgedessen Verbrechen seien; hierher gehört z.B. die Schrift *Historisch-kritische Untersuchung der Alchemie* von Wiegleb vom Jahre 1777. Namentlich aber haben zwei Ereignisse am Ende des Jahrhunderts dazu beigetragen, sie vollends um allen Kredit zu bringen. Das eine derselben trug sich in England zu; Doktor James Price nämlich, Arzt und Mitglied der Londoner Royal Society, hatte sich gerühmt, Gold machen zu können, und hatte überdies einem allerdings nicht kompetenten Publikum angeblich gemachtes Gold und Silber vorgelegt; von der Sozietät aufgefordert, seinen Versuch zu wiederholen und zugleich im Falle des Mißlingens mit Ausstoßung bedroht, nahm er, da seine Ausreden nichts halfen, im Jahre 1783 aus Verzweiflung Gift. Der zweite Fall sodann betraf den bekannten deutschen Theologen Semler, welcher anfänglich für die Alchemie in die Schranken trat, bis ihm im Jahre 1789 eine Mystifikation die Augen öffnete. Etwa seit 1790 galt dieselbe so ziemlich überall als überwundener Standpunkt, bis sich plötzlich 1796 die Nachricht verbreitete, es bestehe in Deutschland ein großer Verein von Adepten, die sogenannte hermetische Gesellschaft. In Wirklichkeit bestand jedoch dieselbe nur aus zwei Mitgliedern, dem bekannten Dichter der *Jobsiade*, Karl Arnold Kortüm, und einem gewissen Bährens, neben diesen figurierten freilich noch zahlreiche „Ehrenmitglieder". Kortüm hatte die ganze Sache teils brieflich, teils in der Presse in Szene gesetzt und dazu namentlich den in Gotha erscheinenden Reichsanzeiger benutzt. Seine Absicht war, erstens andere für sich arbeiten zu lassen und zweitens auf diesem Wege mit allenfalls noch vorhandenen Adepten bekannt zu werden. Als das Publikum zuletzt ungeduldig wurde und anstatt der Korrespondenzen auch wirkliche Erfolge sehen wollte, zogen sich die beiden allmählich zurück, nachdem sie das fernere Risiko einem badischen Baron aufgehalst hatten. Die ganze Sache hörte nach und nach auf, da in den folgenden Kriegsjahren die nötige Ruhe und die nötigen Mittel fehlten; nur in Karlsruhe wurde bis zum Jahre 1812 Alchemie getrieben, und zwar in den höchsten gesellschaftlichen Kreisen der Residenz.

Mit dem Bestreben, auf chemischem Wege edle Metalle zu gewinnen, ist nun aber der Begriff der Alchemie noch lange nicht erschöpft, vielmehr hat derselbe noch eine zweite Seite, bei welcher es sich weniger um Veredlung der Metalle als um Gesundheit und langes Leben handelt. Diese Seite der Alchemie hängt folglich mit der Medizin oder wenigstens mit dem, was man im Mittelalter so nannte, zusammen, und selbstverständlich hat dann auch die Astrologie nebst anderen ihr verwandten Hilfsmitteln der älteren Heilkunde ihren Anteil daran gehabt. Den Höhepunkt dieser Gattung von Alchemie und das Ziel, welchem alle im Grunde zustrebten, bildet der sogenannte Stein der Weisen (lapis philosophorum). An und für sich eine rein imaginäre Substanz, wurde derselbe doch seit dem elften Jahrhundert zunächst zum Zwecke der Metallverwandlung gesucht; er heißt auch das große Elixir, weil man ihn auf dem Wege des Siedens (elixare) zu gewinnen wähnte, oder die rote Tinktur mit Anspielung auf seine Tätigkeit, den unedlen Metallen durch Berühren die Farbe des Goldes mitzuteilen. Daneben war aber der Stein der Weisen auch Universalheilmittel, Panazee, und zeichnete sich als solche namentlich durch seine heilende und verjüngende Kraft aus. Darum bezeichnet ihn Paracelsus als eine Substanz, welche „den gantzen corpus reynigt, vnnd seubert von allem seinem vnflat, mit gantzen newen vnnd jungen kräfften, die er zu seiner Natur bringt". Die Byzantiner und Araber haben freilich von dieser Eigenschaft des Steins noch nichts gewußt, die betreffenden Vorstellungen sind vielmehr entschieden abendländisch und scheinen erst im dreizehnten Jahrhundert aufgetaucht zu sein. Wahrscheinlich beruhen dieselben auf Mißverständnissen und auf buchstäblicher Auffassung bildlicher Ausdrücke, deren die Araber sich bedienten, indem sie die unedlen Metalle als Kranke und ihre Veredlung als Heilung von ihrer Krankheit bezeichneten; wenn diese Ausdrücke an einzelnen Stellen ohne ausdrückliche Nennung des zu heilenden Objektes angewandt wurden, so lag es nahe, sie auf das Heilen überhaupt zu beziehen.

Von da an haben sich die Menschen Jahrhunderte hindurch abgemüht, diese kostbare Materie zu gewinnen. Schon Arnold von Villanova im dreizehnten Jahrhundert preist ihre Eigenschaften und meint, wenn man einem Totkranken nur ein Gränchen davon mitteile, so sei derselbe schon nach vierundzwanzig Stunden wieder frisch und gesund. Aber die Gewinnung derselben war nur wenigen möglich, weil man dazu prädestiniert sein mußte, und weil die Mitteilung des entdeckten Geheimnisses im allgemeinen verpönt war; es werden daher auch denjenigen, welche ihr Geheimnis anderen mitteilen, teils zeitliche, teils sogar ewige Strafen in Aussicht gestellt. In manchen Fällen mag hierzu die allerdings erklärliche Scheu beigetragen haben, nach einer Unzahl von gemachten Versuchen und dargebrachten Opfern an Zeit und Geld das beschämende Geständnis abzulegen, man wisse eigentlich doch nichts; bei anderen aber mag es auch wirkliche Gewissenhaftigkeit gewesen sein, welche sie von der Mitteilung ihrer Resultate abhielt. Viele Alchemisten trugen, um sich als die durch göttliche Gnade Auserwählten zu kennzeichnen, eine auffallende Frömmigkeit zur Schau, während andere ihre Zuflucht zur Astrologie, ja, sogar zu bösen Geistern nahmen, dann aber auch gelegentlich der Inquisition oder der weltlichen Gerechtigkeit verfielen.

Mit dem Verbote der mündlichen und schriftlichen Mitteilung des Geheimnisses hängt nun auch die sprichwörtlich gewordene dunkle und rätselhafte Ausdrucksweise der alchemistischen Literatur zusammen. Schon die Titel mancher hierhergehöriger Schriften zeichnen sich durch ihre unverständliche und überschwengliche Bildersprache aus. Da haben wir z.B. *Kerenhapuch, Posaunen Eliä des Künstlers, oder deutsches Fegefeuer der Scheidekunst*, ferner anonym ein *alchymistisch Weizenbäumlein der Alchimey*, Benedikt Figuli *Gebenedeyeter Rosengarten, darinnen von dem König Salomon, Trithemio, Theophrasto etc. gewiesen wird, wie der gebenedeyete goldne Zweig zu erlangen sey*, einen *Wasserstein der Weisen*, einen *kleinen Bauer, oder Geheimnisse der Natur*, ein *Eröfnetes philosophisches Vaterherz* u.a.m. Diesen Titeln entspricht nun auch der Inhalt der meisten Bücher, in welchen Ausdrücke wie der „rothe Leu" oder das „Blut des goldnen Leuen", der „Leim des weissen Adlers", das „Rabenhaupt" oder der „weisse Schwan" die zugrundegelegten Materien und ihre verschiedenen Metamorphosen bezeichnen. Eine qualvollere Lektüre z.B. als die von Leonhard Thurneyssers verschiedenen Schriften kann man sich kaum denken; man kann höchstens fragen, wer eigentlich übler daran war, ob der Leser, wenn er in diesem Buche blätterte, oder der Verfasser selbst, als er dasselbe schrieb.

Die meisten Alchemisten weichen schon in den Hauptfragen voneinander ab und widersprechen sich häufig so diametral als nur immer möglich; man wird also in ihren Schriften beinahe nirgends wirkliche Belehrung finden, auch wenn dieselbe noch so bestimmt in Aussicht gestellt wird. Nach Raymundus Lullius z.B. gibt es nur einen Stein der Weisen und nach Arnoldus von Villanova ebenfalls; Isaac Hollandas hingegen spricht im vierzehnten Jahrhundert von dreien, einem mineralischen, einem vegetabilischen und einem animalischen. Endlich gab es auch noch Alchemisten, welche versicherten, es gebe viele Wege, die zum Ziel führten.

Als die größte Schwierigkeit wird beinahe durchweg das Auffinden der „Materia prima“ oder „cruda“ dargestellt, d.h. die Entdeckung desjenigen Stoffes, aus welchem nach mancherlei chemischen Operationen der Stein schließlich bereitet wird; ist nur diese einmal gefunden, so ergibt sich das übrige leicht und beinahe von selbst. Aber gerade in bezug auf die Materia prima herrscht auch die größte Unsicherheit. Bei der überwiegenden Mehrzahl der Alchemisten gehört dieselbe dem Mineralreich an; es gab aber auch andere, welche sie in der Luft, in der Erde, in vegetabilischen und animalischen Stoffen suchten. Gegen das Ende des vorigen Jahrhunderts, als die Sache überhaupt gesunken und namentlich der frühere Zusammenhang mit der wirklichen Chemie ganz verlorengegangen war, suchte man sie gar nicht mehr in der großen Welt, dem Makrokosmos, sondern man begnügte sich mit mikrokosmischen Stoffen, mit menschlichen Bestandteilen von teilweise sehr unästhetischer Natur, z.B. mit Speichel, Kot, Nasenschleim u. dgl. Am meisten hat wohl Paracelsus in seinen Schriften zur Verbreitung dieses Wahnes beigetragen; bei ihm finden wir denn auch namentlich die Mittel und Wege angegeben, auf welchen sich aus der Materia prima der Stein gewinnen läßt. Man glaubte nämlich, hierzu die feinste Digestion des männlichen und weiblichen Samens der Metalle nötig zu haben und diese miteinander vermählen zu müssen. Den männlichen Samen lieferte das Gold, er hieß „Blut des goldnen Leuen" oder „rother Leu"; der weibliche wurde aus dem Silber gezogen und „Leim des weissen Adlers" genannt. Die Vermischung beider wurde symbolisch als eine Vermählung bezeichnet; sie geschah in einem Ofen von bestimmter Form, in welchen man das Gefäß mit dem Metallsamen, das sogenannte philosophische Ei (ovum philosophicum), brachte. Durch die Digestion entstand zunächst ein schwarzer Körper, das „Rabenhaupt", dann infolge fortgesetzter Digestion ein weißer, der „weisse Schwan". Zuletzt wird das Feuer stärker gemacht, und nun entsteht nach und nach der Stein der Weisen, dessen Farbe die des Safrans ist:

Da ward ein rother Leu, ein kühner Freier,
Im lauen Bad der Lilie vermählt
Und beide dann mit offnem Flammenfeuer
Aus einem Brautgemach in's andere gequält.

Auch Johann Valentin Andreae, welcher bekanntlich in mehreren Schriften den Aberglauben seines Zeitalters, des siebzehnten Jahrhunderts, lächerlich machte, bediente sich in einer derselben dieses Bildes und verfaßte demgemäß *Christian Rosenkreuzers Chymische Hochzeit*, erreichte aber dadurch das Gegenteil dessen, was er erstrebte. Man verstand seine Ironie nicht, und es entstanden nun im Anschluß an diese und andere Schriften dieses Mannes neue Fraternitäten, welche sich nach der erdichteten Andreaes ebenfalls Rosenkreuzer nannten.

Neben der Verwirrung, welche in bezug auf die Mittel und Wege herrscht, auf welchen man den Stein zu gewinnen hoffte, nehmen sich nun die Erfolge, die man durch den Gebrauch einer so total imaginären Substanz zu erringen glaubte, sonderbar genug aus. Man war nämlich noch lange nicht damit zufrieden, in derselben ein Mittel zur Goldmacherei und zur Beförderung der Gesundheit zu besitzen; sie sollte vielmehr auch alt gewordene Leute wieder verjüngen und das menschliche Leben überdies um Jahrhunderte verlängern können. Die Entdeckung wirklich stärkender und belebender Arzneien, der Reiz der Neuheit, den dieselben anfänglich haben mochten, die Leichtgläubigkeit der Menge und endlich die Tätigkeit und das marktschreierische Auftreten schlauer Betrüger, welche für Wunderärzte gehalten werden wollten, mögen zur weiteren Verbreitung dieser Ansichten das ihrige beigetragen haben. Salomon Trismosin, von welchem Paracelsus die Geheimnisse der hermetischen Kunst erlernt haben soll, gelangte erst in seinem höheren Alter in den Besitz des Steines der Weisen, verjüngte sich aber sofort, als er nur einen Gran von dieser Substanz eingenommen hatte; noch hundertundfünfzig Jahre später habe er ebenso frisch und jugendlich ausgesehen wie am ersten Tag nach seiner Verwandlung. Siebzig-, ja, neunzigjährige Frauen, welchen er die Substanz ebenfalls mitteilte, wurden gleichfalls wieder jung und gebaren hernach noch viele Kinder. Ein gefangener Deutscher soll unter den Sarazenen vollends fünfhundert Jahre alt geworden sein; der Kalif hatte nämlich von einem arabischen Philosophen eine kostbare Arznei erhalten, deren Wirkungen ihm aber verschwiegen wurden. Um nun persönlich nichts zu riskieren, ließ der Beherrscher der Gläubigen zuerst den Gefangenen dieselbe versuchen, und dieser erreichte infolgedessen ein so fabelhaftes Alter. Seinen Höhepunkt erreicht dieser mystische Unsinn in der ruchlosen Vorstellung, ein gottloser Mensch, der den Stein verfertigt habe, werde sofort fromm und gottesfürchtig.

Eine andere Art von Panazee, deren Gewinnung ebenfalls auf chemischem Weg vor sich ging, ist die sogenannte Quintessenz (quinta essentia). Es handelte sich hier darum, durch Destillieren von Flüssigkeiten und das Auflösen mineralischer, vegetabilischer oder animalischer Stoffe in denselben eine Substanz zu gewinnen, welche imstande war, alle Leiden und Gebrechen des menschlichen Körpers zu heilen. Da die Welt, der Makrokosmos, aus vier Elementen besteht, und da die einzelnen mineralischen, vegetabilischen und animalischen Stoffe diese vier Elemente im kleinen ebenfalls enthalten, so erklärt sich der Name der Quintessenz von selbst, er bezeichnet das aus jenen auf künstliche Weise gewonnene Universalmittel.

Die dritte in den Kreis der Alchemie fallende Vorstellung, die Erzeugung eines Menschen auf chemischem Weg, ist entschieden die abenteuerlichste von allen. Sie erscheint zuerst bei Paracelsus, welcher das hierauf bezügliche Rezept ausführlich mitteilt. „Daß der sperma eines Mannes in verschlossenen Cucurbiten per se, mit der höchsten Putrefaction ventre equino, putreficirt werde auff

40 Tag, oder so lang biss er lebendig werde, und sich beweg, und rege, welchs leichtlich zu sehen ist. Nach solcher Zeit wirdt es etlicher Massen einem Menschen gleich sehen, doch durchsichtig, ohn ein Corpus. So er nun nach diesem, teglich mit dem Arcano sanguinis humani gar weisslich gespeiset und ernehret wirdt, biss auff 40 Wochen, vnnd in stäter gleicher Werme ventris equini erhalten: wirdt ein recht lebendig Menschlich Kind darauss, mit allen Gliedmassen, wie ein ander Kind, das von einem Weyb geboren wirdt, doch viel kleiner." Das charakteristische Merkmal, der auf solche Weise enstandenen Menschen ist also zunächst menschlicher Samen als „prima materia", ferner die chemische Prozedur statt des Mutterleibs, endlich außergewöhnliche Kleinheit des Leibes, auf welcher auch die diminutive Namensform Homunkulus beruht. Dazu kommen aber gleichsam als Gegengewicht allerlei geheime Kenntnisse, durch welche der Homunkulus den Elementargeistern nahe gerückt wird: „dann durch Kunst vberkommen sie jhr Leben, durch Kunst vberkommen sie Leib, Fleisch, Bein vnnd Blut, durch Kunst werden sie geboren: darumb so wirt ihnen die Kunst eyngeleybt und angeboren." Die Homunkuli, welche in den letzten Jahrhunderten von Alchemisten hier und da gezeigt wurden, waren selbstverständlich künstlich gemacht, aber nicht auf chemischem Weg, sondern durch einfache Zusammensetzung aus kleinen elfenbeinernen Knochen. Doch soll noch der im Jahre 1841 verstorbene Philosoph Johann Jakob Wagner die Behauptung aufgestellt haben, es müsse der Chemie noch einmal gelingen, organische

Körper darzustellen und Menschen durch Kristallisation zu bilden.

Einige weniger bedeutende Nebengattungen der Alchemie z.B. das Alkahest, eine Art von universalem Auflösungsmittel, sowie die Palingenesie, d.h. die Wiedererweckung der Pflanzen aus ihrer Asche, mögen hier bloß vorübergehend erwähnt werden.

Drittes Kapitel.

Die drei Reiche der Natur.

I.

Dachte man sich die Weltkörper in der im ersten Kapitel geschilderten Weise menschlichen Schicksalen gegenüber tätig, und schrieb man den chemischen Stoffen alle möglichen wunderbaren Kräfte zu, so war es auch kein Wunder, wenn man den Körpern der uns umgebenden Natur, den anorganischen wie den organischen, allerlei geheimnisvolle und magische Kräfte zuschrieb. Man begnügte sich aber nicht einmal damit, sondern man stellte neben die wirklich vorhandenen auch noch solche, welche ihre Existenz überhaupt nur der menschlichen Einbildungskraft verdankten.

Was zunächst das Mineralreich betrifft, so ist schon im Altertum die Naturgeschichte des Plinius mit hierhergehörigen Notizen versehen. Auch Solinus, welcher freilich den Plinius großenteils benutzte, gehört hierher, ferner aus dem vierten Jahrhundert die Schrift des Epiphanius *De duodecim gemmis* und aus noch späterer Zeit Isidors Etymologien. Plinius ist freilich in diesen Fragen verhältnismäßig besonnen; er spottet gelegentlich über das, was ihm unglaublich scheint, oder er überläßt wenigstens die Verantwortlichkeit dafür anderen. Es gab aber im Altertum auch Schriftsteller, welche sich um die magischen Kräfte der Steine weit mehr kümmerten als um ihre wirklichen Eigenschaften und welche demgemäß alles, was ihnen in dieser Beziehung erreichbar war, sammelten und so auf die

Nachwelt brachten. Zu diesen gehört z.B. eine Schrift, welche den Titel führt *Damigeron et varii ethnicae vetustatis scriptores de virtutibus lapidum*. Den *Damigeron* nennen Tertullian und Arnobius; er soll zur Zeit Neros, dessen Vorliebe für derartige Schriftstellerei aus Plinius bekannt ist, gelebt haben. Die Schrift selbst ist in einem Manuskript des vierzehnten Jahrhunderts erhalten und nach diesem von Pitra im dritten Bande des *Spicilegium Solesmense* herausgegeben worden. Die wichtigsten mittelalterlichen Schriftsteller und Schriften, welche von den Heilkräften und wunderbaren Eigenschaften der Steine handeln, sind folgende. Aus dem elften Jahrhundert stammt das von einem Franzosen namens Marbod verfaßte *Enchiridion de lapidibus pretiosis*, ein in lateinischen Hexametern gedichtetes Schriftchen. In das dreizehnte gehört Albertus Magnus mit seinem Werke *De rebus metallicis*, ferner von Thomas von Cantimpré der *Liber de natura rerum* und von Vincent von Beauvais das *Speculum naturale*; auch ein deutsches Gedicht, Volmars *Steinbuch*, wird von dem neuesten Herausgeber in dieses Jahrhundert gesetzt. Konrad von Megenberg sodann, welcher sein *Buch der Natur* in der Mitte des vierzehnten schrieb, folgt meist dem Thomas von Cantimpré. Erst in das fünfzehnte gehört hingegen das ebenfalls in deutscher Sprache verfaßte St. Florianer *Steinbuch*. Noch später endlich haben Gelehrte wie J. B. Porta und Simon Majolus in ganz ernsthafter Weise die Wunderkräfte der Steine erörtert; Porta gibt sogar gelegentlich zu verstehen, er habe die des Aetites selber oft und mit Erfolg an Kreißenden erprobt.

An und für sich zerfallen nun diese Wirkungen in zwei Klassen. Die einen sind durch den Stein selber bedingt, die anderen durch auf demselben angebrachte Zeichnungen und Figuren. Da ist z.B. der Smaragd gut gegen das fallende Weh, der Jaspis stillt das Nasenbluten und das Bluten der Wunden, der Diamant, an der linken Hand getragen, garantiert schwangeren Frauen eine glückliche Niederkunft, der Achat macht den Biß von Skorpionen und Giftschlangen unschädlich. Fürstliche Mätressen tragen eine Spezies des Ortites, um nicht schwanger zu werden, und der Galacites verschafft, wenn er verstoßen und in Wasser, Sekt oder Met aufgelöst wird, Müttern, welche ihre Kinder nicht selbst säugen können, den hierzu erforderlichen Milchvorrat. Aber auch auf anderen Gebieten als auf dem der Heilkunde wirken gewisse Steine Wunder. Der Jaspis z.B. verscheucht wilde Tiere und böse Geister, der Topas schützt vor Räubern und Dieben und besänftigt siedendes Wasser, der Achat schützt vor Gefangenschaft, der Amethyst vor Trunkenheit, der Crysolith vor bösen Geistern, außerdem vertreibt der Amethyst auch Regen- und Gewitterwolken, usw. Besonders merkwürdig ist der Magnet hinsichtlich seiner Wirkungen; Ehemänner nämlich, welche Ursache zum Mißtrauen gegen ihre Frauen haben, legen denselben nachts einer solchen unter das Kopfkissen; ist die Frau unschuldig, so wird sie ihren Gatten auf dieses hin sofort liebkosen, fällt sie aber aus dem Bett, so kann der Mann überzeugt sein, daß sein Verdacht kein ganz unbegründeter war.

In anderen Fällen aber liegt die Wunderkraft weniger im Material als in einer in den Stein gegrabenen Figur; darum heißt es in Volmars *Steinbuch*:

nû sint die steine gar ein wint
sunder die ergraben sint.

Aus den Linien und Formen natürlicher oder künstlich in den Stein geschnittener Figuren dichtete man allerlei geistige Beziehungen, und mit diesen verknüpfte man namentlich, was man etwa sonst aus der Mythologie oder Symbolik von den Eigenschaften der betreffenden Figuren wußte. Hierher gehört die Schrift eines angeblichen jüdischen Philosophen namens Cethel, deren Abfassung in sagenhafter Weise in die Zeit verlegt wird, in welcher sich die Israeliten vor der Eroberung Kanaans in der Wüste befanden. Der schon genannte Thomas von Cantimpré hat dieselbe ins Lateinische übersetzt und mit zwei Vorreden begleitet, immerhin in der Weise, daß er zur Vorsicht beim Gebrauche solcher Steine rät und bemerkt, sie verdienten kein volles Vertrauen, dürften aber doch auch nicht ganz ignoriert werden – *nec approbandae multum nec penitus refutandae.* Am ausführlichsten ist in dieser Beziehung Albertus Magnus in der schon angeführten Schrift *De rebus metallicis*, und bei ihm sind zugleich die hierhergehörigen Vorstellungen mit astrologischen Voraussetzungen in Verbindung gebracht. Da verleiht z.B. ein Stein mit dem Bild Saturns und einer Sense Reichtum und Macht, Jupiter, in ähnlicher Weise angebracht, verleiht Beliebtheit, Merkur Beredtsamkeit und Geschicklichkeit im Handel, Mars Kühnheit und Jähzorn, usw. Auch die zwölf Zeichen des Tierkreises kommen in Betracht. Der Widder, der Löwe und der Schütze vertreten das feurige Element und erweisen sich somit nützlich gegen Wassersucht und Lähmungen, außerdem machen sie die Menschen klug, beredt und geehrt; Zwillinge, Waage und Wassermann wirken fördernd auf Eintracht, Freundschaft, Gerechtigkeit und Gehorsam gegen die Gesetze ein, ihr Element ist die Luft. Dem Krebs, dem Skorpion und den Fischen entspricht als Element das Wasser, sie wehren also trockenen, heißen Fiebern, begünstigen aber andererseits Ungerechtigkeit, Unzuverlässigkeit und Verlogenheit. Stier, Jungfrau und Steinbock endlich stehen unter den Elementen der Erde am nächsten und heilen von Synochus und von anderen hitzigen Fiebern; sie machen ferner ihren Eigentümer oder Träger geschickt zu Ackerbau, Gartenbau und Wiesenbau sowie zur Religiosität. Das Bild des Pegasus empfiehlt sich Reitern und dient als Mittel gegen die Krankheiten der Pferde, Herkules mit dem nemaeischen Löwen verleiht Sieg. Perseus mit dem Haupte der Medusa hält Donner und Blitz ab; wer einen Kristall oder Jachant trägt, in welchem sich eine Jungfrau mit aufgelösten Haaren befindet nebst einem Manne, welcher ihr mit den Augen winkt, wird bei den Frauen beliebt, so daß diese ihm nichts abschlagen können usw.

Außerdem gab es noch Steine, welchen man einen erträumten Zusammenhang mit der Tierwelt zuschrieb. Die Kröte trägt z.B. nach dem Glauben des Mittelalters einen solchen im Hirn; ein anderer, der Aetites, stammt aus dem Nest des Adlers; er hilft Feinde in die Flucht zu schlagen, ist gut gegen die Fallsucht und soll von schwangeren Frauen am linken Arm getragen werden. Der Chelonites oder Chelidonius kommt von der Schwalbe und zeichnet sich ebenfalls durch wunderbare Kräfte aus; im Magen oder Bauch des Hahns findet sich alle sieben Jahre ein Wunderstein, der Alectorius. Vom Diamant, dessen Härte bekanntlich sprichwörtlich ist, glaubte schon Plinius, er könne durch Bocksblut weichgemacht werden. Diese Vorstellung herrschte während des ganzen Mittelalters; Wolfram von Eschenbach z.B. läßt Gahmurets Diamanthelm durch Bocksblut erweichen, worauf jener in der Tat getötet werden kann. Noch im vorigen Jahrhundert enthielt ein deutsches Kirchenlied infolgedessen die beiden Verse:

Der Demant zerspringet,
Wenn Boksblut ihn zwinget.

Noch deutlicher als an Gahmurets Helm zeigt sich die Wunderkraft der edlen Steine an einer anderen Stelle des Parzival. Der heilige Gral nämlich ist zwar nicht in allen Quellen, welche wir über seinen Sagenkreis besitzen, wohl aber bei Wolfram von Eschenbach ein edler Stein, der die Dienste eines Tischleindeckdich versieht und zugleich den Bewohnern der Gralburg Munsalvaesch Nahrung spendet. Er hat überdies Eigenschaften, welche sonst dem Steine der Weisen zugeschrieben wurden; wer ihn ansieht, stirbt nicht, sondern er behält seine blühende Farbe, und die Haare werden ihm nicht grau; er verjüngt ferner Leute, welche schon alt sind, ja, selbst der Vogel Phönix steigt, nachdem er sich zu Asche verbrannt hat, durch die Kraft des Grals verjüngt wieder aus derselben empor.

Nebenbei gab es freilich immer Leute, welche die Wunderkräfte der Steine bezweifelten und leugneten. Volmar hat sogar sein *Steinbuch* nach seinem eigenen Geständnis gedichtet, um den „Lügen“ jener in demselben die „Wahrheit“ entgegenzustellen. Und schon Epiphanius lehnt an mehreren Stellen die Verantwortlichkeit für die Eigenschaften der von ihm erwähnten Edelsteine ab und bezeichnet seine Gewährsmänner als Leute, „qui fabulosa confingunt“ oder „qui fabulosa referunt“ oder „qui fabulis credunt“.

II.

Gleich den Edelsteinen spielt auch die Pflanzenwelt auf dem Gebiet des mittelalterlichen Aberglaubens eine hervorragende Rolle. Man beobachtete die Pflanzen weniger um ihrer selbst willen als wegen der ihnen eigentümlichen oder auch nur fälschlich zugeschriebenen Heilkräfte. Gleich den Planeten gab man ihnen bestimmte Temperamente und erklärte die einen für trocken und heiß, die anderen für feucht und kalt usw. Galt nun ein Gewächs für feucht oder für kalt, sei es infolge seines schattigen Standortes, oder sei es bloß infolge willkürlicher Voraussetzungen, so empfahl es sich natürlich als Heilmittel gegen hitzige Krankheiten, Fieber u. dgl.; galt es für trocken, so mußte es sich selbstverständlich gegen alle möglichen Flußkrankheiten brauchen lassen. Dann erstreckten sich die Wirkungen der Pflanzen auch auf das Temperament der Menschen, welche sie in dieser oder jener Form genossen, und machten dieselben bald heiter, fröhlich und keck, bald traurig und schwerfällig. Die einen erregten die geschlechtlichen Triebe bei Männern und Weibern, während die anderen dieselben dämpften und die Frauen, welche sie genossen hatten, sogar unfruchtbar machten; letzteres wurde z.B. dem in irgendeiner Flüssigkeit aufgelösten Samen der Weide nachgesagt. Auch Frauen, welche ein Stück von der Wurzel eines Birnbaums bei sich trugen, wurden nicht schwanger, und wenn man auf eine ihrer Entbindung nahe Person eine Birne legte, so erschwerte diese jener die Niederkunft. Wenn endlich einer Mutter nach der Niederkunft die Milch ausging, so hatte sie, um wieder solche zu bekommen, einfach acht Tage lang Maiblumen unter das, was sie trank, zu mischen. Soweit es sich um diese und um ähnliche Vorstellungen handelt, zweifeln die Autoren des dreizehnten und vierzehnten Jahrhunderts, Albertus Magnus, Thomas von Cantimpré, Vincent von Beauvais, Konrad von Megenberg, nicht leicht an der Glaubwürdigkeit derselben, und noch im sechzehnten enthalten die Kräuterbücher eines Otto Brunfels oder Hieronymus Bock ungefähr die nämlichen Regeln. Immerhin gehen die zuerst genannten auf dem Gebiet des naiven Glaubens noch weiter als die späteren. Nach Megenberg vermögen aus dem Holz des Hausbaums verfertigte und an die Häuser gehängte Tafeln sogar Feuersbrünste von diesen abzuhalten. Wer Artemisia (Beifuß) an die Beine bindet, wird unterwegs nicht müde, und wer den Samen des Bilsenkrautes genießt, wird infolgedessen vergeßlich. Als besonders heilkräftig erweist sich die Paeonia; wer fünfzehn Körner derselben mit Rosenhonig getrunken hat, braucht sich vor keinem Inkubus zu fürchten, und wer dergleichen am

Hals trägt, wird nicht krank. Doch lehnt auch Megenberg in einzelnen Fällen die Verantwortlichkeit für das, was er berichtet, ab und überläßt sie den Zauberern, wo ihm etwa eine Sache gar zu fabelhaft erscheint. Noch um ein Gutes vorsichtiger ist Brunfels; er spricht sich schon in der Einleitung seines *Kräuterbuchs* deutlich genug gegen den förmlich magischen Gebrauch der Pflanzen aus und hält auch diesen Standpunkt in dem Buche selber fest. So verwirft er z.B. die Ansicht, daß man durch Tragen des Gamanders dumm werde und sich bei den Leuten verhaßt mache und das Messelesen und Hersagen abergläubischer Gebete über der Betonia bezeichnet er als „eitel narren werck".

Bei manchen Pflanzen ist das Brechen an bestimmte Stunden oder Tage gebunden, wenn ihre Wirkungen wirklich eintreten sollen. Der Teufelsabbiß z.B. muß um Mitternacht vor dem Tag Johannes des Täufers ausgegraben werden; dann ist seine Wurzel noch nicht vom Teufel abgebissen und dient nun zur Vertreibung desselben. Junge Maiblumen, vor Sonnenaufgang gepflückt und unter das Gesicht gerieben, verhindern das Aufkommen von Sommersprossen. Das Farnkraut trägt nur in der Johannisnacht Samen, und dieser ist folglich nur in dieser und zwar mittelst Beschwörungen zu gewinnen. Auch noch andere Umstände müssen beobachtet werden; wer z.B. die Mandragora ausgräbt, hat sich zu hüten, daß ihm der Wind nicht entgegenweht, und nach Westen zu sehen; er muß ferner vorher mit dem Messer drei Kreise um dieselbe ziehen. Die Mandragora nimmt unter den mit magischen Kräften ausgestatteten Erzeugnissen der

Pflanzenwelt eine höchst bedeutsame Stellung ein. Ihre Wurzel hat nämlich eine entfernte Ähnlichkeit mit einer menschlichen oder wenigstens gnomenhaften Figur, und es knüpfen sich infolgedessen eine Menge abergläubischer Vorstellungen an dieselbe. Wahrscheinlich sind solche Wurzeln in heidnischer Zeit als eine Art von Haus- oder Herdgöttern verehrt worden; schon der deutsche Name Alraun scheint etwas derartiges anzudeuten; aus der heidnischen Zeit scheint sich dann diese Sitte auf spätere Jahrhunderte vererbt zu haben. Immerhin lag es in der Natur der Sache, daß man den Wurzeln, wo ihre natürliche Gestaltung nicht genügte, auf künstlichem Wege nachhalf, ja, sie sogar gelegentlich aus Rüben geradezu verfertigte. Der Aberglaube ging aber im Ausmalen der wunderbaren Eigenschaften dieser Pflanze noch weiter. Der Alraun blüht angeblich während der heiligen Nacht, an welche sich ohnehin zahlreiche seltsame Vorstellungen knüpfen. Nun dichtete man der Pflanze auch noch einen unheimlichen, düsteren Ursprung an; sie sollte unter dem Galgen und zwar speziell unter dem Leichnam eines Gehängten, welcher Wasser oder Samen von sich gelassen hatte, gedeihen und heißt auch aus diesem Grund Galgenmännlein. Sie auszureißen war gefährlich, denn das Männlein stieß im Moment des Ausreißens einen so fürchterlichen Schrei aus, daß derjenige, welcher es ausriß, infolgedessen vor Schrecken starb. Man band daher einen schwarzen Hund mit dem Schwanz an die Pflanze fest und hielt ihm ein Stück Fleisch vor die Schnauze, worauf der Hund natürlich auf das Fleisch losstürzte und so die Pflanze aus dem Boden riß. Hatte man auf diese Weise das Galgenmännlein gewonnen, so mußte es nach Hause gebracht, daselbst sorgfältig behandelt, wohl auch gebadet oder frisch bekleidet werden. Glück und Segen des Hauses, ja, sogar die Fruchtbarkeit der Hausfrau – letztere wohl im Hinblick auf die Dudaim der Genesis (30,14), welche die Vulgata mit Mandragora überträgt, – hingen nun vorzugsweise von diesem Popanz ab. Man glaubte ferner, zum Alraun gelegte Geldstücke verdoppelten sich über Nacht, vorausgesetzt, daß man demselben nicht allzuoft mit dieser Zumutung komme. In bezug auf das beim Galgenmännlein anzuwendende Erbrecht ist zu bemerken, daß dasselbe nach dem Tod seines Eigentümers zunächst dem jüngsten Sohn und, wenn dieser kinderlos starb, darauf dem ältesten zufiel. Wer als Besitzer eines Alrauns starb, dem mußte Brot und Geld ins Grab mitgegeben werden; ebenso dem künftigen Besitzer, falls er starb, ehe er jenen erbte.

Übrigens war die Hervorbringung des Alrauns keineswegs der einzige Verdienst, welchen sich ein gehängter Dieb um die Menschheit erwerben konnte; es kam vielmehr noch ein zweites Wunderding dazu, welches zwar genaugenommen nicht gerade hierher gehört, das aber aus Rücksicht auf seinen verwandten Ursprung ebenfalls an dieser Stelle mag erwähnt werden. Man schnitt dem Gehängten nämlich einen Daumen ab, oder man stahl wohl auch, wenn dieses nicht gerade tunlich war, die ganze Diebsleiche, um diese Operation nachträglich an ihr vorzunehmen. Wer einen solchen Diebsdaumen besaß, hatte zugleich mit demselben das Glück gewonnen, und um ihres hohen Wertes willen wurden solche Daumen wohl auch in Gold oder Silber eingefaßt. Auch bei Krämern konnte man sich dieselben zuweilen verschaffen, und Wirte hielten sich manchmal einen, um Gäste anzuziehen. Selbstverständlich war es namentlich, daß Spieler womöglich in den Besitz dieser glückbringenden Substanz zu gelangen suchten.

Während beim Galgenmännlein biblische und, wie es scheint, auch germanische Vorstellungen zusammenwirkten, scheint ein anderes fabelhaftes Gewächs, die Springwurzel, unmittelbar aus der Naturgeschichte des Plinius entlehnt zu sein. Man gewann dieselbe am leichtesten mit Hilfe eines Schwarzspechtes, also eines Vogels, welcher sowieso im römischen Mythos zu Hause ist. Hatte man sich nämlich den Baum gemerkt, auf welchem der Specht nistete, so hatte man bloß, wenn dessen Brutzeit vorüber war, in Abwesenheit des Vogels die Öffnung, welche zu seinem Nest führte, zu verspunten. Sobald der Specht bei seiner Rückkehr merkt, daß ihm der Zutritt zu seinen Jungen versperrt ist, so holt er ein Kraut, um mit Hilfe desselben wieder in sein Nest zu gelangen; dieses Kraut ist eben die Springwurzel, bei Konrad von Megenberg „paumhäkkelkraut“ genannt. Breitet man nun unter dem Baum ein rotes Tuch aus, so erschrickt der Vogel, hält das Tuch für Feuer und läßt die Wurzel fallen; nach anderen Berichten läßt er sie erst fallen, wenn sein Nest wieder offen ist, und wieder andere erregen durch Lärm in dem Vogel Furcht, um ihn zum Fallenlassen des Krautes zu bringen. Wer die Springwurzel auf diese Weise gewonnen hat, kann mittelst derselben Geister vertreiben und verschlossene Türen öffnen.

Die wunderlichsten Dinge, welche man den Pflanzen überhaupt andichten konnte, finden sich aber in dem fälschlich dem Albertus Magnus zugeschriebenen Buch *De secretis mulierum libellus; ejusdem de virtutibus herbarum, lapidum, et animalium quorundam libellus*. Nach diesem bewirkt z.B. der Heliotrop, wenn er in eine Kirche gelegt wird, daß in dieser allenfalls vorhandene Ehebrecherinnen sich nicht entfernen können, bevor jener wieder entfernt ist. Das Kraut Nephta wird mit einem Stein vermischt, den man im Nest des Wiedehopfs findet; reibt man nun mit der hieraus entstandenen Mischung einem beliebigen Tier weiblichen Geschlechts den Bauch, so wird dasselbe infolgedessen trächtig und wirft nach einiger Zeit ein ganz schwarzes Junges; legt man hingegen die nämliche Mischung in einen Bienenstock, so bewirkt sie, daß die Bienen niemals auswandern. Das Kraut der Lilie sodann wird gesammelt, wenn die Sonne im Zeichen des Löwen steht; mischt man es mit Lorbeersaft und stellt es hierauf unter das Heu, so entstehen nach einiger Zeit Würmer darin. Wenn diese Würmer nun zu Staub geworden sind und dieser Staub jemanden auf den Hals oder in die Kleider gestreut wird, so kann dieser nicht schlafen; legt man hingegen den Staub in ein Gefäß mit Kuhmilch und bedeckt man letzteres mit der Haut einer einfarbigen Kuh, so verlieren alle Kühe im Stall ihre Milch. Einigen Pflanzen wird in diesem Buch beschwörende Kraft zugeschrieben. Legt man z.B. eine Hundezunge (lingua canis) mit dem Herz und der Gebärmutter eines Frosches an einen beliebigen Ort, so sammeln sich alle Hunde aus der Nachbarschaft ebendaselbst; tritt man gar noch mit der großen Zehe auf die Hundezunge, so kann keiner mehr bellen. Hängt man Viscus querci mit dem Flügel einer Schwalbe zusammen an einen Baum, so versammeln sich die Vögel von fünf Meilen im Umkreis ebendaselbst, usw.

Alles bisher erwähnte wird jedoch durch die magischen Kräfte der Wünschelrute weit überboten. Schon die griechische Mythologie schrieb dem Gott Hermes einen Stab zu, welcher sowohl hinsichtlich seiner Form als hinsichtlich seiner Eigenschaften an die spätere Wünschelrute erinnert. Dieser Stab war eine Gerte mit einer Zwiesel, ursprünglich ohne Schlangen; die Zwiesel dachte man sich in einen Knoten verschlungen. Er galt im allgemeinen für segenspendend und verwandelte alles, was mit ihm in Berührung kam, in Gold. In Deutschland läßt sich der Name der Wünschelrute bis ins achte Jahrhundert zurückverfolgen. Nichtsdestoweniger haben wir es schwerlich mit einer wirklich germanischen Vorstellung zu tun, und zwar hauptsächlich darum nicht, weil die Vorstellung selbst auch außerhalb Deutschlands, z.B. in Frankreich, nachweisbar ist. Hinsichtlich der magischen Kräfte, welche man dieser Rute zuschrieb, ist die spätere Zeit weit über das, was wir vom Stabe des Hermes wissen, hinausgegangen, immerhin so, daß die neu hinzugekommenen Züge ebenfalls keineswegs einen speziell deutschen Charakter haben.

Was nun zunächst die Bedingungen betrifft, unter welchen die Wünschelrute gewonnen wird, so liefert in den meisten Fällen die Haselstaude das notwendige Material; letztere soll einjährig sein, nirgends älteres Holz enthalten und so stehen, daß ihre Gabeln sowohl von der Morgen- als von der Abendsonne beschienen werden. Hat man eine solche Rute von einer Haselstaude gewonnen, so kann man sich derselben zu verschiedenen Zwecken bedienen, doch ist ihr Eigentümer auch seinerseits verschiedenen Bedingungen unterworfen. Er muß zunächst ein unbescholtener und christlich gesinnter Mann sein und darf weder Geld noch Eisen bei sich tragen. Ferner galt der Gebrauch unbekannter Wörter und das Hersagen falscher Gebete während des Schneidens sowie das Einritzen von Zeichen bei den einen als Mißbrauch, während andere sich gerade bei dieser Gelegenheit allerlei Beschwörungen erlaubten. Am häufigsten glaubte man, mit Hilfe der Wünschelrute verborgene Schätze, Metalladern oder verborgene Wasserquellen entdecken zu können; auf letztere hat vielleicht der Umstand eingewirkt, daß im Exodus Moses mit Hilfe seines Stabes Wasser aus dem Felsen schlägt; mittelalterliche Dichter wie Konrad von Würzburg nennen diesen Stab auch wirklich „wünschelgerte". Ferner fragte man sie nach dem Geschlecht eines zu erwartenden Kindes, nach verlorenen oder entlaufenen Haustieren, nach dem Befinden entfernter Angehöriger, nach Dieben, ja, sogar nach Mördern. Die Rute einer Dame namens Ollivet, welche in der zweiten Hälfte des siebzehnten Jahrhunderts in Grenoble lebte, schlug sogar auf verborgene Reliquien und unterschied dabei die Überreste kanonisierter und nicht kanonisierter Heiliger sehr genau. Schlägt die Rute unrichtig, so trägt der Teufel die Schuld, oder es liegt nicht im Ratschluß Gottes, daß der gesuchte Gegenstand gefunden wird.

Andere dachten sich ihre Wirksamkeit von den himmlischen Aspekten abhängig. Nach Luther übertritt derjenige, welcher sich einer solchen Gerte bedient, das erste Gebot.

Eine höchst merkwürdige hierhergehörige Kriminalgeschichte trug sich im Jahre 1692 in Lyon zu. Dort wurde am fünften Juli des genannten Jahres ein Weinhändler nebst seiner Frau in einem Keller mit einer Axt erschlagen, das Geld der Ermordeten aber entwendet. In der Dauphiné lebte damals ein Bauer namens Jacques Aymar, welcher im Geruche stand, mit Hilfe seiner Rute gestohlene Gegenstände, Diebe und Mörder entdecken zu können. Aymar wurde also nach Lyon berufen und erschien wirklich daselbst, zwei höhere Gerichtsbeamte führten ihn in den Keller, welcher der Schauplatz der Mordtat gewesen war. Eine Rute, welche man ihm in die Hand gab, schlug sofort, als er an die Stelle kam, wo der Weinhändler umgekommen war, sein Puls bewegte sich zu gleicher Zeit fieberhaft. Die Nachforschungen wurden durch die ganze Stadt fortgesetzt, sie führten zuletzt an die Rhone, und es ergab sich daraus, daß die Mörder zu Schiff entflohen waren. Aymar verfolgte sie weiter, indem er einfach seiner Rute nachging, und es gelang ihm zunächst zu konstatieren, daß es drei Mörder gewesen waren. Überall, wo diese geweilt hatten, bei den Betten, in welchen sie geschlafen, bei den Tischen, an welchen sie gegessen, bei Flaschen, aus welchen sie getrunken, ja, sogar bei Personen, mit welchen sie auf ihrer Flucht gesprochen hatten, schlug seine Wünschelrute. Man vergrub die Mordaxt nebst einigen anderen von ganz gleicher Größe und Form in einem Garten; die Rute Aymars schlug sofort, als er sich der Stelle näherte, wo die echte Axt verscharrt war; man verbarg die Äxte unter den Gewächsen des nämlichen Gartens und verband Aymar die Augen, und er fand sie ebenfalls. Endlich gelang es ihm, in Beaucaire einen der Mörder zu entdecken; das Individuum nannte sich Bossu und leugnete anfänglich nicht nur seine Mitschuld, sondern behauptete geradezu, noch gar nie in Lyon gewesen zu sein. Als man ihm aber mittels der Wünschelrute bewies, daß er dort gewesen sei, und auf welchem Weg er von Lyon nach Beaucaire gekommen war, als ihn ferner alle die Personen, mit welchen er auf der Flucht verkehrt hatte, wiedererkannten, gab er seine Anwesenheit bei der Mordszene zu, behauptete aber, nicht er, sondern seine beiden Begleiter seien die eigentlichen Mörder. Nichtsdestoweniger wurde ihm „mit einem sonderbaren Fleiss" der Prozeß gemacht, und schließlich ward er zum Tod durch das Rad verurteilt. Die beiden anderen waren Aymars Wünschelrute zufolge ostwärts in der Richtung nach Toulon geflohen; Aymar verfolgte sie bis an die Landesgrenze, mußte aber, da jene dieselbe überschritten hatten, unverrichteter Dinge umkehren.

An und für sich ist natürlich das Anwenden der Wünschelrute zur Entdeckung von Missetätern um kein Haar besser, als das der Physiognomik oder des Punktierbuches zu ähnlichen Zwecken. Was speziell Aymars Rute betrifft, so wird uns an einer anderen Stelle berichtet, daß sie sich in Paris als ganz unzulänglich erwies, über verstecktem Gold oder Silber unbeweglich blieb und dafür über einem mit Kieselsteinen gefüllten Sacke schlug. Und als Aymar in Begleitung zweier Prinzen von Geblüt und des königlichen Gerichtsprokurators an eine Stelle geführt ward, an welcher eben erst ein Mord war begangen worden, geriet daselbst weder sein Blut noch sein Stab in Bewegung.

Während das Beobachten der Natur und das Studium derselben den Blick einzelner Menschen sowohl als ganzer Generationen schärft und dieselben zum Erkennen wie zur künstlerischen Wiedergabe der angeschauten Objekte befähigt, trübt sich umgekehrt der Blick ganzer Generationen, welche sich von ihr abwenden. Das Mittelalter leistet den Beweis hierfür nicht nur in seinen schriftlichen Denkmälern, sondern auch in seiner plastischen oder malerischen Auffassung und Darstellung der Gegenstände, in seinen mangelhaften Perspektiven, seinen scheinbar muskellosen Körpern und namentlich seiner schiefen Auffassung von Ursache und Wirkung. Und auch nachdem dasselbe vorüber war, gab es noch genug Leute, welche seine seltsamen Befangenheiten in spätere Jahrhunderte verpflanzten. So hat es denn nichts Auffallendes, wenn im Jahre 1646 die Magd des Pfarrers von Schönewalda bei Hertzberg im Gras ein Gewächs abmähte, welches wie ein Mensch schrie und aussah wie zwei Menschen, der eine „wie ein Türck in aller Statur und Habit“, der andere „wie ein Christ, so für den Türcken gekniet, und gleichsam umb Gnade gebeten“. Noch wunderlicher klingt, was uns zum Jahre 1592 aus Emmerich gemeldet wird. Dort ließ ein Bürger namens Johann Gerlich einen großen Baum, den er im Bergischen Busche (Walde) gekauft hatte, vor seiner Haustüre zerhacken; da sah man in der Mitte des Stammes „beyde große Kriegs-Heer, Haupt-Leute, Fendrich, Trommelschläger, Doppelsoldener, Hackenschützen, Muskatirer, die in der Ordnung gestanden, wie in einer Schlacht." Ein Teil dieser Soldaten soll auf Befehl des Magistrats auf dem Rathaus, der andere Teil im Bruderhaus zu Emmerich aufbewahrt worden sein.

III.

Auch die Tierwelt wurde im Mittelalter mit ganz anderen Augen angesehen als heutzutage. Wir haben hierbei zweierlei zu unterscheiden, nämlich einerseits die Annahme von in der Wirklichkeit gar nicht vorhandenen Geschöpfen und andererseits fabelhafte Eigenschaften, welche man den faktisch vorhandenen Tieren andichtete. Auch hierin war das Altertum mit seinem Beispiel vorangegangen, und nicht mit Unrecht hat wohl A.W. Schlegel die *Indica* des Ctesias als „die große Schatzkammer für alle folgenden Fabelkreise" bezeichnet. Eine Ausnahme bildet freilich Aristoteles; er nimmt aber eine viel zu isolierte Stellung ein, als daß die Resultate seiner Forschungen zum Gemeingut des Altertums hätten werden können. Vergleicht man z.B. die Naturgeschichte des Plinius mit den hierhergehörigen Schriften des Aristoteles, so erstaunt man förmlich über die Ansichten, welche man hier erwähnt findet, und welche den herrschenden Ansichten der antiken Welt viel näherstehen als die Resultate der aristotelischen Forschungen; daß aber gerade jene nebst anderen geistesverwandten Erzeugnissen eines Aelian,

Solinus usw. das ganze Mittelalter hindurch hochgehalten wurden, versteht sich eigentlich von selbst. Kein einziger Schriftsteller von Plinius bis zum dreizehnten Jahrhundert hat die Tierwelt selbständig beobachtet, kein einziger war Naturforscher im jetzigen Sinne des Wortes, und nicht mit Unrecht bezeichnet sie daher der Geschichtsschreiber der Zoologie als literarische Sammler. Dazu kam aber noch ein zweiter Umstand. Neben den ererbten literarischen Schätzen des Altertums besaß das Mittelalter eine spezifisch christlich gefärbte Naturgeschichte, den sogenannten Physiologus. Der Physiologus ist alexandrinischen Ursprungs, hat aber keinen bestimmten Verfasser; er erschien zuerst in griechischer Sprache, wurde aber im Laufe der Zeit in alle möglichen abendländischen und zum Teil auch morgenländischen Sprachen übersetzt; die Übersetzer verfuhren keineswegs immer sklavisch, sie erlaubten sich vielmehr häufig Änderungen ihrer Vorlagen, Auslassungen sowohl als Zusätze. Das Buch kann infolgedessen nicht als das Werk eines einzelnen bezeichnet werden, es haben vielmehr ganze Generationen an demselben gearbeitet. Sein christlicher Ursprung aber ergibt sich zum Teil aus dem Umstande, daß nur die in der Bibel vorkommenden Tiere in dasselbe aufgenommen sind, zum Teil auch daraus, daß sich neben der eigentlichen Schilderung das Symbolische immer mehr in den Vordergrund drängt. Man entnahm also die Tierformen selbst der heiligen Schrift, und das, was man über sie wußte oder zu wissen vorgab, zum Teil der schon vorhandenen Profanliteratur, zum Teil der eigenen Phantasie, welche die christliche Lehre gerne möglichst sinnlich auffaßte und anwandte. Manche Züge des Physiologus stimmen infolgedessen genau mit dem überein, was wir auch sonst aus Plinius oder Aelian wissen, z.B. daß die Hyäne ihr Geschlecht nach Belieben wechselt oder daß der weibliche Rabe nach dem Tod des Männchens verwitwet bleibt. Im übrigen hatte namentlich Papst Gregor der Große den Physiologus in die abendländische Zoologie eingeführt, und es war fortan der ausgesprochene Zweck der Kirchenlehrer, mit der Tiergeschichte den rechten christlichen Begriff zu verbinden.

Unter den fabelhaften oder wenigstens bis zur Unkenntlichkeit entstellten Tieren nehmen das Einhorn, der Drache und der Basilisk die bedeutendste Stellung ein. Das Einhorn galt für außerordentlich wild, doch glaubte man, es lege sich einer reinen Jungfrau in den Schoß und schlafe so ein. Der Name des Tieres stammt bekanntlich aus der Bibel; doch kümmerte sich während des Mittelalters kein Mensch darum, an welches Geschöpf bei der Erwähnung desselben eigentlich zu denken sei. Den Drachen sodann bezeichnet schon sein Name als dem griechisch-römischen Altertum angehörig; die wirklichen Naturforscher des Mittelalters versetzen ihn daher auch in ferne südliche oder östliche Länder, und nur in Volkssagen oder Heldendichtungen tritt er gelegentlich auch in Europa auf. Allgemein galt er für schlangenförmig, geflügelt und ungeheuer groß; als sein Aufenthaltsort wurden Höhlen und Klüfte bezeichnet, in welchen er, wenigstens in Sagen, Schätze hütete. Ohne Zweifel haben antike Sagen oder Mythen, in welchen der Drache vorkommt, also z.B. die von Herakles, Kadmus oder Jason auf die Darstellung desselben in späterer Zeit eingewirkt; denn die wirklich vorhandenen Schlangen Europas wären nicht imstande gewesen, ein derartiges Phantasiegebilde hervorzurufen. Das merkwürdigste und zugleich schrecklichste unter den genannten drei Fabeltieren ist aber entschieden der Basilisk. Er verscheucht alle lebendigen Wesen aus seiner Nähe, versengt jede Vegetation, zerbricht Felsen, und sein bloßer Hauch ist im Stande, sowohl Menschen als Tiere zu töten. Das Abenteuerlichste an ihm ist aber seine Herkunft. Wenn ein abgelebter Hahn ein Ei legt und eine Schlange dasselbe ausbrütet, so entsteht daraus ein Basilisk; darum vereinigt auch dieser in sich die Gestalt der Schlange und des Hahns; von jener hat er den Schweif, von diesem die Flügel und den Kopf nebst Kamm. Natürlich melden denn auch die Chroniken von Zeit zu Zeit daß ein solches Untier an dem oder jenem Ort zur Welt gekommen sei; im Jahre 1474 z.B. legte ein elfjähriger Hahn in Basel ein Ei und wurde zur Strafe dafür am vierten August des nämlichen Jahres enthauptet und nebst zwei anderen noch in seinem Leib befindlichen Eiern durch den Henker verbrannt.

Noch interessanter und charakteristischer für den Glauben des Mittelalters sind aber diejenigen Fälle, in welchen wirklich vorhandenen und genau bekannten Tieren, sogar Haustieren, die fabelhaftesten Dinge zugetraut und angedichtet werden; doch treten hier die zahmen, von Pflanzenkost lebenden Haustiere, mit Ausnahme des tief in den Hexen- und Teufelsglauben verflochtenen Ziegenbockes, sehr in den Hintergrund. Erzählungen wie die von jenem Hengste, welcher sich, als man ihn zur Begattung mit seiner eigenen Mutter verlockt hatte, aus Reue in einen Abgrund stürzte, worauf die Mutter dasselbe tat, sind verhältnismäßig selten. Die Katze freilich spielt gleich dem Bock im Hexenglauben eine hervorragende Rolle; sie besitzt aber auch gerade diejenigen Vorrechte, welche das Pferd, das Rind, das Schaf u.a.m. nicht haben, nämlich Freiheit der Bewegung bei Tag und Nacht; sie empfahl sich infolgedessen auch der dichtenden Volksphantasie weit besser als jene. So konnte denn der Kämmerer des Abtes von Lutri im Jahre 1478 in der Herrenstube zu Gebweiler ganz gut, und ohne auf erheblichen Widerspruch zu stoßen, von einer in der Nähe des Neuenburgersees gelieferten Katzenschlacht berichten; der Kaplan Knebel, welcher diesen Zug in seiner Chronik aufgezeichnet hat, fürchtete im Gegenteil infolgedessen Böses. Häufig sind die Katzen, namentlich die schwarzen, Menschen, zumal Weiber, welche diese Tiergestalt nur vorübergehend angenommen haben; wir werden jedoch sowohl diese Vorstellung als die verwandte vom Werwolf besser später bei der Schilderung des Hexen- und Teufelsglaubens behandeln. Dafür mögen hier einige Fälle von Dämonisierung des Wolfes angeführt werden, welche Cäsarius von Heisterbach im zehnten Buch seines *Dialogus miraculorum* erzählt.

Schulknaben aus Kerpen in der Erzdiözese Köln hatten in einem Walde junge Wölfe in einer Höhle gefunden und diese herausgenommen, einer der Knaben hatte denselben überdies mit einem Beil die Pfoten abgehauen. Als die alte Wölfin zurückkam und ihre Jungen im Zustand der Verstümmelung traf, eilte sie den Knaben nach und fand den eigentlichen Missetäter sofort aus den übrigen heraus. Der Junge flüchtet sich auf einen Baum, die Wölfin, welche ihm dahin nicht folgen kann, beginnt mit ihren Pfoten an der Wurzel des Baumes zu graben; zuletzt, da sie auch so ihrem Ziel nur langsam näher kommt, ruft sie andere Wölfe zur Unterstützung herbei. Unterdessen hatten die übrigen Knaben den Vorfall zu Hause erzählt, und infolgedessen waren bewaffnete Männer hinausgeeilt, um den Bedrohten zu retten; es gelang ihnen auch, die Wölfe zu vertreiben und jenen in ihrer Mitte nach Hause zu geleiten. Allein die rachsüchtige Wölfin gab ihre Absicht noch nicht auf; sie folgte vielmehr der bewaffneten Schar, und als diese schon ganz in der Nähe des Dorfes war, durchbrach sie dieselbe plötzlich, sprang auf den Knaben los und zerbiß ihm die Kehle; unmittelbar darauf erlag dann auch sie den Hieben der Männer.

In einer anderen Ortschaft unweit Aachen hatten es die Wölfe auf die Kinder eines Mannes förmlich abgesehen; sie raubten ihm alle drei der Reihe nach, eines sogar zweimal, nachdem es das erste Mal durch die Intervention eines Ritters aus dem Rachen einer solchen Bestie gerettet worden war. An einem dritten Ort zwang ein Wolf ein Mädchen, mit ihm in den Wald zu kommen und da einem Kollegen, welchem ein Knochen im Hals steckengeblieben war, diesen herauszuziehen; nachdem dieses geschehen war, geleitete er das Mädchen unversehrt wieder nach Hause.

Selbst nach seinem Tod kann der Wolf noch dämonisch wirken. So glaubte man u.a. von einer aus einem

Wolfs- oder auch Bärenfell verfertigten Pauke, sie mache die Schafe verstummen und verscheuche die Pferde.

Mehr ergötzlich als unheimlich klingen diejenigen Vorstellungen, welche sich, zum Teil bis in neuere Zeit, an den Fuchs knüpfen und teilweise nichts als Weiterbildungen der natürlichen Schlauheit dieses Tieres sind. Hierher gehört namentlich der Glaube, der Fuchs stelle sich, wenn er hungrig sei, tot und halte den Atem so lange zurück, bis die Vögel in der Meinung, ein Aas gefunden zu haben, sich auf ihm niederlassen; oder er nehme, wenn ihn die Flöhe übermäßig plagen, ein Büschel Heu in die Schnauze, steige dann rücklings ins Wasser und lasse das Heu, sobald die Flöhe sich von seinem Balg in jenes zurückgezogen hätten, ins Wasser fallen, oder er benutze seinen Schwanz, um Krebse zu fangen.

Unter den Vögeln spielte namentlich der Storch eine hervorragende Rolle. Man glaubte wohl, die Störche seien nur bei uns Vögel, während ihres Aufenthaltes im Süden hingegen Menschen. Schon im Altertum finden sich Spuren dieses Wahns; im Mittelalter vertritt ihn Gervasius von Tilbury und selbst in neuerer Zeit ist derselbe nicht ganz erloschen; im Oldenburgischen z.B. galten die Störche nicht nur für gewöhnliche Menschen sondern speziell für Freimaurer. Die Störche zeichnen sich außerdem durch ihre Keuschheit aus, und eine Störchin, welche die Ehe wirklich gebrochen hat, wird von ihrem Gatten getötet, selbst wenn sie sich nach begangenem Inzest im Wasser gereinigt hat. Bei Gervasius von Tilbury hingegen findet sich das Ehegericht auf die Schwäne übertragen; bei dem nämlichen Autor wird aber auch eine Störchin von ihren Verwandten verurteilt und umgebracht, weil sie ein ihr von Menschen untergeschobenes Rabenei ausgebrütet hat. Der Baumgans (anser torquatus oder anas ruficollis) dichtete man wenigstens eine abenteuerliche Entstehungsweise an; sie wachse, hieß es, auf Bäumen in Irland und falle, wenn sie ausgewachsen sei, entweder herab oder fliege davon; so Sylvester Giraldus (1154-1189) in seiner *Topographia Hiberniae.* Gervasius von Tilbury gibt ihr die nämliche Entstehungsweise, verlegt aber die betreffenden Bäume in die Nähe der englischen Abtei Faversham; Jacobus de Vitriaco († 1240) läßt sie an der flandrischen Küste wachsen. Man aß das Fleisch dieser Gänse auch während der Fastenzeit wegen ihres vermeintlichen vegetabilischen Ursprungs oder nach anderen, weil sie infolge ihrer Abstammung keinen Koitus ausübten, bis es Papst Innozenz III. verbot. Die ganze Fabel läßt sich ein halbes Jahrtausend hindurch vom zwölften bis zum siebzehnten Jahrhundert verfolgen; in letzterem vertritt dieselbe noch der königlich schottische Rat Sir Robert Moray in einem Bericht der Philosophical Transactions, wo jedoch die Vögel zunächst aus Muscheln hervorkommen, welche an den betreffenden Bäumen, meist Föhren oder Eschen, hängen. Wie alt dieselbe hingegen war, als Giraldus sie aufzeichnete, läßt sich, so lange kein älterer Bericht aufgefunden ist, natürlich nicht nachweisen. Der bekannte Sprachforscher Max Müller hat nun nachgewiesen, daß die erste Entstehung und Ausbildung dieser Fabel durch die Sprache veranlaßt worden sei; die betreffende Gans heißt nämlich Bernikelgans, wobei der Name Bernikel, wie Müller annimmt, wahrscheinlich aus Hibernicula entstanden ist; Giraldus, unser ältester Gewährsmann, verlegt ja in der Tat Bäume und Vögel dorthin. Daneben aber gab es eine Muschel, welche Bernacula hieß und welche, wie sich aus Morays Bericht ergibt, in die Fabel verflochten war. So konnten aus den Muscheln durch irgendeine Verwechslung bei so großer Namensähnlichkeit leicht Gänse werden, zumal wenn noch beide in denselben Gegenden zu Hause waren; der Umstand, daß man den Vogel auch während der Fasten essen konnte, wenn er von einem Baum stammte, mochte der Fabel überdies eine längere Existenz verschaffen als anderen, denen ein praktischer Wert fehlte. Von der nordischen Eidergans glaubte man noch im vorigen Jahrhundert, sie müsse, wenn man ihr einen Stab von der Länge einer halben Elle ins Nest stecke, so lange Eier legen, bis die Spitze des Stabes von Eiern bedeckt sei, dann aber sterbe sie vor Erschöpfung. Auf der Insel Rhodos hingegen soll es Strauße gegeben haben, deren scharfer Blick dazu hinreichte, ihre Eier auszubrüten.

Im ganzen nehmen die Vögel an den Schicksalen der Menschen einen viel bedeutenderen Anteil als die Säugetiere. Der Ruf des Kuckucks z.B. zeigt die Zahl der noch folgenden Lebensjahre an. Ein Laienbruder aus dem Orden der Zisterzienser schloß aus demselben, er habe noch zweiundzwanzig Jahre zu leben; er trat also aus seinem Kloster aus in der Absicht, zwanzig Jahre lang die Freuden der Welt zu genießen und dann während der zwei noch übrigen Jahre Buße zu tun. Gott aber hatte es anders beschlossen; er ließ ihn zwei Jahre die Freuden der

Welt genießen, dann aber rief er ihn aus derselben ab; so sind, fügt Cäsarius von Heisterbach, unser Gewährsmann, hinzu, die Versprechungen des Teufels. In Schweden glauben die Mädchen, aus dem Rufe des Kuckucks erraten zu können, wie manches Jahr sie bis zur Hochzeit noch warten müßten. Der Storch bringt nach einem weitverbreiteten Volksglauben die neugeborenen Kinder ins Haus; diese Vorstellung hat einen gemütlich scherzhaften Anstrich, und es lag nahe, dem Vogel, dessen Familienleben man täglich vor Augen hatte und bewunderte, auch ein gewisses Interesse an der menschlichen Familie anzudichten, auf deren Dach er nistete; jedenfalls ist es höchst überflüssig, dieselbe bis auf die indogermanische Urzeit zurückzuführen.

Manche Vögel läßt der Aberglaube ein fabelhaft hohes Alter erreichen, so z.B. die Krähe, den Raben, die Schneegans; von dem Adler, welcher ebenfalls hierher gehört, heißt es überdies, er verjünge sich wieder, wenn er alt geworden sei, eine Vorstellung, welche wohl der ursprünglich orientalischen vom Phönix nachgebildet ist, der sich in einem Alter von fünfhundert Jahren selbst verbrennt, hernach aber verjüngt wieder aus der Asche emporsteigt. Das Mittelalter hat infolgedessen auch diesen fremden und überdies mehr oder weniger erdichteten Vogel in seine Naturgeschichte aufgenommen. Der Adler zwingt ferner seine Jungen, in die Sonne zu blicken, und wirft diejenigen, welche ihren Glanz nicht ertragen können, hinab; umgekehrt zeichnet sich der Pelikan durch seine zärtliche Liebe zu seiner Brut aus und belebt dieselbe mit seinem eigenen Blut neu; infolgedessen erscheint sein Blut hier und da als belebendes Heilmittel überhaupt und er selbst in der Kunst des Mittelalters als Symbol Christi.

Auch menschliche Klugheit wurde manchen Vögeln zugeschrieben. In Burgund z.B. lebte nach Gervasius von Tilbury ein Rabe, welcher auf einem Schloß regelmäßig Anzeige machte, wenn sich eine Gefahr in der Nähe zeigte oder feindlicher Überfall drohte. Als dieser Vogel einst bemerkte, daß die Burgfrau neben ihrem Gatten noch einen Geliebten hatte, erzählte er es dem Burgherrn, wurde aber zur Strafe dafür von dem Nebenbuhler desselben durch einen Pfeilschuß getötet. Die Kunst der Sprache erscheint überhaupt in vielen mittelalterlichen Sagen und Erzählungen, in abendländischen sowohl als in morgenländischen, als ein den Vögeln eigentümlicher Zug; sie ist wohl von der Wahrnehmung ausgegangen, daß einzelne Arten derselben, und unter diesen namentlich der Rabe, imstande sind, den Menschen gewisse Worte nachzusprechen; nur erscheint dann diese Fähigkeit im Volksglauben in fabelhafter Weise gesteigert.

Endlich glaubte das Mittelalter auch noch an Kämpfe und Schlachten, welche sich die Vögel gegenseitig lieferten. In Deutschland vertreten Walther von der Vogelweide und Johann von Winterthur diese Ansicht, in Italien, speziell in bezug auf die Elstern und Dohlen, Poggio.

Unter den Amphibien spielt, abgesehen von dem fabelhaften Drachen und dem ebenso fabelhaften Basilisken, entschieden die Kröte die unheimlichste Rolle. Es war nicht genug, daß sie Jahrhunderte hindurch für giftig gehalten wurde und bei manchen Leuten noch jetzt dafür gilt, man dichtete ihr vielmehr dämonische Züge in Hülle und Fülle an und verflocht sie teilweise auch in den mittelalterlichen Hexen- und Teufelsglauben. Es klingt noch ziemlich harmlos, wenn im Simplicianischen *Galgen-Männlein* erzählt wird, eine Kröte auf dem Boden des Butterhafens mache, daß die Butter nicht abnehme. Was hingegen Cäsarius von Heisterbach von der dämonischen Natur dieses Tieres zu berichten weiß, stellt sich seinen unheimlichen Wolfsgeschichten ebenbürtig an die Seite.

Ein Mann, aus dem schon erwähnten Kerpen, trat, als er noch ein Knabe war, auf dem Feld beim Ausjäten von Unkraut zufällig auf ein solches Tier; dieses erhob sich drohend gegen ihn, worauf es der Knabe mit Hilfe eines Stückes Holz totschlug. Nun aber verfolgte ihn die tote Kröte bei Tag und Nacht, obschon er sie noch mehrmals tötete und zuletzt sogar zu Asche verbrannte. Als er einst mit einem Freund auf die Jagd ritt, kletterte die Kröte an dem Schweif seines Pferdes herauf, bis sie wieder getötet wurde; endlich aber gelang es ihm auf folgende Weise, die Bestie loszuwerden. Als er einst mit seinen Freunden zusammensaß, erschien die Kröte wieder an einem Pfosten der nächsten Wand; da entblößte jener seine Hüfte und ließ sich von der Bestie beißen, damit diese endlich einmal ihre Rachgier befriedigen könne. Nun schnitt er die Wunde rasch mit einem Rasiermesser aus und warf das ausgeschnittene Fleisch weg. Dieses schwoll alsbald bis zur Größe einer Faust an; die Kröte aber, welche sich nunmehr gerächt hatte, erschien nicht wieder.

Einem Priester in der Diözese Köln, welcher dem Trunk leidenschaftlich ergeben war, erschien einst eine große Kröte auf dem Boden seiner Weinflasche. Die Sache war um so auffallender, als der Bauch des Gefäßes zwar weit, sein Hals aber so eng war, daß gar kein wirkliches Tier hineinkriechen konnte. Der Priester konnte die Kröte nicht herausbringen, andererseits wollte er auch das Gefäß nicht zerschlagen, er stellte es also einstweilen auf die Seite. Als er nach einer Stunde wieder nachsah, war die Kröte verschwunden, und der Priester schloß hieraus, der Teufel habe diese Gestalt angenommen, um ihn vom ferneren Trinken abzuschrecken. Teufel und Kröte sind überhaupt Begriffe, welche dem mittelalterlichen Menschen mehr oder weniger ineinander übergingen; nur liegt es sonst nicht gerade in der Natur des Teufels, die Menschen vom Bösen abzuschrecken.

Kaum weniger abenteuerlich klingt das, was Johann von Winterthur in seiner Chronik von einer Viper erzählt. Diese hatte in einem Bauernhaus unweit Ravensburg Junge, der Eigentümer des Hauses aber hatte ihr diese versteckt. Da spritzte der Wurm, um sich zu rächen, mit seinem Schwanz Gift in einen gerade über dem Herdfeuer befindlichen Topf mit Gerste; als man ihm aber die Jungen wiederbrachte, stieß das Tier aus Dankbarkeit den Topf um, so daß die vergiftete Speise aus demselben auf die Erde rann. In einem Weinberg bei Straßburg hängte sich eine Schlange einer säugenden Frau an die Brust; sie blieb zehn Monate lang an dieser und konnte, nachdem sie ungeheuer dick und lang geworden war, nur durch Beschwörungen wieder entfernt werden.

Überhaupt gehören alle unheimlichen, lästigen oder schädlichen Geschöpfe zum Reich des Teufels und können daher gleich diesem durch Beschwörungen vertrieben werden. So reinigte der heilige Pirmin schon im Anfang des achten Jahrhunderts die bis zu seiner Ankunft von Schlangen und Kröten schwer heimgesuchte Insel Reichenau, einfach indem er ein Kreuz daselbst aufrichtete. Im Bistum Chur wurden Käfer, welche Bäume und Felder arg zugerichtet hatten, sogar vor Gericht geladen und, da sie natürlich nicht erschienen, durch einen Advokaten vertreten; schließlich wurde ihnen ein bestimmtes Stück Land angewiesen, auf welchem sie ihre Nahrung fortan suchen können sollten. Ähnlich verfuhren im Jahre 1479 die Berner, nur mit dem Unterschied, daß hier der Bischof von Lausanne Käfer und Würmer wirklich verfluchte. Er wiederholte dieses Verfahren noch einmal im Jahre 1505, und er soll auch das zweite Mal größeren Erfolg gehabt haben als bei der ersten Exkommunikation. Die Luzerner wandten sogar noch im Jahre 1732 Exorzismen an, als das Ungeziefer die Umgebungen von Sursee arg mitgenommen hatten. So fehlte es denn auch im Mittelalter nicht an Beschwörungsformeln, welche man bei solchen Anlässen anwandte, und daß dieselben hier und da wirksam waren, ergibt sich ebenfalls aus verschiedenen Berichten. Im Schloß zu Neuburg am Rhein z.B. unterhalb Konstanz hielten sich keine Mücken auf, weil ein fahrender Schüler dieselben aus Dankbarkeit dafür, daß man ihn daselbst gut aufgenommen und bewirtet, gebannt hatte, und ebenso gab es auch Kirchen, in welchen keine Mücke blieb. Die bekannte Erzählung vom *Rattenfänger von Hameln* gehört ebenfalls hierher, und Weiber, welche mit dem Teufel gebuhlt haben, müssen zur Strafe dafür häßliche, haarige Würmer gebären.

Auch die Bewohner des Meeres, namentlich die größeren unter denselben, gaben zu manchen abergläubischen Vorstellungen Anlaß. Von den Delphinen z.B. hieß es, sie seien unter dem Meeresspiegel Ritter, und man solle ihnen darum kein Leid zufügen. Wer von dem Fleisch eines Delphins gegessen hat, wird, wenn er ins Meer fällt, wieder von den Delphinen gefressen, wer dasselbe hingegen verschmäht, wird von ihnen gegen andere Seeungeheuer geschützt und ans Land getragen. An der Küste von Kampanien soll sogar ein Delphin aus Gram über den Tod eines Kindes, welches ihn regelmäßig mit Brot gefüttert hatte, ebenfalls gestorben sein. Die Veranlassung zu derartigen Ansichten und Erzählungen wird wohl in der Gewohnheit der Delphine zu suchen sein, die Schiffe scharenweise zu begleiten und sich so in der Nähe der Menschen aufzuhalten.

Andere Bewohner des Wassers dachte man sich, wahrscheinlich nach dem Vorgang der Alten, halb menschlich und halb tierisch geformt, und zwar gewöhnlich so, daß die obere Hälfte ihrer Körper menschlich ist, die untere hingegen in einen Fischleib oder Fischschwanz übergeht. Hierher gehören namentlich die Nereiden, Tritone und Meermönche; von den zuerst genannten glaubte man, ihr Weinen und Klagen deute den baldigen Tod eines Gliedes ihrer Gesellschaft an. Noch fabelhafter klingen die seit dem fünfzehnten Jahrhundert gar nicht seltenen Berichte von Meerbischöfen; im *Anthropodemus plutonicus* heißt es z.B.: „Man lieset weiter, in den Holländischen Chronicken, und also hat auch damahls gen Rom geschrieben Cornelius von Amsterdam an einen Medicum, mit Namen Gelbert: dass im Jahr 1531 in dem Nordischen Meer nahe bey Elpach ein ander Meermann sey gefangen worden, der wie ein Bischoff bey der Römischen Kirchen habe aussgesehen; Dem habe man dem Könige in Pohlen zugeschickt. Weil er aber gantz im geringsten nichts essen wollen von allem, das man ihm dargereicht, sey er am dritten Tage gestorben, habe nichts geredet, sondern nur grosse tieffe Seufftzer geholet." Und im nämlichen Buch liest man: „Im Jahr 1433 hat man in dem Baltischen Meer gegen Polen einen Meermann gefangen, welcher einem Bischoff gantz ähnlich gewesen: Er hatte seinen Bischoffshut auff dem Haupte, seinen Bischoffsstab in der Hand, und Messgewand an. Er liesse sich berühren, sonderlich von den Bischoffen des Orts, und erwiese ihnen Ehre, jedoch ohne Rede. Der König wolte ihn in einem Thurm verwahren lassen, darwieder setzte er sich mit Geberden, und baten die Bischoffe, dass man ihn wieder in sein Element lassen wolte, welches auch geschehen, und wurd er von zweyen Bischoffen dahin begleitet, und erwiese sich freudig. Sobald er in das Wasser kame, machte er ein Creutz, und tauchte sich hinunter, wurde auch künfftig nicht mehr gesehen."

IV.

Die zuletzt erwähnten Geschöpfe führen mehr oder weniger von selbst zum Menschen hinüber. Auch dieser ging in bezug auf fabelhafte, an seine äußere Erscheinung geknüpfte Vorstellungen keineswegs leer aus. Und kann man vielleicht in betreff der soeben erwähnten Phantasiegeschöpfe schwanken, ob man dieselben noch zu den tierischen Bewohnern des Wassers, oder ob man sie schon zum Geschlecht der Menschen rechnen will, so gibt es andere Fabelwesen genug, welche nur unter der Rubrik Mensch untergebracht werden können. Die Ansichten, welche das Mittelalter von den menschlichen Bewohnern der Erde hatte, bewegen sich stets innerhalb einer gewissen Peripherie, und was jenseits derselben liegt, verliert sich regelmäßig in den Nebel wunderbarer Vorstellungen. Aber auch hier hat das Mittelalter nur die Erbschaft des Altertums angetreten, und seine Schriftsteller schöpfen, sobald sie auf die Schilderung monströser Menschen oder auch ganzer Völker kommen, stets aus Herodot, Ktesias, Plinius, Solinus u.a. Herodot z.B. weiß von Menschen mit Ziegenfüßen im nördlichen Ural, von Einäugigen, von Menschen, welche jährlich einmal Wolfsgestalt annehmen, von Menschen mit Hundeköpfen und von solchen, welche gar keinen Kopf, sondern bloß zwei Augen auf der Brust haben. Ähnliche Wundermenschen begegnen uns auch in den *Indica* des Ktesias oder vielmehr in dem Auszug aus denselben, welchen wir dem Byzantiner Photius verdanken; auch da erscheinen die Hundsköpfigen, ferner schwarze Stämme, deren After keine Öffnung hat, und die infolgedessen genötigt sind, alles mittelst der Harnröhre von sich zu geben. Auch Plinius kennt Kopflose, und nach Indien versetzt er Menschen ohne Mund, Einbeinige usw. In diesem Stil geht es nun das ganze Mittelalter hindurch; hinter den bekannten Ländern beginnt regelmäßig das Gebiet der

Amazonen, der Greife, der Hundsköpfe usw. Die Autorität der von alters her gebrauchten schriftlichen Quellen galt weit mehr als die empirische Erforschung der Tatsachen und nüchterne Erwägung des Denkbaren und Möglichen, und so glaubte man Jahrhunderte hindurch diesen Fabelgeschöpfen irgendeinen entlegenen Winkel der Erde reservieren zu müssen. Selbst Ereignisse wie die Entdeckung Amerikas und die erste Weltumsegelung vermochten keineswegs diese Irrtümer sofort zu beseitigen. Bildliche Darstellungen der betreffenden Wundermenschen finden sich daher noch traditionell in Werken aus dem Ende des fünfzehnten Jahrhunderts, z.B. in Hartmann Schedels *Weltchronik*, in solchen des sechzehnten und sogar noch des siebzehnten, also in Sebastian Münsters *Cosmographie*, im *Anthropodemus plutonicus* u.a.a.O.; der Einbeinige liegt da in der Regel auf dem Rücken und bedient sich seines einzigen, aber ganz enorm breiten Fußes wie eines Sonnenschirms, um sich gegen die sengenden Strahlen der indischen Sonne zu schützen.

Einiges an diesen und anderen ähnlichen Vorstellungen mag bildlichen Darstellungen entnommen sein, bei welchen das Monströse irgendeine symbolische Bedeutung hatte. In anderen Fällen mögen wirkliche Verhältnisse infolge von ungenauen Berichten oder scherzhaften Märchen allmählich die Fabeln hervorgerufen oder es mag das Neue oder Ungewohnte irgendeiner Erscheinung zu fabelhaften Ansichten geführt haben. Es ist bekannt, daß zur Zeit der Entdeckung Amerikas die Indianer beim Anblick der ersten Reiter Mann und Roß für ein einziges Geschöpf hielten, und wenn dieselben überhaupt imstande gewesen wären, Aufzeichnungen oder gar Abbildungen des von ihnen Angeschauten anzufertigen, so würden wir in denselben ohne allen Zweifel aus Mensch und Pferd zusammengesetzten Fabelgeschöpfen begegnen. Auch die Zentauren des griechischen Mythos sind bekanntlich schon auf diese Weise für wirkliche Reiter erklärt worden, während andere freilich zu anderen Deutungen ihre Zuflucht genommen haben. Ferner hat man aus Mensch und Tier zusammengesetzte Geschöpfe auf Bewohner des hohen Nordens bezogen, welche den ganzen Körper in Tierfelle hüllten und nur das Gesicht freiließen, die Menschen mit den Ziegenfüßen aber auf Gebirgsbewohner von wunderbarer Gewandtheit im Klettern und Steigen; Manches wird wohl auch immer rätselhaft bleiben.

Aber auch abgesehen von solchen Fabelmenschen, welche man sich doch wenigstens in weiter Ferne dachte, schrieb man auch manchen gewöhnlichen Menschen, mit welchen man täglich verkehrte oder wenigstens verkehren konnte, mancherlei wunderbare Eigenschaften zu. Manche der hierhergehörigen Züge fallen in das Gebiet des Zauber- und Hexenwesens und werden also später erörtert werden, z.B. der Glaube, daß der Blick und die Worte gewisser Leute schädlich seien oder daß ihr Hauch vergifte. Zuweilen tauchen aber solche Ansichten auch ohne Zusammenhang mit dem Hexenwesen auf und scheinen eine allgemeinere Gültigkeit gehabt zu haben. Megenberg z.B. behauptet, daß das menschliche Auge schlechthin infolge seines feuchten und giftigen Inhaltes imstande sei, sowohl die Luft als die Tiere, auf welche sein Blick fällt, zu schädigen, ferner daß auch Schwangere durch ihren bloßen Anblick in den Augen eines Kranken Blattern zu erregen vermöchten. Namentlich aber glaubte man, aus verschiedenen äußeren Anzeichen mit Sicherheit schließen zu können, ob eine Schwangere mit einem Knaben oder mit einem Mädchen niederkommen werde; dieser Glaube spukt bekanntlich auch noch heutzutage in vielen Köpfen.

Endlich waren auch die Vorstellungen, welche man in bezug auf Mißgeburten hatte, sehr ausgebildet, und der mittelalterliche Mensch dachte sich manches als möglich oder gar wirklich, was die moderne Wissenschaft absolut verwirft. Die jetzige Sprache verzichtet bekanntlich darauf, zu dem Substantiv Mund einen Plural zu bilden; wenn aber Konrad von Megenberg von einem Kind mit elf mundartigen Öffnungen und folglich mit zweiundzwanzig Lippen spricht, so verschmäht er natürlich die hierzu notwendige Pluralform nicht. Der nämliche Megenberg spricht auch von menschlich geformten Kindern mit Tierköpfen und umgekehrt von jungen Tieren mit Menschenköpfen wie von etwas ganz gewöhnlichem und macht für die Existenz solcher Geschöpfe die Sterne verantwortlich. Eine wahre Fundgrube aber für Liebhaber monströser Körperformen bildet das fünfte Buch von Kaspar Schotts *Physica curiosa*; da finden sich neben den Kopflosen Mehrköpfige, Eier mit Gorgonenhäuptern und dergleichen mehr. Manches derartige mag durch den Anblick heidnischer Götzenbilder veranlaßt worden sein, die man nicht für Gebilde der Phantasie, sondern für Nachbildungen wirklicher Menschen hielt, und deren

Abnormitäten man gerne noch übertrieb. Im Tiber soll im Jahre 1496 ein ganz greuliches Monstrum gefunden worden sein, welches Schott folgendermaßen beschreibt: „Der Leib war schuppig, der Kopf der eines Esels, die linke Hand menschlich geformt, an der Stelle der rechten ein Elephantenfuss; der rechte Fuss sah aus wie der eines Adlers, der linke wie der eines Ochsen; dazu kam ein normal menschlicher Bauch mit Brüsten, und endlich schaute noch ein haariger Kopf aus dem After hervor." Das ganze Geschöpf sollte durch seine Mißgestalt entweder die verdorbenen Sitten seines Zeitalters oder die bald nachher aufkommenden Ketzereien veranschaulichen. Überhaupt glaubte man ganz allgemein, Gott wolle durch solche Zeichen die Menschen warnen und auf den rechten Weg bringen. Selbstverständlich geriet man auch beim Anblick solcher Monster hinsichtlich des Taufens in Verlegenheit, da man häufig gar nicht wußte, ob sie noch zu den Menschen gehörten oder nicht. Schott rät in zweifelhaften Fällen zu der Taufformel „sies homo, ego te baptizo" und empfiehlt überdies, zweileibige Mißgeburten zweimal zu taufen.

V.

Diesen Vorstellungen von den verschiedenen Bewohnern des Erdbodens entsprechen nun auch die von dem, was man über und unter demselben vermutete. Zunächst dachte man sich auch die Luft teilweise von menschlichen Wesen bevölkert und glaubte demgemäß an sogenannte Luftschiffer, welchen man die böswillige Absicht andichtete, sie kämen bisweilen auf die Erde herab, um

Feldfrüchte zu stehlen und dieselben in ein fabelhaftes Land, welches Magonia hieß, zu entführen. Erzbischof Agobard von Lyon erzählt in seinem *Liber contra insulsam vulgi opinionem de grandine et tonitruis*, wie die Leute in seiner Gegenwart vier derartige vermeintliche Luftschiffer steinigen wollten. Noch wunderlichere Dinge berichtet Gervasius von Tilbury von den nämlichen Luftschiffern. Zu seinen Lebzeiten, also am Ende des zwölften oder am Anfange des dreizehnten Jahrhunderts, seien an einem trüben, nebligen Tag in England die Leute gerade aus der Kirche gekommen, da habe sich ein Anker an einem Tau aus der Luft herabgesenkt. Darauf schien es – denn deutlich konnte man die Gegenstände wegen des Nebels nicht sehen –, als ob man sich oben Mühe gebe, den Anker wieder hinaufzuwinden, wobei sich auch die Stimmen der Luftschiffer hören ließen, und schließlich ließ sich sogar ein Mann an dem Tau herab. Schon hatte der Luftmensch den Anker aus der Erde losgemacht, und die Umstehenden wollten ihn gerade packen, da gab er den Geist auf, wahrscheinlich weil die Luft auf der Erde für ihn zu schwer war. Nach einer Stunde, als die übrigen Luftmenschen merkten, daß ihrem Genossen etwas widerfahren sei, schnitten sie das Seil entzwei, überließen den Anker seinem Schicksal und fuhren weiter. Aus dem Anker wurde später das Eisenwerk der Kirchtüre, vor welcher der ganze Spektakel sich ereignet hatte, verfertigt.

Auch diese Vorstellungen waren dem Altertum keineswegs ganz fremd, das ergibt sich z.B. aus dem zweiten Buch der Makkabäer und aus der Naturgeschichte des Plinius, und auch nach dem Ablauf des eigentlichen Mittelalters tauchen sie noch hier und da auf; namentlich gerne dachte man sich Geisterscharen, welche in der Luft miteinander kämpften. Im Jahre 1608 z.B. entstand in der Nähe von Angoulême aus heruntergefallenen Wolken ein solches Heer mit vollständiger Bewaffnung, mit Trommelschlägern und blauen Fahnen, ungefähr zwölftausend Köpfe stark; 1652 beobachteten Leute, welche auf der Maas fischten, eine Seeschlacht in der Luft. Im Jahre 1678 endlich, am neunten Juli morgens früh um fünf Uhr fand bei Demitz an der Elbe eine Geisterschlacht in der Luft statt, in welcher es sehr viele Tote gab; zuletzt kam ein großer schwarzer Sarg herab, dann kamen Dampf und Knall, und mit letzterem war um sieben Uhr alles wieder verschwunden.

Gleich den oberen Lufträumen dachte man sich auch unterirdische Behausungen, in welche man durch Höhlen oder durch den Spiegel von Gewässern gelangte, von menschlichen oder wenigstens halbmenschlichen Wesen bevölkert. Diese Geschöpfe gehören ursprünglich meist den heidnischen Naturreligionen an, welche dem Christentum in Europa vorangegangen sind, und wir versparen demgemäß ihre Schilderung auf das fünfte Kapitel.

Die Gestirne hielt man natürlich nicht für große, der Mehrzahl nach unsere Erde an Umfang und Durchmesser übertreffende Körper, sondern für kleine Punkte. Man traute ihnen überdies hinsichtlich ihrer Bewegungen lauter Willkür und namentlich auch eine stark ausgeprägte Neigung zu, auf menschliche Verhältnisse Einfluß zu üben. Die große Mehrzahl der hierhergehörigen Ansichten fällt natürlich unter den Begriff der

Astrologie und ist also schon früher im ersten Kapitel besprochen worden; einige andere, welche nicht gerade in die genannte Kategorie passen, mögen nachträglich hier ihre Stelle finden. Die Erde bildete selbstverständlich den Mittelpunkt der Welt; die Sonne, der Mond und die übrigen Gestirne ohne Ausnahme kreisten oder, wie Konrad von Megenberg sich ausdrückt, walzten um sie herum. Da die Sonne, der Mond und die fünf Planeten Merkur, Venus, Mars, Jupiter und Saturn jeder einen besonderen Himmel haben, so ergeben sich zunächst sieben Himmel, welche Konrad wegen ihres Walzens auch „Walzer" nennt. Auf diese sieben folgt dann als achter das Firmament, als neunter der Kristallhimmel, welcher sich jeweilen in vierundzwanzig Stunden um die Erde dreht. Zuoberst endlich wölbt sich der zehnte Himmel, das sogenannte Empyreum; dieser „walzt" nicht, sondern er steht still, und in ihm weilt Gott mit seinen Auserwählten. Es ist die auf dem Werke des griechischen Astronomen Ptolemaeus basierende Weltordnung, welche uns auch sonst in den Werken des Mittelalters entgegentritt, und in welcher, wie Dante sich ausdrückt, der griechische Geograph und der wahre katholische Glaube übereinstimmen.

Gelegentlich wird dann die Monotonie der neun walzenden Himmel durch allerlei auffallende Erscheinungen unterbrochen. So spaltete sich nach Cäsarius von Heisterbach im Januar 1207 die Sonne in drei Teile, deren jeder wie eine gelbe Lilie mit dreiblättriger Blüte aussah, und erst nach einiger Zeit vereinigten sich die drei Teile wieder. Cäsarius bezog diese Erscheinung auf das dreifache Schisma des Römischen Reiches, auf welches damals Philipp von Schwaben, Otto IV. und der junge Friedrich II. Ansprüche machten. Im Jahre 1514 sah man in Wittenberg ebenfalls drei Sonnen, jede mit einem blutigen Schwert, ebenso 1528 in Zürich. Manchmal waren die Sonnenstrahlen so massiv, daß man Kleider an ihnen aufhängen konnte; letzteres tat z.B. der heilige Goar in Gegenwart des Erzbischofs von Trier und ebenso Bischof Florentius von Straßburg vor König Dagobert.

Auch der Regen beförderte zuweilen sehr seltsame Gegenstände auf die Erde, z.B. Korn, Gerste und Gemüse, ferner Blut, ja, sogar Fleisch und Fische.

Viertes Kapitel.

Der medizinische Aberglaube.

Die mittelalterliche Naturlehre war wenig mehr als die Magd der Heilkunst, während es gegenwärtig zahlreiche Zweige der Naturwissenschaft gibt, welche ganz unabhängig von der Medizin und um ihrer selbst willen bestehen. Die Medizin selbst erscheint uns jetzt nur als angewandte Naturkunde, und es läßt sich ja auch nicht leugnen, daß sie ohne diese kaum existieren kann. Im Mittelalter war es anders; damals galten die Krankheiten nicht immer für Störungen des natürlichen Organismus, und da man ihre Ursachen nicht ausschließlich in letzterem suchte, so glaubte man, auch die Heilmittel zum Teil anderswo suchen zu müssen. Infolgedessen erscheint die mittelalterliche Heilkunde durch zwei voneinander sehr verschiedene Faktoren bedingt, von welchen der eine natürliche noch jetzt allgemeine Geltung hat, während der andere nur noch ausnahmsweise und jedenfalls außerhalb desjenigen, was man gewöhnlich unter Medizin versteht, vorkommt.

Der moderne Mensch nämlich hält Krankheiten, Verletzungen u. dgl. für Störungen des körperlichen Organismus und wendet folglich, um sie zu beseitigen, auch natürliche Heilmittel an. Anders das Mittelalter, welches auch hier wie in so vielen anderen Dingen den Vorstellungen des Altertums, des heidnischen sowohl als des jüdischen, folgte. Man sah in einer Menge von Fällen göttliche oder dämonische Einwirkung als den Hauptfaktor an und dachte sich nun diese Einwirkung möglichst direkt und unmittelbar. Nun gibt es ja allerdings krankhafte Zustände, welche man mit Recht als Strafen für begangene Fehler ansehen kann, Zustände, wie sie namentlich an Menschen hervortreten, welche durch einen sittenlosen Lebenswandel den Keim künftiger Leiden in sich aufgenommen haben. Allein auch in solchen Fällen ist die Krankheit eben doch nur eine durch die Prinzipien der göttlichen Weltordnung gewollte und nicht eine durch unmittelbares Eingreifen guter oder böser Geister verhängte Strafe.

Hielt man aber nach mittelalterlicher Weise die Krankheit als eine direkt von Gott oder mit Gottes Zulassung von bösen Geistern geschickte, so war es allerdings konsequent, wenn man sich auch zur Abhilfe ebenso unmittelbar an Gott oder einen Heiligen und folglich gegen die bösen Geister wandte, wenn man also statt zu natürlichen zu magischen Mitteln seine Zuflucht nahm.

Nun entwickelte sich allerdings im Altertum wie im Mittelalter neben der magischen Heilung auch die wirkliche medizinische Wissenschaft. Es hätte aber in der Tat seltsam zugehen müssen, wenn jene durch diese sofort verdrängt worden wäre. Vielmehr wirkte die Gewohnheit, Ursachen von Krankheiten nicht auf dem Gebiet der Natur und ihrer Gesetze zu suchen, auch auf diejenigen Fälle ein, in welchen man natürliche Ursachen an und für sich gerne zugab; man wandte die magischen Heilmittel auch da an, wo eigentlich kein Mensch an der Natürlichkeit der Ursachen zweifelte. Dazu kam dann noch, daß die eigentliche Kenntnis des menschlichen Körpers und seiner einzelnen Bestandteile Jahrhunderte hindurch völlig im argen lag. Allerdings hatte in Italien schon Kaiser Friedrich II. bei der Reorganisation der Universität Salerno befohlen, daß die Professoren der Medizin auch Anatomie lehren sollten; doch war auch hier noch lange kein Übermaß anatomischer Kenntnisse zu befürchten; lesen wir doch, daß der nämliche Kaiser im Jahre 1238 verfügt, es solle alle fünf Jahre eine Leiche öffentlich zergliedert werden, und es seien dazu alle Ärzte und Wundärzte der Reihe nach zuzuziehen. In Deutschland und Frankreich aber ging es noch mehr als ein Jahrhundert, bis ähnliche Ansichten zum Durchbruch kamen; in Prag z.B. wurden zwar seit 1348 hier und da menschliche Leichen zergliedert, allein die regelmäßigen anatomischen Vorlesungen begannen erst im Jahre 1460; in Frankreich endlich erhielt die medizinische Fakultät von Montpellier 1376 von dem Herzog von Anjou als Statthalter König Karls V. die „Erlaubniss", an den Leichen Hingerichteter Operationen vorzunehmen. Aber auch jetzt gediehen die magischen Heilmittel neben den natürliehen weiter. Oft genug mochte es auch jetzt noch vorkommen, daß Kranke, denen wirkliche Ärzte entweder gar nicht oder wenigstens nicht rasch genug zur Genesung verhalfen, ihre Zuflucht wieder zur Magie nahmen; handelt es sich doch hier um einen Standpunkt, der auch heutzutage noch lange nicht zu den überwundenen gezählt werden darf.

Ein Hauptmittel, Krankheiten loszuwerden, bestand im Altertum in der sogenannten Inkubation, dem Tempelschlaf. Selbstverständlich suchte man zu diesem Zweck die Tempel solcher Gottheiten auf, welchen man die zum

Heilen notwendigen Kräfte und zugleich den hierzu erforderlichen guten Willen auch sonst zutraute. Schon in Ägypten wurde der Serapistempel zu Memphis in dieser Weise besucht; doch war hier der Aberglaube insofern kein ganz plumper, als man die Genesung nicht unmittelbar durch den Schlaf zu finden glaubte; man hoffte vielmehr im Traum von der Gottheit angewiesen zu werden, durch was für erst noch anzuwendende Mittel man Linderung oder Heilung finden werde.

In Griechenland hing die Inkubation namentlich mit dem Kultus des Heilgottes Asklepios zusammen. Seine Tempel standen in frischer Luft, waren von der Sonne mild beschienen und befanden sich in der Nähe von Quellen, welche möglicherweise mineralische Bestandteile enthielten. Seine Priester, die sogenannten Asklepiaden, besaßen wirkliche medizinische Kenntnisse; sie verwiesen hoffnungslose Kranke, ihrer Entbindung nahe Frauen u. dgl. aus der Nähe des Tempels, damit nicht plötzliche Unglücksfälle dem Ansehen und den Einkünften desselben schaden möchten. Außerdem suchten sie auch durch Regeln der Diät die Kranken für die Genesung empfänglich zu machen. Außer den eigentlichen Asclepiostempeln gab es noch andere Heiligtümer mit ähnlichen Heilmethoden, z.B. das des Amphiaraus zu Oropus auf der Grenze von Attika und Böotien, ferner das Plutonikum bei Acharaka in Lydien, wo indessen die Inkubation nicht durch die Kranken selbst, sondern durch die Priester ausgeführt wurde.

Aus dem Altertum ist nun die Sitte des Tempelschlafs auch in die christliche Kirche des Mittelalters, in die morgenländische sowohl als in die abendländische, übergegangen; nur traten jetzt die Madonna und die Heiligen an die Stelle der heidnischen Götter. Auf dem Vorgebirge Prochthoi oder Brochoi am europäischen Ufer des Bosporus stand ein von Kaiser Konstantin in eine christliche Kirche umgewandelter und dem Erzengel Michael geweihter, ursprünglich aber heidnisch gewesener Tempel, Michaelion genannt; den hier schlafenden Kranken wurden durch Visionen die Mittel zur Heilung ihrer Leiden angegeben. Aquilin, ein berühmter Advokat und guter Bekannter des Kirchenhistorikers Sozomenus, litt an der Galle, und die Ärzte hatten ihn bereits aufgegeben. Er ließ sich nun in das Michaelion tragen, und hier riet ihm Gott in nächtlicher Erscheinung ein aus Honig, Wein und Pfeffer gemischtes Getränk an; dieses brachte ihm in der Tat seine verlorene Gesundheit wieder. Ebenso wurde dem Hofarzt Probian, welcher an den Füßen litt, daselbst eine Vision zuteil, welche ihm Genesung brachte. Sozomenus, unser Gewährsmann, fügt noch hinzu, daß dergleichen Genesungen im Michaelion außerordentlich zahlreich seien, daß er aber diese beiden Fälle allein ausgewählt habe.

Im allgemeinen aber läßt sich hinsichtlich der Inkubation in der christlichen Zeit eine gewisse Vergröberung, namentlich in der abendländischen Kirche, nicht verkennen. Wir hören zunächst nichts mehr von ärztlichen Kenntnissen der an den betreffenden Kirchen funktionierenden Priester, und ebensowenig kann von besonders günstigen lokalen Verhältnissen die Rede sein. Die Diätvorschriften hören gleichfalls auf, und der Heilige, vor dessen Schrein die Kranken die Nacht zubringen, gibt keineswegs bloße Ratschläge. Der Ort ist jetzt vielmehr das Entscheidende, insofern der daselbst begrabene Heilige einen ganz besonderen Nimbus hat, und es genügt, an dem betreffenden Grabe eine oder mehrere Nächte zuzubringen, um zu genesen. Das Wunder ist also hier ein vollkommenes, und der Glaube an dasselbe ist in der Regel die einzige Bedingung, an welche die Heilung gebunden ist. Oder sollen wir annehmen, daß unsere Quellen nur die Heilungen selbst berichten und diesen oder jenen äußeren Umstand verschweigen? Die in den folgenden Zeilen erwähnten Fälle sprechen nicht sonderlich zugunsten dieser Annahme.

Derjenige Ort, welcher sich unter allen abendländischen der größten Zahl solcher Heilungen rühmen konnte, war die Kirche des heiligen Martin in Tours; hier kam der Tempelschlaf in der Tat zur Zeit Gregors von Tours außerordentlich häufig vor. Manche erleichterten sich überdies die Sache, indem sie die Reise nach Tours vermieden und einfach Gegenstände bei sich trugen, welche irgendeinmal von dem Grab St. Martins gekommen waren, z.B. Asche oder Staub, ferner Wachs oder geweihtes Öl. In anderen Fällen genügte es, wenn man den kranken Körperteil mit dem Vorhang der Gruft in Berührung brachte. Gregor von Tours selbst versuchte letzteres, als ihn die linke Schläfe schmerzte, und genas augenblicklich. Zehn Tage später ließ er sich eine Ader schlagen; da brachte ihn der Teufel, wie er glaubte, auf den Gedanken, eigentlich möchte der Aderlaß seine Genesung bewirkt haben; nun fing aber der Schmerz, dieses Mal an beiden Schläfen, aufs neue an und hörte nicht eher auf, bis Gregor nochmals den Kopf an den Vorhang des heiligen

Martin hielt. Zuweilen zeigte sich der Heilige freilich unerbittlich. Ein gewisser Leo von Poitiers hatte sich über ihn und über St. Martial geringschätzig geäußert und war zur Strafe dafür taubstumm geworden. Er eilte nun zwar nach Tours und machte der Kirche des heiligen Martin reiche Geschenke, ja, er schlief sogar in derselben; es half aber nichts, der Frevler wurde vielmehr wahnsinnig und starb in diesem Zustand.

Im ganzen gehört aber die Inkubation nur den früheren Jahrhunderten der abendländischen Kirche an, und Fälle aus späterer Zeit stehen im ganzen vereinzelt da. Nach Padua z.B. kamen noch im sechzehnten Jahrhundert junge Burschen und Mädchen, um in der Kirche des heiligen Antonius daselbst eine Nacht zuzubringen. Und in der Abtei St. Hubert in den Ardennen herrschte dieselbe Sitte noch im siebzehnten. Immerhin scheint sie sowohl im späteren Mittelalter als in den darauffolgenden Jahrhunderten keine allgemein verbreitete gewesen zu sein; wenigstens erwähnt Thomas Naogeorgus, welcher in seinem 1553 zum ersten Mal gedruckten *Regnum papisticum* sonst so ziemlich alles zusammengestellt hat, was sich von protestantischem Standpunkt aus gegen katholische Dogmen und Gebräuche sagen ließ, derselben nicht. In Griechenland hingegen haben sich einzelne hierhergehörige Züge bis auf die neueste Zeit erhalten; da schlafen die Mütter noch jetzt zu den Füßen der Heiligen für ihre kranken Kinder.

Nicht ganz dasselbe, aber doch etwas aus verwandter Anschauung hervorgegangenes ist es, wenn die *Zimmerische Chronik* erzählt, im Jahre 1040 seien Deutsche, welchen der Böhmenherzog Wratislaus Fesseln angelegt hatte, dieselben losgeworden, während sie zu St. Leonhard bei Ettenhain-Münster schliefen; St. Leonhard ist nämlich der Schutzpatron der Gefangenen.

Zahlreicher sind jedenfalls diejenigen Fälle, in welchen keine eigentliche Inkubation erforderlich war, in welchen aber doch das Grab irgendeines Heiligen wundertätig wirkte. Auch war natürlich die Zahl der Heiligengräber in allen Ländern der Christenheit, welche sich derartiger Erfolge rühmen konnten, eine beträchtliche. So befreite z.B. Staub von der Gruft St. Gereons in Köln den Bischof Evergislus vom Kopfweh. Zu Saint-Denis am Grabe des heiligen Ludwig genasen Lahme, Blinde und Taubstumme; Ritter Peter von Laon hielt seinen kranken Arm an die Haare des toten Königs und genas, und ein englischer Priester, welcher in Chartres erkrankt war, brauchte eine Wallfahrt nach Staint-Denis nur zu geloben, um sofort wieder gesund zu werden. Sogar unvernünftige Tiere, bei welchen doch weder der Glaube an die Möglichkeit der Genesung noch die Absicht, sich heilen zu lassen, denkbar war, genasen ebenfalls; einen Bock z.B., dessen gebrochenes Bein nur ganz zufällig an das Pheretrum eines Märtyrers geriet, heilte dieses gleichfalls. Zur Zeit der Belagerung von Neuss durch Karl den Kühnen endlich, im Jahre 1475, wurde ein gefallener Neusser, dessen Leichnam seine Mitbürger vor das Grab des heiligen Quirinus gelegt hatten, sogar wieder lebendig.

In Würzburg setzt man noch jetzt in der Marienkapelle den Schädel des heiligen Macarius zur Vertreibung von Kopfschmerzen auf. In der Kirche der dortigen Franziskaner empfiehlt sich das Küssen und Berühren der Reliquien des heiligen Valentin gegen Epilepsie und Fraisen. Aus dem Brunnen von St. Amor zu Amorbach trinken unfruchtbare Frauen, ja, es wird sogar erzählt, die Kaiserin Maria Theresia habe sich Amorwasser auf den Rat ihres Beichtvaters nach Wien kommen lassen. Ebenso gilt das in der Gruft der heiligen Walburgis zu Eichstätt vom Oktober bis zum Februar hervorquellende sogenannte Walburgisöl schon seit dem vierzehnten Jahrhundert für heilkräftig. Und in Sitten im Kanton Wallis ärgert sich der neben der hochgelegenen Valeriakirche wohnende und um die Erhaltung ihrer Altertümer eifrig besorgte Eremit oft genug über die Wallfahrer, welche den Staub von der Gruft des Matthias Will zu ähnlichem Gebrauch wegschaben.

Wer nun seine Genesung einer unmittelbaren göttlichen Intervention infolge Tempelschlafs oder irgendeiner anderen der Gottheit erzeigten Leistung zuschrieb, ermangelte natürlich nicht, sich der betreffenden Gottheit erkenntlich zu beweisen. Es geschah das hauptsächlich durch sogenannte Anathemata, d.h. durch künstliche Nachbildungen des krank gewesenen Gliedes in Gold, Silber, Elfenbein usw., welche in dem betreffenden Tempel aufgehängt wurden. Eine noch erhaltene griechische Inschrift zählt die Dinge auf, welche man an solchen Orten infolge dieser Sitte gelegentlich zu Gesicht bekommen konnte; es waren menschliche Antlitze, Hände, weibliche Brüste, sogar Schamglieder. Anderwärts fand man die Reliefbilder ganzer Familien, welche sich der meist sitzend dargestellten Gottheit nahen. Auf solchen Votivbildern standen überdies Worte des Dankes, Angaben über die Krankheit selbst oder über die von den Göttern angeratenen Heilmittel. Nach Plinius sollen Hippokrates und andere Ärzte ihre medizinischen Kenntnisse aus diesen Votivbildern geschöpft haben!

Die christliche Kirche hat diese Sitte anfänglich als eine heidnische verabscheut. Der heilige Gallus z.B. verbrannte nach Gregor von Tours in Köln dergleichen hölzerne Glieder geradezu, und der *Indiculus superstitionum et paganiarum* bezeichnet das Verfahren ausdrücklich als ein heidnisches. Allein auf die Dauer vermochte ihm die Kirche nicht zu widerstehen, und allmählich füllten sich die Wallfahrtskirchen der Christenheit mit Votivtafeln und plastischen Darstellungen von Körperteilen, mit Fesseln, welche man nicht mehr zu tragen brauchte, entbehrlich gewordenen Krücken usw. Auf den Tafeln sieht man ebenfalls wieder menschliche Glieder gemalt, ferner brennende Häuser, Leute, welche ins Wasser fallen, Ställe voll kranken Viehs u.a.m. Auch die Neugriechen kennen solche Votivbilder.

Die bis jetzt erwähnten Heilmittel wurden zur Linderung der verschiedensten Gebrechen angewandt; es gibt nun aber auch solche, welche bloß bestimmte Leiden zu heilen vermögen. Unter den Gebrechen, um welche es sich hier handelt, spielt kaum ein anderes eine so große Rolle wie die weibliche Unfruchtbarkeit, und man griff, um diese zu beseitigen, zu allen nur denkbaren magischen und abergläubischen Mitteln. Die Hauptrolle unter diesen spielte der Phallus, dessen symbolische Bedeutung ursprünglich den verschiedensten Naturreligionen angehören kann. Ein solcher Phallus befand sich z.B. in der St. Veitskapelle bei Schwitzerhoff, und die unfruchtbaren Weiber wurden nicht müde, ihn zu verehren. Über der Steenport zu Antwerpen befand sich ebenfalls das Bild eines Mannes mit übergroßem Zeugungsglied, es scheint dasselbe eher germanischen als römischen Ursprungs gewesen zu sein; an dieses Bild nun wandte man sich in sehr verschiedenen Fällen um Hilfe und Beistand, und namentlich brachten ihm die unfruchtbaren Frauen Blumen und Kränze dar. So berichtet Goropius Betanus in seinen *Origines Antverpianae*; doch bemerkt er dabei, daß schon zu seiner Zeit, also im sechzehnten Jahrhundert, diese Sitte für altfränkisch gelte, aber doch noch nicht erloschen sei. Ähnliche Bilder befanden sich in Geldern, Löwen usw. Auch kam es vor, daß die unfruchtbaren Frauen etwas weniges von solchen Phallusbildern abschabten und in einem Glas Wasser mitnahmen. Ein anderes Bild von ähnlicher Art befand sich in dem Dorfe Emenzheim im Nordgau; hier setzten sich die Weiber auf den in einem Garten befindlichen Stein, an welchem das Bild angebracht war, und welcher ursprünglich wohl ein Altar sein mochte. Unter den Kräutern traute man hauptsächlich dem Bibergeil ähnliche Wirkungen zu, und der Nachtschatten sollte wenigstens üppige Brüste machen; auch die Mandragora gehörte nach Genesis 30,14 in dieselbe Klasse von Gewächsen. Höchst originelle hierhergehörige Vorstellungen enthält auch ein in der zweiten Hälfte des vorigen Jahrhunderts anonym herausgekommenes Buch, betitelt *Reise durch den Baierschen Kreis* (Salzburg und Leipzig 1784. 8°), welches übrigens in

Bayern selbst auf mancherlei Widerspruch stieß. Hier wird nämlich folgendes erzählt: Auf dem Bogenberg bei Straubing befand sich in der dortigen Wallfahrtskirche ein Bild, welches die Madonna in schwangerem Zustand darstellte, und zu diesem pflegten unfruchtbare Frauen zu wallfahrten. Der Zudrang soll zuweilen gar nicht gering gewesen sein, und, fügt der boshafte Verfasser des Buches hinzu „besonders sollen unfruchtbare junge schöne Damen nie ungesegnet von der schwangeren Maria nach Hause kehren." Die männliche Impotenz endlich wurde am sichersten dadurch beseitigt, daß der betreffende Mann das Wasser durch den Trauring ließ. Übrigens wußte der mittelalterliche Aberglaube auch in denjenigen Fällen Rat, in welchen die Unfruchtbarkeit als das Wünschenswertere erschien. Der Verfasser der fälschlich dem Albertus Magnus zugeschriebenen Schrift *De mirabilibus Mundi* empfiehlt, für diesen Fall den Urin eines Maultiers oder eines Widders oder auch Hasenblut zu trinken oder die Exkremente eines Hasen über sich aufzuhängen.

War eine Frau wirklich schwanger geworden, so brachte die Niederkunft neue Schmerzen und Gefahren, und man griff daher sehr gerne zu Mitteln, von welchen man für jene Beförderung oder Erleichterung hoffte. Zu diesen Mitteln gehörte z.B. das Trinken von Wasser, welches mit Reliquien in Berührung gewesen war. Oder man band der Kreißenden einen Rabendukaten, einen Johannesgroschen oder einen Adlerstein zur Erleichterung an das Schienbein; letzteres soll noch im siebzehnten Jahrhundert vorgekommen sein. In Griechenland streut man sogar noch jetzt gewisse Kräuter, z.B. das nach seiner handartigen Form sogenannte Cheri Panagias Schwangeren auf das Haus, damit ihre Niederkunft leichter vonstatten gehe; auch rutschen die Weiber in Athen am Nordabhange des sogenannten Nymphenhügels hinab, und die betreffende Stelle soll infolge des vielen Rutschens ziemlich glatt geworden sein. Bei den Juden nahm in früheren Jahrhunderten, wenn eine Frau in Kindesnöten lag, der Rabbi Hirschpergament und verfertigte aus diesem drei Zettel, welche mit allerlei Wörtern und Zeichen beschrieben waren; einen derselben legte er auf den Kopf der Gebärenden, den zweiten in ihren Mund und den dritten in ihre rechte Hand. Die Neugriechen kennen sogar ein Kraut, das Arsenikobotanó, dessen Genuß männliche Geburten bewirkt und weibliche ausschließt; und umgekehrt kann man schwangere Frauen, wenn man durchlöcherte Geldstücke vor ihrer Türe vergräbt, zum Gebären von Mädchen nötigen. Umgekehrt wird die Niederkunft erschwert, wenn das Bett sich an einer Stelle des Zimmers befindet, wo früher jemand gestorben ist oder wenn sich Birnen im Zimmer befinden; und wenn dieselbe einen Diamanten trägt, so kann sie überhaupt nicht gebären. Von ferneren in das Gebiet der Gynäkologie gehörigen abergläubischen Vorstellungen wird später bei der Schilderung der Hexen und ihrer Wirksamkeit die Rede sein.

Auch gegen übermäßige Menstruation gab es abergläubische Mittel. In Köln z.B. wurde in der Karthäuserkirche St. Barbara der Saum des ungenähten Rockes Christi aufbewahrt; blutfüßige Frauen hielten einen Lappen an diese Reliquie, tauchten denselben darauf in Wein und fanden durch den Genuß dieses Weines Heilung.

Auch gegen Zahnschmerzen wurden mancherlei magische Mittel gebraucht. Johannes Weier, welcher im sechzehnten Jahrhundert in seinem Werke *De praestigiis daemonum* den Zauber- und Hexenglauben seines Zeitalters bekämpfte und verspottete, führt den Unsinn, welchen er lächerlich machen will, häufig mit großer Ausführlichkeit an und ist insofern in manchen hierhergehörigen Fragen eine sehr ergiebige Quelle. Hinsichtlich des Stillens der Zahnschmerzen berichtet er nun, man pflege, während die Messe gelesen werde, die Zähne zusammenzubeißen und dazu die Worte „os non comminuetis ex eo" (Exod. 12,46; Ev. Joh. 19,36) zu sprechen; anderwärts herrschte wohl auch die Ansicht, wer Brot esse, an welchem eine Maus genagt habe, bekomme kein Zahnweh. Oder man behauptete, wer jeden Morgen mit der Zunge im Munde ein Kreuz mache, bleibe von demselben verschont. In Schwaben hängen sich diejenigen, welche böse Zähne haben, den Zahn eines Toten, den sie in der Mitternacht in einem Beinhäuslein geholt haben, um und reiben die krankhaften Zähne mit demselben. Oder man löst von der der aufgehenden Sonne zugewandten Seite einer Erle oder Weide im Frühjahr die Rinde, schneidet einen Splitter vom Holz heraus und stochert damit das Zahnfleisch, bis es blutet; dann fügt man den Splitter wieder an seiner vorigen Stelle ein, zieht die Rinde darüber oder verklebt dieselbe. Sobald der Splitter wieder festgewachsen ist, soll der Zahnschmerz vorüber sein, wo nicht, muß die Operation wiederholt werden.

Gegen das Fieber sprach man den hundertvierundvierzigsten Psalm: „Exaltabo te, Deus, meus rex“, oder man ergriff die Hand des Fieberkranken mit den Worten: „Aeque facilis tibi febris haec sit atque Maria virgini Christi partus“. Hatte ein Mann das viertägige Fieber, so gab er seiner schwangeren Frau seine Kleider zu tragen und zog dieselben hernach, ohne sie vorher zu waschen, selber an. Sonst suchte man auch das Fieber dadurch loszuwerden, daß man es auf andere übertrug; man schrieb z.B. auf ein Stück Papier die Worte:

Fieber, bleib' aus, Ich bin nicht zu Haus!

und praktizierte dieses irgendeiner Person in die Tasche. Oder man ließ den Urin während des Fieberanfalles, mischte denselben mit Mehl und machte Brot daraus; letzteres gab man einem Bracken oder einer „Fraitsch“ zu fressen, je nachdem der Patient selber männlichen oder weiblichen Geschlechtes war. Selbst auf leblose Gegenstände, z.B. auf Pflanzen oder auf die Erde, suchte man Fieberkrankheiten zu übertragen, wobei jedoch dieselben schließlich wieder auf Menschen übergehen konnten. Ähnliche Mittel kannte übrigens schon das Altertum, das griechische sowohl als das römische; man half sich damit, daß man anderen Nägelabschnitte in Wachs auf die Haustür klebte. Auch den Schnupfen glaubte man durch Übertragung loswerden zu können und glaubt es zum Teil noch jetzt. Man wirft z.B. eine mit dem Exkret befeuchtete Kupfermünze, in ein Stückchen Papier gewikkelt, auf die Straße, worauf der Finder den Schnupfen erhält; oder man schneuzt jemanden in die Schuhe, oder man bestreicht am frühen Morgen einen Türgriff mit dem Exkret und hängt so den Schnupfen demjenigen an, welcher den Griff zuerst berührte. Wer seine Warzen gerne losgeworden wäre, berührte die Hand eines Toten oder ließ sich die eigene Hand im Winter, wenn die Fensterscheiben angelaufen waren, von diesen benetzen; im ersteren Fall glaubte man wohl, die Warzen auf den Leichnam übertragen zu haben. Oder man zählte die Warzen und machte aus einem Zwirnfaden so viele Knoten, als man Warzen hatte, und vergrub dann den Faden stillschweigend unter der Dachtraufe, im Schweinetrog oder in einem Düngerhaufen; sobald dann der Faden verfault war, vergingen auch die Warzen. Andere Krankheiten übertrug man auf Bäume. Wer z.B. am Zipperlein litt, schnitt sich an den Fingern die Nägel und an den Schenkeln die Haare ab. Dann bohrte er ein Loch in eine Eiche, steckte Nägel und Haare in dasselbe, verspuntete das Loch wieder und schmierte Kuhmist darauf. Stellte sich auf dieses hin das Zipperlein drei Monate lang nicht ein, so hatte es die Eiche. Das Kopfweh vertrieb man, indem man den Kopf auf das Evangelium des Johannes legte, und gegen Mangel an Appetit empfahl Abt Richalm von Schöntal Salz und Weihwasser. Andere hierhergehörige Mittel gehören zu den Amuletten. So sollte z.B. gegen Krämpfe das Tragen von Ringen nützlich sein, welche nackte Schmiede am Karfreitag geschmiedet hatten. Gegen den Schwindel half das Tragen von Zwiebeln, welche man, ohne zu feilschen, gekauft hatte, und welche man nun, in die Tasche eingenäht, trug, gegen Kopfschmerzen die auf dem bloßen Leibe getragene Klaue eines Elens. Namentlich suchte man auch die Kinder durch allerlei Amulette gegen Krämpfe zu schützen, z.B. durch einen abgebissenen Mauskopf, durch Maulwurfs- oder Schnekkenzähne, durch eine in die Wiege gesteckte Päonienwurzel, ferner durch das sogenannte Regenbogenschüsselchen, eine schüsselartig vertiefte und mit einem astrologischen Zeichen versehene Gold- oder Silbermünze; speziell in Würzburg setzte man auch gichtkranken Kindern die den dortigen Franziskanern gehörigen Reliquien des heiligen Valentin auf den Kopf. Die noch jetzt, wenigstens wo die Todesstrafe noch nicht abgeschafft ist, bekannte Sitte, die Fallsucht durch das Trinken des noch warmen Blutes Hingerichteter zu vertreiben, war schon den Römern bekannt; sie bedienten sich dazu des Blutes gefallener Gladiatoren.

Hat ein Kind einen Bruch, so spaltet man in Unterfranken in der Nacht des vierundzwanzigsten Juni ein junges Eichbäumchen in der Mitte und zieht das Kind, den Kopf voran, stillschweigend im Namen der heiligen Dreifaltigkeit durch die Spalte. Hernach wird das Bäumchen wieder verbunden, und wenn sein Spalt zusammengewachsen ist, soll auch der Bruch geheilt sein. In der Oberpfalz wird zur Heilung jedes Körperschadens eines Neugeborenen, den das „Krückerlweib" (die Hebamme) entdeckt, in ähnlicher Weise ein Weidenstämmchen geschlitzt und wieder verbunden.

Selbstverständlich setzen Kuren dieser Art keinen Arzt im jetzigen Sinne des Wortes voraus, sie erfordern vielmehr die Abwesenheit oder wenigstens die Nichtbenutzung eines solchen. Manche der eben erwähnten Heilmittel sind ja rein privater Natur und konnten daher von jedem beschafft und angewendet werden; auch kommt es ja noch heutzutage auf dem Land und in Gebirgsgegenden häufig genug vor, daß die Leute in der angegebenen Weise vorgehen und sich erst, wenn derartige Mittel erfolglos geblieben sind, an einen Arzt wenden. Zuweilen aber wurden auch, wenn es sich um magische Heilungen handelte, andere Personen um ihren Beistand angegangen, nämlich die Priester. Die Sitte, den Priester in Krankheitsfällen als Arzt zu gebrauchen, ist eine uralte und reicht in ein Zeitalter zurück, welches jenseits der Grenzen desjenigen liegt, welches man Zivilisation zu nennen pflegt. Das hindert aber keineswegs, daß nicht auch in Zeitaltern von fortgeschrittener Zivilisation – und als ein solches müssen wir doch das Mittelalter im Vergleich mit der keltischen oder germanischen Urzeit bezeichnen, – die theurgische Medizin neben der empirischen, teils geduldet, teils auch als die überwiegende, weiter existiert. Hieraus erklärt sich der Umstand, daß die Klöster in früheren Jahrhunderten meist mit Apotheken versehen waren und daß sogar einer der Konventualen geradezu als der Arzt bezeichnet wird; schon der noch erhaltene Grundriß des Klosters St. Gallen vom Jahre 830 zeigt beides, die Wohnung des Arztes und die Apotheke, nebeneinander, und in einzelnen Klöstern findet man noch jetzt eine solche. Auch läßt sich nicht leugnen, daß dieses Verhältnis für gewisse Jahrhunderte ein durchaus wohltätiges war, zumal da die Klöster des Mittelalters sich auf Anbau und Benutzung heilkräftiger Pflanzen besser als sonst jemand verstanden.

Übelstände traten erst ein, wenn man statt wirklicher Arzneien Reliquien, geweihtes Öl u. dgl. zu rein physischen Zwecken verwandte oder wenn man in späteren Jahrhunderten hinter den Resultaten der inzwischen förmlich ausgebildeten Arzneikunde gar zu sehr zurückblieb. In manchen Fällen aber mögen dergleichen Klosterapotheken, namentlich in Gegenden, in welche ohnehin kein Arzt kommt, gerade wie die sogenannten Hausmittel noch jetzt wohltätig wirken.

Mit der theurgischen Heilmethode hängt nun auch die Anschauung zusammen, nach welcher in gewissen fürstlichen Dynastien die Gabe, Krankheiten auf wunderbare Weise zu heilen, sich von Glied zu Glied vererbte. Schon dem vorchristlichen Altertum waren derartige Anschauungen nicht ganz fremd; nach Sueton wandten sich ein Blinder und ein Lahmer auf einen ihnen im Traum im Serapistempel zu Memphis erhaltenen Ratschlag an den Kaiser Vespasian mit der Bitte, jenen anzuspucken und diesem einen Fußtritt zu geben. Der Kaiser spuckte in der Tat dem Blinden ins Gesicht und trat den Lahmen, und der Erfolg ließ nicht auf sich warten (nec defuit eventus). Im Mittelalter waren namentlich die Könige von England und von Frankreich durch die Heilung von Kröpfen berühmt, welche sie durch bloßes Handauflegen bewirkten. Eduard der Bekenner soll diese Gabe im Jahre 1062 von Gott als Lohn für seine Frömmigkeit erhalten haben. In Frankreich setzten sich zur Zeit Philipps des Schönen diejenigen, welche Kröpfe hatten, vor das Portal der Kirche zu Saint-Denis; nach beendigtem Gottesdienste trat dann der König heraus und begann die

Kuren. Die Sitte selbst war aber viel älter als die Zeit Philipps des Schönen; denn schon von Ludwig dem Heiligen wird berichtet, er habe sich nicht wie seine Vorgänger damit begnügt, durch bloße Berührung (tangendo) zu heilen, sondern er habe außerdem das Zeichen des Kreuzes über der kranken Stelle gemacht (imprimebat super locum morbi). Später zur Zeit Heinrichs IV. wurde die ganze Sache zu einer Kontroversfrage zwischen englischen und französischen Gelehrten; Tooker plädierte im Jahre 1597 in seiner *Charisina* für die Könige von England, worauf im Jahre 1609 ein gewisser Laurent eine Abhandlung schrieb, welche den Titel führte *De mirabili strumas sanandi vi solis Galliae regibus concessa.* Karl X. von Frankreich soll noch in unserem Jahrhundert, als er am neunundzwanzigsten Mai des Jahres 1825 in Rheims gekrönt wurde, in dieser Weise tätig gewesen sein. Von Eduard dem Bekenner wird außerdem noch gerühmt, das Wasser, mit welchem er sich die Hände gewaschen, habe Blinde wieder sehend gemacht.

Gegen Wunden bediente man sich der sogenannten Waffensalbe (pulvis sympatheticus), und zwar in sympathetischer Weise. Man bestrich nämlich diejenige Waffe, welche die Wunde gemacht hatte, mit einer Salbe und glaubte, die Wunde ziehe nun diese Salbe an; das ganze Verfahren hieß deshalb auch „cura magnetica". Stand die Waffe dem Verwundeten nicht zur Verfügung, so nahm man eine Weidenrute, machte sie zuerst in der Wunde blutig und feucht, und der Erfolg soll auch in diesem Fall der nämliche gewesen sein. Diese Art von Heilung hatte überdies noch den Vorteil, daß bei gehöriger Behandlung der Waffe oder der Weidenrute diese nicht einmal zu dem Verwundeten gebracht zu werden brauchte, sie heilte vielmehr auch in absentia; nur mußte dann die Wunde jeden Morgen mit Harn oder mit frischem Wasser sauber ausgewaschen, der Eiter entfernt und die Wunde darauf mit einem reinen Leinentuch verbunden werden. Die Waffe ihrerseits mußte ebenfalls mit einem leinenen Tüchlein verbunden, an einen reinen und warmen Ort gelegt und nicht anders behandelt werden, als ob sie das verwundete Glied selber wäre. Auch an anderen Mitteln zur Stillung des Blutes bei Wunden fehlte es übrigens nicht. Nach Weier schrieb man z.B. auf die Stirn des Blutenden ebenfalls mit Blut „consummatum est", oder man deklamierte dreimal die Worte:

1. *Sanguis mane in te,*
   sicus fecit Christus in se.
2. *Sanguis mane in tua vena,*
   sicut Christus in sua poena.
3. *Sanguis mane fixus,*
   sicut Christus quando fuit crucifixus.

Oder:

In sanguine Adae orta est mors:
In sanguine Christi redempta est mors:
In eodem sanguine Christi praecipio tibi
o sanguis, ut fluxum tuum cohibeas.

Auch der Musik bediente man sich in magischer Weise zu Heilungen. Im Altertum war sie gegen Hüftschmerzen, Wutanfälle und den Biß giftiger Schlangen gut gewesen; das Mittelalter seinerseits wandte sie namentlich gegen die Tanzwut an. Der Biß einer für giftig gehaltenen Spinne erregte nämlich Nervenleiden, und die Sympathie verbreitete diese weiter. Durch Musik erregte man nun exstatische Anfälle, beschwor aber dieselben gleichzeitig auf magische Weise. Ihren Höhepunkt erreichte diese Krankheit im siebzehnten Jahrhundert.

Neben den bisher betrachteten Krankheiten, denen man wenigstens einen natürlichen Ursprung und Verlauf zuschrieb, zu deren Heilung man sich jedoch teilweise bereits magischer Mittel bediente, kommt nun noch eine zweite Klasse von Erkrankungen in Betracht. Hier führte man den krankhaften Zustand von vornherein auf übernatürliche Ursachen, namentlich auf den Einfluß von Teufeln und Dämonen oder auf die Tätigkeit von Menschen zurück, welche man für Verbündete des Teufels hielt. Daß man in solchen Fällen zu magischen, namentlich zu kirchlich geweihten Mitteln seine Zuflucht nahm, um zu genesen, lag um so näher, als man schon bei zugestandenermaßen natürlichen Ursachen ebenso verfuhr; überdies glaubte man, den bösen Geistern, Zauberern und Hexen auf diesem Wege weitaus am sichersten beikommen zu können.

Was nun zunächst die Dämonen betrifft, so gibt es kaum ein belehrenderes Buch in bezug auf die durch sie hervorgerufenen Leiden als die *Revelationen* des Abtes Richalm. Richalm war ein Zeitgenosse des schon häufig zitierten Cäsarius von Heisterbach, er gehörte gleich diesem dem Orden der Zisterzienser an und lebte als solcher in der ersten Hälfte des dreizehnten Jahrhunderts. Er übertrifft aber den Cäsarius noch an Leichtgläubigkeit; während sich dieser bei seinen Wundergeschichten wenigstens auf andere beruft, welche dieselben wollen erlebt haben, will Richalm alles geradewegs an sich selbst erfahren haben. Was er erzählt, sind infolgedessen nicht Mirakel, wie wir sie später bei Cäsarius finden werden, also weder Ritte durch die Luft noch Besuche in der Hölle noch Erzählungen von Bildern, welche ihre Altäre verlassen und demjenigen, welcher sie beschimpft hat, nachlaufen; hingegen glaubte sich Richalm täglich, ja, stündlich von bösen Geistern umgeben, welche er zwar nicht sah, wohl aber hörte, und welchen er seine sämtlichen körperlichen Beschwerden und alle Anfechtungen seines Gemütes zuschrieb. Er muß ein Mensch von ganz eigentümlich krankhafter Disposition gewesen sein, und er glaubte, wie noch jetzt an gewissen Gattungen von Halluzinationen Leidende, wenn er allein war und wenn er sich unter seinen Ordensbrüdern befand, beständig Stimmen um sich herum zu hören. Offenbar waren es diese vermeintlichen Stimmen, welche ihn veranlaßten, sich beständig für von Dämonen umgeben zu halten, und diese letzteren hielt er nun bei allen seinen körperlichen Leiden für die eigentlichen Urheber derselben. Fühlte also Richalm Neigung zum Erbrechen, so mußten ihm die Dämonen diese eingeflößt haben; zeigten sich Runzeln auf seiner Nase oder hing die Unterlippe herab, so waren wieder die Dämonen schuldig; sein Husten, die Verstopfungen seiner Nase oder seines Mundes konnten ebenfalls nicht auf natürliche Weise entstanden sein. Bückte sich Richalm, z.B. um Früchte zu sammeln, und stieg ihm währenddessen das Blut in den Kopf, so waren auch da die Dämonen tätig. Die Stiche der Flöhe und der Läuse waren ebenfalls das Werk der bösen Geister; denn, sagt Richalm, „das Ungeziefer selbst sticht eigentlich nichts." Auch die Zahnschmerzen waren dämonischen Ursprungs, und wenn jemand schnarchte, so schnarchte eigentlich nicht er, sondern ein Dämon tat es aus ihm heraus. Wollte endlich Richalm seine Notdurft verrichten und empfand er dabei Schmerzen in der Rute, so war es wieder ein böser Geist, welcher ihm den Urin zurückhielt.

Diesen zahllosen bösen Geistern stehen nun freilich ebenso zahlreiche gute gegenüber, allein die ersteren suchen den Einfluß der letzteren nach Kräften zu paralysieren. Wenn z.B. jemand hustete oder rülpste, so hatten ihn die Dämonen in der bestimmten Absicht dazu veranlaßt oder genötigt, um ihn die Stimmen der guten Geister überhören zu machen. Sogar förmliche Fachdämonen nimmt Richalm an, welchen ganz bestimmt abgegrenzte Funktionen angewiesen waren, gerade wie er umgekehrt auch an Fachmänner unter den Engeln glaubte. So heißt z.B. in den Klöstern derjenige Dämon, dessen Aufgabe es ist, den Abt zu plagen, unter seinen Getreuen ebenfalls Abt, derjenige, welcher den Prior schikaniert, Prior, derjenige, welcher den Kantor stört, ebenfalls Kantor, usw.; und wenn einer über seine Sphäre hinausgreift, wird er von seinem Vorgesetzten scharf zurechtgewiesen (graviter corripitur a magistro suo). Besonders gefährlich sind unter diesen die sogenannten Berauschungsdämonen (daemones inebriantes); sie erscheinen zuweilen in den Klöstern, aber nur wenn in denselben recht guter Wein getrunken wird, während ihr gewöhnlicher Aufenthaltsort die Wirtshäuser sind; durch sie werden nun die Mönche berauscht gemacht, und ihre Macht ist so groß, daß sie die Leute sogar ohne Wein (absque vino) in das Stadium der Trunkenheit zu versetzen vermögen. Man darf wohl sagen, eine Satire auf den Dämonenglauben des Mittelalters hätte sich kaum besser anfertigen lassen als mit denjenigen Farben und Zügen, mit welchen Richalm seine Schilderung völlig arglos verfaßt hat.

Dachte sich Richalm in dieser Weise alle Abweichungen vom normalen körperlichen Zustand durch Dämonen veranlaßt, so wählte er begreiflicherweise zur Beseitigung derselben ebenfalls lauter Mittel, welche nicht in die Kategorie der „Materia medica" gehörten, also hauptsächlich Weihwasser und das Zeichen des Kreuzes; letzteres empfiehlt er u.a. namentlich als Schutzmittel gegen die Stiche der Flöhe: „Signate et vos, cum mordemini, et videmini vobis morderi, et huius rei capietis experimentum."

Übrigens zeigen sich ähnliche Vorstellungen nicht nur bei einzelnen krankhaft angelegten Individuen, sondern sie sind teilweise auch in den eigentlichen Volksglauben übergegangen. Hierher gehören z.B. die sogenannten „Unstätten", Stellen auf dem Felde, an welchen böse Geister hausten. Empfand jemand auf freiem Feld einen plötzlichen Schmerz, so nahm man an, er sei über eine solche Unstätte gegangen; an und für sich hatte diese keine besonderen Merkmale, aber ihre Bewohner manifestierten sich in der angegebenen Weise. Andere hierhergehörige Vorstellungen werden später in Verbindung mit dem Teufels- und Hexenwesen erörtert werden.

Ein Volk, welches noch jetzt teilweise auf diesem bei uns als mittelalterlich verschrieenen Standpunkt steht und seine Krankheiten gerne auf den Einfluß von Dämonen zurückführt, sind die Neugriechen. Seine Dämonen sind zum Teil dämonisierte Heidengötter, und die Parzen z.B. leben als Pestdämonen noch jetzt im griechischen und albanesischen Volksglauben weiter. Als solche rennen sie miteinander durch die Städte, um diese zu entvölkern. Die eine trägt eine große Rolle Papier, die zweite eine Schere, die dritte einen Besen; die erste trägt nun den Namen ihrer Opfer auf ihrer Rolle ein, die zweite verwundet dieselben mit ihrer Schere, und die dritte fegt dieselben aus.

Daß man neben der Geisterwelt auch den Gestirnen und ihren Konstellationen mancherlei Einflüsse, teils auf den ganzen Menschen, teils auf einzelne Glieder desselben, zuschrieb, ist schon im ersten Kapitel angedeutet worden und bedarf also hier keiner Wiederholung. Ebensowenig kommen wir hier auf den Stein der Weisen oder auf die mineralischen und vegetabilischen Heilmittel zurück, von welchen im zweiten und dritten bereits die Rede gewesen ist. Nur das mag hier um des Zusammenhangs willen nochmals angedeutet werden, daß manche Ärzte, sei es aus Überzeugung, sei es aus bloßer Berechnung, ihre Wissenschaft und ihre Praxis mit der Astrologie sowohl als mit der Alchemie verbanden. Ein Hauptvertreter dieser Richtung war z.B. Thurneysser, ein

Hauptgegner hingegen Paracelsus. Jener verkaufte den Leuten, nachdem er ihnen zuerst aus den Sternen Unheil prophezeit hatte, allerlei Talismane, durch welche sie jenes wieder glaubten bannen zu können.

Von denjenigen Krankheiten, welche man nicht unmittelbar auf böse Geister, sondern auf böse Menschen zurückführte, welche dann ihrerseits für mit solchen Geistern im Bunde stehend galten, und ebenso von den Mitteln, durch welche man sich gegen diese schützte oder zu schützen glaubte, wird ebenfalls später die Rede sein.

Fünftes Kapitel.

Reste des Heidentums.

Ließen sich die bisher geschilderten Gattungen des Aberglaubens schon ins Altertum zurückführen, so gibt es nun auch Vorstellungen, deren Ursprung noch viel augenscheinlicher im heidnischen Glauben der Nord- und Westeuropäer wurzelt, welche dann aber nach dem Erlöschen des offiziellen Heidentums nur noch als Aberglaube weiterleben konnten. Und auch das klassische Altertum hat im südlichen Europa ähnliche Spuren hinterlassen, so daß wir hier neben den ererbten Vorstellungen auf dem Gebiet der Astrologie, der Alchemie, der Naturgeschichte überhaupt, auch noch ganz direkten Nachklängen seines Götterglaubens begegnen.

In Frankreich z.B., wo einst der Stamm der Kelten sein nationales Heidentum gehabt hatte, erinnern noch jetzt gewaltige, aber formlose Steindenkmäler, Pfeiler, Spindeln, Steinbänke u. dgl. an die ehemalige Existenz jenes Heidentums, und noch tief in das Mittelalter hinein brannten bei denselben nachts Lichter, es wurden Opfer dargebracht und Gelage abgehalten. Die Kirche erklärte natürlich alles das für Aberglauben und sprach über diese Steindenkmäler ihren häufig genug vergeblichen Exorzismus aus. Die Wesen selbst, welche der Volksglaube an solchen Stellen zu ehren glaubte, waren die sogenannten Feen. Überhaupt finden sich überall da, wo die Bevölkerung einst keltisch gewesen war, zahlreiche Quellen, Brunnen und Seen, deren ehemalige Heiligkeit noch Jahrhunderte hindurch aus den bei ihnen ausgeübten abergläubischen Handlungen ersichtlich ist. Man opfert bei denselben, man läßt sich die Zukunft voraussagen, taucht Heiligenbilder in ihre Fluten und erregt wohl auch mit ihrer Hilfe fürchterliche Ungewitter; besonders reich an solchen Gewässern ist von jeher die Bretagne gewesen, also derjenige Teil des europäischen Festlandes, in welchem das Keltentum sich am längsten, teilweise sogar bis in die Gegenwart, erhalten hat. So weiß denn schon Gregor von Tours von einem See Gabali nahe beim Berg Helanus, welchem die Umwohner jährliche Opfer darbrachten; die Opfer bestanden darin, daß man bestimmte Gegenstände, bei Sainte-Eugenie in der Bretagne z.B. Stecknadeln, ins Wasser warf. Anderwärts, z.B. in Perpignan, badete man die Reliquien eines Heiligen in demselben. Der Kirche waren natürlich diese Gebräuche ebenso zuwider wie die den Feen dargebrachten Opfer, und sie suchte dieselben bald auf diese, bald auf jene Weise zu beseitigen. Man wandelte wohl die heidnischen Züge des Verfahrens in christliche um und brachte, wie es gerade in Perpignan geschah, statt des heidnischen Gottes die Reliquien irgendeines Heiligen damit in Verbindung. Damit war äußerlich das heidnische Element allerdings beseitigt, allein als Schattenseite dieses Verfahrens blieb eine, wenngleich bloß lokale, Paganisierung des Christentums übrig. Anderwärts verfuhr man ohne Zweifel richtiger, indem man die Anschauung des Volkes selbst benutzte, um ihm sein Verfahren als ein gefährliches darzustellen. Die ursprüngliche Vorstellung war nämlich ohne Zweifel die gewesen, daß das dargebrachte Opfer die Gottheit der betreffenden Gewässer gnädig und hilfreich stimmen sollte; stattdessen bildete sich nun allmählich, und zwar unstreitig unter kirchlichem Einfluß, eine dieser diametral entgegengesetzte aus, und es hieß nun, es werde alsbald ein verheerendes Gewitter ausbrechen, sobald man in ein sonst für heilig gehaltenes Wasser Steine oder sonst welche Gegenstände werfe. Um letzteres zu verhindern, konnte man entweder, wie es der Rat von Luzern bekanntlich gegenüber dem auf einer Alp des Pilatus befindlichen kleinen See hielt, den Besuch überhaupt verbieten und die Umwohner solcher Lokalitäten veranlassen, Fremde nicht in die Nähe derselben zu lassen; oder man konnte, wo ein derartiges Verfahren nicht möglich war, wenigstens die Folgen so schlimm als möglich darstellen. So kam Ritter Arnold von Harff auf seiner in die Jahre 1496 bis 1499 fallenden Pilgerfahrt in der Nähe von Norcia auf einen sogenannten Venusberg; auf dem Berg befand sich ein kleiner See, und neben diesem stand eine Kapelle. Wenn nun, erzählte ihm der Kastellan eines in der Nähe befindlichen Schlosses, vor Zeiten Zauberer kamen und an dem Altar der Kapelle ihre Künste ausübten, so stiegen aus dem See Dünste auf, welche sich nachher als fürchterliches Ungewitter entluden und das ganze Land bis auf drei oder vier Meilen im Umkreise verheerten; zuletzt ließen die Besitzer des Schlosses zwischen dem See und der Kapelle einen Galgen errichten und drohten, jeden, welcher hier ferner Beschwörungen vornehme, zu hängen. Noch bekannter und im ganzen auch deutlicher ist eine hierhergehörige Schilderung aus dem *Iwein* Hartmanns von Aue. Nach diesem befand sich in dem Wald von Breziljan in der Bretagne ein von einer immergrünen Linde beschatteter Brunnen und über diesem ein Marmorstein; an dem Marmor war ein goldenes Bekken angebracht, und wenn jemand Wasser aus diesem auf den Stein goß, erhob sich ebenfalls ein fürchterliches Ungewitter mit Donner, Blitz und Hagel. Auch hier stand neben dem Brunnen eine Kapelle, welche gleich der oben erwähnten deutlich die Absicht verrät, den heidnischen Kultus durch den christlichen zu ersetzen. Nur der eine Zug fehlt bei Harff, daß die Beschwörungen ursprünglich doch wohl unmittelbar am See und nicht in der Kapelle vorgenommen wurden. Auch aus Spanien weiß Gervasius von Tilbury ähnliches zu berichten.

Auch die im Inneren hohler Berge schlafenden Gestalten mittelalterlicher Kaiser und Helden scheinen ursprünglich in keltischen Vorstellungen zu wurzeln, so sehr sie auch im Laufe der Zeit allmählich ein deutsches Gewand angenommen haben. Derjenige, welcher nachweislich zuerst in dieser Weise erscheint, ist nämlich kein anderer als der keltische Nationalheros Artus; auf ihn folgt zunächst Kaiser Friedrich II., und erst dieser geht später in die populärere Gestalt seines Großvaters, Friedrich Barbarossa, über.

Fast noch deutlicher als die Reste des keltischen Götterglaubens sind die Spuren des germanischen im Volksglauben wie in der Literatur späterer Jahrhunderte nachweisbar. So zahlreich allerdings, wie sie Jacob Grimm, der Begründer der deutschen Mythologie, und nach ihm die meisten späteren Forscher angenommen haben, sind dieselben entschieden nicht. Und dennoch bleiben, wenn wir auch nicht mehr hinter jedem Rotbärtigen den Thor, nicht mehr hinter jedem gespensterhaften Reiter den Wodan und hinter jeder mittelalterlichen Teufelsfigur den skandinavischen Loki suchen, noch ganz stattliche Nachklänge übrig. Eines läßt sich aber nicht leugnen; wenn die deutschen Mythologen sich in ihren Werken auf die wirkliche deutsche Mythologie beschränkt und den rein mittelalterlichen Aberglauben, das dem klassischen Altertum angehörige, die christlichen Mythenbildungen nebst zahlreichen allegorischen oder märchenhaften Zügen weggelassen hätten, so wären manche ihrer Bücher kaum halb so umfangreich geworden, als sie es jetzt sind. Jacob Grimms *Deutsche Mythologie* z.B. ist, wenigstens soweit es sich um das Zusammentragen des Materials handelt, für mittelalterlichen Aberglauben eine viel ergiebigere Fundgrube, als sie es eigentlich ihrem Titel und ihrer wirklichen Bestimmung nach sein sollte.

Sagen und Lieder des skandinavischen Nordens wie der britischen Inseln erzählen viel von dem lichten glänzenden Volke der *Elfen*, welche in mondhellen Nächten auf den Wiesen tanzen, zuweilen wohl auch unerkannt unter die Menschen sich begeben, ihnen hilfreich beistehen, manchmal aber auch auf boshafte Weise in menschliche Verhältnisse eingreifen und Glück und Leben derer, welche sich von ihnen betören lassen, vernichten. Unter den südlichen Germanenstämmen, im eigentlichen Deutschland, in Deutschösterreich und der Schweiz ist von den Elfen wenig oder gar nicht, dafür aber von *Zwergen* um so mehr die Rede. Man möchte beinahe glauben, erstere seien eigentlich skandinavischen Ursprungs, und der Glaube an sie sei von den Normannen nach Frankreich und von da erst nach England gebracht worden; auf diesem Wege würde es sich z.B. am leichtesten erklären, daß der Name des Elfenkönigs nicht nur in Frankreich, sondern auch in England in der romanisierten Form Oberon erscheint. Natürlich soll damit die ursprüngliche Verwandtschaft und die große Ähnlichkeit von Elfen und Zwergen nicht geleugnet werden; aber bezeichnend ist es doch, daß der hochdeutschen Sprache sogar der Name der ersteren abhanden gekommen ist, so daß infolgedessen die englische Form in dieselbe mußte aufgenommen werden. Auch die ursprünglich keltischen Feen scheinen sich, wenigstens in England, mit den germanischen Elfen im Volksglauben gemischt zu haben; Shakespere z.B. unterscheidet kaum zwischen beiden und nennt sie häufig genug nebeneinander.

Im übrigen haben Elfen und Zwergen mancherlei ähnliche Züge, soweit es sich um das Eingreifen in menschliche Angelegenheiten oder um den Dualismus ihres eigenen Wesens handelt. Nur sind jene feiner und durchsichtiger und außerdem des Fliegens kundig, diese plumper und ungeschlachter, außerdem oft geradezu alt oder verwachsen. Jene gehören mehr dem Flachland und seinen Wiesen und Wäldern, diese mehr dem Gebirge an, wo sie in Höhlen und Klüften hausen, schmieden oder Schätze sammeln und hüten. Letztere sind entschieden mit dem Element der Erde verwandt, wie schon ihr schweizerischer Name „Erdmännlein“ beweist, während bei den Elfen gerade die Fähigkeit fliegen zu können auf Wesen der Luft hinweist. Endlich gehören auch noch mancherlei männliche und weibliche Bewohner des Wassers, Nixen, Wassermänner u. dgl. hierher, bei welchen mythische Grundlagen unverkennbar vorhanden sind. Die Zwerge treten in der Regel in einer Größe auf, welche hinter der gewöhnlicher Menschen zurückbleibt; auch bei den Elfen findet sich dieser Zug, wenn schon weniger konsequent durchgeführt, bei den Geistern des Wassers hingegen ist die gewöhnliche menschliche Größe die normale.

Den Menschen gegenüber erweisen sich diese Wesen häufig dienstfertig, nur wollen sie nicht gesehen und belauscht sein. Sie vollenden denselben die Arbeit zu Hause und auf dem Felde, hüten ihnen das Vieh und beschenken sie zuweilen sogar mit unterirdischen Schätzen. Manchmal nehmen sie auch umgekehrt den Beistand der Menschen in Anspruch, und namentlich gerne bedienen sich ihre Weiber menschlicher Hebammen. Daneben aber kehrt auch seit Jahrhunderten regelmäßig die Klage wieder, daß die Zwerge entweder weggezogen seien oder daß sie wenigstens aufgehört hätten, sich den Menschen hilfreich zu erweisen; als Ursache hiefür wird dann entweder die Neugier oder die Bosheit der Menschen angegeben. Andererseits erscheinen aber auch Elfen und Zwerge, ohne von den Menschen gereizt zu sein, boshaft; sie stehlen z.B. denselben gerne die Kinder, oder sie bringen ihnen durch ihre Berührung, ja, sogar durch ihren bloßen Hauch, den Tod oder wenigstens langwierige Krankheiten.

Was sodann die Bewohner der Gewässer betrifft, so trägt der Wassermann einen grünen Hut und hat auch grüne Zähne, letzteres eine Eigenschaft, welche sich sonst eher bei Leuten findet, die mit dem Wasser möglichst wenig in Berührung kommen. Namentlich aber ist er an seinem Gewand kenntlich, dessen Saum naß bleibt, wenn er auch noch so lange auf trockener Erde geweilt hat. Zuweilen mischen sich diese Geschöpfe unter die Menschen, und namentlich die weiblichen, die sogenannten Nixen, lieben es, mit schönen Jünglingen zu tanzen; nur müssen sie in solchen Fällen zur rechten Stunde wieder in ihr feuchtes Element zurückkehren, sonst kostet es sie das Leben. Manchmal ist zur Abwechslung nicht von der Schönheit dieser Wassermenschen, sondern vielmehr von ihren gräßlichen und großen Augen die Rede; so z.B. in Salfeld, wo sie früher häufig in die Stadt kamen und daselbst Fleisch kauften. Endlich kommt es auch vor, daß in späteren Zeiten der Teufel an die Stelle der ursprünglich elfischen Wassergeister tritt. Im *Simplicissimus* z.B. heißt es, wenn jemand etwas von einem gestohlenen Gegenstand ins Wasser werfe, so könne ihm kein Teufelsbanner seinen Raub wieder abgewinnen. Ursprünglich hatte wohl das Werfen ins Wasser keinen anderen Sinn als den eines den Gottheiten oder Geistern dieses Elementes dargebrachten Opfers. Paracelsus unterscheidet im ganzen vier Klassen von Elementargeistern, nämlich Wasserleute, Bergleute, Feuerleute und Windleute. Sie bewohnen die vier Elemente, die Nymphen und Undinen das Wasser, die Sylphen und Sylvestres die Luft, die Pygmäen und Gnomen die Tiefen der Erde, die Salamander und Vulkane endlich das Feuer. Eine unsterbliche Seele fehlt allen, ein Zug, der bekanntlich auch sonst, z.B. in Sagen, häufig wiederkehrt. Daß sich übrigens bei Paracelsus bereits antike Vorstellungen mit den nationalen vermischt haben, zeigt sich schon in den von ihm gewählten Namen.

Außerdem gibt es noch mancherlei vereinzelte Vorstellungen und Gebräuche, deren Ursprung aus dem nationalen Heidentum wenigstens in hohem Grade wahrscheinlich ist. So erinnert z.B. das Feiern am Donnerstag auffallend an eine Zeit, in welcher dieser noch der heilige Tag des Donnergottes war, und rief daher von Seite der Kirche Abmahnungen und Verbote hervor. Auch bei den im *Indiculus superstitionum* erwähnten Göttern Jupiter und Merkur, welchen in merowingischer und karolingischer Zeit auf fränkischem Gebiete noch geopfert wurde, ist wohl nicht an die römischen Gottheiten dieses Namens, sondern an die mit diesen häufig identifizierten deutschen Götter Donar (Thórr) und Wodan zu denken; diese Annahme liegt um so näher, als das ganze Verzeichnis, welches übrigens nur aus Titeln und nicht aus wirklichen Beschreibungen besteht, fränkischen und nicht romanischen Ursprungs ist. Dasselbe enthält auch sonst noch zahlreiche aus dem fränkischen Heidentum stammende Gebräuche, welche die Kirche von ihrem Standpunkt aus mit vollem Recht als abergläubisch brandmarkte, z.B. Verehrung von heiligen Hainen und Quellen, Beobachtung des Vogelflugs und der heiligen Pferde, das sogenannte Notfeuer u.a.m.; bei anderen Nummern desselben ist der fränkische Ursprung ebenfalls möglich, aber nicht sicher nachweisbar, entweder weil dieselben im Wesen des Heidentums überhaupt liegen oder weil die aus wirklich heidnisch germanischer Zeit stammenden Quellen keinen genügenden Aufschluß geben. Außerdem erinnern die sogenannten Johannisfeuer an den germanischen Lichtgott Balder, und die in der Zeit der winterlichen Sonnenwende an manchen Orten üblichen Festlichkeiten mögen sich ursprünglich auf die Vermählung von Wodan und Frigg bezogen haben; indes haben sich gerade bei letzteren germanische, römische, kirchliche und vielleicht sogar orientalische Anschauungen in einer Weise gemischt, daß das Herausschälen des wirklich Germanischen nicht mehr immer möglich ist. Auch darf nicht übersehen werden, daß wir es hier mehr mit momentanen Belustigungen als mit eigentlich abergläubischen Vorstellungen, von welchen das gewöhnliche Alltagsleben beherrscht ist, zu tun haben. Ebenfalls in der Weihnachtszeit zieht Frau Holla oder Holda im Thüringischen umher; sie hat ein stattliches Gefolge bei sich, an dessen Spitze sich der treue Eckart befindet. Letzterer warnt die Leute und fordert sie auf, ihr aus dem Weg zu gehen oder wenigstens sich schweigend zu verhalten. Vom Dreikönigstag an läßt sich die Göttin nicht mehr blicken.

Der römische Götterglaube hat namentlich in Italien zahlreiche Spuren hinterlassen. Auch hier war die Kirche nicht imstande, alle heidnischen Erinnerungen zu unterdrücken, zumal wenn diese mit Festlichkeiten zusammenhingen, welche sich das Volk nicht gerne nehmen ließ. So erinnert z.B. der heilige Antonius als Schutzpatron der Pferde an den Neptunus Equester der Römer, und noch jetzt werden diese alljährlich an seinem Namenstage, dem siebzehnten Januar, in Rom vor der Kirche St. Antonio Abate in halbheidnischer Weise geweiht. Auch an anderen italienischen Orten herrscht die nämliche Sitte, und wenn eine Kirche dieses Heiligen nicht gerade vorhanden ist, so wird die betreffende Weihe an jenem Tag vor irgendeiner anderen vollzogen. In Sizilien scheinen hauptsächlich die Heiligtümer der Ceres und der Venus in Kirchen oder Kapellen der Madonna verwandelt worden zu sein, was dann namentlich auf das Äußere im Kultus der letzteren oft genug einwirkte. Auch die Sitte der Italiener, die Madonnen und Heiligen bestimmter Kirchen nach diesen zu benennen und auf charakteristische Weise zu feiern, erinnert an die römische Sitte, an bestimmten Tagen die Feier einer nach einem bestimmten Tempel benannten Gottheit zu begehen. Das Hinstellen von Speise für die Toten vier Tage vor Petri Stuhlfeier, wie es noch am Ende des fünfzehnten Jahrhunderts Sitte war, fiel genau auf den Tag der alten Feralien, den achtzehnten Februar. Anderwärts erhielt sich die Sitte, den Toten allerlei Gegenstände, namentlich Geld, mit ins Grab zu geben, in der Schweiz z.B. im Kanton Waadt, wo sie freilich ebensowohl burgundischen als romanischen Ursprungs sein kann. Namentlich merkwürdig klingt aber, was ein vom zehnten April des Jahres 1536 aus Catania datierter und gedruckt herausgegebener Brief meldet (Li horrendi et spauentosi prodigii: et fuochi aparsi in Sicilia nel Monte de Ethna o uero Mongibello con li particolari del danno et la qualita del fuoco con altri successi nel Isola. Nach diesem begegneten einem reisenden Kaufmann zwischen Messina und Catania Maurergesellen nebst ihrem Meister, welche erklärten, sie gingen auf den Ätna, um dort etwas zu bauen (per farvi certo edifitio). Der Kaufmann starb bald nach seiner Ankunft in Catania vor Schrecken und wurde daselbst am dreiundzwanzigsten März des genannten Jahres begraben. Am Abend desselben Tages – es war ein Donnerstag – zeigte sich auf dem Ätna Feuer, und die Erde erbebte. Ganz Catania geriet in Bewegung, man läutete mit den Glocken, und alles Volk strömte nach der Kirche der heiligen Agatha; von hier aus bewegte sich dann eine enorme Prozession, Priester und Mönche mit dem Schleier und einem Arm der Heiligen an der Spitze, bis zu dem draußen vor der Stadt gelegenen Kloster Santa Lucia und von da nach St. Agatha zurück. Währenddessen erlosch das Feuer auf dem Berg in der Tat nach und nach. Ähnliche Aufzüge wiederholten sich an den drei folgenden Tagen, ohne jedoch verhindern zu können, daß am Sonntagabend der Ätna abermals in Flammen stand, wobei ein etwa sechzehn Miglien von Catania entferntes Kloster total verschüttet wurde. Zuletzt wurde der Berg wieder ruhig, Catania selbst blieb verschont, und nur die Bevölkerung blieb noch längere Zeit in einer äußerst devoten Stimmung. Das Merkwürdigste an dieser ganzen Schilderung sind nun ohne Zweifel die Handwerker, welche sich kurz vor der Katastrophe auf der Straße zwischen Catania und Messina zeigten, und man wird schwerlich irren, wenn man in denselben ein Wiederaufleben des heidnischen Glaubens oder wenigstens der Erinnerung an die Zyklopen, die Schmiede Vulkans, erkennt.

Am deutlichsten sind aber die Reste des Heidentums bei den Neugriechen, indem hier die mythischen Wesen nicht bloß der Sache, sondern großenteils auch dem Namen nach sich erhalten haben. Da sind zunächst die *Nereiden* zu erwähnen, welche indes ihren Wirkungskreis insofern erweitert haben, als sie aus bloßen Wesen des Meeres zu Nymphen überhaupt geworden sind und den Elfen des germanischen Volksglaubens auffallend gleichen. Sie verstehen sich gleich diesen auf die Kunst des Fliegens, nehmen daneben alle möglichen Gestalten an und sind geschickte Spinnerinnen und Weberinnen. Gleich allen Wesen des Wassers lieben sie Musik und Tanz, und ihre Schönheit ist beinahe sprichwörtlich geworden. Zu schönen Jünglingen fühlen sie sich förmlich hingezogen, verlangen aber von denjenigen, welchen sie sich ergeben, Treue und strafen die Untreue; doch vermeiden sie es in der Regel, dauernde Verbindungen mit sterblichen Menschen einzugehen. Wer sie dauernd zu besitzen wünscht, muß ihnen ihr Tuch rauben und dieses hernach sorgfältig vor ihnen verborgen halten; denn die Nereide wendet alle möglichen Mittel an, um wieder in den Besitz desselben und dadurch in den ihrer vorigen Freiheit zu gelangen; die Übereinstimmung mit dem Schwanenhemd oder dem Schleier germanischer Sagen ist in diesem Punkte eine ganz auffallende. Noch jetzt soll es in Griechenland Familien geben, welche eine Nereide in ihrem Stammbaum haben, und die Glieder derselben zeichnen sich meist durch große körperliche Schönheit aus. Aber auch da, wo diese Geschöpfe schädlich wirken, finden sich Züge, welche genau mit dem übereinstimmen, was in Deutschland und in den übrigen Ländern germanischer Zunge von Elfen und Zwergen erzählt wird. Sie können den Menschen Schläge erteilen, an welchen diese geistig oder körperlich erkranken, und besonders gefährlich sind sie Kindern, schwangeren Frauen und Neuvermählten; die Kinder namentlich rauben sie gerne und legen dann dafür ihre eigenen hin. Außerdem wird ihnen das Erregen von Wirbelwinden zugeschrieben, in welchen sie Menschen entführen; am größten ist ihre Macht in den heißen Mittagsstunden, und darum gilt es für gefährlich, zu dieser Zeit an verrufenen Orten zu verweilen oder gar zu schlafen.

Auch die Lamien stammen aus der Zeit des Heidentums. Man denkt sich dieselben teils als feindselige Meerdämonen, welche Wirbelwinde und Wasserhosen erregen, Jünglinge zu sich ins Meer ziehen und, wenn sie nicht folgen wollen, töten; ferner singen sie wie die Sirenen in der Odyssee und locken so die Schiffer ins Verderben. Teilweise erscheinen sie aber auch als Ungetüme des festen Landes, welche namentlich den kleinen Kindern nachstellen. Ferner gibt es Meerdämonen, welche halb Mensch, halb Fisch sind, auf Delphinen reiten und gleich dem Poseidon des Altertums den Dreizack führen. Auch die *Striglen* gelten für gefährlich; sie fliegen nachts in Vogelgestalt an die Wiegen der Kinder und saugen denselben das Blut aus; besonders gefährlich sollen sie den ungetauften Kindern sein, weshalb diese niemals alleingelassen werden.

Vom *Kalikantsaros*, der neugriechischen Form des Werwolfs, und von den *Broukolaken*, den Vampiren der Neugriechen, wird später die Rede sein. Merkwürdig ist es auch, daß die alten Hellenen ihren Nachkommen zu einer Art von Hünengeschlecht geworden sind; wahrscheinlich haben die Größe ihrer Bauten und namentlich die noch erhaltenen Tempelstufen mit ihrer allerdings mehr als normalen Höhe die jetzt landläufigen Vorstellungen von ihrer fabelhaften Körperlänge hervorgebracht. Sonst denkt sich der moderne Grieche Riesen gerne im Inneren der Erde, wo sie mit gewaltigen Steinblöcken hantieren; wenn ihre Bauten einstürzen, so entstehen, wenigstens nach dem Glauben der Bewohner der Insel Zakynthos, Erdbeben. Sie sind bärtig und nach dem Vorbild der Zyklopen der Odyssee einäugig; nur eine einzige Stelle ihrer Körper ist verwundbar, nämlich das Fußgelenk, was wieder auffallend an Achilles erinnert.

Die *Mören* des vormaligen Heidenglaubens haben sich ebenfalls erhalten. Sie erscheinen gewöhnlich in der Dreizahl, sind alt und häßlich und haben das Gesicht voll Runzeln. Gewöhnlich treten sie in der dritten Nacht nach der Geburt eines Menschen auf; eine von ihnen bestimmt seine Lebensdauer durch Spinnen eines Fadens, die zweite verleiht ihm Glück, die dritte Unglück; um sie günstig zu stimmen, redet man sie mit Kosenamen an, stellt ihnen wohl auch Brot, Zuckerwerk und Gold hin. Aus dem unterweltlichen Fährmann Charon endlich ist eine Figur geworden, welche mit erweiterten Funktionen zu einer Personifikation des Todes überhaupt sich umgestaltet hat. Dieser moderne Charon oder vielmehr Charos – denn so nennen ihn die Neugriechen – ist ganz schwarz und reitet häufig auf einem ebenfalls schwarzen Pferde; er hat ein Schwert, Pfeile, zuweilen wohl auch eine Sichel oder Sense, ja, er erscheint sogar manchmal als bloßes Gerippe. Beim Tod der Menschen ist er zugegen. Die

Hölle ist gleich dem antiken Hades finster, traurig und außerdem eiskalt; man denkt sich dieselbe tief unter dem Erdboden und rings von einem Strom umflossen; eine Treppe führt zu ihr hinab.

Die Neugriechen sind übrigens keineswegs das einzige christliche Volk, welche sich die Hölle teilweise mit antiken Farben ausgemalt hat, wir treffen vielmehr ähnliche Vorstellungen schon bei verschiedenen Kirchenvätern, und dem Mittelalter sind dieselben ebenfalls nicht fremd geblieben. Charon z.B. erscheint sowohl in Dantes *Göttlicher Komödie* als in der bildenden Kunst bei Michelangelo und Luca Signorelli als Totenschiffer; doch kann natürlich Dante mit Absicht Schilderungen des Altertums nachgeahmt haben, und Michelangelo hatte jedenfalls die erwähnte Stelle der *Göttlichen Komödie* im Sinn, als er seinen Charon in der Sixtinischen Kapelle malte. Entschieden populär war hingegen die Vorstellung, nach welcher man sich die Krater verschiedener feuerspeiender Berge als Eingang zur Hölle dachte. Papst Gregor der Große z.B. wollte den Ostgotenkönig Theoderich entschieden als einen Verdammten hinstellen, wenn er ihn nach seinem Tod in den Schlund eines solchen werfen ließ. Und wenn zur Zeit Kaiser Heinrichs VI. einem Dekan der Kirche zu Palermo ein Pferd entläuft, dem dasselbe suchenden Knechte der Bescheid zuteil wird, dasselbe befinde sich im Ätna bei König Artus, und dieser erwarte den Dekan selbst ebenfalls auf seinen nächsten Hoftag; wenn endlich der Dekan bald darauf stirbt, so erscheint auch hier der Ätna als Aufenthalt der Abgeschiedenen. In einer dritten ebenfalls hierhergehörigen Erzählung ferner machen böse Geister für Herzog Berthold von Zähringen das Feuer des nämlichen Berges zurecht. Und im entlegensten Norden Europas knüpft sich an den Hekla die Vorstellung, daß man aus ihm von Zeit zu Zeit die Seufzer und Klagen der verdammten Seelen höre.

Nun sind auch noch diejenigen Fälle namhaft zu machen, in welchen die abergläubische Vorstellung an sich nicht gerade aus dem Heidentum zu stammen braucht, in welchen aber letzteres durch die Statuen, welche es späteren Jahrhunderten hinterließ, auf deren Phantasie einwirkte. In Griechenland soll es noch jetzt vorkommen, daß man erhaltenen antiken Bildwerken magische Kräfte zuschreibt und ihnen namentlich den eines lokalen Schutzgeistes beimißt; das ist auch der Grund, weshalb der Grieche solche Bilder nicht gerne von ihrer Stelle schafft. Aber auch an die Überreste der antiken Kunst in Italien knüpften sich, wenigstens im Mittelalter, ähnliche Ideen. Da stand z.B. auf dem Marsfeld in Rom eine Statue mit ausgestrecktem rechten Zeigefinger; auf ihrem Haupt waren die Worte „hic percute" geschrieben, und es war infolgedessen schon seit Jahrhunderten, freilich ohne Erfolg, mit dem Beil an derselben gearbeitet worden. Papst Gerbert (Silvester II.), im Mittelalter auch sonst als Zauberer bekannt und verschrien, war indessen klüger als andere Leute; er merkte sich die Stelle, auf welche der Schatten des ausgestreckten Fingers mittags um zwölf Uhr fiel, genau, indem er daselbst einen Pfahl in die Erde stieß. In der nächstfolgenden Nacht kam er dann, von einem einzigen Diener begleitet, wieder und begann seine Beschwörungen. Die Erde tat sich auf, und in der Tiefe kam ein gewaltiger Palast zum Vorschein; in demselben war alles aus lauterem Gold, die Wände, die Decken, außerdem würfelnde Soldaten, König und Königin nebst Dienerschaft; auch ein Knabe mit ausgespanntem Bogen war da, und ein einziger Karfunkel erleuchtete die ganze unterirdische Herrlichkeit. Es durfte jedoch alles nur angestaunt, aber nichts berührt werden; so oft der Papst oder sein Diener letzteres versuchte, rückten die goldenen Figuren gegen sie heran. Zuletzt nahm der Diener ein goldenes Messer weg, da schoß der Knabe seinen Pfeil ab und löschte den Karfunkel mit demselben; gleichzeitig rückten alle Statuen knirschend heran, so daß jener das ergriffene Messer wieder fallen ließ und beide, Gerbert und sein Diener, mit ihrer Laterne davonliefen. Das war der Schatz des Kaisers Octavian. Wilhelm von Malmesbury, der dieses Abenteuer erzählt, weiß übrigens über den „Thesaurus Octaviani" noch einen zweiten Bericht, welchen er einem Mönche seines eigenen Klosters verdankte. Dieser Mönch war nämlich in seiner Jugend in Italien zu einem zerklüfteten Berge gekommen, in welchem dieser Schatz angeblich liegen sollte, und es war ihm gelungen, in Gesellschaft mehrerer anderer in das Innere dieses Berges zu gelangen. Um den Rückweg nicht zu verfehlen, schlugen sie jeweilen nach tausend Schritten einen Pfahl in den Boden und verbanden die Pfähle unter sich mit einem langen Faden. Im Inneren des Berges stießen sie auf zahlreiche Leichen und Gerippe, welche von solchen herrührten, die vor ihnen den versunkenen Schatz hatten heben wollen. Zuletzt erreichten sie ein Wasser, über welches eine eherne Brücke führte, und jenseits desselben sahen sie goldene Rosse und Reiter in heller Beleuchtung und ebenso die übrigen Gegenstände, welche schon Gerbert gesehen hatte. Indes gelang es keinem von ihnen über die Brücke zu kommen, weil dieselbe unter ihren Füßen zu sinken begann, während sie zu gleicher Zeit am jenseitigen Ufer stieg, und weil überdies ein eherner Bauer das Wasser mit seinem Hammer in solchem Grade aufwühlte, daß es infolgedessen ganz finster wurde. Bei einem zweiten Versuche, in das Innere des Berges zu gelangen, hatten sie sich zwar vorgesehen und einen Magier mitgenommen, sie konnten aber den Eingang nicht mehr finden. Glücklicher als dieser Mönch und seine Begleiter war ein Jude; er gelangte in der Tat in den Berg und über das Wasser, ja, er brachte sogar Sand von dort zurück, welcher alles, was mit ihm in Berührung kam, in Gold verwandelte. Es war aber lauter Blendwerk; sobald das vermeintliche Gold mit Wasser in Berührung kam, wurde es wieder, was es vorher gewesen war.

Noch bekannter als die eben erwähnte Statue ist eine zweite geworden, welche sich ebenfalls in Rom befand und die Göttin Venus darstellte. Ein junger Römer aus vornehmem Geschlecht hatte seine Vermählung gefeiert, und die Hochzeitsgäste belustigten sich nach Tische im Freien. Während sich der junge Ehemann mit dem Ballspiel belustigte, steckte er seinen Trauring an den ausgestreckten Finger des Venusbildes; als er aber jenen, nachdem das Spiel zu Ende war, wieder zu sich nehmen wollte, hatte die Statue den Finger so eingezogen, daß er den Ring verloren geben mußte. Gegen Mitternacht begab er sich noch einmal an die betreffende Stelle; das Bild streckte den Finger wieder aus, allein der Ring war verschwunden; als er sich hernach zu seiner Gemahlin legen wollte, fühlte er, daß sich etwas zwischen dieser und ihm befand; er vernahm gleichzeitig die Worte: „Liege bei mir, da du dich heute mit mir verlobt hast; ich bin Venus, an deren Finger du deinen Ring gesteckt hast, ich habe diesen und werde dir ihn nicht mehr zurückgeben." Alle ferneren Versuche des jungen Ehemannes, den Koitus mit seiner Frau auszuüben, waren vergeblich; so oft er es versuchte, stellte sich das nämliche Hindernis ein. Endlich wandte er sich an einen Priester namens Palumbus, welcher, wie es hieß, mit der Geisterwelt Verkehr unterhielt. Der Priester gab ihm einen Brief und befahl ihm, sich nachts auf einem Kreuzweg aufzustellen und schweigend daselbst zu verharren. Der Römer tat, wie ihm befohlen war, und begab sich an die bezeichnete Stelle. Da zogen Menschen von jeglichem Geschlecht, Alter und Stand an ihm vorüber, teils zu Fuß, teils auf Pferden; unter diesen befand sich auch ein beinahe nacktes Weib, welches auf einer Mauleselin ritt, mit aufgelösten Haaren und goldenem Stirnband; es sah wie eine Buhlerin aus und machte auch in der Tat unablässig unzüchtige Bewegungen. Den Schluß des langen Zuges machte ein riesengroßer Mann auf einem Wagen, und dieser fragte den Jüngling mit grimmigen Blicken nach der Ursache seiner Anwesenheit. Jener aber antwortete der Weisung des Palumbus gemäß nichts, sondern übergab dem Fragenden einfach seinen Brief. Da hob dieser die Hände gen Himmel empor und rief: „Allmächtiger Gott, wie lange willst du noch die Schlechtigkeiten des Priesters Palumbus dulden?" Dann aber befahl er seinen Dienern, der Venus – denn diese war das entblößte Weib – den Ring zu entreißen und denselben dem jungen Römer zu geben; letzteres gelang nicht ohne Mühe, und unmittelbar darauf verschwanden die Geister. Als Palumbus erfuhr, daß der Dämon den Zorn Gottes auf ihn herabbeschworen hatte, fühlte er, daß es mit ihm zu Ende gehe. Er fiel in tiefe Reue, verstümmelte sich freiwillig alle Glieder seines Leibes und beichtete dem Papst vor allem Volk unerhörte Freveltaten.

Zu den Überresten des Heidentums, welche uns in den verschiedensten Städten des Orients und des Okzidents begegnen und sich bisweilen auch allerlei mehr oder weniger mittelalterliche Umformungen mußten gefallen lassen, gehören endlich noch die sogenannten Telesmen. Bei der feierlichen Gründung gewisser Städte hatte im Altertum der Telest oder Weihepriester nicht fehlen dürfen. Er hatte die Aufgabe gehabt, die Existenz und das Wohlergehen der Stadt durch bestimmte Denkmäler, zuweilen auch durch heimlich vergrabene Gegenstände, auf magische Weise sicherzustellen; diese Gegenstände sind dann eben die Telesmen. Das Telesma war im Altertum häufig ein Bild der Schutzgottheit der betreffenden Gemeinde. Hierher gehört namentlich das berühmte Bild der Göttin Athene auf der Burg von Troja, das sogenannte Palladium, welches der Sage nach vom Himmel herabgefallen war; solange dieses im Besitze der Trojaner war, konnte ihre Stadt nicht erobert werden, und deshalb entwendeten Diomedes und Odysseus dasselbe durch List. Auch das Bild der Athene auf der Akropolis von Athen und der zu Numas Zeit in Rom vom

Himmel gefallene Schild gehören in die nämliche Gattung von Telesmen. In späterer Zeit rühmten sich die Bewohner von Edessa, einen Brief Christi zu besitzen, welcher, unter ein Tor der Stadt gelegt, gleich einer Befestigung das Eindringen der Barbaren unmöglich machte.

Im Mittelalter wurde nun der Weihepriester, dessen religiöse Bedeutung jetzt natürlich nicht mehr verstanden wurde, zum Zauberer schlechthin, der dann beim Anfertigen der Telesmen namentlich auch die Konstellationen der Himmelskörper zu beobachten hatte; letzteres Tat z.B. Guido Bonatti, als er zur Sicherung der Stadt Forli ein steinernes Bild unter den neu erbauten Stadtmauern vergrub. Namentlich häufig verfuhr man jetzt nach dem bekannten Grundsatz der Homöopathen „similia similibus curantur", und das vergrabene oder sonst irgendwie versteckte Bild mußte den nämlichen Gegenstand vorstellen, gegen welchen man sich durch dasselbe sicherstellen wollte. Gregor von Tours erzählt z.B., die Stadt Paris sei seit Menschengedenken von Feuersbrünsten, Schlangen und Ratten verschont geblieben; als man aber eine eherne Schlange und eine eherne Ratte, welche früher unter der Erde im Kanal der Brücke gewesen seien, hervorgegraben und entfernt hätte, da hätten sich fortan die wirklichen Schlangen und Ratten eingestellt, und auch die Feuersbrünste seien nicht ausgeblieben. In ähnlicher Weise soll die eherne Fliege über einem Tor von Neapel und ein ebendaselbst in einen Brunnen geworfener Blutegel Fliegen und Blutegel ferngehalten haben; der Urheber beider war nach der neapolitanischen Überlieferung der Dichter Vergil, welchem das Mittelalter überhaupt Kräfte und Wunder in Hülle und Fülle zuschrieb. So soll er u.a. auch eine Heuschrecke verfertigt, an einen Baum befestigt und so die Heuschrecken aus Neapel vertrieben haben. Ebensowenig gab es im Palaste zu Toledo und im venezianischen Dogenpalast Fliegen, weil eingegrabene Bilder dieselben fernhielten; ja, in einer ungenannten ägyptischen Stadt soll ein unter einem Tempel verscharrtes bleiernes Krokodil sogar bewirkt haben, daß die Krokodile die Stadt ausnahmsweise mit ihren Besuchen verschonten.

Abgesehen von derartigen Landplagen zeigt sich hier und da sogar der Glaube, man könne Menschen, z.B. Feinde, durch das nämliche Verfahren fernhalten. So hing die Sicherheit des Oströmischen Reiches angeblich von drei auf der thrakisch-illyrischen Grenze in der Erde vergrabenen silbernen Bildsäulen in barbarischer Tracht ab, welchen überdies die Hände auf den Rücken gebunden waren. Als man zur Zeit des Kaisers Konstantinus diese Statuen herausgrub, brachen unmittelbar darauf drei barbarische Stämme, die Goten, die Hunnen und die Sarmaten, in Thrakien und Illyrien ein.

Sechstes Kapitel.

Der Glaube an Vorzeichen.

Weniger mit den in den letzten vier Kapiteln als mit der zuerst behandelten Astrologie ist der Glaube an Vorzeichen bis zu einem gewissen Grade verwandt. Schon das Altertum war reich an Divinationen, und die verschiedenen Heidentümer, welche im mittleren und nördlichen Europa dem Christentum vorausgingen, waren es natürlich ebenfalls. Man würde indessen sehr irren, wenn man das ganze hierhergehörige Material auf heidnische Superstitionen zurückführen wollte, das Mittelalter hat im Gegenteil noch zahlreiche hier zu erwähnende Vorstellungen selbständig hervorgebracht. Manche unter diesen sind zwar nicht gerade christlich, sie hängen aber doch in der oder jener Weise wenigstens mit den äußeren Symbolen und Gebräuchen der Kirche zusammen; manche wiederum stehen sowenig mit einer bestimmten Nationalität oder Religion in Verbindung, daß sie im Grunde überall entstehen konnten, wo die Phantasie auf Kosten des Verstandes das Denken und Empfinden der Leute bestimmte.

Wir haben es nun hauptsächlich mit denjenigen Divinationen zu tun, welche nicht auf höheren Inspirationen beruhen, sondern sich einfach auf die Beobachtung gewisser Zeichen beschränken. Hinter den sinnlich wahrnehmbaren Vorzeichen dachte man sich allerdings Gott und war auch infolgedessen überzeugt, daß dieser die Menschen die betreffenden Zeichen wahrnehmen lasse, um ihr Verhalten in dieser oder jener Weise zu bestimmen. Allein derjenige, welchem ein Zeichen erschien, bedurfte keiner besonderen Inspiration, um aus demselben gewisse Schlüsse zu ziehen. Letztere ergaben sich vielmehr aus dem wahrgenommenen Gegenstande von selbst, und es existierte eine förmliche halb mündliche, halb schriftliche Tradition, nach welcher z.B. jedermann wußte, daß gewisse Erscheinungen Glück, andere hingegen Unglück brachten. Der Hauptunterschied zwischen Altertum und Mittelalter in bezug auf das Verhalten zu den Vorzeichen lag darin, daß in letzterem die Deutung eine reine Privatangelegenheit war, mit welcher sich in der Regel weder Kirche noch Staat offiziell befaßte. Im Altertum hingegen war das anders gewesen; da hatte es zahlreiche offizielle Persönlichkeiten gegeben, welche aus dem Flug der Vögel oder aus den Eingeweiden eines Opfertieres bestimmte Schlüsse zogen und insofern einen öffentlich anerkannten Stand bildeten.

Selbstverständlich waren es mehr oder weniger auffallende und seltene Ereignisse, welche als Vorzeichen angesehen wurden. Die Sonne an sich z.B. war kein solches, wohl aber konnte eine Verfinsterung ihres Lichtes Schlimmes bedeuten. Wurde eine Glocke in hergebrachter Weise zum Gottesdienst geläutet, so hatte das nichts zu bedeuten; erklang sie aber zu ungewohnter Stunde von selbst, so erwartete man irgendein auffallendes Ereignis. Ein Kruzifix, über dem Altar einer Kirche oder an einer Straße aufgestellt, gehörte ebenfalls zu den Dingen, über welche sich niemand den Kopf zerbrach; zeigte sich aber, wie es im Mittelalter und sogar in neuerer Zeit häufig geschehen sein soll, das Bild des Kreuzes an Mauern oder Fenstern oder gar auf den Kleidern der Leute, so war Gefahr im Anzug. Im ganzen war natürlich die Zahl der Erscheinungen, welche von Bedeutung sein konnten, eine beträchtliche. Außergewöhnliche Gebilde am Himmel und in der Luft, das Zusammentreffen mit gewissen Menschen oder Tieren, das Blühen einer Pflanze außerhalb der gewöhnlichen Blütezeit, kurz, alles mögliche konnte die Bedeutung eines Vorzeichens haben.

Und was nun die Bedeutung dieser Zeichen betrifft, so treten sofort die großen Gegensätze von Glück und Unglück mit ihren verschiedenen Nuancen und Abzweigungen in den Vordergrund. Es konnte sich bloß um das Schicksal einzelner Individuen handeln; es konnten aber ebensogut auch ganze Familien, Gemeinden und Länder in Frage kommen, ja, es gibt sogar Fälle, in welchen man an nichts geringeres als an den Untergang der ganzen Welt dachte. Ferner konnten die angedeuteten Geschicke nur vorübergehende, sie konnten aber auch ebensowohl definitive sein. Das Unglück nimmt natürlich eine viel hervorragendere Stellung ein als das Glück. Während es sich hier höchstens um einige wenige Gattungen, z.B. um Genesung eines Kranken, um ein gutes Weinjahr oder etwa um das Zustandekommen einer gewünschten ehelichen Verbindung handelt, ist die Skala der möglichen und denkbaren Unglücksfälle eine viel reichere und mannigfaltigere. Da kommen Krieg und Pestilenz in Betracht, ferner Mord und Totschlag, Beraubung, Eroberung von Städten und Ländern, Todesfälle jeglicher Art, Explosionen feuerspeiender Berge, Übertritte von einer Konfession zur anderen, Weltende, kurz, was man sich überhaupt Entsetzliches denken konnte. Und neben den Prodigien, welche den menschlichen Sinnen ungesucht entgegentreten, sind schließlich auch noch andere zu berücksichtigen, bei welchen sich der Mensch seine Vorzeichen durch das Aufschlagen besonders heiliger Bücher oder durch das Enträtseln geheimnisvoller Buchstaben oder Zahlen gleichsam selber schafft und seine Entschlüsse nach diesen bestimmt.

Glück hat im allgemeinen derjenige zu erwarten, welchem am Morgen eine öffentliche Dirne begegnet, und ebenso derjenige, welchem es im rechten Ohr läutet; auch eine Spinne auf dem Spinnrocken macht wenigstens für einen Tag glücklich. Juckt einem Mädchen der Hals oder die Kehle, so wird ihm das Glück der Liebe zuteil; tritt dasselbe bei einer schon verheirateten Frau ein, so wird dieselbe Kindbetterin. Glücklich und reich dazu wird derjenige, welcher ein vierblättriges Kleeblatt gefunden hat, und wer montags in der Frühe dreimal hintereinander nießt, hat ebenfalls Gutes zu erwarten. Genesung eines Kranken soll dann eintreten, wenn auf dem Dache des Hauses, worin jener liegt, eine Elster schreit; schreit hingegen letztere vor dem Hause, oder leckt sich die Katze, so hat man Gäste zu erwarten, was freilich nicht unter allen Umständen ein Glück ist. In einem Haus zu Weinsberg hörte man, namentlich vom Dezember bis in den Februar, ein Geräusch, als ob ein Küfer auf ein leeres Faß schlüge; je lauter und öfter dieser Lärm eintrat, desto ergiebiger war die Weinlese im folgenden Herbst. Stadtrat Muff in Weinsberg richtete seine Weinspekulationen nach diesen Tönen und wurde infolgedessen ein reicher Mann. In Mergentheim glaubt man noch jetzt, auf ein gutes Weinjahr zählen zu dürfen, wenn zur Adventszeit der Büttner im Hospitalkeller erscheint, an den Fässern herumklopft, dieselben an den Brunnen trägt und darauf wieder in den Keller zurückschafft; besonders deutlich soll dieses Vorzeichen im Advent des Jahres 1841 wahrnehmbar gewesen sein.

Im allgemeinen überwiegen aber, wie gesagt, die bösen Vorzeichen, und es gibt sogar Schriftsteller, welche ausschließlich von diesen sprechen. Zu diesen gehört u.a. Johannes Prätorius, welcher in seinem *Anthropodemus plutonicus* nichts als Mißgeburten, Wolkenbrüche, Kometen, feurige Ruten am Himmel, Neben- und Doppelsonnen, Überschwemmungen, Kriege der Vögel in den Lüften, namentlich der Raben, als solche anführt.

Unter den vierfüßigen Tieren bedeutet der Hase Unheil, der Hirsch, der Wolf und der Eber hingegen Glück; doch läßt sich jenes abwenden, wenn man sich dreimal umkehrt. Unter den Vögeln spielt der Rabe eine ähnliche Rolle und unter den Reptilien die Schlange. Zuweilen kann jedoch der nämliche Vogel sowohl Glück als Unglück bringen, und dann hängt das, was er in jedem einzelnen Falle bedeutet, von dem oder jenem äußeren Umstand seines Erscheinens ab. Die Umstände, auf welche es in solchen Fällen ankommt, sind entweder die Seite, auf welcher der Vogel fliegt, oder die Tageszeit, in welcher er erscheint. Die rechte Seite galt natürlich für die günstige und die linke für die ungünstige; darum heißt es im alten Epos vom Cid:

A la exida de Vivar ovieron la corneia diestra,
E entrando à Burgos ovieron la siniestra.

Ebenso muß die vorhin angeführte Bedeutung des Schreiens der Elster auf einem Krankenhaus dahin eingeschränkt werden, daß sie nur dann für eine glückliche galt, wenn dasselbe am Vormittag stattfindet und wenn man den Vogel von vorne sieht.

Dazu kommen noch einige weitere Vorzeichen, welche Unglück im allgemeinen bedeuten, so z.B. das Ausgießen von Wein oder das Umstoßen des Salzfasses bei Tisch, das Schlagen der Uhr, während gerade geläutet wird, u.a.m.

Eine bevorstehende Pestilenz kann durch allerlei Zeichen im voraus angedeutet werden. Vor der des Jahres 571 z.B. zeigten sich Nebensonnen, ein Komet, eine Sonnenfinsternis, und der Himmel schien in Flammen zu stehen; letzteres mag seine Ursache in dem Erscheinen eines Nordlichtes gehabt haben; in der Kathedrale von Clermont löschte eine Lerche bei der Frühmesse sämtliche Lichter aus, und in der St. Andreaskirche daselbst geschah das nämliche. Blühten im Herbste die Rosen und Veilchen wieder, so glaubte man ebenfalls, es stünden Seuchen bevor. Die schrecklichsten Prodigien aber gingen einer Pest voraus, welche Konstantinopel zur Zeit Kaiser Justinians heimsuchte; da sah man schwarze Männer ohne Köpfe in ehernen Schiffen über das Meer nach den verschiedenen Städten, welchen die Seuche bevorstand, fahren, und in Konstantinopel selbst liefen die Pestdämonen in der Gestalt von Geistlichen und Mönchen umher.

Wenn sich die Waffen in den Zeughäusern von selbst bewegten oder wenn die Knaben auf den Straßen im Scherz mit Fähnlein und Spießen gegeneinander zogen, erwartete man Krieg. Ähnliches deutete, wie schon früher erwähnt wurde, die Erscheinung eines Kometen an, ferner Blutregen, das Heulen der Wölfe, Luftspiegelungen und Kämpfe der Vögel in der Luft; in Thüringen z.B. sollen sich die Störche vor dem Bauernkrieg vom Jahre 1525 herumgebissen haben. Auch glaubte man, die Fahnen flatterten nicht frei in der Luft, sondern sie schlügen ihren Trägern um die Köpfe, wenn diese in den Krieg zögen.

Selbstverständlich gab es auch zahlreiche Anzeichen eines baldigen Todesfalles, welche dann entweder allgemeingültig waren oder nur in Beziehung auf bestimmte Persönlichkeiten, Stände usw. in Betracht kamen. Von den Vögeln gehören namentlich wieder der Rabe, ferner die Eule und der Wik hierher. Rumort es speziell in einem Rathaus, so ist zu befürchten, daß in Bälde eine Magistratsperson mit Tod abgehen werde; soll hingegen ein Bettler das Zeitliche segnen, so wird er vorher von den Läusen, welche sich bisher in seinen Haaren gütlich getan haben, verlassen. Der Kirchner zu St. Jobst bei Nürnberg nahm an den Bewegungen des Bahrtuchs und am Geräusch in der Leichenkammer wahr, daß demnächst ein Todesfall eintreten werde, und Meister Franz, Scharfrichter in Nürnberg, wußte, wenn sein Schwert zitterte, im voraus, daß die seiner Obhut anvertrauten Gefangenen zum Tode würden verurteilt werden. Wer die Toten irgendwo tanzen sieht, kommt selbst bald in die Gesellschaft derselben; so erging es z.B. dem Koch des Grafen Bernhard von Eberstein im Jahre 1518, als er sich selbst mitten unter den Tanzenden erblickt hatte. Überhaupt ist es ein Zeichen baldigen Todes, wenn jemand sich selbst, d.h. seinen Geist in seiner eigenen Gestalt, wie eine zweite Person sieht; letzteres widerfuhr z.B. einer alten Kindsmagd im Schloß zu Mösskirch im Jahre 1554 und ebenso noch früher der Gemahlin des Grafen Reinhart von Solmp. Noch Goethe hat bekanntlich in *Wilhelm Meisters Lehrjahre* dieses Motiv zu verwerten gewußt. Der bekannte Caspar Peucer mußte sterben, als eine Uhr in seinem Haus, welche nicht aufgezogen war, plötzlich schlug, und auch sonst liebte man es, auffallende Ereignisse mit dem Tod hervorragender Männer in Verbindung zu bringen. So verfährt z.B. Einhart mit Karl dem Großen, auf dessen Absterben er diverse Sonnen- und Mondfinsternisse sowie den Einsturz der Rheinbrücke zu Mainz bezieht. Je mehr sich dann der Geist des Mittelalters allmählich dem Düsteren und Unheimlichen zuwendet, desto düsterer und unheimlicher werden auch die Prodigien. So zählt Abt Guibert von Nogent kurz nach 1100 die Ereignisse auf, welche der Ermordung des Bischofs Gerard von Laon vorausgingen und diese folglich anzeigten: Ein Stein fällt aus der Luft, in der Kathedrale werden drei Balken vor den Knien des Gekreuzigten sichtbar, Dämonen lärmen, Feuersbrünste erhellen in der Nacht den Himmel, und zuletzt erblickt sogar ein zweiköpfiger Knabe das Licht der Welt. In Lübeck wurde im Jahre 1351 der Koch des Predigerklosters nachts durch eine Stimme aufgefordert, für sechsunddreißig Klosterbrüder und zwei Gäste zu kochen, weil dieselben abreisen müßten. Er sah auch wirklich trotz der ungewohnten Stunde achtunddreißig Personen im Refektorium sitzen und kehrte auf dieses hin entsetzt in seine Zelle zurück; wenige Tage später starben im Kloster achtunddreißig Personen, unter diesen zwei Gäste. doch Unheimlicheres weiß Johannes Vitoduranus aus dem Minoritenkloster in Bern zu berichten. Dort wachte einst ein Mönch in seiner Zelle nachts und betete; da sah er im Garten Minoriten paarweise auf- und abgehen; schließlich kamen dieselben ins Kloster und klopften an den Zellen vieler schlafender Brüder und ebenso im Dormitorium an deren Decken; der wachende Mönch zitterte und bebte, doch wurde bei ihm nicht geklopft. Alle Brüder aber, bei welchen die Geister in Mönchsgestalt gepocht hatten, starben bald darauf, und zwar in der nämlichen Reihenfolge, in welcher bei ihnen war angeklopft worden. Dieses Ereignis soll sich kurz vor 1313 zugetragen haben. Noch im siebzehnten Jahrhundert seien kurz vor Gustav Adolfs Tod im Schloß zu Stockholm alle Türschlösser von selbst aufgegangen; zu gleicher Zeit erklangen durch ganz Finnland die Kirchenglocken von selbst, und über der Stadt Stockholm erschien am Himmel eine Jungfrau.

Häufig sind dergleichen Vorboten des Todes an gewisse Lokalitäten gebunden und haben lediglich für die Bewohner derselben Geltung, für diese aber dann in regelmäßig wiederkehrenden Zeiträumen. So läutete im Dominikanerkloster zu Camora in Spanien drei Tage, bevor ein Mönch starb, regelmäßig eine Glocke von selbst, und dasselbe wurde auch von den Klöstern dieses Ordens in Cordoba und Salerno erzählt. Eines noch merkwürdigeren Zeichens erfreute sich die Abtei St. Maurice im Kanton Wallis. In dem Fischteiche derselben befanden sich nämlich genauso viele Fische, als die Abtei Konventualen zählte; so oft nun der Tod eines Chorherrn bevorstand, kam einer der Fische krank auf der Oberfläche des Teiches zum Vorschein. Ganz in ähnlicher Weise soll auch in Rothsee im Kanton Luzern ein Fisch den baldigen Tod des jeweiligen Besitzers des Sees angezeigt haben. In Franken verliert ferner ein am Fuß eines Berges stehender Brunnen regelmäßig für einige Wochen sein Wasser, wenn in dem Schloß auf dem Berg jemand sterben soll. Am schwarzen Brett der Akademie in Zürich endlich standen im Jahre 1667 plötzlich die lateinischen Worte:

carmina iam moriens canit exequialia cygnus.

Niemand wußte dieselben zu deuten, bis acht Tage später Johann Heinrich Hottinger, Professor der Theologie in Zürich, starb.

Von anderen bedeutenderen Naturereignissen oder Begebenheiten im menschlichen Leben, an welche sich bestimmte Vorzeichen knüpften, mögen noch einige kurz erwähnt werden. Von dem Ausbruch des Ätna im Jahre 1536 ist bereits früher die Rede gewesen. Im Jahre 1665 sah man in Plauen drei Viertelstunden lang ein Kruzifix am Himmel, an welchem sämtliche Finger, Nägel und Haare genau zu unterscheiden waren; es deutete an, daß eine Fürstin bald papistisch werde. Als 1333 das Tal des

Arno überschwemmt wurde, vernahm ein Eremit im Paradisino oberhalb Vallombrosa teuflischen Lärm; als er vor seine Zelle trat, erblickte er schwarze Reiter, und einer derselben erklärte, sie zögen dahin, um die sündige Stadt Florenz, wenn Gott es zulasse, zu ersäufen. Etwas mehr als hundert Jahre später, im Jahre 1453, sah man in der Nähe von Como abends viele Hunde in der Luft, sowie einen drei Stunden lang dauernden Zug von Tieren, bewaffnetem Fußvolk und Reitern; bald darauf wurde Konstantinopel von den Türken erobert.

Auch der Jüngste Tag, welchen bekanntlich sowohl die ersten christlichen Jahrhunderte als das Mittelalter von Zeit zu Zeit für nahe bevorstehend hielten, hatte seine bestimmten Vorzeichen. In den hieraufbezüglichen Stellen erscheinen dieselben meist in der Zahl von fünfzehn, und sie sollten der gewöhnlichen Annahmen zufolge zuerst von St. Hieronymus geweissagt worden sein; Aufzeichnungen derselben in Poesie und in Prosa sind nichts weniger als selten. Manche unter diesen Zeichen sind nun freilich nicht Aberglauben im gewöhnlichen Sinne des Wortes, insofern sie nicht regelmäßig wiederkehrende Begebenheiten des wirklichen Lebens zum Ausgangspunkt haben, sondern die eschatologischen Stellen der heiligen Schrift, mit allerlei Erweiterungen und Ausschmückungen versehen, wiedergeben. Die Sache spielt vielmehr erst dann in das Gebiet des Aberglaubens hinüber, wenn man, statt bei der bloßen Annahme dieser Zeichen stehenzubleiben, jedes außergewöhnliche Naturereignis sofort als Vorzeichen des nahen Weltuntergangs auffaßte. Viel sonderbarer und viel abergläubischer im gewöhnlichen Sinne des Wortes klingt es jedenfalls, wenn man im siebzehnten Jahrhundert aus dem rein zufälligen Zusammentreffen der römischen Zahlen MDCLXVI glaubte schließen zu müssen, das Jahr 1666 werde den Jüngsten Tag bringen.

Wir sind bisher in der Betrachtung der Vorzeichen von dem ausgegangen, was man im allgemeinen aus nicht ganz gewöhnlichen Begegnungen und Erscheinungen glaubte schließen zu dürfen. Man kann nun aber auch umgekehrt von den Zeichen selber ausgehen und auf diese Weise erkennen, was für Dinge dem mittelalterlichen Menschen am meisten auffielen und ihn infolgedessen am ehesten auf trübe Gedanken brachten. Die Hervorragendste Stellung unter diesen Erscheinungen nimmt nun entschieden das Zeichen des Kreuzes ein, aber nicht das gewöhnliche in den Kirchen oder an den Straßen angebrachte Kreuz, sondern das an außergewöhnlichen Stellen plötzlich erschienene und ebenso plötzlich wieder verschwundene. Ein solches Kreuz war ein Zeichen des Todes, und zwar des Todes im weitesten Sinne, also namentlich auch weit verbreiteter Seuchen; es erschien etwa auf den Kleidern der Leute, zuweilen auch auf ihrer Stirn, auf Vorhängen in den Kirchen usw. Schon im Jahre 748 und dann wieder 786 wurden dergleichen Kreuze beobachtet, ferner erschienen sie 806 auf der Mondscheibe, dann im zehnten Jahrhundert kurz hintereinander 956 und 938 und im elften im Jahre 1096. Im Jahre 1500 kamen nach Trithemius abermals Kreuze zum Vorschein und ebenso in den unmittelbar darauffolgenden Jahren 1501, 1502 und 1503. Die erregte Phantasie der Leute will sogar noch in unserem Jahrhundert solche wahrgenommen haben, und es läßt sich ja auch begreifen, daß in Zeiten religiöser Aufregung und heftiger kirchlicher Kämpfe manches wahrgenommen wird, was unter anderen Umständen vielleicht unsichtbar geblieben wäre. Mit den Kreuzen des Jahres 1501 befaßte sich u.a. die Universität Köln in corpore; es erschien damals ebendaselbst eine gedruckte Abhandlung über diesen Gegenstand, deren Titel folgendermaßen lautet: *Quaestio de crucibus quae in plerisque Germaniae et Galliae oppidis miro modo apparuerunt, a quodam profundissimo sacrae Theologiae Professore in Agrippinensi Colonia publice in celebri auditorio disputata.* Am Schluß derselben steht: „Determinatio haec facta est Coloniae in scolis Theologorum presenti tota universitate in profesto Viti et Modesti martirum Anno salutis 1501".

Münzen, auf welchen irgendeine Zahl oder ein Buchstabe in unrichtiger Stellung angebracht war, bedeuteten ebenfalls irgendein Unglück. Hierher gehört z.B. das verkehrte D auf Talern, welche Kurfürst Friedrich V. von der Pfalz, der sogenannte Winterkönig, im Jahre 1621 hatte prägen lassen; übrigens hatte es schon hundert Jahre früher Taler mit dem Bildnis Johann Friedrichs von Sachsen gegeben, deren verkehrte 3 demselben den nämlichen Ruf verschafft hatte. Man sieht, wie in beiden Fällen der Fehler der Geldstücke und das persönliche Unglück der beiden Fürsten zusammenwirkten, um eine solche Vorstellung hervorzubringen.

Wo der sogenannte Angang, d.h. die Begegnung eines Tieres für unglückbringend galt, da konnte diese Vorstellung bald durch diese, bald durch jene Eigenschaft des betreffenden Geschöpfs hervorgerufen sein. Beim Raben waren es ohne Zweifel Farbe und Stimme, bei der Eule wieder letztere in Verbindung mit der unheimlichen nächtlichen Tätigkeit, beim Hirsch und beim Hasen vielleicht die flüchtige, zahllosen Verfolgungen preisgegebene Existenz, welche zu den betreffenden Anschauungen führte. Welchem Umstande der noch jetzt wenigstens im Scherz häufig ausgesprochene Satz, daß reisende Personen von geistlichem Stand ein Zeichen baldigen Regens seien, seinen Ursprung verdankt, kann ich nicht sagen. Hier und da half wohl auch der Glaube, daß gewisse Geschöpfe wie z.B. der Rabe und die Katze mit dem Bösen im Bunde stünden, ja, sogar verwandelte Zauberer, Hexen u. dgl. seien, derartige Vorstellungen erzeugen.

Auch Träume galten vielfach als Vorzeichen. Natürlich handelt es sich hier nicht um Träume, welche einer sagenhaften Vorzeit angehören und infolgedessen lediglich in das Gebiet der Poesie fallen, sondern es können bloß diejenigen Vorstellungen in Betracht kommen, welche der Volksglaube Jahrhunderte hindurch in dieser Beziehung gehabt hat; in diesem Falle ist es aber auch vollkommen gleichgültig, ob sich ein solcher Traum durch wirkliche Beispiele belegen läßt oder nicht, weil es ja hier überhaupt nur auf die Vorstellung als solche ankommt. Immerhin dürfen wir annehmen, daß die zahlreichen Stellen der heiligen Schrift, an welchen ein Traum als unmittelbare Eingebung Gottes erscheint, auch späteren Jahrhunderten die Bedeutung derselben verstärken halfen. Das Entscheidende ist nun weniger die Persönlichkeit, welcher ein Traum zuteil wird, als vielmehr Zeit und

Ort. Je näher der Morgen ist, desto näher kommt im allgemeinen der Traum der Wahrheit, und ebendarum ist es besser, nach der Mitternachtsstunde zu träumen als vorher. Dazu kommen dann noch bestimmte Nächte des Jahres oder des menschlichen Lebens, z.B. die Neujahrsnacht und die Hochzeitnacht. Von Örtlichkeiten kommt namentlich ein neugebautes Haus in Betracht, dessen Balken jedoch vorher gezählt werden müssen. Außerdem haben noch die verschiedenen Gegenstände, mit welchen man sich träumend beschäftigen kann, ihre bestimmte Bedeutung; Äpfel z.B. bedeuten Liebesglück, Eier Glück überhaupt und gute Nahrung, Gemälde Trauer usw. Wer von Tragödien träumt, dem stehen Gefahr und Unglück bevor, wer von Komödien, muß sich auf Spott und Hohn gefaßt machen; doch wird sich, falls die Komödie in die Gegenwart fällt, schließlich die Sache wieder zum Besseren wenden. Träumt jemand von Toten, welche ihn berauben, so hat er den eigenen Tod oder den eines nahen Angehörigen zu erwarten.

Endlich faßten manche auch die Erdbeben teils als Warnungen oder Strafen für begangene Frevel, teils als Vorzeichen kommenden Unglücks auf. Die zweite Auffassung berührt sich natürlich sehr nahe mit dem im ersten Kapitel über die Kometen gesagten, indem man später eintretende Kriege, Seuchen, Teurungen u. dgl. gerne als Folgen der Erdstöße darstellte. Doch erreichen letztere die ominöse Bedeutung der Kometen nicht ganz, vermutlich deshalb, weil sie in der Regel handgreifliches Unheil anrichteten, während der Komet mehr den Charakter des bloßen Vorzeichens behielt. Immerhin fehlt es auch auf diesem Gebiet nicht an Schriftstellern, welche die ihnen aus Chroniken u. dgl. bekannt gewordenen Erdbeben chronologisch zusammenstellten und mit anderen nachfolgenden Kalamitäten in Verbindung brachten. Die hierhergehörige Schrift des Hagenauer Advokaten Johann Michael Beuther z.B. beginnt mit Christi Geburt und reicht bis zum Jahre 1601, während Johann Georg Gross, Pfarrer bei St. Peter in Basel, in seiner Zusammenstellung von *Basler Erdbidem* erst mit dem Jahre 1021 beginnt, vermutlich weil seine Quellen infolge der lokalen Abgrenzung des Stoffes nicht weiter zurückreichten.

Nun gab es aber neben den sich zufällig darbietenden Vorzeichen auch solche, welche man suchen mußte. Das Material war allerdings auch hier meist ein herkömmliches und gegebenes, in der Regel ein Buch, die Verhaltensmaßregeln hingegen, welche man zu haben wünschte, mußten erst gefunden werden. Dabei handelte es sich natürlich nicht um ein überlegtes oder systematisches Suchen, sondern man schlug die betreffenden Bücher einfach auf und überließ es ganz dem Zufall, was für eine Stelle einem zuerst in die Augen fiel; nach der betreffenden Stelle aber richtete man das eigene Verfahren ein.

Unter den hierhergehörigen Büchern nahm im Mittelalter die heilige Schrift entschieden die erste Stelle ein, und innerhalb derselben kamen vorzugsweise die Evangelien und der Psalter in Betracht. An und für sich mochte diesem Verfahren die ganz löbliche Vorstellung zugrundeliegen, daß in diesen Schriften für zahlreiche mehr oder weniger kritische Situationen Rat und Belehrung zu finden sei; allein sowohl die Art und Weise, in welcher man diese suchte, als in den meisten Fällen die Gründe, weshalb man es tat, bleiben nichtsdestoweniger verwerflich. Darum erschienen auch schon frühzeitig, z.B. unter Karl dem Großen, Verbote gegen das ganze Verfahren, welche freilich höchstens vorübergehend wirken mochten. Wie verbreitet dasselbe schon im ersten Jahrtausend unserer Zeitrechnung war, ergibt sich u.a. aus dem unbefangenen Ton, in welchem Gregor von Tours davon wie von etwas ganz gewöhnlichem spricht. Als z.B. im Jahre 557 die Stadt Dijon von Chramnus belagert wurde, legten Geistliche die Bücher der Propheten, die Evangelien und die Apostelgeschichte an einem Sonntag auf den Altar einer Kirche und schlugen dieselben auf; die Stellen, auf welche sie stießen, waren Jesaja V, 4.5.1, Thessaloniker V, 2.3 und Matthäus VII, 26.27. Auch hier legte man zuweilen noch besonderes Gewicht darauf, daß das Aufschlagen an einem besonders heiligen Ort, z.B. am Grabe St. Martins in Tours stattfinde. Daß die Sache selbst allen Verboten zum Trotz, weiterlebte, versteht sich von selbst und rief auch von Zeit zu Zeit neue Erlasse hervor, im Jahre 1310 z.B. einen des Erzbischofs Balduin von Trier. Diejenige Stelle der Bibel selbst, mit welcher man das Verfahren zu rechtfertigen suchte, mochte es sich nun um jene oder um ein profanes Buch handeln, war dem Evangelium des Lukas entnommen, wo es bekanntlich (IV,17) von Christus selbst heißt: „Und da er das Buch herumwarf usw." Doch mögen systematische Verteidiger desselben ziemlich selten gewesen sein.

Neben der Bibel erfreute sich hauptsächlich Vergil eines ähnlichen Ansehens. Bekanntlich war dieser römische Dichter im Volksglauben im Lauf der Jahrhunderte allmählich zum Zauberer geworden, und im Zusammenhang mit dieser Vorstellung bildete sich nun nach und nach die Sitte aus, seinen Versen magische, namentlich prophetische Kräfte zuzuschreiben. Unterstützt wurde diese Anschauung noch dadurch, daß man annahm, Vergil habe in seiner vierten Ekloge den Messias geweissagt, wodurch der heidnische Dichter in den Ruf einer gewissen Heiligkeit kam. Man schlug infolgedessen seine Werke, gleich der Bibel, in kritischen Lagen auf und merkte sich denjenigen Vers, auf welchen zufällig der erste Blick gefallen war; der Inhalt desselben wurde nun entweder mit der Gegenwart oder mit der Zukunft irgendwie in Verbindung gebracht, oder man machte das eigene Benehmen von dem Inhalt desselben abhängig. So bestimmte im Jahre 1529 die Stelle Vergil *Aeneis* III, 44

heu! fuge crudelis terras, fuge litus avarum

zwei Florentiner zur Flucht. Übrigens scheint der Dichter schon im Altertum zu ähnlichen Zwecken gebraucht oder vielmehr mißbraucht worden zu sein, indem namentlich die römischen Imperatoren einzelne Stellen der *Aeneis* auf sich bezogen; letzteres lag um so näher, als dieselbe in der Tat ab und zu in einen mehr oder weniger prophetenhaften Ton verfällt und die Imperatoren ihrerseits teils infolge ihrer Lage, teils auch aus individuellen Gründen auf Divination angewiesen waren. Übrigens mußten sich neben Vergil auch noch andere Dichter denselben Mißbrauch gefallen lassen, z.B. Homer und Ovid; eine Stelle aus den Metamorphosen des letzteren z.B. bezieht Praetorius auf die angebliche Verschwörung des Don Carlos vom Jahre 1568, weil diejenigen Buchstaben von Vers 148 des ersten Buchs

FILIVs ante DIeM patrIos InqVIrlt In annos,

welche zugleich Zahlenwert haben, zusammen die Zahl 1568 ergeben.

Endlich gehört noch das Glücksrad hierher, welches in einem Buch angebracht war und aus einem Kreis nebst Zeiger bestand; der Kreislinie nach liefen allerlei Buchstaben und Zeichen und es kam folglich darauf an, bei welchem Zeichen der Zeiger stehenblieb und was für eine Bedeutung man für jenes in Anspruch nahm.

Siebtes Kapitel.

Der kirchliche Wunderglaube.

In den bisherigen Kapiteln ist von lauter Gattungen des Aberglaubens die Rede gewesen, welche im großen und ganzen keinerlei Beziehung zu dem wirklichen Glauben des Mittelalters und zum christlichen Glauben überhaupt haben. Es waren entweder unmittelbare Nachklänge der heidnischen Religionen der Vorzeit oder Auffassungen der Natur und ihrer einzelnen Erscheinungen, welche der wissenschaftlichen Erkenntnis und Erforschung derselben nicht standhalten können. Jetzt hingegen handelt es sich um ein Gebiet, in welchem der Aberglaube in höherem Grade als bisher unmittelbar neben den wirklichen Glauben tritt und, seiner eigentlichen Bedeutung entsprechend, Vorstellungen umfaßt, welche jenem zwar nicht gerade ebenbürtig zur Seite stehen, aber doch in dem Glauben an ein direktes Eingreifen einer höheren Macht in menschliche Verhältnisse wurzeln, also Vorstellungen, welche denjenigen, auf welche der wirkliche Glaube sich beruft, in hohem Grade ähnlich sind.

Christus und seine Apostel haben bekanntlich nach den Erzählungen der Evangelisten und des Verfassers der Apostelgeschichte eine Menge Wunder getan, d.h. sie haben Taten vollbracht, durch welche das, was man Naturgesetze zu nennen pflegt, bald in der, bald in jener Weise umgangen oder aufgehoben wird. Es kann nun natürlich nicht unsere Aufgabe sein, uns an dem Streite zu beteiligen, welcher in unseren Tagen heftiger als je über die größere oder geringere Glaubwürdigkeit der genannten biblischen Quellen geführt wird; die verschiedenen Ansichten stehen sich in dieser Beziehung einstweilen so diametral gegenüber, daß an eine baldige Ausgleichung gar nicht zu denken ist. Der in religiösen Dingen Indifferente oder Freisinnige wird die Möglichkeit des Wunders bis an das Ende der Tage leugnen, der positiv gläubige Protestant wird ebensolange mit Tholuck annehmen, die Kraft, Wunder zu verrichten, habe sich in der Christenheit etwa bis zur zweiten Hälfte des dritten Jahrhunderts erhalten, sei aber dann erloschen, der römisch-katholische Christ endlich wird dieselbe, wenn er vielleicht auch in bezug auf die Glaubwürdigkeit des einzelnen Falles zu möglichst großer Vorsicht rät, wenigstens im Prinzip als noch vorhanden annehmen.

Wir haben es mit diesen Wundern nur insofern zu tun, als dieselben in späteren nachapostolischen Zeiten noch praktische Folgen gehabt haben. Eine sehr hervorragende Rolle spielen nun unter denselben bekanntlich Heilungen der verschiedensten leiblichen und geistigen Krankheiten; denn gerade diesen mußte ihr praktischer Wert auch bei späteren Generationen eine hohe Bedeutung sichern. Und wie sich nun die Wundertaten der Apostel chronologisch an die Christi anschließen, so folgen auch auf jene ähnliche Erzählungen in großer Zahl, welche sich um die Persönlichkeiten späterer hervorragender Männer der Kirche ansammeln und den eigentlichen Kern ihrer Lebensläufe nur zu oft verhüllen. Wie dankbar wären wir z.B. Papst Gregor dem Großen, wenn er uns in seiner Schrift *De vita et miraculis sancti Benedicti* statt der dreißig bis vierzig Wundergeschichten eine auch nur halbwegs verläßliche Biographie dieses um die Kirche und um die ganze Kultur des Abendlandes so hochverdienten Mannes hinterlassen hätte? Stattdessen läßt er St. Benedikt in der genannten Schrift Dämonen austreiben, künftige Ereignisse wie den Tod des Gothenkönigs Totilas prophezeien, die Fesseln von Gefangenen durch seinen bloßen Blick lösen und sogar Tote wieder lebendig machen. Man glaubt in der Tat den sonst in seinem Leben wie in seinen Schriften gleich großen Mann kaum wiederzuerkennen, wenn man diese und andere ähnliche Dinge liest; und doch bildet die genannte Schrift nur das zweite von vier Büchern verwandten Inhalts, den bekannten Dialogen dieses Papstes.

Erzählungen von ähnlichem Inhalt wiederholen sich das ganze Mittelalter hindurch in Schriften kirchlichen wie profanen Inhaltes, in Heiligenbiographien und erbaulichen Anekdotensammlungen, aber auch in Chroniken, Annalen, ja, sogar gelegentlich in Urkunden. Am häufigsten treten sie freilich dann auf, wenn außergewöhnliche Ereignisse die Gemüter in bezug auf kirchliche oder religiöse Fragen in außergewöhnliche Aufregung versetzen, also zuerst in den Zeiten der Christenverfolgungen und später wieder zur Zeit der Kreuzzüge oder in Gegenden, wo Ketzer und Juden der Kirche Gefahr zu bringen scheinen. Auch das Aufkommen neuer geistlicher Orden, z.B. das der Zisterzienser und der Dominikaner und Franziskaner, wirkte fördernd, weil diese den älteren Orden, namentlich den Benediktinern in bezug auf Zeichen besonderer göttlicher Gnade nicht nachstehen wollten.

Die Quellen, auf welche wir in diesem Kapitel angewiesen sind, behandeln zuweilen bloß einzelne Seiten des gesamten Mirakelwesens; es gibt aber auch solche, in welchen dasselbe eine, wenn auch nicht erreichte, doch wenigstens beabsichtigte Gesamtdarstellung gefunden hat. Endlich fehlt es selbstverständlich auch nicht an Werken, in denen das hierhergehörige Material nur vorübergehend und in einzelnen Zügen vorkommt.

Unter den beabsichtigten Gesamtdarstellungen findet sich namentlich bei Cäsarius von Heisterbach in seinem Hauptwerke, dem in der ersten Hälfte des dreizehnten Jahrhunderts verfaßten *Dialogus miraculorum*, eine reiche Fülle hierhergehöriger Erzählungen. Cäsarius gehörte dem Orden der Zisterzienser an; er war kurz vor 1200 in denselben getreten und lebte als Glied desselben zuerst als Mönch, später als Prior in der rheinischen, noch jetzt als Ruine bewunderten Abtei Heisterbach bis gegen das Jahr 1240. Seinem Orden, welcher damals freilich auch in der Zeit der ersten Blüte stand, gehörte er mit Leib und Seele und mit einer Ausschließlichkeit an, die den Orden gelegentlich sogar über den Papst stellte. Charakteristisch für diese Anhänglichkeit ist namentlich folgende Erzählung: Ein verstorbener Zisterzienser kam in den Himmel und sah daselbst Engel, Propheten, Patriarchen, Apostel, Märtyrer, kurz Glaubenszeugen jeder Art, endlich auch Prämonstratenser und Cluniazenser. Erstaunt und zugleich betrübt fragt er die Himmelskönigin: „Wie kommt es, o Königin, daß ich hier keinen aus dem Orden der Zisterzienser sehe? Warum sind deine Knechte, die dir doch so andächtig dienen, von der Gemeinschaft der Seligen ausgeschlossen?" Maria sah seine Bestürzung und antwortete: „Mir sind die Zisterzienser so lieb, daß ich sie sogar unter meinem Ellenbogen habe." Mit diesen Worten schlug sie ihr außergewöhnlich weites Gewand zurück; da wimmelte und krabbelte es unter demselben förmlich von Zisterziensern. Die Seele des Mönchs kehrte hierauf vor übergroßer Freude in ihren Leib zurück, und so konnte er auf der Erde wiedererzählen, was er im Himmel gesehen hatte.

Die Wundergeschichten des Cäsarius sind, wohl nach Gregors des Großen Vorbild, in Gesprächsform aufgezeichnet, doch fehlt denselben jedes wirklich dramatische Leben. Apollonius, der Novize, welchem er dieselben vorträgt, verhält sich zu den Gegenständen dieses Vortrages ungefähr wie ein Kind zu den Märchen der Großmutter oder der Amme. Er stimmt bei, bewundert, bittet um Fortsetzung oder um Mitteilung fernerer Mirakel, von ernsthafter Opposition oder auch nur Diskussion ist hingegen nirgends die Rede. Aber auch Cäsarius selbst nimmt seinen Erzählungen gegenüber den Standpunkt der unbedingten Gläubigkeit ein; es ergibt sich das beinahe aus jedem Kapitel seines Werkes. Wunderbar ist dabei namentlich der Umstand, daß sich die Mehrzahl derselben entweder geradezu bei seinen Lebzeiten oder wenigstens unmittelbar vorher soll ereignet haben. Absichtlichen Betrug wird man ihm allerdings kaum vorwerfen können, da er fast überall seine Gewährsmänner nennt und überdies in der Vorrede seines Buches Gott zum Zeugen anruft, daß er auch nicht ein einziges Kapitel desselben ersonnen habe. Wohl aber war Cäsarius in hohem Grade leichtgläubig und, wie sein Buch als solches schon beweist, wundersüchtig. Dazu kommt noch, daß das klösterliche Leben gerade da, wo man mit der Askese ernst machte, exstasische Zustände und Visionen in hohem Grade begünstigte. Bedenkt man ferner, daß Cäsarius mit seinem Wunderglauben nicht allein stand, sondern meist die Befangenheiten seines Zeitalters teilte und nicht über demselben stand, so wird man ihn wohl richtiger beurteilen, als wenn man ihn zum absichtlichen Betrüger stempelt. Die ethische Tendenz seines Buches ist ohnehin beinahe durchweg eine löbliche, insofern die bösen Neigungen des menschlichen Herzens in der Regel bestraft, die guten hingegen belohnt werden. Daß seine Begriffe von Gut und Böse deshalb auch immer die unsrigen sein müssen, ist damit noch nicht gesagt; es gibt vielmehr zahlreiche Fälle, in welchen wir seinen Standpunkt schwerlich teilen werden. Zu diesen gehören z.B. seine Beurteilung der Ketzer und sein absoluter Mangel an Rechtsgefühl gegenüber den Juden; doch müssen wir auch hier die Ehrlichkeit anerkennen, mit welcher er den betreffenden Tatbestand gerade so, wie er ihn vernommen hat, wiedergibt und uns so noch jetzt nach mehr als sechs Jahrhunderten eine gewisse Kontrolle desselben ermöglicht. Manche der von ihm mitgeteilten Züge mögen auch nach der Art anderer weltlicher Anekdoten schon lange zirkuliert haben und im Grunde nirgends geschehen sein. Sie wurden dann, wie es im Geiste eines poetisch noch produktiven und zugleich kritiklosen Zeitalters liegt, bald da, bald dort örtlich angeknüpft und gleichzeitig chronologisch fixiert, wie es ja auch sonst mit an und für sich heimatlosen Anekdoten zu gehen pflegt.

Ein Schriftsteller von ähnlicher Art, nur hinsichtlich seines Wissens begabter und vielseitiger als Cäsarius, ist der Dominikaner Thomas von Cantimpré aus Brabant. Er stammte aus Leuwis bei Brüssel und war daselbst im Jahre 1210 geboren. Anfangs Kanonikus in der Abtei Cantimpré bei Cambrai, trat er später in den Predigerorden und brachte es in demselben bis zum Generalprediger der Provinz Deutschland; gestorben ist er um 1270. Sein Hauptwerk, *De natura rerum* betitelt, ist zwischen den Jahren 1233 und 1247 oder 1248 verfaßt worden, hat aber bis jetzt keinen Herausgeber gefunden. Später als dieses schrieb Thomas ein zweites, jetzt in der Regel unter dem Titel *Miraculorum et exemplorum memorabilium sui temporis libri duo* angeführtes Buch, welches für unsere Darstellung von hohem Interesse ist. Ursprünglich hieß dasselbe jedoch *Bonum universale de apibus*, und zwar aus folgendem Grund. Das Werk enthält nämlich, wie sein jetzt üblicher Titel andeutet, eine Menge von Wundergeschichten, namentlich solche, welche mit dem kirchlichen und religiösen Leben im Zusammenhang stehen, deren äußere Einkleidung aber dem Leben und Treiben der Bienen entnommen ist. Letzteres vergleicht Thomas mit dem Leben und den Pflichten der Christen, namentlich der Geistlichen und der Mönche; er faßt also dasselbe durchaus symbolisch auf und nicht etwa vom Standpunkt des Naturforschers aus. Da wird z.B. der Umstand, daß sich in jedem Bienenkorb nur eine Königin oder, wie Thomas sich ausdrückt, nur ein König befindet, als Beweis dafür gebraucht, daß es auch nur einen Kaiser, einen König und einen Papst geben dürfe, und daß jener keinen

Stachel hat, soll nach Thomas andeuten, daß Prälaten mild sein sollen. Die Drohnen vergleicht er mit den Laienbrüdern der geistlichen Orden, was für diese allerdings kein gerade schmeichelhafter Vergleich war, und die Drohnenschlacht mit den ab und zu an den Laienbrüdern vollzogenen Geißelungen. In den Bienenstöcken tritt, wenn der Abend hereingebrochen ist, plötzlich Stille ein; ebenso soll es in den Konventen sein, und ebenso soll auch die Eintracht der Bienen den Mönchen als Vorbild dienen. Leute, welche stark schwitzen und übel riechen, werden vorzugsweise von den Bienen verfolgt; in ähnlicher Weise sollen ungehorsame und streitsüchtige Klosterbrüder zurechtgewiesen werden. Ferner sollen die Mönche gleich den Bienen gastfreundlich sein, und die jungfräuliche Keuschheit der letzteren soll ihnen ebenfalls zur Aufmunterung dienen. Den sieben oder höchstens zehn Jahren endlich, welche zu leben den Bienen vergönnt ist, entsprechen auf der anderen Seite die siebenfältige Gnade des heiligen Geistes und die zehn Gebote.

In dieser Weise geht es das ganze Buch hindurch fort. Zuerst wird regelmäßig ein wirklicher oder auch nur erträumter Umstand aus dem Leben der Bienen angeführt und dann flugs sinnbildlich auf die Menschen, namentlich die Kleriker, angewandt; die literarischen Beweisstellen liefern die Heilige Schrift, die Werke der Kirchenväter und allenfalls noch Seneca. Den hauptsächlichsten Wert aber verleihen dem Werke die zahlreichen aus dem Leben gegriffenen Beispiele, mit welchen Thomas in möglichst handgreiflicher Weise die Richtigkeit seiner Sätze zu beweisen sucht und zeigt, wie dem Schlechten stets seine Strafe und dem Guten sein Lohn schon hienieden zuteil wird.

Für seinen Orden ist Thomas von Cantimpré kaum in geringerem Grade eingenommen als Cäsarius von Heisterbach. Auch bei ihm hat die Madonna Mönche unter dem Mantel, und zwar selbstverständlich Dominikaner, sie erscheint aber nicht etwa ebenfalls Dominikanern mit denselben, sondern einem Zisterzienser. Ferner läßt er einen gleichzeitigen Papst, welcher gegen die Privilegien der Predigermönche und der Barfüßer geschrieben hatte, sofort stumm werden, ja, ein sehr heiliger Mann in Rom soll sogar gesehen haben, wie der Papst den beiden Heiligen Dominikus und Franziskus zum Urteil übergeben wurde. Endlich hebt er auch den bedeutendsten Mann, welchen der Predigerorden im dreizehnten Jahrhundert hervorbrachte, den Albertus Magnus, seinen Lehrer, gebührend hervor. Ein bayrischer Dominikaner nämlich, welcher zu Rom in der Peterskirche betete, sah diese plötzlich voll von Schlangen. Ein Mann in der Tracht eines Dominikaners tritt herein, die Schlangen umzingeln ihn, er aber schüttelt sie ab, liest darauf den ersten Spruch des Johannesevangeliums, und die Schlangen fliehen; der Mann war Albertus Magnus. Thomas von Cantimpré bezieht dieses Gesicht auf die Disputation seines Lehrers mit Magister Wilhelmus, welcher durch seine Lehren Klerus und Volk von Rom verführt hatte, der aber, als er den Albertus das Evangelium des Johannes und die kanonischen Briefe lesen und erklären hörte, plötzlich verstummte. Immerhin ist Thomas in manchen Fragen billiger, als man von ihm erwarten möchte. Er spricht sich z.B. sehr entschieden dagegen aus, daß man unmündige Kinder im voraus für das Zölibat bestimme und weiß sogar, was bei einem Dominikaner etwas heißen will, von einem Bischof von Cambrai, welcher wegen allzugroßer Strenge gegen die Ketzer ins Fegefeuer gekommen sei.

In sehr vielen hierhergehörigen Fällen handelt es sich nun zunächst darum, den Leuten die allgemein christlichen Tugenden so eindringlich als möglich zu empfehlen. Dieses konnte auf doppelte Weise geschehen, entweder durch Hinweisung auf den Lohn und das Glück, welche auf den Tugendhaften warteten, oder durch Erwähnung der zeitlichen und ewigen Strafen, welche der Gottlose zu gewärtigen hatte. Da findet sich z.B. in dem Brustwirbel eines Priors der Dominikaner zu Straßburg, welcher während seines Lebens unablässig das Zeichen des Kreuzes gemacht hatte, ein aus Knochen gebildetes lateinisches Kreuz; Thomas von Cantimpré will es selber gesehen haben, ja, er will sogar dieser Merkwürdigkeit zuliebe vierzig Meilen weit gelaufen sein. Anderswo, in Brabant, hatte Abt Wilhelm von Vilariens einer schwangeren Frau zuliebe einen besonders schönen Ochsen, nach dessen Fleisch jene lüstern war, schlachten lassen; tags darauf aber erschien der nämliche Ochse wieder frisch und gesund bei der Arbeit auf dem Feld. In der gleichen Gegend hatte eine Edelfrau während der Hungersnot des Jahres 1195 den Armen unentgeltlich Mehl ausgeteilt. Ihr Gemahl, ein hartherziger Mensch, verbot ihr, das Werk der Nächstenliebe fortzusetzen und maß ihr täglich gerade soviel Mehl zu, als sie zur Unterhaltung der Hausbewohner nötig hatte. Da erschien ein Bettler, welcher schon zwei Tage nichts zu essen gehabt hatte, als der Mehltrog gerade leer war; die Dame befahl ihrer Magd nichtsdestoweniger, den Trog zu öffnen, da war dieser ganz mit herrlichem Weizenmehl angefüllt. Auf dieses hin priesen alle Gott, der Edelmann selbst ließ seine Scheunen öffnen und teilte den Armen gerne von seinem Überfluß mit, er wurde dafür auch von Gott im darauffolgenden Sommer durch eine sehr ergiebige Ernte belohnt; Thomas will den Hergang unmittelbar aus dem Mund des Edelmanns vernommen haben. Auch die Demut geht nicht leer bei ihm aus; als bei der Elevation der Leiche des heiligen Dominikus in Bologna ein demütiger Ordensbruder zu den Füßen des Heiligen, ein Kardinalbischof aber bei dessen Haupt stand, kehrte sich der Leichnam des Heiligen von selbst um. Ebenso verhält es sich mit der Keuschheit. Eine bildschöne Frau in Schwaben war beständig von Liebhabern umworben und bat daher, um nicht in Gefahr zu kommen, ihrem Gatten die Treue zu brechen, Gott, sie häßlich zu machen; dieser erhörte ihr Gebet in der Tat und machte sie aussätzig. Nun fand aber ihr Beichtvater, ein Dominikaner, die Frau sei doch in ihrem Eifer zu weit gegangen; er veranlaßte sie also, Gott zum zweiten Mal anzurufen, und nun gewann sie ihre frühere Schönheit wieder. Als aber ihr Mann ein Jahr später starb, nahm die Verwitwete, um künftigen Werbungen zu entgehen, den Schleier und wurde Dominikanerin. Noch energischer verfuhr ein Priester in Nivelles, welcher das Bild eines schönen Weibes Tag und Nacht nicht loswerden konnte. Als das betreffende Weib gestorben war, ging er in der Nacht an dessen Grab, öffnete dasselbe und hielt seine Nase so lange an den bereits in Verwesung übergegangenen Leichnam, bis er infolge unerträglichen Gestankes ohnmächtig wurde.

Umgekehrt fehlt es aber auch nicht an Beispielen von Sünden und deren Bestrafung. In Brüssel hörte man einen Priester, welcher dem Trunk ergeben gewesen war, nach seinem Tod in seinem Grabe unaufhörlich laut jammern, und ein leidenschaftlicher Jäger, welcher trotz allen Mahnungen seiner Frau regelmäßig der Jagd zuliebe den Gottesdienst versäumte, erhielt zur Strafe ein Kind, dessen Kopf wie der eines Jagdhundes aussah. Am schlimmsten aber kommen die Gottesleugner und Gotteslästerer weg. Ein Theologe in Paris, Simon von Tournay, hatte gelehrt, Moses, Christus und Mohammed seien alle drei Betrüger gewesen; er wurde zur Strafe dafür epileptisch, brüllte fürchterlich und starb am dritten Tag. Noch schlimmer ging es einem Trompeter, welcher auf der Grenze von Flandern und Brabant obszöne Melodien zum Tanze blies. Es nahte ein schweres Gewitter, so daß sich alle Leute ängstlich entfernten, nur der Trompeter blies „turpiter“ weiter; da traf ihn ein Blitzstrahl und schlug ihm den einen Arm ab, worauf zwei schwarze Hunde denselben alsbald wegtrugen. Der Trompeter selbst starb an seiner Verletzung und wurde, obschon es die Geistlichkeit nur ungerne zuließ, in geweihter Erde bestattet; am anderen Morgen aber fand man sein Grab offen und leer, die Dämonen hatten ihn geholt.

Liest man Erzählungen von der Art der, bei den eben angeführten Schriftstellern, erwähnten oder andere von ähnlichem Charakter, so fühlt man sich oft unwillkürlich zu der Frage nach dem objektiven Tatbestand gedrängt. Die einfachste und scheinbar am nächsten liegende Antwort ist nun die, es sei in solchen Fällen absichtlich Betrug geübt worden. Diese Antwort ist überdies schon sehr alt und ist schon in den ersten Jahrhunderten unserer Zeitrechnung faktisch gegeben worden. Die Arianer z.B. erklärten die unter den Katholiken vorgefallenen Wunder einfach für Priesterbetrug, und die Katholiken verfuhren den Arianern gegenüber genau ebenso; die eigenen wagte freilich niemand anzutasten, und die Kritik hatte somit ihre sehr bestimmten Grenzen. Allein diese Antwort ist auch eine sehr oberflächliche und verträgt sich durchaus nicht immer mit den sonstigen Charakterzügen der genannten Autoren. Wir müssen vielmehr berücksichtigen, daß gerade diese Autoren in der Regel keineswegs die Augenzeugen der von ihnen erzählten Begebenheiten, sondern häufig nur die ersten Aufzeichner von Dingen sind, welche bereits eine kürzere oder längere mündliche oder schriftliche Tradition hinter sich hatten, und welche auch von der Mehrzahl der Zeitgenossen ohne Anstand geglaubt wurden. Ein lehrreiches Beispiel, wie z.B. der Glaube an Reliquien aus einer an sich ganz unschuldigen Ursache hervorgehen kann, findet sich im fünften Bande von Muratoris *Antiquitates Italicae*; in St. Ambrogio zu Mailand nämlich befindet sich seit dem Jahre 1002 die eherne Schlange, welche einst Moses in der Wüste, nach 4 Moses 21,9, aufgerichtet hatte. Muratori selber vermutet nun im fünften Band seiner *Antiquitäten*, und zwar höchst wahrscheinlich mit Recht, die Schlange sei ursprünglich nichts als eine sinnbildliche Darstellung zu Ev. Joh. 3,14 gewesen und erst später sei der Glaube entstanden, man habe hier wirklich die von Moses aufgestellte. Für diese Annahme spricht außerdem eine, der das Bild der Schlange tragenden, gegenüberstehende Säule, auf welcher sich ein Kruzifix befindet. Die Kunst des Mittelalters liebte es bekanntlich in hohem Grade, alttestamentliche und neutestamentliche Begebenheiten symbolisch zusammenzustellen, wobei sie sich speziell in diesem Falle auch noch auf die eben angeführte Stelle des Evangelisten Johannes berufen konnte. Es ist also jedenfalls natürlicher anzunehmen, die falsche Auffassung des Bildes sei im Laufe der Zeit allmählich entstanden, als zu glauben, sie sei von irgendeinem bestimmten, wenn auch jetzt nicht mehr zu ermittelnden Individuum der Bevölkerung von Mailand zu einer ebenfalls bestimmten Zeit aufgedrungen worden. In ähnlicher Weise sehen wir, wie von den bildlichen Darstellungen von Heiligen oder Märtyrern, welche ihre abgehauenen Köpfe in der Hand tragen, der Glaube ausgegangen ist, dieselben seien wirklich in diesem Zustande noch herumgelaufen. An und für sich waren aber die betreffenden Bilder einfach in symbolischem Sinne verfertigt; der Kopf in der Hand sollte ursprünglich nichts anderes als die Todesart des Märtyrers, seine Enthauptung, andeuten.

Daß in einzelnen Fällen wohl auch Betrug geübt wurde, soll damit natürlich nicht in Abrede gestellt werden; es wird sich auch im folgenden hin und wieder Gelegenheit finden, auf die Möglichkeit eines solchen hinzuweisen. Aber im allgemeinen dürfen wir nicht übersehen, wie weit das Mittelalter von empirischer Beobachtung der Tatsachen entfernt war und wie sehr es dafür die Neigung hatte, jede unerwartete oder außerordentliche Begebenheit auf ein unmittelbares Eingreifen höherer Mächte zurückzuführen. Ohnehin zeigt sich die nämliche Befangenheit auch auf Gebieten, welche mit Kirche und Religion gar nichts zu tun haben, und sie erlischt auch am Ende des Mittelalters keineswegs sofort. Der schon mehrmals zitierte Johannes Prätorius z.B. hat es sich noch im Jahre 1676 nicht verdrießen lassen, in einer mehr als vierhundert Seiten zählenden Schrift den Nachweis zu führen, daß die Störche und die Schwalben den Winter nicht im Süden, sondern bei uns in Klüften oder unter dem Schlamm von Weihern zubringen.

Zur Verteidigung dieses früher, wie es scheint, ziemlich verbreiteten Wahnes bietet er einen gelehrten Apparat auf, welcher in bezug auf Umfang und Belesenheit nichts zu wünschen übrig läßt; von eigener Beobachtung enthält die Schrift freilich auch nicht die leiseste Spur; sonst wäre Prätorius nicht dazu gekommen, das Unbeweisbare beweisen zu wollen. Auf die Versuche, die Berechtigung der Astrologie oder die Möglichkeit der Metallverwandlung theoretisch zu begründen, mag hier nur in Kürze nochmals hingewiesen werden.

Kehren wir von Cäsarius von Heisterbach und Thomas von Cantimpré auf den Boden des kirchlichen Aberglaubens überhaupt zurück, so begegnen wir natürlich hier wie anderswo einer großen Menge von verschiedenen Anschauungen, Motiven und Bräuchen. Häufig handelt es sich darum, die Vortrefflichkeit und Heiligkeit des geistlichen Standes in recht handgreiflicher Weise darzutun und die Feinde der Kirche an den Pranger zu stellen, mochten dieselben nun als Ketzer ihrer Lehre entgegentreten oder mochten sie sich, wie es ja auch im Mittelalter gar nicht selten vorkam, an dem Eigentum derselben vergreifen, ohne im übrigen ihren Dogmen zu nahe zu treten. Schon Gregor der Große verfolgt in seinen Dialogen diese Tendenz mit unverkennbarer Deutlichkeit, und er liebt es namentlich, die von den Italienern in kirchlicher wie in nationaler Beziehung getrennten germanischen Eroberer Italiens, Goten sowohl als Langobarden, wegen ihres heidnischen oder ketzerischen Unglaubens in ein schiefes Licht zu stellen. Da wird z.B. ein arianischer Bischof, welcher in Spoleto eine katholische Kirche erbricht, plötzlich blind; gleichzeitig öffnen sich alle Türen und Schlösser der Kirche von selbst, und die Lichter, welche der Küster am vorhergehenden Abend alle gelöscht hatte, beginnen von selbst wieder zu brennen. In Rom selbst will Gregor folgendes erlebt haben. Die arianische Kirche daselbst wurde, nachdem sie zwei Jahre unbenutzt gewesen war, den Katholiken zurückgegeben; als sie nun von diesen durch einen feierlichen Gottesdienst wieder eingeweiht wurde, verließ sie der unsaubere Geist, welcher bisher in derselben geherrscht hatte, in Gestalt eines Schweines, welches alle Anwesenden zwischen den Beinen fühlten, das aber keiner sehen konnte. In den zwei nachfolgenden Nächten rumorte es in der Kirche noch gewaltig, dann aber senkte sich eine Wolke vom Himmel auf den Hochaltar herab, und alle Lichter begannen von selbst zu leuchten.

Überhaupt folgt jedem Unrecht, welches der Kirche und ihren Dienern zugefügt wird, die Strafe auf dem Fuß nach. So hatte, ebenfalls zur Zeit Gregors des Großen, ein Dieb in der Provinz Valeria den Priestern einer Kirche einen Hammel gestohlen. Als er aber mit demselben an dem Grab eines vor kurzer Zeit beerdigten Geistlichen vorübereilte, fühlte er sich plötzlich von einer unsichtbaren Macht festgehalten. Er mußte nun die ganze Nacht hindurch mit dem gestohlenen Tier stehenbleiben, und erst am folgenden Morgen, als die Priester aus der Kirche kamen und er seinen Diebstahl reumütig gestanden hatte, gelang es jenen, durch fortgesetztes Beten seine Befreiung zu erwirken. Noch schlimmer kam ein Ritter davon, welcher den Mönchen von Nogent in der Champagne Rinder gestohlen hatte; als er das Fleisch derselben essen wollte, verlor er seine Zunge nebst beiden Augen. In Bonn wurde ein Edelmann, welcher der dortigen Kirche nicht bezahlen wollte, was er ihr schuldig war, zur Strafe lahm und stumm. Am schlimmsten kommen natürlich die Kirchenräuber im Großen weg. So mußte Landgraf Ludwig von Thüringen in der Hölle in einem mit Feuer und Schwefel angefüllten Behälter dafür büßen, daß er bei seinen Lebzeiten Kirchengut entwendet hatte. Wegen ähnlicher Verbrechen kam auch Berthold, der letzte Zähringer, in den Krater des Ätna. Man hörte in der Nähe dieses Berges eine gewaltige Stimme dreimal rufen: „Macht das Feuer zurecht!“ Als die Stimme zum dritten Mal ertönte, fragte eine andere: „Für wen soll ich es zurecht machen?“ Darauf antwortete die erste: „Der Herzog von Zähringen, unser lieber Freund, ist da, der uns so manchen Dienst erwiesen hat.“ Diejenigen, welche diese Stimmen gehört hatten, statteten dem Kaiser Friedrich schriftlich darüber Bericht ab, und nun ergab sich, daß der Herzog am nämlichen Tage und zur nämlichen Stunde gestorben war.

Es läßt sich nicht leugnen, daß in Zeiten, in welchen sich das Recht häufig genug vor der Gewalt beugen mußte, derartige Erzählungen vielleicht am ehesten imstande waren, Gewalttätigkeiten zu verhindern. Im übrigen waren die geistlichen Verfasser solcher Mirakelsammlungen gegen Vergehungen, die sich Mitglieder ihres eigenen Standes zuschulden kommen ließen, in der Regel ebenfalls streng; nach Cäsarius von Heisterbach z.B. muß sich ein Priester, welcher auf der Erde seine Amtspflichten nachlässig erfüllt hatte, in der Hölle von seinen ebenfalls dorthin gekommenen früheren Pfarrkindern mit Steinen bewerfen lassen.

Manchmal tritt auch statt der eigentlichen Strafe zunächst nur eine nicht zu verkennende Warnung ein. So schießt z.B. ein Spieler in der Verzweiflung einen Pfeil in die Luft, um Gott zu treffen, der Pfeil aber fällt, mit frischem Blut bedeckt, wieder auf die Erde, worauf jener in sich geht und Buße tut. Und als eine Frau in Dornbirn am Tag des heiligen Laurentius Brot buk, kehrte sich der Teig im Ofen um und war blutrot.

Leidet vollends ein Priester persönlich Unrecht, so tritt der Himmel ganz entschieden durch ein Wunder für ihn ein. Als Bischof Bricius von Tours in den Verdacht geriet, der Vater eines Kindes seiner Wäscherin zu sein, forderte er das erst einen Monat alte Kind auf, zu reden und seine Unschuld zu bezeugen. Dieses erhielt in der Tat die Gabe, momentan zu sprechen und zu bezeugen, daß der Bischof nicht sein Vater sei. Auch den Gebräuchen der Kirche und ihren Sakramenten zuliebe geschehen hier und da Wunder. So rief im Jahre 1415 der abgehauene Kopf eines im bosnisch-ungarischen Kriege gefallenen Soldaten unter einem Haufen von Leichen hervor und bat um einen Priester; als ein solcher erschien und der Kopf des Gefallenen demselben gebeichtet hatte, verstummte er auf ewig.

Es gibt wenige Biographien von Heiligen, in welchen nicht dieses oder jenes Wunder erwähnt wäre. Nur haben diese Lebensbeschreibungen häufig so sehr den Charakter poetischer Erzeugnisse angenommen, daß sie viel eher in Sagen- und Legendensammlungen als in Darstellungen des eigentlichen Aberglaubens gehören. Auf einige Punkte muß indessen doch besonders hingewiesen werden. Es ist schon früher bemerkt worden, daß die meisten, späteren Heiligen zugeschriebenen wunderbaren Taten oder Erlebnisse darauf ausgehen, dieselben der Persönlichkeit Christi möglichst nahe zu rücken, und daß sie dieses hauptsächlich dadurch zu erreichen suchen, daß sie die von Christus vollbrachten Wunder kopieren und womöglich noch überbieten. Die Hagiographen wissen also viel von wunderbaren Heilungen, vom Austreiben von Teufeln, Wiedererweckung von Toten usw. zu erzählen. Sie geraten aber auf diesem Gebiete nur zu oft in Übertreibungen, und diese machen dann auf den Leser statt des beabsichtigten erhebenden Eindruckes leicht einen unangenehmen. „Hat Christus“, sagt Tholuck,

„durch die Gewalt des gesprochenen und von der Kraft des Blickes unterstützten Wortes die Dämonen überwunden, so Ignatius durch einen Brief; ist Christus einmal auf dem Meere gegangen, so Ignatius mehrmals in der Luft; hat Christus einmal durch strahlendes Antlitz und Gewand die Seinigen in Erstaunen gesetzt, so Ignatius oftmals und in finstere Zimmer tretend hat er wie mit Kerzenlicht sie erhellt; erzählt die evangelische Geschichte von drei Todten, die Jesus auferweckt hat, so hat Xaverius vom Jahre 1716 bis 1728 auf das Gebet der Gläubigen in Steyermark allein nicht weniger als dreissig in's Leben gerufen." In einem ähnlichen Verhältnis zu Christus steht bekanntlich auch der heilige Franz von Assisi, dessen Leben infolgedessen geradezu als eine mittelalterliche Kopie des Lebens Jesu ist bezeichnet worden. Das hauptsächlichste Wunder, die Stigmatisation, wird sich allerdings nicht so leicht in Abrede stellen lassen; schon sonderbarer lautet hingegen, was z.B. von seinem Verhältnis zur Tierwelt erzählt wird; auch wenn man gerne zugibt, daß die Tiere besonders gutmütigen Menschen gegenüber die ihnen angeborene Schüchternheit manchmal ablegen, so können doch die betreffenden Erzählungen in derjenigen Form wenigstens, in welcher sie uns hier entgegentreten, keinen Anspruch auf Glaubwürdigkeit machen. Wo aber derartige Legenden von Übertreibungen frei sind, ist ihr Charakter doch häufig ein so spielender, daß sie oft geradezu an die Kunststücke von Taschenspielern erinnern. Dieser spielende Charakter ist namentlich schon den apokryphischen Büchern des Neuen Testaments eigen, welche bekanntlich hauptsächlich bestrebt sind, die wirklichen oder vermeintlichen Lücken des Lebens Christi mit allerlei Mirakeln auszufüllen. Schon die katholische Kirche hat diese Schriften infolgedessen für nicht kanonisch erklärt, sie hat es aber trotzdem nicht verhindern können, daß mittelalterliche Dichter aller Nationen dieselben poetisch verarbeiteten und sogar noch mit eigenen Zutaten bereicherten.

Zu den am höchsten gepriesenen Wundern, welche noch weniger das Mittelalter als die auf dasselbe folgenden Jahrhunderte an besonders heiligen Personen hervorheben, gehören namentlich zwei, die Stigmatisation und die Fähigkeit, über der Erde schweben zu können. Letztere, deren biblisches Vorbild jedenfalls die Verklärung ist, dürfen wir unbedingt als abergläubische Vorstellung bezeichnen; die bedeutendsten Heiligen, welche sie besessen haben sollen, sind Filippo Neri, Ignatius von Loyola und St. Cajetan, der Stifter des Theatinerordens. Nach Thomas von Cantimpré sollen ein Dominikaner und eine Nonne, jener, wenn er betete, diese, als sie einst am Pfingstfest die Worte „veni creator spiritus“ sang, in der Höhe eines Ellenbogens über der Erde gewesen sein. Ja, noch im vorigen Jahrhundert will der lothringische Benediktiner A. Calmet einen Ordensmann und eine Nonne gekannt haben, welche bisweilen über der Erde schwebten. Bei den Wundmalen hingegen, wie sie im dreizehnten Jahrhundert der heilige Franz und die heilige Katharina von Siena hatten und wie dieselben auch noch in unserem Jahrhundert an der westfälischen Nonne Katharina Emmerich wahrgenommen wurden, ist die faktische Existenz der Wunden konstatiert, und man wird sich demgemäß höchstens über ihre Erklärung streiten können; die einen werden in solchen Fällen auf die Annahme eines wirklichen Wunders nicht leicht verzichten wollen, während andere die Erklärung der Tatsache in dem überwiegenden Phantasieleben der Stigmatisierten, welches den Leib gleichsam zum Mitleiden zwang, zu finden geneigt sind. Natürlich läßt sich in einzelnen Fällen auch absichtlicher Betrug nachweisen; den bekanntesten hierhergehörigen Fall liefern die Schicksale des Berner Dominikaners Jetzer, welchem vier Ordensbrüder die Wundmale in der sträflichen Absicht beibrachten, der Konkurrenz der Franziskaner entgegenzuarbeiten.

Desto entschiedener gehören hingegen diejenigen Vorstellungen hierher, in welchen der betreffende Heilige seine Wunder nicht bei Lebzeiten verrichtet, in welchen vielmehr erst nach seinem Tod seine irdischen Überreste wundertätig wirken. Schon der griechische Heros lebte in seinem Grabe gleichsam weiter, und man legte deshalb Wert darauf, seine Leiche zu besitzen, zumal wenn der Heros selbst sich während seines Lebens schon nützlich und wohltätig erwiesen hatte. Aus dieser Vorstellung erklärt sich z.B. das Zurückholen der Leiche des Theseus durch die Athener, wie überhaupt das Holen oder Entführen von Heroenleichen. Manche derselben zeichneten sich durch außergewöhnliche Länge aus, so z.B. die sieben Ellen langen angeblichen Gebeine des Orestes in Sparta, und es ist gar nicht unmöglich, daß hin und wieder den Knochen eines großen Sauriers oder eines anderen vorsintflutlichen Tieres die unverdiente Ehre zuteil wurde, für die eines halbgöttlichen Heroen gehalten zu werden. Zuweilen treten die Heroen auch geradezu wieder aus ihren Gräbern hervor und nehmen an notorisch geschichtlichen Kämpfen ihrer Nachkommen oder Verehrer teil; namentlich berühmt war in dieser Beziehung das Auftreten der Dioskuren auf ihren weißen Pferden in verschiedenen Schlachten; auch in den Choephoren des Aischylos gehen manche Stellen von der Voraussetzung aus, als ob der längst ermordete und begrabene Agamemnon in seiner Gruft noch alles höre. Andere rumorten in ihren Gräbern mehr in gespensterhafter Weise, namentlich wenn ihnen irgendetwas nicht behagte. Außerdem kam es auch vor, daß man neben ganzen Heroenleichen bloß einzelne Gegenstände aufbewahrte und zeigte, welche denselben angehört hatten, z.B. ihr Schwert, den Schild, das Zepter usw., ja, wohl auch noch seltsamere Dinge. Überhaupt fehlen dem Reliquienwesen der Hellenen die paradoxen Züge so wenig als dem des Mittelalters, und das Ei der Leda, die Zähne des erymantischen Ebers, die Erde, aus welcher Prometheus den ersten Menschen geschaffen hatte, u.a.m. werden gelegentlich als noch vorhandene Gegenstände erwähnt. Darum haben auch diejenigen nicht unrecht, welche das Reliquienwesen als eine siegreiche Reaktion des überwundenen Heidentums auf die christliche Religionssphäre bezeichnen.

Hatte schon das vorchristliche Heidentum sich in dieser Weise für die wirklichen oder vermeintlichen Überreste seiner Toten erwärmt, so war es kein Wunder, wenn das Mittelalter auf der nämlichen Bahn weiterging. Schon im Jahre 325 soll sich auf der übrigens fast ausschließlich von morgenländischen Bischöfen besuchten Synode von

Nicaea folgendes zugetragen haben. Zwei Bischöfe waren während der Verhandlungen gestorben, und nun wurden die Listen derer, welche nach dem Willen Konstantins zu Ungunsten der arianischen Auffassung unterzeichnet hatten, zu den betreffenden Leichen gelegt; am folgenden Morgen fand man die Namen der Verstorbenen darauf eingetragen. Im Abendlande knüpft sich namentlich an die irdischen Überreste St. Martins von Tours eine höchst umfassende Reliquienandacht. Schon die Art und Weise, wie der Leichnam des Heiligen nach Tours gekommen war, muß als eine mehr oder weniger wunderbare bezeichnet werden; die Bewohner der Stadt hatten nämlich mit denen von Poitiers um den Besitz desselben gestritten, die letzteren waren aber eingeschlafen, und nun fielen die Gebeine von selbst den Bewohnern von Tours zu. Fortan genas jeder Kranke, welcher zu St. Martins Grab wallfahrte; selbst Gregor von Tours rühmt sich dessen, und gerade dieser Umstand in Verbindung mit mehreren nächtlichen Visionen bestimmte ihn, seine vier Bücher über die Wunder, welche an diesem Grabe vorgefallen waren, niederzuschreiben. Wir ersehen zugleich aus seinen Aufzeichnungen, was für Dimensionen das ganze Reliquienwesen schon damals angenommen hatte. Hatte man nämlich anfangs zwischen ganzen Leibern von Heiligen und bloßen Teilen derselben, den Reliquien im engeren Sinne, unterschieden, so wurde nun nicht nur dieser Unterschied allmählich aufgegeben, sondern es werden überdies seit dem vierten Jahrhundert, zuerst bei Gregor von Nazianz, auch die Kleider der Heiligen, ihre Marterwerkzeuge u.a.m. den Leibern selbst ebenbürtig an die Seite gestellt. Diesem Zustand des Reliquienwesens begegnen wir nun bei Gregor von Tours, und es zeigt sich derselbe bei ihm bereits vollständig entwickelt. Man mischte z.B. den Staub, welcher aus St. Martins Gruft stammte, unter die Getränke, man legte Wachs aus derselben auf die Bäume, um diese und das Land gegen Hagelschläge sicherzustellen, und zur Zeit einer Viehseuche wurde gesunden und kranken Tieren mit heiligem Öl von ebendaher das Zeichen des Kreuzes auf Stirn und Rücken gemacht; jene blieben infolgedessen von der Seuche verschont, und diese genasen wieder. Selbst an Versprechungen und an Drohungen fehlte es gelegentlich nicht, wenn man heilige Gebeine zu Wundern veranlassen wollte, diese letzteren aber nicht rasch genug erfolgten.

Hier und da wurden wohl auch Reliquien aus Tours von Reisenden, der größeren Sicherheit wegen, mit auf den Weg genommen. Gregor von Tours hatte z.B. dergleichen bei sich, als er im Jahre 585 den Rhein hinabfuhr; das Schiff war überfüllt und wäre in der Nähe von Koblenz beinahe zum Sinken gekommen, wenn die Reliquien es nicht verhindert hätten. Bisweilen wurde in Tours mit St. Martin sogar korrespondiert; man legte beschriebene Zettel auf seine Gruft und unbeschriebene daneben, jene enthielten die Frage, diese waren für die Antwort bestimmt; letztere erschien dann zuweilen in der Tat nach einiger Zeit, zuweilen blieb sie freilich auch aus. Diese Sitte, mit Abgeschiedenen schriftlich zu verkehren, hat einen entschieden heidnischen Anstrich und ist ohne Zweifel auf den christlichen Heiligen erst übertragen worden; die Kelten kannten sie bereits, und da Tours auf ehemals keltischem Boden liegt, so wird ihr Ursprung bei jenen zu suchen sein.

Natürlich verrichteten auch andere Heilige ähnliche Wunder. So heilte z.B. Öl aus der Gruft des Bischofs Nicetius von Lyon ebenfalls Blinde, Lahme und Besessene. In Köln wurden bei anhaltender Dürre die Gebeine St. Severins ausgestellt, worauf dann regelmäßig Regen eintrat. Über dem Grabe St. Medards in Soissons sprangen die Ketten von Gefangenen entzwei; sie wurden hierauf ex voto in der betreffenden Kirche aufgehängt. Als im Jahre 864 die Überreste des heiligen Othmar von St. Peter in Konstanz nach St. Gallen transportiert wurden, hatte der Heilige schon fünfunddreißig Jahre in seinem ersten Grab gelegen; nichtsdestoweniger fand man auf seiner Brust und unter seinem Haupt ganz frische Oblaten. An ihrem neuen Aufenthaltsort dufteten hierauf die Reliquien drei Tage und drei Nächte unaufhörlich süß, und die Lichter fingen von selbst an zu brennen; Lahme und Stumme, welche an den Schrein des Heiligen kamen und daselbst schliefen, fanden augenblickliche Genesung. Ähnliches wurde auch von St. Wiborad erzählt; auch an ihrem Grab fing eine Kerze dreimal von selbst an zu brennen, und ein im Herbst auf dasselbe gesteckter Fenchelzweig blieb den ganzen Winter hindurch grün; ihr Kamm heilte einen aufgeschwollenen Kopf, und wer am Zahnweh litt und seine Zähne an ihren hölzernen Sarg hielt, verlor dasselbe alsbald.

Natürlich hat das ganze Reliquienwesen auch seine bizarre Seite. Was soll man z.B. dazu sagen, wenn die Kelheimer aus rotem Wasser, welches die Donau mit sich brachte, auf verborgene Reliquien schlossen und diesen zuliebe an der betreffenden Stelle eine Kapelle errichteten, wenn sogar ein Konrad von Megenberg sich bei der Erzählung dieser Tatsache des Lächelns nicht enthalten kann? Hierher gehört auch der Zyklus von Mirakeln, welche sich an die in der Kathedrale von Laon aufbewahrten Heiligtümer knüpfen. Die betreffende Kirche, eine Stiftung des heiligen Remigius, verbrannte nämlich im Jahre 1112 bei Gelegenheit eines Aufruhrs in der Stadt. Auf dieses hin zogen sieben Geistliche und sechs Laien aus Laon mit dem Reliquienschrein ihrer Kathedrale durch ganz Frankreich, um Mittel zum Wiederaufbau ihres Gotteshauses zu sammeln. An diesen Zug nun knüpft die Legende zahlreiche Wundertaten, welche uns teils Abt Guibert von Nogent in seiner Selbstbiographie, teils ein Mönch namens Hermann in einer speziell diesen Ereignissen gewidmeten Schrift erzählt. Zum Führer des Zuges hatte sich ein Rind freiwillig angeboten. In der Folge fanden nun zahlreiche Kranke jeder Art Heilung durch die Reliquien, indem sie mit denselben je nach ihren persönlichen Bedürfnissen verfuhren; Lahme z.B. legten sich auf den Schrein, Taubstumme tranken das Wasser, mit welchem die Knochen waren gewaschen worden, Blindc wuschen sich damit die Augen. Im folgenden Jahr zogen dann Geistliche aus Laon mit den nämlichen Reliquien nach England, wo sich neue und noch größere Wunder einstellten. Auf dem Meer gewährten dieselben selbstverständlich Schutz vor Seeräubern. Eine Stadt, in deren Kirche man das Feretrum nicht dulden wollte, wurde zur

Strafe hierfür durch einen fünfköpfigen Drachen, welcher Feuer aus seinen Nasenlöchern blies, in Brand gesteckt, wobei aber ein einzelnes Haus, in welchem die Reliquien doch Aufnahme gefunden hatten, natürlich verschont blieb. An einem anderen Ort stellte sich ein junger Mensch, als wolle er die Reliquien küssen, und leckte stattdessen das Geld, welches Andächtige auf dieselben gelegt hatten, weg. Hernach reute es ihn, und er erhängte sich aus Verzweiflung in einem Wald. Zwei seiner Verwandten fanden den Toten und brachten das gestohlene Geld zurück, es war noch feucht von dem Speichel des Unglücklichen.

Im allgemeinen dürfen zwei Hauptgattungen von Reliquien nicht verwechselt werden. Die einen gehören historisch beglaubigten Heiligen des früheren oder späteren Mittelalters, zuweilen auch späterer Jahrhunderte, an; ihre Echtheit darf, wo nicht besondere Gründe zum Zweifel vorliegen, nicht in Frage gestellt werden, auch wenn man die ihnen zugeschriebenen magischen Kräfte selbstverständlich preisgibt. Ganz anders verhält es sich hingegen mit denjenigen Leibern heiliger Personen oder mit denselben angehörigen Gegenständen, welche in die christliche Urzeit oder gar in die Zeit des Alten Bundes zurückreichen. Was Christus selbst, seiner Mutter oder seinen Jüngern angehörte, ist entschieden unecht; die Länge der Zeit, die räumliche Entfernung, die ungewisse Todesart oder Grabstätte der meisten hierhergehörigen Personen wirken hier zusammen und machen jede Echtheit von vornherein unmöglich. Nichtsdestoweniger wurden gerade diese aus leicht erklärlichen Ursachen in der

Regel mit der allergrößten Ehrfurcht behandelt. Als z.B. im Jahre 1239 Kaiser Balduin II. die Dornenkrone Christi Ludwig IX. als Geschenk nach Sens schickte, trug dieser nebst seinem Bruder Robert die Reliquie; beide gingen barfuß und in bloßer Tunika, vor und hinter ihnen zogen ebenfalls barfüßige Ritter, und Welt- und Ordensgeistliche sowie eine große Menge Volk beiderlei Geschlechts schlossen den Zug; die Stadt selbst war festlich geschmückt, und es wurde mit allen Glocken geläutet. Am folgenden Tage brachte man die Reliquien nach Paris, und hier wurde denselben, namentlich in der königlichen St. Nikolaskapelle, ein ähnlicher Empfang zuteil. Ähnlich lauten die Berichte über den Empfang, welcher am 23. Juli 1164 den Gebeinen der heiligen drei Könige in Köln zuteil wurde.

Zu den auch künstlerisch interessanten Reliquien der christlichen Urzeit gehören namentlich die sogenannten Lukasmadonnen, deren Besitz sich die morgenländische und die abendländische Kirche teilen. Der Evangelist Lukas erscheint zuerst bei dem Konstantinopolitaner Theodorus Anagnostes als Maler, und im späteren Mittelalter wurde er bekanntlich von den Malern als Schutzpatron verehrt. Die ihm zugeschriebenen Bilder der Madonna, zu welchen ausnahmsweise wohl auch noch Christusbilder kommen, gehören zwar nicht der christlichen Urzeit, wohl aber der byzantinischen und altchristlichen Malerei an und zeichnen sich auch durch altertümliche Steifheit aus; die Tradition machte sie infolgedessen noch um einige Jahrhunderte älter, als sie in Wirklichkeit waren. Die griechisch-orthodoxe Kirche behauptet, drei solcher Bilder zu besitzen, unter welchen das der Panagia im Höhlenkloster Sumelas bei Trapezunt das berühmteste ist und sich sogar der Verehrung durch Türkinnen erfreut. Im Abendland besitzen oder besaßen wenigstens in Rom die Kirchen St. Maria Maggiore und St. Maria del Popolo, ferner die Wallfahrtskirche der Madonna del Monte bei Varese und die nach demselben benannte Madonna di St. Luca bei Bologna solche Lukasmadonnen, während sich in einer Kapelle des Lateran ein von dem nämlichen Evangelisten stammendes Christusbild befindet. Die berühmteste von allen ist aber die des Montserrat in Katalonien, welche St. Lukas infolge einer Vision und eines förmlichen Befehls soll gemalt haben; sie wurde im Jahre 880 von Hirten gefunden und in einer Kapelle des Montserrats untergebracht, da das Bild zu verstehen gab, daß es nicht mehr weiter wolle. Euagrius († 593) erwähnt eines sogar in der Abgaruslegende, und ähnlich verhält es sich ja auch mit dem bekannten Bild Christi mit der Dornenkrone in der Legende von Veronika.

Noch weiter über den Kreis des Wahrscheinlichen und Möglichen gehen die Überreste alttestamentlicher Personen oder Gegenstände hinaus, also die Gesetzestafeln des Moses, der Stab Aarons, Stücke von der Arche Noahs und von dem brennenden Busch am Berg Horeb, wie sie z.B. Nikolaus Muffel im fünfzehnten Jahrhundert in Rom sah. Ja, man zeigte sogar Federn des Engels Gabriel, das Knöchelchen eines Cherubs, einzelne Strahlen des Sternes, welcher den Magiern den Weg nach Bethlehem gezeigt hatte u.a.m. Zuweilen verstieg man sich wohl auch zu Gegenständen, welche die Evangelisten gar nicht in den geschichtlichen Teilen ihrer Schriften, sondern nur in den Gleichnissen erwähnen, und deren wirkliche Existenz folglich in den Evangelien überhaupt nicht behauptet wird. So wurde z.B. den Pilgern in Jerusalem das Haus des reichen Mannes (Luk 16,19-31) gezeigt.

Natürlich fehlte es nicht an Orten, an welchen sich nach und nach eine ganz enorme Zahl solcher Gegenstände angesammelt hatte. So zählt z.B. der bekannte Wagenseil die Reliquien seiner Vaterstadt Nürnberg auf; es waren ein Stück von der Krippe zu Bethlehem, ein Arm der heiligen Anna, ein Zahn Johannes des Täufers, ein „merckliches“ Stück vom Kreuz Christi u.a.m. In ähnlicher Weise waren die Stiftskirche in Quedlinburg, der Dom zu Goslar und St. Simon und Juda ebendaselbst ausgestattet. Eine Beschreibung des Mailänder Doms aus dem vorigen Jahrhundert, betitelt *Distinto ragguaglio dell' ottava maraviglia del mondo, o sia della gran metropolitana dell' Insubria volgarmente detta il Duomo di Milano* hält es wegen der großen Zahl der vorhandenen Reliquien für zweckmäßig, dieselben von vornherein in vier Abteilungen zu bringen; sie unterscheidet demzufolge zwischen Reliquien Christi, der Maria, der Apostel und späterer Märtyrer. Unter denselben sind die Martersäule, das Grabtuch Christi, Nägel von seinem Kreuz, der Stab des Moses u.a. besonders hervorzuheben. Aber alle übrigen Städte der Christenheit wurden natürlich in dieser Beziehung von Rom übertroffen. Die Zahl der hier verwalteten Reliquien ist eine ganz ungeheuere, und unter den Kirchen der Stadt zeichnet sich vor allen anderen namentlich die Kathedrale St. Giovanni in Laterano aus; ein schon im fünfzehnten Jahrhundert gedrucktes Verzeichnis derselben, die *Reliquie rhomane vrbis atque indulgentie*, nennt u.a. ebenfalls den Stab des Moses, ein Gefäß mit Manna, das erste Hemd, welches das Jesuskind trug, seinen Purpurrock, die Bundeslade, den Tisch, an welchem Chrisus das Abendmahl mit den Aposteln hielt, die Martersäule, das härene Gewand Johannes des Täufers, den Kopf des Zacharias usw. Manche von diesen Gegenständen sollen schon Vespasian und Titus aus Palästina mitgebracht haben, andere wie z.B. das Kreuz Christi erst die Kaiserin Helena. Bei dem Brand, welcher die Kirche im Jahre 1308 zerstörte, wurden sämtliche Reliquien gerettet. Unter den deutschen Städten dürfte wohl Köln, das deutsche Rom, mit seinen Domreliquien und namentlich mit der stattlichen Zahl seiner elftausend Jungfrauen die erste Stelle einnehmen. Auch verschiedene Baseler Kirchen waren früher reichlich ausgestattet, und zwar meist ebenfalls mit Gebeinen der elftausend Jungfrauen; doch mögen hier die Bilderstürmer so ziemlich aufgeräumt haben. Daß endlich in Palästina trotz der gewaltigen Ausfuhr immer noch ein stattlicher Rest zurückblieb, bezeugt u.a. Arnold von Harff in seiner in die Jahre 1496 bis 1499 fallenden Pilgerfahrt. Es handelt sich hier größtenteils um Gebäude, welche man in die Zeiten des Neuen, teilweise auch des Alten Bundes zurückführte und mit irgendeinem wichtigen Ereignis oder einer hervorragenden Persönlichkeit in Verbindung brachte. Da zeigte man z.B. die Geburtsstätte des Propheten Elias, die Gräber der unschuldigen Kinder von Bethlehem, das Grab des Stephanus, das Haus des Kaiphas u.a.m., Gegenstände, welche ihre Namen zum Teil bis auf unsere Tage behalten haben. Daneben kommen aber doch auch andere Gegenstände vor, welche man als Reliquien im gewöhnlichen Sinne des Wortes bezeichnen kann: die Erde, aus welcher Adam geschaffen wurde, der Wurzelstock des heiligen Kreuzes, ein Stück der Martersäule u.a.m.

Die Geschichte nennt uns einzelne hervorragende Persönlichkeiten, welche besonderen Wert auf Reliquien legten. So verlangte schon der Suebenkönig Chararich Reliquien von St. Martin in Tours, als sein Sohn krank lag. Und als König Chilperich seinen Einzug in Paris hielt, ließ er welche vor sich hertragen; diese hatten freilich eine etwas bedenkliche Aufgabe, sie sollten nämlich den König vor den Flüchen seiner Brüder, welchen er den Vertrag gebrochen hatte, schützen. Eine höchst umfassende Reliquienandacht bewies namentlich Ludwig XI. von Frankreich auf seinem Sterbebette, und es ist wohl der Mühe wert, die vielen heiligen Gegenstände aufzuzählen, welche sich damals in Plessis les Tours zusammenfanden. Da waren erstens Reliquien aus Köln, zweitens Reliquien aus Aachen, drittens ein Stück vom wahren Kreuze Christi aus Charroux, viertens die Sainte Ampoule aus Rheims, fünftens die echten Stäbe von Moses und Aaron, sechstens Karls des Großen Croix de la Victoire. Dazu kamen siebtens Reliquien aus dem Lateran, welche Papst Sixtus IV. geschickt hatte. Und endlich stellte achtens sogar Sultan Bajazet II. Reliquien aus Konstantinopel in Aussicht; doch starb der König, noch ehe er diese letzteren zu Gesicht bekam. Bei alledem war Ludwig XI. noch ein verhältnismäßig vorurteilsfreier Mensch.

Daß man Reliquien, wenn man ihnen alle nur denkbaren magischen Kräfte zutraute, zu erwerben suchte, und daß man diejenigen, welche man schon besaß, mit Sorgfalt und Ängstlichkeit hütete, liegt in der Natur der Sache. Als ein Engländer die angeblichen Gebeine Vergils aus einem Berg bei Neapel fortschleppen wollte, widersetzte sich die Bevölkerung, und auch Sixtus IV. stieß auf Widerspruch, als er den sterbenden Ludwig XI. mit Reliquien versah. Zuweilen verstand man sich aber auch gutwillig zu Teilungen, zumal wenn es sich um ganze Körper handelte. So teilten z.B. Köln und Trier im zehnten Jahrhundert den Stab Petri, mit welchem St. Maternus vom Tod auferweckt worden war, weil dieser beide Bischofssitze innegehabt hatte. Ebenso traten die Kölner im Jahre 1106 eine Anzahl Reliquien der elftausend Jungfrauen an belgische Kirchen und Klöster ab, als beim Umgraben des Terrains, auf welchem jene beerdigt waren, zwei derselben den dort beschäftigten Arbeitern erschienen und über die Entweihung des Bodens klagten. Von dem Leichnam des heiligen Bruno, welcher zu St. Stefano in Kalabrien gestorben war, erhielt seine älteste Stiftung, die große Karthause bei Grenoble, im Jahre 1513 auf Befehl Leos X. einen Teil des Unterkinnbackens nebst zwei Zähnen, und auch die oberrheinischen Karthausen mußten mit einzelnen Reliquien versehen werden. Als Kaiser Karl IV. im Jahre 1354 auf der Hohenburg im Elsaß war, begnügte er sich damit, von dem Leichnam der heiligen Odilia, der dort begrabenen Schutzpatronin des Elsasses, einen Teil des rechten Armes abzulösen und mit sich nach Prag zu nehmen. Namentlich aber rühmt sich eine solche Unzahl von Kirchen der Christenheit, einen Splitter vom wahren Kreuze Christi zu besitzen, daß sich aus denselben wohl mehr als ein Kreuz von normaler Größe anfertigen ließe. Überhaupt hat die Reliquiensucht bekanntlich nicht nur zur Teilung, sondern auch zur Vervielfältigung der Exemplare geführt. Schon Guibert von Nogent machte darauf aufmerksam, wie lächerlich es sei, wenn man z.B. den Kopf Johannes des Täufers sowohl in Angers als in Konstantinopel zeige, und mit großer Heftigkeit weist er die Mönche von St. Medard in Soissons zurecht, welche einen angeblichen Zahn Christi aufbewahrten. Ebenso befand sich die Hand des Apostels Thomas nach Harf in St. Denis, Moabar und Maastricht. Noch energischer aber und namentlich noch konsequenter trat im Zeitalter der Reformation Calvin gegen die Reliquien überhaupt wie gegen die Doubletten auf in seinem *Advertissement tres utile du grand proffit qui reviendroit a la Chrestienté s'il se faisoit inventoire de tous les corps sainctz et reliques qui sont tant en Italie qu'en France, Allemaigne, Hespaigne, et centres royaumes et pays. Par M. Jehan Calvin. Imprimé a Geneve par Jehan Girard 1543.*

Hier und da kommen ausnahmsweise auch Reliquien vor, welche die Berührung mit der Außenwelt scheuen, welche nicht gesehen und überhaupt nicht gestört sein wollen, und welche sogar denjenigen, welcher ihre Ruhe zu stören wagt, auf diese oder jene Weise empfindlich strafen. So wurde z.B. ein vornehmer, junger Engländer, welcher das Grab St. Edmunds aus bloßem Mutwillen öffnen wollte, zur Strafe wahnsinnig und wurde zuletzt sogar von den Würmern aufgezehrt, weil der Heilige zu solchen Zwecken nicht wollte gesehen sein. Und noch im Jahre 1517 wurden infolge mächtiger Regengüsse die Mönche von St. Simpliciano in Mailand, sooft sie sich öffentlich zu zeigen wagten, vom Volk geprügelt, weil dieses ein Ungewitter auf die Aufdeckung sechs heiliger Leichen in der betreffenden Klosterkirche zurückführte.

Neben den Reliquien der Heiligen kommen, freilich mehr nur als Ausnahme, auch solche von Bösewichtern vor, und diese verursachen dann natürlich allerlei Kalamitäten. So soll sich der Leichnam des Kaisers Nero zuerst unter einem Nußbaum in Rom an der Stelle der späteren Kirche St. Maria del Popolo befunden haben; zuletzt aber wurde er zur Strafe für die durch ihn veranlaßten Unglücksfälle in den Tiber geworfen. Noch bekannter als Nero ist übrigens in dieser Beziehung der Landpfleger Pontius Pilatus geworden. Seine Leiche wurde zuerst ebenfalls in den Tiber geworfen, rumorte aber da so entsetzlich, verpestete Wasser, Luft und Erde dergestalt und rief überdies so entsetzliche Ungewitter hervor, daß man sich entschloß, sie in eine entlegene Gegend zu schaffen. Ihre Wirkungen waren aber überall, wohin man sie auch brachte, die nämlichen, so z.B. bei Vienne, wo sie in die Rhone geworfen wurde; und was für eine Rolle sie zuletzt auf dem Pilatusberge in der Schweiz spielte, wie sie auch da noch Ungewitter und schwere Hagelschläge hervorrief, ist bekannt. Die Ansicht, daß der Leichnam eines Gottlosen dem Ort, an welchem er ruhe, schlimmes Wetter bringe, war überhaupt eine weitverbreitete, und die öffentliche Meinung hat zu wiederholten Malen laut und energisch gegen die Beisetzung solcher

Leichen an geweihter Stätte protestiert. Im Jahre 1478 wurde Piacenza von langen und heftigen Regengüssen heimgesucht; da hieß es, diese würden nicht aufhören, bis der Leichnam eines unlängst verstorbenen und in St. Francesco begrabenen Wucherers wieder ausgegraben sei. Als der Bischof die Leiche nicht gutwillig herausgeben wollte, holten die jungen Leute dieselbe mit Gewalt, zerrten sie in den Straßen herum und warfen sie zuletzt in den Po. Ähnliches geschah im nämlichen Jahre zu Florenz; auch hier gelang es einem Haufen von Leuten, durch Ausgrabung der Leiche des Giacomo Pazzi die Wolken zu verscheuchen und das schöne Wetter wieder herbeizuführen.

In anderen Fällen wirken nicht die irdischen Überreste, sondern die bildlichen Darstellungen heiliger Personen wundertätig. Auch hier fehlt es im Altertum keineswegs an analogen Vorgängen. So befand sich z.B. zu Jasos in Karien ein Bild der Göttin Vesta im Freien, auf welches weder Regen noch Schnee fiel, und das in Alba Longa befindliche Bild derselben Göttin soll sogar die Augen mit beiden Händen zugedeckt haben, als ihre Priesterin Rhea Sylvia mit Romulus und Remus niederkam. Von dem weltberühmten sitzenden Bilde des Zeus in Olympia wurde erzählt, es habe gelacht, als auf Befehl des Kaisers Caligula der Versuch gemacht wurde, es von seiner Stelle zu nehmen und nach Rom zu transportieren, der Transport sei dann infolgedessen unterblieben.

Im Mittelalter ist es nun in erster Linie Christus selbst, der in dieser Weise tätig ist, ferner die Madonna und zuweilen auch andere Heilige. Da gibt es z.B. Christusbilder, welchen der Bart wächst, z.B. in Burgos, St. Salvador und

Orange; andere wiederum weinen, verdrehen die Augen oder schwitzen Blut. Gelegentlich steigt wohl auch die betreffende Figur von ihrem Standort herab und greift dann in einer Weise in menschliche Verhältnisse ein, welche für unser modernes Empfinden nicht gerade ehrfurchtgebietend ist. Über den objektiven Tatbestand wird sich jeder Leser solcher Wundergeschichten natürlich seine besonderen Ansichten bilden; hier mag bloß bemerkt werden, daß die betreffenden Vorstellungen gewiß gar nicht selten durch Träume, Visionen u. dgl. hervorgerufen wurden.

Visionen, bei welchen das Bild des Gekreuzigten eine Rolle spielt, enthält namentlich das achte Buch des Cäsarius von Heisterbach. Eine Frau wurde in einer Kapelle beim Psalmenlesen von der Abenddämmerung überrascht und vom Küster, welcher sie nicht bemerkt hatte, eingeschlossen. Da fiel von dem Arm des Gekreuzigten ein heller Strahl auf ihr Buch, so daß sie trotz der Dunkelheit weiterlesen konnte. Ein anderes Mal, als dieselbe Frau in der nämlichen Kapelle las, stieg das Christuskind vom Arm seiner Mutter herab, kam zu ihr, sah ihr in das Buch und kehrte dann befriedigt in sein Altarbild zurück. In anderen Fällen konnte freilich die Intervention des Kruzifixes auch eine weniger erfreuliche sein. So kehrte dasselbe einem Heisterbacher Mönche, welcher bei der Frühmesse regelmäßig einschlief, einmal den Rücken. Noch schlimmer kam der Glöckner von St. Georg in Köln weg; dort pflegten nämlich Frauen aus der Stadt vor einem Christusbild Kerzen anzuzünden, der Küster aber stahl die Kerzen regelmäßig, wenn die Frauen wieder weg waren, und brauchte sie zu Hause auf. Da kam einst in der Nacht, als er schon im Bett lag, aber noch nicht schlief, das Kruzifix zu ihm herein und stieß und drangsalierte ihn in solchem Grade, daß er viele Tage Blut speien mußte. Sogar im Jahre 1640 ließ sich ein Kruzifix noch herbei, zugunsten des Hauses Braganza in Lissabon ein Wunder zu tun. Der dortige Erzbischof hatte dasselbe nämlich um ein Zeichen gebeten, falls es mit der Erhebung Braganzas auf den portugiesischen Thron einverstanden sei; auf dieses hin machte sich die rechte Hand des Bildes von dem Nagel, an welchem sie befestigt war, los und gab das gewünschte Zeichen.

Von einem Bild Johannes des Täufers erzählt Cäsarius folgendes. Ein Kanonikus in Bonn versäumte es, sooft er nach Dietkirchen kam, sich vor dem dortigen Bild des Täufers zu verneigen. Da erschien ihm dieser in der Nacht, hielt ihm eine derbe Strafpredigt und gab ihm einen so heftigen Fußtritt, daß der Chorherr von da an kränkelte und bald starb. Noch bekannter ist die Geschichte von St. Niklaus und dem Dieb in der Gertrudenkapelle zu Greifswalde. Hier ließ sich nämlich ein Dieb wegen des Besitzes der dortigen Kostbarkeiten mit einem ebendaselbst befindlichen Bild des heiligen Niklaus in einen Wettlauf ein. Das Bild gewann die Wette, der Dieb aber nahm die Kostbarkeiten dennoch zu sich; als er aber starb, wurde er von Teufeln aus dem Grab gezerrt und an einer Windmühle aufgehängt. Überhaupt waren die Bildsäulen gar nicht immer frei von rachsüchtigen Anwandlungen. Das bekannteste Beispiel hiefür liefert die Sage von Don Juan und dem steinernen Bilde des Gouverneurs, welchen jener bei Lebzeiten durch Entführung seiner Tochter und dann durch Spott und frevelhafte Einladung seiner Statue zum Abendessen herausforderte. Nach der ältesten schriftlichen Aufzeichnung öffneten sich in der Kapelle, in welcher die Bildsäule stand, die unter derselben befindlichen Steinplatten, und der Bösewicht wurde vom höllischen Feuer erfaßt; nach späteren Darstellungen hingegen kam die Statue wirklich zu Don Juan und holte ihn in die Hölle. Doch darf nicht übersehen werden, daß der Gouverneur der Don Juan-Sage nicht zu den eigentlichen Heiligen gehörte.

In anderen Fällen begnügt sich das Bild damit, den Missetäter zu entlarven und überläßt dann die Rache den Menschen. In Rom war das auf einer hölzernen Tafel angebrachte Bild des Gekreuzigten nebst dem Hause, in welches es gehörte, in die Hände eines Juden geraten. Nun bewarfen die Juden das Bild mit Steinen und marterten dasselbe überhaupt auf jegliche Weise, bis es anfing zu bluten. Zuletzt warfen sie es in einen Brunnen, dieser aber fing an rot zu fließen; die Christen bemerkten infolgedessen, was geschehen war, und verbrannten die Juden zur Strafe. Das Christusbild kam dann in die Cappella Sanctum Sanctorum gegenüber dem Lateran.

Auch an bloßen Visionen, welche sich nicht an bildliche Darstellungen des Heiligen knüpfen, sind natürlich die Schriftsteller des Mittelalters reich. Bei einem Besuch in Heisterbach sah z.B. eine Nonne am Tag vor Maria Himmelfahrt, als das „Tedeum“ in der Kirche angestimmt wurde, über dem Konvent den Himmel offen;

zuoberst saß Maria, und rings um sie her befanden sich die himmlischen Heerscharen. Als dann der Chor das „Sanctus“ sang, ließ die Madonna eine Krone von wunderbarer Größe auf den ganzen Konvent herabsinken. Etwas barocker klingt folgende Erzählung: Die Albigenser hatten einem Priester die Zunge ausgeschnitten, und ein Gefährte hatte den Verstümmelten nach der Abtei Clugny gebracht; dort brachte dieser die Nacht vor Epiphania in der Kirche zu. Als er nun inbrünstig zur Mutter Gottes flehte, erschien diese und setzte ihm ein Stück Fleisch ein, welches genau die Form einer Zunge hatte und ihm auch fortan die Dienste einer solchen leistete. Überhaupt intervenierte die Madonna beinahe unaufhörlich und jedenfalls noch weit häufiger als Christus selbst in menschlichen Angelegenheiten. Dem Thomas von Canterbury z.B. flickte sie die Hosen, als er sich als Flüchtling in der französischen Abtei Pontigny befand, einem Mönche reichte sie die Brust, und einer Äbtissin, welche schwanger geworden war, leistete sie sogar Hebammendienste. Sogar ein Dieb verdankte dem Umstand, daß er stets ein eifriger Verehrer der Himmelskönigin gewesen war, seine Rettung; als er nämlich am Galgen hing, hielt ihn diese drei Tage lang an seinem Strick in die Höhe, so daß er nicht erdrosselt wurde; zuletzt machten die Henker denselben wieder los, und er büßte sein Verbrechen in einem Kloster ab. Sogar Fälle, in welchen der Maria die Intervention förmlich abgetrotzt wird, kommen vor. Der einzige Sohn einer Witwe war in Gefangenschaft geraten; letztere flehte lange vergebens zur Mutter Gottes und nahm zuletzt, als alles nichts half, einem Bild derselben das Kind weg; auf dieses hin sorgte die Madonna in der Tat dafür, daß der Gefangene wieder frei wurde.

Für unsere moderne Empfindungsweise haben die eben mitgeteilten Züge zuweilen etwas verletzendes. Sie rufen wohl den Eindruck hervor, als ob Maria eigentlich dazu da sei, um einen Menschen der wohlverdienten Strafe zu entziehen, als ob das Mittelglied zwischen Vergehen und Verzeihung, die verdiente Strafe, dem Wunder zuliebe beseitigt sei. Das Mittelalter scheint aber in dieser Beziehung wesentlich anders gedacht zu haben. Ihm stand der Glaube an göttlichen Beistand so hoch, daß es die weltliche Strafe für etwas im Grunde überflüssiges ansah, sobald bei dem Übeltäter das Gefühl der Reue konstatiert war; diese beiden, das Gefühl der Buße und die göttliche Gnade wollte es verherrlichen, die Antezedentien der bußfertigen Gläubigen hingegen waren ihm ziemlich gleichgültig, auch wenn sie an und für sich ziemlich bedenklich sein mochten.

Auch die Hostie hatte bei den Mirakelschriftstellern des Mittelalters mancherlei Metamorphosen durchzumachen. Sie nimmt z.B. in der Hand eines am Weihnachtsfeste zelebrierenden Priesters die Gestalt eines schönen Kindes an. Besonders häufig kommen dergleichen Wunder vor, wenn der Priester im Augenblick der Wandelung an der Realität derselben zweifelt; da nimmt die Hostie wohl die Gestalt des Gekreuzigten oder die eines seiner Symbole, z.B. die des Lammes, oder die der heiligen Jungfrau mit dem Christuskind an, oder sie sieht auch geradezu wie ein Stück Fleisch aus. Die Stanza dell' Eliodoro des Vatikans enthält bekanntlich ein Wandgemälde von Rafael, auf welchem die Hostie, um einen zweifelnden Priester zu überzeugen, Blut ausfließen läßt. Sogar unvernünftige Tiere können nicht umhin, der Hostie ihre Ehrfurcht zu erweisen, und ein Paar Ochsen stehen beim Pflügen vor einer am Boden liegenden verblüfft still und lassen sich durch keine Schläge weiterbringen, bis der Ackersmann die Hostie sieht und aufhebt. Vor einer aus der Kirche zu Ettiswyl im Kanton Luzern entwendeten Hostie fallen sogar vorüberziehende Schweine auf die Knie. Eine Frau ferner, welcher die Bienen regelmäßig wegstarben, legte auf den Rat eines Geistlichen eine Hostie in den ihr allein noch übriggebliebenen Stock. Da errichteten die Bienen aus Wachs ein Kapellchen nebst Türmchen und Altärchen und legten die Hostie auf letzteres. An einem anderen Ort bemerkte man, daß die Bienen sechsmal an jedem Tag sangen und während dieser Zeit nicht arbeiteten; sogar in der Nacht hörte man sie singen und entdeckte zugleich, daß das Innere des Stokkes erleuchtet war. Der Stock wurde nun untersucht, und es kam in demselben ein Wachsgefäß zum Vorschein, welches ganz wie eine elfenbeinerne Büchse aussah, in demselben aber befand sich eine Hostie; diese war von Dieben entwendet, unterwegs aber vor dem betreffenden Bienenkorb fallengelassen worden. Seltener als die Hostie wird der Wein auf dem Gebiet des Aberglaubens erwähnt, ohne Zweifel weil er in der abendländischen Kirche den Laien nicht zukam; in Byzanz kam es hingegen vor, daß man, um seine Wunderkraft zu erhöhen, Farbe in denselben tat, welche man von Heiligenbildern abgeschabt hatte.

Hostiendiebstähle waren überhaupt gar nichts seltenes; sie wurden, wie wir in einem späteren Abschnitte sehen werden, teils den Juden, teils aber auch Christen zugeschrieben, welche das gestohlene Gut angeblich zu allerlei Zauber und Beschwörungen verwandten. Die Hostie folgt indessen dem Dieb nach dem Glauben des Mittelalters nur ungern und sucht ihm wo möglich wieder zu entfliehen. So wurde z.B. die schon erwähnte Hostie von Ettiswyl in der Hand der Diebin, einer Anna Vögtlin von Bischoffszell, plötzlich zentnerschwer, worauf letztere den Raub sofort fallen ließ; nun sproß an der Stelle, auf welche die Hostie gefallen war, eine siebenblättrige weiße Rose auf, und in der Krone derselben befand sich jene. Ein ähnlicher Fall trug sich in Österreich zu; dort hatte ein Jude eine solche gestohlen und in einem seiner Schuhe versteckt; er kam hierauf mit der Hostie im Schuh an eine Judenhochzeit, konnte aber plötzlich nicht mehr gehen, worauf ein Priester herbeigeholt wurde; dieser fiel sofort unwillkürlich auf die Knie, die Hostie kam aus ihrem unfreiwilligen Aufenthaltsort hervor und sprang dem Priester an den Busen.

Ferner dient die Hostie dazu, Betrüger zu entlarven. Ein Ketzer hatte im Jahre 1231 einen Predigermönch zu seinen Irrlehren zu verführen gesucht und hatte denselben in eine Höhle geführt, deren Inneres das Aussehen eines weiten, herrlichen Palastes hatte. In diesem saßen Christus und Maria, von Aposteln, Patriarchen und Engeln umgeben. Sowie aber der Mönch eine Hostie hervorzog und dieselbe gegen die sitzenden Figuren ausstreckte, verschwand der ganze Spuk plötzlich, und es wurde ringsumher finster; der Ketzer bekehrte sich auf dieses hin.

Außer den Reliquien, Bildern und Hostien gab es aber auch noch andere Gegenstände in den Kirchen, welchen man magische Kräfte zuschrieb, und zu diesen gehören u.a. die Glocken. Die Glocken wurden von den bösen Geistern gehaßt und zugleich gefürchtet; man bediente sich daher ihrer gerne zur Abwehr gegen jene. Da man nun u.a. namentlich Ungewitter und Hagelschläge teils dem Teufel selbst, teils Menschen, welche mit ihm im Bunde standen, zuschrieb, so bediente man sich zur Abhilfe gegen dieselben hauptsächlich der Kirchenglokken; die noch jetzt vielfach verbreitete Sitte, während eines Gewitters zu läuten, beruht auf dieser Vorstellung und wird außerdem durch zahlreiche auf Glocken angebrachte Inschriften bestätigt. So steht auf einer Glocke zu Haslen (Kt. Appenzell Innerrhoden) „a fulgure, grandine et tempestate libera nos domine Jesu Christe“. In Oberegg (ebendaselbst) „Christus soll uns und alle unsere Güter beschützen vor allem Uebel und Ungewitter“. Die Kirchenglocken von St. Johann und im Münster zu Schaffhausen enthalten die Worte „A fulgure et tempestate libera nos dux“ und „Fulgura frango“. Im Kanton Tessin finden wir sogar an mehreren Orten fehlerlose lateinische Disticha zum Ausdruck derselben Vorstellungen verwendet, so z.B. in St. Maria Assunta zu Caneggio:

Saepe tonanti Deo gelido strepit imbre procella.
Saepe procella mea voce tonante silet.

Ferner in St. Antonio abate in Monte:

Nos a fulmine terribili saevaque procella
O clemens noster, libera, quaeso, Deus.

In Riva St. Vitale in der Kirche St. Vitale Martire:

Aëra dum crebris ego verbero pulsibus atrum
Non timet effodi grandinis imbre seges.

Andere Glockeninschriften begnügen sich aber nicht damit, Gott als Helfer gegen die Ungewitter anzurufen, sondern sie nennen auch noch den Teufel und seine bösen Geister mit aller nur wünschenswerten Deutlichkeit als Urheber derselben. In kurzen, bündigen Worten spricht sich in dieser Beziehung das „ad fugendos daemones“ auf einer Glocke zu St. Peter im Waldenburgertal (Basel-Land) aus. Deutlicher und ausführlicher sind zwei lateinische Inschriften aus dem Kanton Tessin; die eine, in St. Lorenzo zu Lugano befindlich, lautet: „Per activitatem, per passionem, mortem, resurrectionem Jesu Christi disrumpantur, destruuntur, annihilantur diaboli opera omnia, his campis et vineis contraria.“ Die andere in St. Martino zu Ponte Valentino: „Huius campanae sonus vincit tempestates, daemones repellit, et homines vocat.“ Eine Glocke des Domes zu Erfurt vom Jahre 1497 hat die Worte „fulgur arcens et daemones malignos“, eine zu Ramersberg im Kanton Unterwalden ob dem Wald: „An dem Tüfel will ich mich rächen / Mit der hilf gotz alle bösen wetter zerbrechen.“ Wie alt übrigens die hierhergehörigen Vorstellungen sind, zeigt ein Verbot Karls des Großen gegen die schon zu seiner Zeit übliche Gewohnheit, Zettel, welche den Namen „perticae“ führten, an den Glockenstangen „propter grandinem“ aufzuhängen.

Für besonders wirksam galten die getauften oder geweihten Glocken. Eine eigentliche Taufe war freilich die sogenannte Glockentaufe nicht, so häufig auch im Volksmund dieser Name vorkommt, und so wenig Namen und Gevattern der Glocke fehlen mochten; der offizielle kirchliche Ausdruck ist vielmehr „benedictio“ und „consecratio“, nicht „baptismus“, also Weihe, und diese ist bekanntlich ein bischöfliches Amt. Zuerst wurde die Glokke gewaschen, hierauf eingesegnet und mit geweihtem Öl besprengt: *ad abigendos et propulsandos malignos spiritus visum est patribus eas (sc. campanas) lavare, benedicere et ungere, ut vestimenta ecclesiastica.* Selbst äußere Feinde glaubte man durch Glockengeläut vertreiben zu können; im Jahre 615 z.B. soll dieses dem Bischof Lupus von Sens gelungen sein. Außerdem schwor man in Irland, Schottland und Wales häufig über Glocken, noch häufiger als über dem Evangelienbuch; schwor man aber falsch, so hatte man fürchterliche Strafen zu gewärtigen.

Die Glocken hatten aber noch andere wunderbare Eigenschaften. Sie trennten sich z.B. nicht gerne von ihrem ersten Aufenthaltsort; entfernte man sie aber gewaltsam von demselben, so rächten sie sich dadurch, daß sie entweder gar nicht oder wenigstens schlecht läuteten oder wohl gar zersprangen; brachte man sie aber in die alte Heimat zurück, so kehrte auch ihr alter guter Klang wieder. Die Glocke von Leinster in Irland z.B. mußte jeden Abend vom Glöckner beschworen und außerdem festgebunden werden, sonst kehrte sie während der Nacht dahin zurück, wo sie früher gewesen war. Auch aus anderen Gründen schweigen Glocken zuweilen eigensinnig, z.B. wenn man sie während des Interdikts läuten will, wenn sie gestohlen sind oder wenn der Glockengießer während seiner Arbeit Glockengut veruntreut hat.

Umgekehrt gibt es aber auch Glocken, welche von selbst läuten, wenn irgendein außerordentliches Ereignis bevorsteht, z.B. in dem Predigerkloster von Salerno, wenn ein Mönch dem Tode nahe war. Die berühmteste unter diesen von selbst läutenden Glocken befand sich zu Vililla in Aragonien; sie verkündigte durch ihr Geläut im Jahre 1435 die Eroberung Neapels durch Alfons V., 1485 den Beginn des Maurenkrieges in Granada, 1527 die Eroberung Roms, 1558 den Tod Kaiser Karls V., 1564 den Ausbruch der Pest in Saragossa, 1568 die Hinrichtung des Don Carlos, den Tod der Königin Isabella und den Moriskenkrieg, 1598 endlich den Tod Philipps II. Im Jahre 1601 wurde sie wegen dieser merkwürdigen Eigenschaft untersucht; die einen fanden die Ursache in der Planetenkonstellation, unter welcher sie gegossen war, die anderen in dem Umstand, daß einer der dreißig Silberlinge, um welche Judas Ischarioth den Herrn verraten hatte, in dieselbe war geschmolzen worden. Auch bei der Aufhebung der Gebeine St. Isidors in Madrid zur Zeit König Philipps III. sollen die Glocken der Stadt von selbst erklungen sein, weshalb der König auf dessen Heiligsprechung in Rom antrug. Einen ähnlichen Zug enthält bekanntlich auch die Legende von St. Gregorius; als dieser, zum Papst gewählt, sich der Stadt Rom näherte, läuteten sämtliche Glocken der Stadt drei Tage vor seiner Ankunft von selbst:

vor der kunft drîer tage
dô wart ze Rôme ein michel schal:
sich begunden über al
die glokken selbe lüten
und kunden den liuten
daz ir rihtaere
schiere künftic waere

Von dem Teufel und seinen Anhängern werden die Glokken natürlich gehaßt gerade wie andere mit dem christlichen Gottesdienst im Zusammenhang stehende Gegenstände. Schon dem heiligen Benedikt soll daher eine Glocke von jenem mittelst eines Steinwurfes zerschmettert worden sein. Den geweihten Glocken konnte er freilich nichts anhaben, wohl aber den ungeweihten; diese pflegte er wo möglich in die Tiefe zu schleudern. Für das beste Weihwasser galt das des Jordans.

In ähnlicher Weise wurde auch das Weihwasser in abergläubischer Weise verwendet. Ursprünglich heidnischen Kulten entnommen und dem christlichen anbequemt, begann es innerhalb des letzteren schon seit dem vierten Jahrhundert zu magischen Zwecken zu dienen, und, ohne gerade ein Sakrament zu sein, enthielt es doch, wie man annahm, Kräfte von der Art der den wirklichen Sakramenten innewohnenden; es war gut gegen böse Geister, gegen alle möglichen Störungen heiliger Handlungen, ja, sogar gegen leichtere Sünden: *porro observandum est, aquam benedictam non esse sacramentum, sed quid sacramentale contra daemones et contra impedientia sacramentum nec non delere peccata leviora, quas venialia dicuntur.* Als Bischof Marcellus von Apamea gegen Ende des vierten Jahrhunderts einen in seiner Diözese befindlichen Tempel des Zeus einäschern wollte, machte ein schwarzer Dämon das gelegte Feuer unschädlich. Da stellte der Bischof Weihwasser unter den Altar, betete und ließ Mauern und Säulen des Tempels so lange mit Weihwasser besprengen, bis das Feuer zuletzt doch brannte.

Der Volksglaube war in bezug auf die Wirkungen, welche er dem Weihwasser zuschrieb, äußerst erfinderisch. Man nahm dasselbe aus den Kirchen mit nach Hause, um die Haustiere und ihr Futter, die Äcker und Weinberge, ja, sogar die eigenen Speisen damit zu besprengen. Enthielt dasselbe aber vollends Salz, so glaubte man wohl, es vermöge Befleckte zu reinigen, Unfruchtbare fruchtbar zu machen und Hab und Gut zu vervielfältigen. Der moderne Katholizismus faßt dasselbe bekanntlich als bloßes Symbol auf; in der Praxis hat sich jedoch natürlich neben dieser Auffassung noch manche echt mittelalterliche Sitte erhalten; ich erinnere z.B. an die schon früher erwähnte, im Süden noch jetzt übliche Besprengung der Haustiere am Antoniustag.

Endlich gehört noch neben den wirklich aus Holz, Stein oder Metall geformten Bildern des Gekreuzigten, wie sie sich in Kirchen und Kapellen, auf öffentlichen Plätzen und Straßen, in der Regel auch in den Wohnungen der Gläubigen finden, auch das bloße Bezeichnen von Menschen und Tieren, ja, sogar von leblosen Gegenständen mit dem Zeichen des Kreuzes hierher. Schon St. Columban soll durch dieses Mittel verschlossene Türen geöffnet haben, dasselbe vermochten aber auch die Hexenmeister. Man glaubte ferner, alle möglichen Krankheiten und Schmerzen und ebenso die bösen Geister, die man für die Urheber jener hielt, vertreiben zu können, indem man das Zeichen des Kreuzes machte. Der schon früher im vierten Kapitel erwähnte Zisterzienser Richalm von Schönthal vertrieb auf diese Weise das Zahnweh und die Flöhe, er bewirkte ferner durch das nämliche Mittel, daß er sich beim Rasieren nicht schnitt. Von dem Erfolg dieses Verfahrens war Richalm so völlig überzeugt, daß er dasselbe namentlich in bezug auf die Flöhe angelegentlich auch anderen empfahl: *signate et vos, cum mordemini – et huius rei capietis experimentum.*

Nun fehlte aber neben den Erscheinungen Christi und seiner Heiligen auch die Kehrseite, der Satan mit seinen höllischen Heerscharen, keineswegs. Das Leben muß in der Tat den Leuten jener Jahrhunderte und insbesondere den Bewohnern der Klöster oft recht sauer geworden sein, wenn sie an jedem Ort, den heiligsten nicht ausgenommen, am Tage wie in der Nacht Dämonen zu sehen glaubten. Die bösen Geister stören sie bei allen ihren Funktionen, in der Einsamkeit ihrer Zellen wie beim gemeinschaftlichen Gottesdienst in der Kirche, sie stören ihren Gesang und äffen ihre Gebärden spottend nach. Es war relativ noch ungefährlich, wenn der Teufel in einer von vornherein häßlichen oder unheimlichen Gestalt als

Schwein, Bär, Drache, Affe, Kröte oder Kater erschien, oder wenn er einem beim Frühgottesdienst eingeschlafenen Mönch einen schmierigen Strohwisch ins Gesicht schlug. Weit bedenklicher war es hingegen, wenn er, um Mönche in Versuchung zu führen, ihnen während des Gottesdienstes den Anblick und den Geruch gebratenen Fleisches vorgaukelte oder wenn er in der Gestalt einer schönen Frau ihre Zelle betrat. Thomas von Cantimpré will den Bösen einst an seinem Fenster gesehen haben und zwar in der Gestalt eines Priesters, aber „calvo capite, nudato inguine, extento asinino veretro velut ad urinam faciendam"; sobald er ihn aber anrief, verschwand das Phantom. Anderswo sah ein Mönch, welcher während der Frühmesse regelmäßig einschlief, einen garstigen Dämon allen schlafenden Brüdern in einem eisernen Löffel Pech anbieten; als derselbe zu ihm kam, fuhr der Mönch plötzlich auf, schlug den Kopf an, erwachte und blutete. Es ist nicht unmöglich, daß die an den Chorstühlen angebrachten, aus Holz geschnitzten Figuren zuweilen auf die Phantasie schlaftrunkener Geistlicher einwirkten; aus den geschnitzten Figuren gestalteten sich dann förmliche Traumbilder, welche man beim Erwachen leicht für wirkliche Erscheinungen aus einer anderen Welt hielt.

Noch weit über die eben geschilderten, meist dem Cäsarius von Heisterbach oder Thomas von Cantimpré entnommenen Züge, geht indes Abt Richalm von Schönthal hinaus. Wir haben schon im vierten Kapitel gesehen, wie derselbe alle körperlichen Beschwerden für das Werk böser Geister erklärte, haben aber damit die Darstellung seines Dämonenglaubens noch keineswegs erschöpft. Dieser letztere erscheint in einer Weise durchgebildet und hat den bekannten Schritt, welcher vom Erhabenen zum Lächerlichen führt, so vollständig gemacht, daß eine beabsichtigte Parodie des mittelalterlichen Dämonenglaubens sich kaum wesentlich von seiner Schilderung unterscheiden könnte. Richalm gesteht geradezu, er wisse eigentlich gar nicht mehr, was er selbst tue und was die Dämonen täten; das Zeichen des Kreuzes, welches wenigen bösen Geistern gegenüber noch wirksam sei, verliere bei einer größeren Zahl derselben seine Kraft völlig. Lese er, so störten ihn jene, da sie abgesagte Feinde des Lesens seien, oder sie nötigten ihn, wie ein Schulknabe laut zu buchstabieren, damit ihm der eigentliche Sinn des Gelesenen über der körperlichen Anstrengung entgehe; sie nötigten ihn sogar, das Buch zuzuschlagen und wegzulegen, sie störten nachts seinen Schlaf, damit er am Tage schläfrig sei und seine Pflichten entweder gar nicht oder nur zur Hälfte erfülle. Und während die Dämonen vom Guten abhalten, verlocken sie andererseits zum Bösen; einem Mönch versprechen sie, sobald er sich wie andere Leute der Fleischeslust ergebe, ihn künftig in Ruhe zu lassen und nicht mehr zu plagen: *fornicare et fac, quae faciunt alii homines, et non gravabimus te*. Die Sprache der Dämonen ist nach Richalm die lateinische, und sie geben sich sogar Mühe, dieselbe korrekt zu sprechen (composite loqui et non corrupte – nec scholares a corrupto ita sibi cavent quam ipsi). Offenbar hat Richalm bei solchen Vorstellungen und Erlebnissen unsäglich gelitten; nicht als ob gerade die Beschwerden, welchen er unterworfen war, über das gewöhnliche Maß menschlicher Leiden hinausgegangen wären; wohl aber muß ihn der Gedanke, beständig von bösen Geistern umgeben zu sein, in hohem Grade gequält und ihm bange Sorge für die Zukunft eingeflößt haben.

Wie die Dämonen in der Anschauung des Mittelalters den Kontrast zu seinen Heiligen und Engeln bilden, so standen auf rein weltlichem Boden die Juden damals in scharfem Gegensatz zu der überwiegend christlichen Bevölkerung des Abendlandes. Auf ihnen lastete der Fluch, daß ihre Väter den Heiland gekreuzigt hatten, und in ihrer heimatlosen Zerstreuung durch alle Länder sah man diesen Fluch erfüllt. Das abgesonderte Leben, welches sie führten, machte sie verdächtig und weckte das Mißtrauen der Christen; ihre nationalen Sitten und Gebräuche, von welchen sie nicht lassen wollten, und welche die anderen gelegentlich sahen, aber nicht verstanden, mochten in einem Zeitalter, welches ohnehin überall Zauber und Einwirkungen böser Mächte sah, ebenfalls leicht den Eindruck des Magischen hervorrufen; da man sie verachtete und zugleich haßte, glaubte man in ihren angeblich magischen Handlungen Attentate auf Sicherheit, Wohlstand und Leben der Christen zu erkennen. Derjenige Umstand aber, welcher aus all diesen unheimlichen Vorstellungen über das Leben und Treiben der Juden die unter dem Namen der Judenverfolgungen bekannten blutigen Vorgänge hervorrief, war der Wucher, welchen sich dieses Volk angeblich damals denjenigen gegenüber erlaubte, unter welchen es lebte.

An und für sich zerfallen die hierhergehörigen Vorstellungen in zwei Klassen. In der ersten derselben handelt es sich um solche, welche die Christen von den Juden hatten, in der zweiten hingegen um diejenigen, welche man letzteren den Christen gegenüber zutraute. Jene sind mehr komisch als gefährlich und hätten nicht wie die der zweiten Klasse den Haß gegen dieses Volk und seine Verfolgung zu wecken vermocht. Man übertrug z.B. die Abneigung, welche man selbst gegen sie empfand, auch auf die Tierwelt und behauptete, auf ihren Häusern niste kein Storch; betrete ein Jude das Haus eines Christen, auf welchem ein solcher Vogel niste, so verlasse dieser sein Nest sofort und kehre nicht in dasselbe zurück, bis der Jude wieder weg sei. Dann schrieb man ihnen auch allerlei unheimliche Zauberkünste zu; sie könnten z.B. Bilder aus Lehm verfertigen, diesen etwas in die Ohren flüstern, worauf das betreffende Bild gehen könne. Wenn ein Jude den Christen Geheimnisse seiner Glaubensgenossen ausschwatze, so schrieben die anderen Juden Teufelsnamen auf einen Apfel und steckten diesen einem toten Juden in die Hand; wenn dann der Apfel nach und nach faule, so sieche auch der Schwatzhafte gleichzeitig dahin. Ferner seien die Juden der Ansicht, ihre Leiber müßten sich nach ihrem Tod unter der Erde nach Palästina wälzen, weil sie nur dort der Auferstehung teilhaftig werden könnten.

Nun übertrug man aber den Haß und die Verachtung, welche man den Juden gegenüber empfand, auch auf sie und nahm an, sie seien von denselben Gefühlen wie die Christen beherrscht. Tranken Juden und Christen gemeinschaftlich, so glaubte man, jene pflegten in die Kanne zu speien, damit diese ihren Speichel mit in den Mund bekämen. Wische ein Jude nach Verrichtung eines menschlichen Bedürfnisses den Hintern ab, so nehme er dazu womöglich Papier, welches mit lateinischer oder deutscher Schrift beschrieben oder bedruckt sei, weil dieses christliche Sprachen seien; vollends glücklich sei er aber, wenn der Name Christi auf dem betreffenden Blatte stehe. Endlich flehten die Juden unaufhörlich zu Gott, er möge die Christenheit mit Krieg heimsuchen und sie vertilgen wie Sodom und Gomorra. Als im Jahre 1066 Erzbischof Eberhard von Trier plötzlich während der Osterfeier starb, hieß es, die Juden hätten ein von einem abtrünnigen Priester geweihtes Wachsbild, das den Prälaten vorstellte, während des Festgottesdienstes angezündet und durch dessen Dahinschmelzen den Tod des Erzbischofs bewirkt. Diese letztere Art angeblichen Zaubers kommt, wie sich später zeigen wird, auch sonst häufig vor, und zwar innerhalb der Bekenner des christlichen Glaubens; es gibt daneben aber auch andere, welche ausschließlich den Juden zur Last fallen, und zu welchen dieselben höchstens etwa den Beistand abtrünniger Christen bedürfen.

Bei den Judenverfolgungen, welche beim Beginn des ersten Kreuzzuges in den Reichsstädten Speier, Worms, Mainz und Köln ausbrachen, scheint der Haß gegen jene noch zu keinen das Gebiet des Zaubers streifenden Gründen seine Zuflucht genommen zu haben; man schlachtete sie einfach aus Glaubens- oder Rassenhaß oder, weil man sich ihre Güter aneignen wollte; das Gemetzel ging auch in der Regel von hergelaufenem Gesindel aus, während die Bürger der genannten Rheinstädte sowie die Bischöfe oder Erzbischöfe derselben völlig schuldlos waren, zuweilen sogar die Israeliten schützten. Im Jahre 1171 aber kam es zu Blois in Frankreich zum ersten Mal vor, daß man die Juden beschuldigte, sie pflegten kleine Christenkinder systematisch zu schlachten, weil sie das Blut derselben zur Osterfeier nötig hätten; die Sache kam aus, als man einen Juden ein ermordetes Kind ins Wasser werfen sah. Von nun an tauchte dieser Wahn das ganze Mittelalter hindurch bald da, bald dort auf, so 1283 in Mainz, 1285 in München, ferner in Ober-Wesel oder Bacharach, wo es sich übrigens nicht um ein Kind, sondern um einen erwachsenen Menschen, den sogenannten „guten Werner" handelte, 1475 in Trient, wo dann am Grab des Ermordeten Zeichen und Wunder geschahen usw. Die Richter, welche in solchen Fällen den Tatbestand zu ermitteln hatten, gingen natürlich regelmäßig von der Wahrheit des umlaufenden Gerüchtes aus, und da ihnen als Untersuchungsmittel die Folter zur Verfügung stand, brachten sie auch in den meisten Fällen mit Hilfe derselben diejenigen Geständnisse heraus, welche sie herauszubringen wünschten. Die Gründe, weshalb von den Juden Christenkinder geschlachtet würden, lauteten nicht überall gleich; die einen behaupteten, sie bedürften ihres Blutes, um nicht zu stinken, die anderen, sie genössen es zu Ostern wie früher das Osterlamm; noch abenteuerlicher klingt eine dritte Behauptung, nach welcher die Judenkinder mit zwei Fingern auf der Stirn zur Welt kämen, welche nur mit Hilfe von Christenblut könnten abgelöst werden. Ebenso abweichend sind die Angaben über die Häufigkeit dieser Opfer; nach der einen mußten sich die Juden alljährlich mit Christenblut bestreichen, nach der anderen aber nur alle sieben Jahre. Was endlich die Art und Weise des Schlachtens betrifft, so scheint diejenige Ansicht die herrschende gewesen zu sein, nach welcher man das Kind ungefähr so marterte, wie einst Christus war gemartert worden, und dasselbe zuletzt kreuzigte; man öffnete ihm die linke Seite mit einem Messer und fing das herausfließende Blut in einem Becken auf. Eine bildliche Darstellung dieses Aktes hat der bekannte Kupferstecher Matthäus Merian in Gottfrids historischer *Chronica* veröffentlicht; sie stellt die Schlachtung eines Knaben dar, welche sich die Juden von Trient am Gründonnerstag des Jahres 1475 angeblich zuschulden kommen ließen.

Es half den Verfolgten wenig, daß beim Beginn des zweiten Kreuzzuges der heilige Bernhard sich ihrer annahm und daß hundert Jahre später Papst Innozenz IV. das Schlachten von Christenkindern nebst anderen gegen sie erhobenen Vorwürfen in einer Bulle vom Jahre 1247 für eine Fabel erklärte; der Haß gegen sie und gegen die Art und Weise, wie sie angeblich zu ihren Reichtümern gekommen wären, dauerte fort. Zudem spielten sich die Verfolgungsszenen meist in engen Grenzen ab, etwa innerhalb des Weichbildes einer Stadt oder in dem Gebiet eines kleinen weltlichen oder geistlichen Landesherrn; die Angeklagten waren daher in der Regel gerichtet, lange bevor ihre Klagen das Ohr des Kaisers oder des Papstes erreichten, und mächtigere Verfolger wie z.B. König Philipp der Schöne von Frankreich ließen sich sowieso nichts vorschreiben. So sollte z.B. im Jahre 1271 ein altes Weib in Pforzheim den Juden ein siebenjähriges Waisenmädchen verkauft haben; jene schlachteten das Kind, warfen dann die Leiche ins Wasser und deckten sie mit Steinen zu; so wurde dieselbe von Fischern aufgefunden. Nun holte man den Markgrafen, und in dessen Gegenwart saß das tote Kind eine halbe Stunde lang mit flehentlich ausgestreckten Händen aufrecht da; als man die des Mordes verdächtigen Juden ebenfalls herbeigebracht hatte, fingen die Wunden des Mädchens aufs neue an zu bluten. Die Juden wurden darauf nebst dem alten Weib zuerst gerädert, und nachher kamen ihre Leichen an den Galgen. Ohnehin wurden diejenigen, welche sich der Juden annahmen, beschuldigt, von denselben bestochen zu sein; schon der Bischof von Speier, welcher die israelitische Gemeinde seiner Stadt gegen die Wut der Kreuzfahrer geschützt hatte, mußte sich diesen Vorwurf gefallen lassen, und als im Jahre 1257 in England die Franziskaner mehrere des Schlachtens von Christenkindern beschuldigte und auf den Rat der Dominikaner eingekerkerte Israeliten wieder aus ihrer Haft befreiten, entgingen sie selbst nur mit Mühe der nämlichen Beschuldigung. Ähnliche Beschuldigungen sind bekanntlich auch zur Zeit der Hexenprozesse gegen die Verteidiger der Hexen erhoben worden und werden auch jetzt noch hier und da gegen die Beschützer von Verfolgten in allen nur denkbaren Situationen geltend gemacht; wer den Unverstand und die Leidenschaftlichkeit der Menschen auch nur einigermaßen kennt, wird sich darüber nicht wundern.

Gegen Ende des dreizehnten Jahrhunderts kamen zu den alten Klagen über die Juden neue; es taucht nämlich von jetzt an bald da, bald dort die Beschuldigung auf, jene suchten sich durch List oder Gewalt Hostien zu verschaffen, um den durch die Hostie repräsentierten Leib Christi zu martern oder zu zerstören; gewinnsüchtige Christen, ja, sogar pflichtvergessene Priester sollten ihnen, wie man glaubte, hier und da zum Besitz von Hostien verholfen haben. Die Aufregung, in welche das Volk geriet, wenn ein solches Gerücht sich verbreitete, war kaum geringer als die über angebliche Kindermorde, und das Verfahren gegen die Juden war natürlich in beiden Fällen das nämliche. Daß die Sache selbst hier und da vorkam, ist wohl denkbar; geschieht es doch noch in unseren Tagen, daß Gegenstände, deren Verehrung einen ausgesprochenen konfessionellen Charakter trägt, von Anhängern einer anderen Konfession gelegentlich mit Wort und Tat beschimpft oder gar vernichtet werden! Jedenfalls aber ging der Verdacht, sobald er einmal vorhanden war, viel zu weit, und man scheint an manchen Orten ein beinahe systematisch betriebenes Vorgehen der Juden gegen Hostien, Kruzifixe usw. angenommen zu haben. Namentlich aber liegt es auf der Hand, daß der Gang der Untersuchung, wenn es überhaupt zu einer solchen kam, ein in hohem Grade mangelhafter und zuweilen geradezu gewaltsamer war.

Einzelne hierhergehörige Fälle sakrilegischen Verfahrens kommen nun schon frühzeitig vor; nach Sigbert soll schon im Jahre 560 ein Jude ein Christusbild aus einer Kirche gestohlen und auf dasselbe geschossen haben, dafür aber zur Strafe gesteinigt worden sein. In ihrer Totalität aber tauchen die betreffenden Vorstellungen erst seit dem Ende des dreizehnten Jahrhunderts auf, und die beiden folgenden Jahrhunderte sind dann von denselben förmlich erfüllt. Im Jahre 1334 hatte ein Ketzer eine Hostie aus der Paulskirche in Konstanz gestohlen und den Juden verkauft, letztere legten dieselbe in eine Pfanne über brennendes Feuer; als nun die christliche Magd eines Israeliten in die Nähe dieser Pfanne kam, sprang ihr die Hostie an den Arm. Die Juden entfernten sie zwar von dieser Stelle und brachten sie wieder in die Pfanne, allein die Magd verriet die Sache, und gleichzeitig rief ein Gemeindegenosse von St. Paul, es seien mehrere konsekrierte Hostien vom Altar dieser Kirche entwendet worden. Nun sammelten sich die Bürger, fielen über die Juden her und hieben eine Anzahl derselben mit Schlachtbeilen nieder; zwölf andere wurden vor die Stadt geschleppt und verbrannt, sechs in den Rhein geworfen und neun sonst getötet; die übrigen sollen von einflußreichen Bürgern, welche mit den Juden in geschäftlichem Verkehr standen, gerettet worden sein. Ungefähr zu derselben Zeit wurden zu Ehingen an der Donau achtzehn Hebräer getötet, nur weil man in der Kirche daselbst einige Hostien vermißte; nachher stellte es sich zwar heraus, daß dieselben von einer Christin waren entwendet worden, allein den Getöteten war damit natürlich nicht geholfen. In das Jahr 1337 sodann fällt die bekannte Hostienschändung von Deggendorf in Niederbayern. Auch hier hatte ein Weib das Sakrament gestohlen und den Juden verkauft; diese durchstachen dasselbe mit einer Ahle, worauf Blut herausquoll und auf dem Brot ein Kind erstand. Nun suchten jene die Hostie mit einem Hagedorn zu zerkratzen, und als dieses nichts half und das Kind immer noch sichtbar blieb, warfen sie dieselbe in einen Backofen.

Aber auch hier blieb die Erscheinung sichtbar, und die Missetäter legten nun das Sakrament auf einen Amboß und schlugen mit Hämmern darauf los; zuletzt wollten sie dieselbe gar verschlucken, was sich aber als unmöglich erwies. Stattdessen erschien, von einer Schar von Engeln umgeben, die Jungfrau Maria und fing laut an zu klagen. Ihre Klage vernahm ein Wächter, welcher gerade vor dem Hause vorbeiging; dieser setzte den Magistrat von dem Vorfall in Kenntnis, die Bürger eilten bewaffnet herbei und zündeten das Judenhaus an, so daß alle Bewohner desselben umkamen. So berichtet ein aus dem Ende des fünfzehnten oder Anfang des sechzehnten Jahrhunderts stammendes Lied.

Ähnliche Erzählungen ziehen sich durch das ganze vierzehnte und fünfzehnte Jahrhundert. In Brüssel wurden 1369 sechzehn Hostien geraubt und geschändet, in Breslau soll sich 1454 und in Passau 1478 ähnliches zugetragen haben. Und noch im Jahre 1510 stahl ein gewisser Paul From aus Pernau in Pommern zu Knoblach im Bistum Brandenburg eine Monstranz mit zwei Hostien, von welchen er die eine einem Juden namens Salomon in Spandau verkaufte. Der Jude suchte die Hostie zu zerbrechen, aber vergebens; zuletzt schrie er, indem er den stärksten Schlag auf dieselbe führte: „Bist du der Christen Gott, so zeig es an im Namen von tausend Teufeln!" Auf dieses hin löste sich die Hostie in drei blutige Teile auf. Dieser Vorfall kostete nicht weniger als vierzig Juden sowie den eigentlichen Dieb, Paul From, das Leben; achtunddreißig wurden verbrannt, zwei, welche dem Judentum entsagten, zur Enthauptung begnadigt. Die Exekution fiel auf den 19. Juli des genannten Jahres. Natürlich kamen aber zu dem heiligen Eifer der über die wirklichen oder vermeintlichen Missetaten der Juden empörten Menge gelegentlich auch andere, weniger uneigennützige Motive. Unter den Mächtigen dieser Erde gab es solche, welche die Vorurteile ihrer Untertanen auf diesem Gebiet entschieden nicht teilten, welche sich aber derselben bedienten und unter dem Vorwand, die Missetaten ihrer hebräischen Untertanen zu strafen, sich mit den Gütern derselben zu bereichern suchten. Was mag sich z.B. Philipp der Schöne von Frankreich unter den unerhörten Freveln gedacht haben, um welcher willen er seine sämtlichen israelitischen Untertanen aus dem Land trieb? Dem Wortlaut nach sind freilich auch hier sakrilegische Handlungen von der Art der bisher geschilderten zu verstehen; ob aber Philipp selber den Wahn seiner Untertanen teilte? Die mit Gold, Silber und Edelsteinen gefüllten Wagen, mit welchen er sich aus den Gütern der Verbannten bereicherte, weisen entschieden auf Beweggründe anderer Art hin.

Mit diesen beiden Vorwürfen, dem des Kindermords und dem der Hostienschändung, war aber das Maß der den Juden zugeschriebenen Verbrechen noch keineswegs erschöpft, es sollte vielmehr noch ein dritter hinzukommen. Im Jahre 1348 trat bekanntlich der Schwarze Tod, aus Asien kommend, zum ersten Mal in Europa auf. Es gab auch Israeliten, welche demselben erlagen, doch war ihre Zahl eine verhältnismäßig geringe, ein Umstand, dessen Ursache wohl in der mäßigeren Lebensweise dieses Volkes zu suchen ist, welcher aber den Verdacht gegen dasselbe, nachdem er einmal entstanden war, jedenfalls eher vermehrte als verminderte. Der Wahn, die Juden hätten die Brunnen vergiftet, kam zuerst im südlichen Frankreich auf und verbreitete sich von da rasch nach Deutschland; für die eigentlichen Urheber galten die spanischen Juden, namentlich die von Toledo. An sich erscheint diese Annahme um so törichter, als sich die Israeliten damals gerade in Spanien im ganzen vollkommener Sicherheit erfreuten. Das Gift selbst, dessen sich die Juden angeblich bedienten, soll aus Basiliskenfleisch, Kröten, Fröschen und Eidechsen bereitet worden sein; auch Christenherzen und Hostienteig seien zu diesem Zwecke verwendet worden. Es war umsonst, daß Papst Clemens VI., Kaiser Karl IV. und auch die Magistrate vieler Städte sich der Bedrängten annahmen; das Volk kümmerte sich an den meisten Orten nicht um die Verordnungen der Obrigkeit und ging von sich aus dennoch gegen die Verdächtigen vor; hier und da beschuldigte man auch jetzt ihre Beschützer wieder der Bestechlichkeit. Sachliche Beweise wurden natürlich nirgends erbracht, wohl aber gaben zahlreiche Juden auf der Folter die Wahrheit dessen zu, was ihnen zur Last gelegt wurde. Ihr Lohn war in der Regel der Scheiterhaufen, das Rad oder im günstigsten Falle Vertreibung von Haus und Hof, letztere natürlich mit Güterkonfiskation verbunden. Manche kamen ihren Mördern durch Selbstmord zuvor, und nur wenige nahmen, um dem Tod zu entgehen, das Christentum an. Am entsetzlichsten wurde in den Jahren 1348 und 1349 in Deutschland gegen die Juden gewütet; in Ungarn, Kastilien und zum Teil auch in Polen erfreuten sich dieselben hingegen größerer oder auch völliger Sicherheit.

Es würde nichts helfen, wenn man die vielfachen und zum Teil himmelschreienden von den Christen des Mittelalters an den Israeliten begangenen Gewalttätigkeiten verschweigen oder gar beschönigen wollte. Aber eine Frage drängt sich doch jedem denkenden Menschen angesichts dieser Blutszenen unwillkürlich auf; es ist die Frage, ob die herrschenden abergläubischen Vorstellungen allein imstande waren, dergleichen Vorgänge hervorzurufen, oder ob noch andere mehr oder weniger begründete Vorurteile gegen die Opfer derselben hinzukamen. Letzteres wird sich schwerlich ganz in Abrede stellen lassen. Die Abgeschlossenheit des jüdischen Volkes und die Zähigkeit, mit welcher dasselbe an seinen alten Sitten und Gebräuchen festhielt, haben letztere bekanntlich schon im Altertum zu einem „mos absurdus sordidusque" gemacht; dazu kam dann noch der Widerspruch, in welchen seine zähe Abgeschlossenheit zu dem Umstand trat, daß das Volk sich gleichwohl überall eindrängte und niederließ. Endlich ist noch seine angeblich ausgeprägte Vorliebe für den Schacher und zugleich seine angebliche Geschicklichkeit auf diesem Gebiet des Erwerbs in Anschlag zu bringen, wenn man den Haß der christlichen Abendländer gegen die Juden richtig beurteilen will. Daß das Opfern der Christenkinder durch Juden ganz und die Hostienschändungen wenigstens der Hauptsache nach in das Gebiet der Fabel gehören, wird heutzutage wohl kein Vernünftiger bestreiten; ebenso verhält es sich natürlich auch mit dem Vergiften der Brunnen. Wir dürfen indes nicht übersehen, daß auch noch später außerordentliche Epidemien bei der Menge ganz außergewöhnliche Vorstellungen hervorgerufen haben, denen manchmal auch ganz gute Christen zum Opfer fielen. So sollen z.B. im Jahre 1536 in Casale Leute die Türpfosten und Klopfer der Häuser beschmiert, den Leuten allerlei Pulver in die Kleider gestreut und so die Pest erregt haben. Ferner wurde noch 1630 die durch Manzonis Beschreibung berühmt gewordene Mailänder Pest auf allerlei angebliche Salbereien an den Häusern und anderswo zurückgeführt. Ein alter Mann, welcher damals in St. Antonio, bevor er sich setzte, mit seinem Mantel eine Bank abstäubte, wurde allgemein für einen Salber gehalten und als solcher mißhandelt, und drei junge Franzosen, welche die marmorne Außenseite des Doms mit den Händen betasteten, wurden ebenfalls als Salber vom Pöbel ins Gefängnis geschleppt, von den Richtern jedoch wieder freigesprochen. Was noch in unserem Jahrhundert beim Ausbruch der Cholera in verschiedenen, zum Teil größeren europäischen Städten geschehen ist, weil man ebenfalls an bestimmte Urheber oder Förderer derselben dachte, ist bekannt genug.

Milder war man in Deutschland gegen die Juden etwa von der Zeit Kaiser Maximilians I. an, während jetzt umgekehrt in Spanien und in Portugal die Verfolgungen und Austreibungen erst begannen. Selbst Johannes Pfefferkorn tischt in seinen Streitschriften, soviel Nachteiliges er sonst als Proselyt von seinen ehemaligen Glaubensgenossen zu erzählen weiß, die alten Märchen doch nicht auf und geht überhaupt nicht auf die Vernichtung der Juden selbst, sondern nur auf die ihrer Bücher aus. Die beschimpfenden Ausdrücke freilich, welche sowohl er als andere den Juden in bezug auf Christus und seine Mutter, auf die Apostel, die Geistlichkeit, die christliche Kirche und ihre Einrichtungen, ja, sogar auf abendländische Sprachen zuschreiben, werden schwerlich ganz aus der Luft gegriffen sein. Selbstverständlich aber liefen unter dem gemeinen Volk noch lange Zeit abenteuerliche Vorstellungen in Hülle und Fülle in hinsicht auf die Juden um, und so brauchen wir uns nicht zu wundern, wenn Marcus Lombardus in seiner Schrift *Gründlicher Bericht und Erklärung von der Juden Handlungen vnnd Ceremonien etc.* erklärt, wenn er alle Missetaten der Juden aufschreiben wollte, so müßte er mehr Papier haben, als vier Pferde zu ziehen vermöchten. Und Samuel Friedrich Brenz glaubte noch zu Anfang des siebzehnten Jahrhunderts, die Juden pflegten in der heiligen Nacht absichtlich Knoblauch zu essen (oder vielmehr zu „fressen"), um recht zu stinken und den Thola (Christus) dadurch zu verunehren; ferner glaubte er, Christus müsse in dieser Nacht alle „Sprachhäuser" auskriechen; andere Proben aus seinem Buch sind schon früher mitgeteilt worden. Ja, noch hundert Jahre später tischt Joh. Andreas Eisenmenger das Vergießen von Christenblut und die Vergiftung der Brunnen durch die Israeliten wieder auf. Als im Jahre 1711 die Judengasse zu Frankfurt am Main abbrannte, bildete sich das Gerücht, der Rabbiner Naphtali, in dessen Wohnung das Feuer zuerst ausgebrochen sei, habe dasselbe durch verkehrte Beschwörungen vermehrt, statt es, wie er eigentlich beabsichtigt hatte, zu vermindern: Man hat als eine gewisse Wahrheit erzählen wollen, daß besagter Rabbiner, der sonst ein guter Kabbalist gewesen, als er seine untergebenen Schüler die Kabbale habe lehren wollen und ihnen zur Probe einen großen Haufen Holz in seiner Stube angezündet habe, in seiner Beschwörung der Geister irre geworden sei, und anstatt die Wassergeister zu beschwören, das von ihm angezündete Feuer zu löschen, die Feuergeister gefordert habe. Weswegen ganz vergeblich gewesen wäre, auch das geringste jüdische Gebäude zu retten.

Achtes Kapitel.

Die Tagwählerei.

Die Tagwählerei ist ein seltsames, aus heidnischen und christlichen Vorstellungen zusammengesetztes Gewebe. Astrologische Anschauungen, mit welchen dieselbe ohnehin mancherlei Ähnlichkeit hat, und der Glaube an Vorzeichen haben ebenfalls auf dieselbe eingewirkt, und schließlich haben sich, gerade wie bei der Astrologie auch, die Bedürfnisse des täglichen Lebens geltend gemacht, indem man bei jedem Unternehmen auch einen mutmaßlichen Erfolg gerne zum voraus gewußt hätte und diesen soviel als möglich aus bekannten und anerkannten Vorstellungskreisen zum voraus zu bestimmen suchte. Im griechischen Altertum hatte namentlich Hesiod gewisse Tage einerseits mit bestimmten Gottheiten und andererseits mit den Verrichtungen des täglichen Lebens, mit letzteren namentlich im Hinblick auf Ackerbau und Viehzucht in Beziehung gebracht, und den Römern waren ähnliche Vorstellungen ebenfalls nicht fremd geblieben. Nun vererbten sich diese Regeln und Anschauungen auf das Mittelalter und wurden, namentlich in den früheren Jahrhunderten desselben, noch durch religiöse Elemente keltischen, germanischen und slavischen Ursprungs vermehrt. Allmählich mochten wohl auch einzelne hierhergehörige Vorstellungen sich wieder verlieren und dafür andere nach Analogie des bereits Vorhandenen gebildete, also ohne bestimmte religiöse oder nationale Grundlage entstandene, an ihre Stelle treten, wie es bei solchen Vorstellungskreisen auch sonst zu geschehen pflegt. Und jedenfalls ist auch das Christentum auf diesem Boden geschäftig gewesen und hat zu den bereits vorhandenen Schicksalstagen neue hinzugefügt. Wenn z.B. der Freitag vorzugsweise als Unglückstag erscheint, so wird wohl weniger an die germanische Frija oder Frigg und an die antike Venus, als an die Kreuzigung Christi zu denken sein, welche auf diesen Wochentag fiel und welcher zu Ehren man nun sämtliche Freitage des Jahres zu unseligen Tagen stempelte. Bei den meisten Festen des christlichen Kirchenjahres, beim Palmsonntag, Gründonnerstag, Karfreitag, Osterfest, Himmelfahrtstag und Pfingstfest sind ähnliche Grundlagen vorhanden; in betreff des Weihnachtsfestes hingegen darf allerdings nicht übersehen werden, daß dasselbe mit dem heidnischen Fest der winterlichen Sonnenwende zusammenfällt, daß also hier heidnische und christliche Gebräuche sich leicht miteinander mischen und ineinander übergehen konnten; das nämliche ist auch bei der sommerlichen Sonnenwende der Fall, in deren Nähe bekanntlich der Tag Johannes des Täufers fällt.

Hier und da eiferte natürlich ein hervorragender Vertreter der Kirche gegen die Tagwählerei, und noch Martin Luther zählt dieselbe zu den Übertretungen des ersten Gebotes im alttestamentlichen Dekalog, wenn er sagt, „wer sein Werk und Leben nach erwählten Tagen, Himmelszeichen und der Weissagern Dunken richtet“, übertrete jenes. Im allgemeinen jedoch entwickelte sich dieselbe während des Mittelalters trotz vereinzelten Anfeindungen immer weiter. Von Kaiser Heinrich IV. wird uns z.B. berichtet, er habe „paganico nimirum auspicio“ alle entscheidenden Kämpfe an einem Dienstag begonnen, sei dann aber auch an einem solchen, dem 7. August des Jahres 1106, gestorben. Reichlicher fließen indes unsere Quellen erst nach Ablauf des Mittelalters, im sechzehnten und namentlich im siebzehnten Jahrhundert, wo ja überhaupt erst einzelne Gelehrte anfingen, diese wie andere Formen des mittelalterlichen Aberglaubens systematisch zusammenzustellen, zu beurteilen und der Nachwelt zu überliefern. Es handelt sich hierbei sowohl um die sieben Wochentage als um bestimmte, nur alljährlich wiederkehrende Feste der christlichen Kirche.

Was nun zunächst die einzelnen Wochentage betrifft, so gelten *Sonntagskinder* im allgemeinen für besonders bevorzugt. Sie sehen namentlich alle Geister und Gespenster; doch gab es neben dieser herrschenden Ansicht noch eine andere, nach welcher ihnen letztere gerade umgekehrt unsichtbar bleiben; kleine Kinder soll man überdies am Sonntag nicht baden. Was man *montags* beginnt, wird nicht Wochen alt, weshalb man Hochzeiten und Waschen an diesem Tag zu vermeiden hat. Man soll ferner an diesem Tag nichts ausleihen, beim Kaufen nichts schuldig bleiben und den Strumpf nicht links antun, kein Feuer beim Nachbar holen, ihm auch keines geben, wenn er in Verlegenheit ist. Wer an einem *Dienstag* in der Fastenzeit nüchtern badet, ist das ganze Jahr hindurch vor Rückenschmerz sicher; auch von neuen Unternehmungen, deren Beginn auf einen Dienstag fällt, ist abzuraten. Am *Mittwoch* sollen Knechte und Mägde keinen neuen Dienst antreten, und ein Kind, welches an einem Mittwoch zum ersten Mal die Schule besucht, lernt nichts; in Oberösterreich glaubte man sogar, ein an diesem oder an einem Freitag geborenes Kind verfalle dereinst dem Scharfrichter. Am *Donnerstag* sollen die Ställe nicht gemistet werden. Der Donnerstag wurde überhaupt vom frühen Mittelalter bis zum siebzehnten Jahrhundert mehr oder weniger als Feiertag behandelt; schon der bereits erwähnte, dem Kapitular Karlmanns vom Jahre 743 angefügte *Indiculus superstitionum et paganiarum* fühlt sich infolgedessen berufen, auf diesen Übelstand aufmerksam zu machen, und aus Anhorns *Magiologia* ergibt sich, daß die Sitte noch zu Anfang des siebzehnten Jahrhunderts keineswegs erloschen war. Bekanntlich ist der Donnerstag der „dies Jovis", und das Kapitular spricht auch in der Tat von „sacris" und „feriis Mercurii vel Jovis"; noch deutlicher macht Anhorn an der angeführten Stelle den römischen Jupiter für diesen Unfug verantwortlich. Da indessen jener protestantischer Pfarrer von Bischofszell war, so sieht man nicht recht ein, wie Jupiter in diese ganz alemannische Gegend gekommen sein soll. Eher dürfte der Jupiter des Kapitulars auf der sogenannten *Interpretatio romana* beruhen und an die Stelle des germanischen Donnergottes getreten sein; daß gerade Anhorn von letzterem nichts wußte und infolgedessen an Jupiter dachte, erklärt sich bei einem Schriftsteller seines Jahrhunderts leicht. Der zu Karlmanns Zeit neben dem Donnergott noch gefeierte Merkur wäre dann Wodan gewesen, dessen Kult dann aber, da Anhorn von einer Feier des Wodanstages, d.h. des Mittwochs, nichts weiß, früher als der des Donnergottes erloschen zu sein scheint.

Die hervorragendste Bedeutung unter allen sieben Wochentagen hatte aber in bezug auf abergläubische Vorstellungen der *Freitag*. Man soll an demselben kein kleines Kind baden, keiner Henne Eier unterlegen, weil die Raubvögel sonst die Küchlein holen; die Weiber sollen sich weder bürsten, noch flechten, noch kämmen, sonst gedeiht das Ungeziefer, besonders die Läuse. Günstig ist hingegen der Freitag gleich dem abnehmenden Mond namentlich für negative Beschäftigungen wie Nägelschneiden oder Haareschneiden, weil man dann weder Ohrenweh noch Zahnschmerzen bekommt. Gelegentlich finden sich freilich auch Vorstellungen, welche in diametralem Gegensatz zu den eben genannten stehen: *multi in die Veneris nolent ungues praescindere, aut indusium mutare, aut novo vestimento indui: ne fortunam aut valetudinem irritent.* Wer ferner an drei unmittelbar aufeinanderfolgenden Freitagen den rechten Fuß zuerst aus dem Bett setzt, hat das ganze Jahr keine Blasen an den Füßen zu fürchten. Der Essig, das sauerste aller Getränke, gedeiht am besten, wenn er am Freitag angesetzt wird. Selbst hervorragende Persönlichkeiten sind von derartigen Vorstellungen nicht frei gewesen. Filippo Maria Visconti z.B. glaubte, es stehe ihm ein Unfall bevor, wenn ihm an einem Freitag ein Rasierter begegnete, und in neuerer Zeit hat bekanntlich Kaiser Napoleon I. diesen Tag gefürchtet. Häufig erscheinen auch Mittwoch und Freitag zusammen als Unglückstage; namentlich glaubte man, die Wirksamkeit der Hexen sei an denselben erfolgreicher als an den übrigen Tagen der Woche. Es war daher verpönt, an denselben von den Hexen zu reden, weil man annahm, diese hörten es und suchten sich dafür zu rächen.

Am Sonnabend endlich müssen Rocken und Kunkel abgesponnen werden, weil sonst die Fäden nicht bleichen; auch glaubte man, Kinder, welche an einem solchen geboren seien, würden ungeschickt und träge.

Die Motive, welche die Grundlage dieser und anderer Anschauungen bilden, können natürlich von sehr verschiedener Art sein. Hier und da mögen, wie z.B. in der Donnerstagsfeier, Reste eines nationalen Heidentums zugrundeliegen. In anderen Fällen, z.B. in betreff der überwiegend unglücklichen Bedeutung des Freitags, wird man unbedenklich den Karfreitag verantwortlich machen dürfen, ja, man wird sogar noch einen Schritt weiter gehen und in der Bedeutung desselben für die Essigbereitung eine Erinnerung an den mit Essig gefüllten Schwamm erkennen dürfen, welchen Christus am Kreuz erhielt. Aber auch das tägliche Leben und die aus ihm stammenden Erfahrungen können nicht ohne Einfluß auf die Tagwählerei gewesen sein. So wird z.B. die Annahme, daß Kinder, welche die Schule zum ersten Mal an einem Mittwoch besuchen, nichts lernen, davon ausgegangen sein, daß am Mittwoch Nachmittag meist keine Stunden gegeben wurden und zum Teil jetzt noch nicht gegeben werden; man machte also zunächst die Erfahrung, daß an diesem Tag wenig bei der Sache herauskam und verallgemeinerte dieselbe zuletzt, wie das im Wesen derartiger Erfahrungsweisheit liegt. Ebenso beruht die Vorschrift, am Samstag Rocken und Kunkel abzuspinnen, auf dem Bestreben, den Sonntag heilig zu halten und folglich die Arbeit der Woche vor Beginn desselben zu erledigen.

Zwischen den einzelnen Wochentagen und den bloß jährlich wiederkehrenden Festen stehen nun bestimmte, durch das ganze Jahr zerstreute Unglückstage gewissermaßen in der Mitte. Sie heißen „verworfene“ oder „schwarze Tage“, lateinisch „dies aegyptiaci“, weil die alten Ägypter nach dem Glauben des Mittelalters an denselben eine Menge Verrichtungen wie z.B. Bauten, Wanderungen, Aderlaß u.a.m. unterließen, oder nach einer anderen, aber schwerlich richtigen Ansicht, weil sie an einem dieser Tage von Gott durch Moses geplagt und an einem anderen derselben im Roten Meer ersäuft wurden. Jeder Monat enthielt zwei solcher Unglückstage, das ganze Jahr also vierundzwanzig; es waren der erste und der fünfundzwanzigste Januar, der vierte und zwanzigste Februar, der erste und achtundzwanzigste März usw. Man vermied an denselben, Häuser zu bauen oder zu beziehen, Käufe und Verkäufe abzuschließen, die Haare, den Bart oder die Nägel abzuschneiden u.a.m. Oder man gab dem ganzen Jahr zweiundvierzig Unglückstage, an welchen man ebenfalls die genannten Verrichtungen unterließ, und hob unter diesen dann einige, gewöhnlich drei oder fünf, als besonders verderbenbringend hervor, z.B. den ersten April als den angeblichen Geburtstag des Judas, den ersten August, an welchem Luzifer aus dem Himmel gestürzt wurde, den ersten Dezember, an welchem Sodom zugrunde ging.

Auch ganze Monate galten für glück- oder unglückbringend, entweder im allgemeinen oder mit bestimmten Einschränkungen. Ein Glücksmonat ist z.B. der Januar, im Mai hingegen soll man nicht heiraten; der September galt für große Herren, der Oktober und der November hingegen für alte Leute für verhängnisvoll.

Was nun endlich die Festtage betrifft, so knüpft sich die weitaus größte Zahl abergläubischer Vorstellungen und Gebräuche an den Tag der Menschwerdung Christi und die unmittelbar darauffolgenden Tage. Ihre Zahl ist in der Tat so groß, daß z.B. der schon häufig erwähnte Johonnes Prätorius ein ganzes Buch über diesen Gegenstand schreiben konnte, welches freilich weder bei jedem Verfasser noch in jedem Jahrhundert so umfangreich geworden wäre. Schon der Titel rechtfertigt diese Behauptung; er ist ungemein schwerfällig und lautet folgendermaßen: *Saturnalia absurditatis: seu Deliramenta superstitiosa quibus abjectum vulgus, ut Rustici, Servi, Ancillae, et inepti quivis, hinc inde, proh dolor! in Germania gaudent, in S. S. Natalitiis Christi; et venerandum Festum Genethliacum Salvatoris impiè et execrabiliter profanat. Theologicè, Philologicè et Historicè ex magnâ Variorum Autorum farrigine, et multijugâ Experientiâ collecta, et hîc insuper damnata et argutè exagitata, â M. Johanne Praetorio, P.L.C.* Die große Zahl der hierhergehörigen Züge erklärt sich freilich, wie schon früher angedeutet wurde, zum Teil daraus, daß auch die verschiedensten heidnischen Religionen gerade in diesen Tagen die wieder beginnende Zunahme des Lichts und die durch sonne-, licht- und wärmebedingten Gaben der Erde feierten. Nichtsdestoweniger hat das Mittelalter auf diesem aus dem Heidentum ererbten Boden weitergebaut und weitergedichtet, so daß nun eine Menge von Zügen hierhergehörigen Aberglaubens ein ganz entschieden mittelalterliches Gepräge trägt.

Man stellte z.B. am Christabend zwölf ausgehöhlte und mit Salz gefüllte Zwiebeln an einem beliebigen Ort auf und gab jeder den Namen eines bestimmten Monats; am nächsten Morgen zog man darauf aus der Beschaffenheit jeder Zwiebel Schlüsse auf die Witterung des ihr entsprechenden Monats im neuen Jahr. Oder man goß am nämlichen Abend Zinn oder Blei ins Wasser und brachte die dabei entstehenden Figuren in Zusammenhang mit mancherlei persönlichen Angelegenheiten, namentlich mit Heirats- und Ehefragen. Wer am Heiligen Abend auf die Wintersaat hinausging, glaubte alles, was dem Dorf im kommenden Jahr bevorstand, vorherzusehen, z.B. Feuersbrünste, Todesfälle, Einquartierung usw. In der Heiligen Nacht selbst wird das Wasser zu Wein, der Alraun blüht, die Apfelbäume tragen Blüten und Früchte zugleich, werfen aber dieselben während der Nacht wieder ab; es gibt ferner Leute, welche sich in diesen Stunden in Wölfe verwandeln. In Thüringen ziehen Frau Holda und der treue Eckart aus, letzterer bewirkt, daß die Bierkannen von Kindern, welche dem Zug schweigend zugeschaut, fortan so lange gefüllt bleiben, bis jene das Geheimnis verraten. Unter den Juden aber soll der Glaube geherrscht haben, daß Christus in dieser Nacht durch alle Abtritte und Dohlen kriechen müsse. Von dem Wochentag, auf welchen das Weihnachtsfest selber fällt, hängen Witterung und Ertrag des neuen Jahres ab.

Am Stephanstage (26. Dezember) ließ man die Pferde zur Ader, oder man tummelte sie tüchtig herum in der Meinung, sie seien dann ein ganzes Jahr vor Krankheiten sicher. Der Tag der unschuldigen Kinder von Bethlehem (28. Dezember) war natürlich ein Unglückstag, und es durfte daher an demselben nichts wichtiges unternommen werden. An Sylvester wurden so viele Brote gebacken, als das Haus Bewohner zählte; derjenige aber, dessen Brot einen Riß bekam, mußte im folgenden Jahr sterben; nach anderen Angaben wurden schon am Christabend so viele Salzhaufen gemacht, als die Familie Glieder zählte, und dann war derjenige dem Tod verfallen, dessen Salzhaufen während der Nacht zusammenfiel. Während der Zwölften, d.h. vom Dezember bis zum Januar, soll nicht gedroschen werden; ein Hemd hingegen, welches aus Zwirn besteht, der während dieser Tage gesponnen wurde, ist zu vielen Dingen gut. Endlich knüpft sich noch an die drei hauptsächlichsten Tage unmittelbar vor und nach dem Jahreswechsel die Verpflichtung, den Hühnern den Rogen und den Kühen die Milch von Heringen als Futter zu geben.

Einen zweiten großen Zyklus bedeutsamer Tage bildet sodann die Karwoche nebst den ihr vorausgehenden Sonntagen. Auf den Sonntag Oculi z.B. wird die von dem Evangelisten Lukas (XI,14) erzählte Teufelsaustreibung verlegt; darum soll der Hirt am nämlichen Sonntag das Vieh auf die Almen treiben. Brot, welches am Sonntag Lätare gebacken ist, sättigt mehr als anderes wegen der angeblich auf diesen Tag fallenden Speisung der Fünftausend; sonst aber ist derselbe ein Unglückstag. Letzteres gilt auch für den Sonntag Judika, an welchem regelmäßig jemand eines gewaltsamen Todes sterben muß. Zweige, welche am Palmsonntag geweiht sind, dienen zur Vertreibung der Gewitter, des Feuers und der bösen Geister. Am Gründonnerstag gelegte Eier, gebackene Brezeln und gewonnener Honig schützen das ganze Jahr gegen das Fieber. Am Karfreitag soll man die Stube mit einem frischen Besen kehren und dann mit letzterem über den Kohl im Garten streichen; dann hat dieser von den Raupen nichts zu leiden. Außerdem sind Hühnereier, welche an diesem Tag gelegt werden, gut gegen Feuersbrünste; wirft man dieselben in die Flammen, so erlöschen diese sofort.

In die nämliche Zeit fallen auch noch verschiedene andere bedeutungsvolle Tage, z.B. der der Verkündigung der Maria (25. März); an diesem wurden vorzugsweise Bäume gepflanzt; am ersten April hingegen wandte man sich in der Frühe des Morgens vorzugsweise mit Bitten an die Mutter Gottes, weil die Aussicht auf Erhörung an diesem Tag eine besonders große sein sollte. Am Walpurgisabend bohrte man drei Löcher über der Tür des Kuhstalls und steckte Wurzeln in dieselben, welche ebenfalls zu bestimmten Zeiten ausgegraben worden waren; dadurch glaubte man die Hexen, welche bekanntlich in der dem ersten Maitag vorausgehenden Nacht besonders tätig sind, vom Betreten des Stalles abzuhalten. Zum Segensprechen, Wurzelngraben usw. eignet sich der nämliche Abend ganz besonders; doch kommen außer ihm auch noch der des Andreastages (30. November), die Christnacht und die Johannisnacht (24. Juni) in Betracht. Käse, welcher am Himmelfahrtstage gemacht war, wurde in den toskanischen Apenninen von den Weibern, wenn ein Ungewitter heranzog, auf die Haustür gestrichen, und in denselben wurde dann noch mit Hilfe eines Strikkes das Zeichen des Kreuzes gedrückt; in ähnlicher Weise befestigte man auch an diesem Tag ausgebrütete Eier an die Dächer. Nach anderen mußte Christus an diesem Tag durch alle Kloaken kriechen und hatte derselbe keine Ruhe, außer wenn die Juden studierten; da aber letztere dieses wußten, studierten sie in der Regel an diesem Tag gerade nicht. St. Urban sodann, dessen Tag der fünfundzwanzigste Mai ist, hat Einfluß auf das Gedeihen des Weines; man trug daher sein Bild in die Schenken und trank ihm zu. Am vierundzwanzigsten Juni, dem Tag Johannes des Täufers, zündete man Feuer an und rollte feurige Räder die Abhänge hinunter; der heidnische Ursprung dieser Feier und ihr Zusammenhang mit der Feier der Sonnenwende wird nicht leicht bestritten werden. Regnete es am Johannistage, so glaubte man, die Haselnüsse litten Schaden; gerieten aber diese wohl, so gebe es viele Huren; in der Johannisnacht endlich sollte der Teufel Farnkrautsamen austeilen. Von Filippo Maria Visconti wird erzählt, er habe am Tag Johannes des Täufers nie ein Pferd bestiegen. Am Tag der Himmelfahrt der Maria (15. August) wurden in den Kirchen Grasbüschel geweiht; diese wurden dann ins Feuer gelegt und sollten so von Menschen und Tieren alle möglichen Seuchen abhalten. Auch der Michaelstag (29. September) war mit mancherlei abergläubischen Vorstellungen verknüpft. Fand man an demselben in den Galläpfeln Würmer, so erwartete man einen guten Herbst; enthielten dieselben Fliegen, so stand ein Krieg, und enthielten sie Spinnen, so stand die Pest bevor.

Am Andreasabend machten die heiratslustigen Mädchen Versuche, zu erfahren, ob sie im künftigen Jahr einen

Mann bekämen. Sie bildeten z.B. einen Kreis und ließen einen Gänserich in denselben; dasjenige Mädchen, gegen welches der Vogel sich zuerst wandte, glaubte nun, zuerst in den Stand der Ehe zu treten. Die drei Donnerstagsnächte vor Advent galten für „noctes infaustae", in welchen man vor dem Satan und den Hexen besonders auf der Hut sein müsse.

An allen Festtagen ohne Ausnahme war der Koitus verpönt, er galt an denselben für teuflisch und konnte unter Umständen schwere Strafen nach sich ziehen. Ein Bürger von Magdeburg, welcher nach Thietmar von Merseburg am Abend nach dem Tag der unschuldigen Kinder von Bethlehem im Rausch seine Frau gezwungen hatte, ihm zu Willen zu sein, erhielt zur Strafe ein Kind mit verbogenen Zehen. Selbst der deutsche König Heinrich I. konnte sich in der Nacht vom Gründonnerstag auf den Karfreitag, berauscht wie er war, des Beischlafs nicht enthalten; um Schlimmes zu verhüten, ließ er jedoch das infolge desselben erzeugte Kind mit dem Taufwasser vollständig waschen. Dennoch hatte Heinrich selbst sowohl als sein Sohn Otto der Große, wie Thietmar ausdrücklich hervorhebt, das ganze Leben hindurch Streitigkeiten zu schlichten und Aufstände zu bekämpfen; der Teufel, welchem infolge der Waschung die Seele des Kindes entgangen war, wußte sich wenigstens auf diese Weise einigermaßen schadlos zu halten.

Neuntes Kapitel.

Gemeiner Aberglaube.

Unter diesem auf den ersten Blick etwas vage scheinenden Titel fasse ich diejenigen Äußerungen des Aberglaubens zusammen, welche bei allem Reichtum an Beziehungen auf das gewöhnliche Treiben der Menschen unter sich doch wieder so sehr voneinander abweichen, daß es unmöglich ist, sie unter eine bestimmtere und zugleich umfassende Benennung zu bringen. Sie berühren sich natürlich mit manchen unter den schon geschilderten Gattungen, zumal mit dem Glauben an Vorzeichen, unterscheiden sich aber doch auch von letzterem teilweise wieder sehr bestimmt. Ein Hauptunterschied liegt namentlich darin, daß hier jede Beziehung auf bestimmte historische Persönlichkeiten oder Ereignisse ausgeschlossen ist, und daß es sich nicht sowohl um einmalige Fakten als um Fälle handelt, welche unter gewissen Bedingungen regelmäßig wiederkehren. Nun gibt es allerdings auch unter den früher besprochenen Vorzeichen nicht wenige, welche mehr mit dem Privatleben als mit geschichtlichen Vorgängen in Verbindung stehen; allein auch diese unterscheiden sich von dem hier zu behandelnden Material noch deutlich genug. Die wirklichen Vorzeichen hängen nicht von dem Willen oder von der Einsicht des Menschen ab; gesucht oder ungesucht treten sie ihm entgegen und das, was sie zur Folge haben, ist daher, wenigstens in den Augen der Gläubigen, unabwendbares Schicksal. Hier hingegen verhält es sich wesentlich anders; hier liegt es mehr oder weniger in der Hand des Menschen, ein Unglück zu vermeiden oder eines Glückes teilhaftig zu werden; er braucht sich nur an bestimmte Regeln zu halten, dieses zu tun und jenes zu lassen. Wenn ich z.B. weiß, daß die Begegnung oder Stimme eines Tieres oder eines Vogels Unglück bedeutet, so hängt es allerdings nicht von mir ab, ob ich diesem Geschöpf begegnen will oder nicht; letzteres kommt vielmehr ungerufen und ruft mir die an ihm haftende Vorstellung ins Gedächtnis. Weiß ich hingegen, daß es nicht ratsam ist, ein Messer auf dem Tisch auf dem Rücken liegen zu lassen, so hängt es von mir ab, das Messer anders zu legen und so den sonst eintretenden üblen Folgen zu entgehen.

Natürlich sind die hierhergehörigen Vorstellungen außerordentlich mannigfaltig. Sie begleiten den Menschen von der Wiege bis zum Grab und kommen während seines Lebens überall im Haus, in Küche und Keller, draußen im Garten und auf dem Feld in Betracht. Kein Beruf, keine Arbeit, kein Vergnügen ist ohne Verhaltensmaßregeln, welche auf sie Bezug haben und welche wohl seit Jahrhunderten im Volksglauben wurzeln; auch schließt sich dieses Kapitel, von diesem Gesichtspunkt aus betrachtet, eng an das vorige, an die Tagwählerei und den Glauben an Merktage an; zugleich aber berühren sich die nun zu besprechenden Vorstellungen auch darin mit jenen, daß die Entscheidung über die in Aussicht gestellten Ereignisse mehr oder weniger in die Hand der Menschen gelegt ist. Auch hier stammt manche allgemein oder wenigstens im Süden unseres Erdteils noch jetzt verbreitete Anschauung oder Gewohnheit aus dem Altertum. Schon im alten Rom pflegten diejenigen, welche an der Fallsucht litten, das frische Blut Hingerichteter zu trinken; man glaubte ferner an die Bedeutung des sogenannten Läutens in den Ohren, an die Verpflichtung, einem Nießenden etwas Gutes wünschen zu müssen, usw. Alle diese Züge kannten schon die alten Römer, wie wir aus dem Anfang des achtundzwanzigsten Buches der Naturgeschichte des Plinius sehen. Jacob Grimm hat im Anhange zu seiner *Deutschen Mythologie* unter der Überschrift „Aberglaube" eine große Zahl hierhergehöriger Ansichten zusammengestellt. Die meisten derselben gehören Sammlungen an, welche schon im vorigen Jahrhundert in verschiedenen Gegenden Deutschlands gesammelt und im *Journal von und für Deutschland* veröffentlicht wurden; auch schwedische, dänische, französische und estische Vorstellungen sind daselbst teilweise mitgeteilt. Daneben gibt es aber auch ältere hierhergehörige Sammlungen, so z.B. eine aus der Bibliothek zu St. Florian im Erzherzogtum Österreich stammende und von Grimm ebenfalls aufgenommene des vierzehnten oder fünfzehnten Jahrhunderts, ferner eine hier schon öfters zitierte, dem sechzehnten angehörige Sammlung; sie ist betitelt *Der alten Weiber Philosophi, wie dieselbige ein halbjäriges Knäblin erfaren, und von einer blinden frawen in eygner person ist gesehen worden* und fehlt bei Grimm; sie erschien im Jahre 1556 gedruckt zu Frankfurt am Main bei Egenolffs Erben als Anhang zu *Des Himmels Lauffes Wirckung, vnnd Natürliche Influentz der Planeten, Gestirn und Zeychen usw.* Eine neuere hierhergehörige und sehr reichhaltige Sammlung von Vorstellungen, welche speziell den verschieden Provinzen und

Landschaften des Königreichs Bayern angehören, enthält das Buch von G. Lammert, *Volksmedizin und medizinischer Aberglaube in Bayern*. Andere gelegentlich ebenfalls benutzte Quellen enthalten die Zitate.

Die Esten glaubten, durch allerlei Mittel die Geburt der Kinder erleichtern zu können, z.B. dadurch, daß der Mutter, sobald sie verlobt war, ein roter Faden um den Leib gebunden wurde, welchen sie dann gleich nach der Trauung durch Aufblähen zerreißen mußte; ferner dadurch, daß man dem Bräutigam bei seiner Ankunft sofort den Sattelgurt löste. In Deutschland gab man den Kindern unmittelbar nach der Geburt, ehe sie zum ersten Mal sogen, einen gebratenen Apfel, damit sie anständig würden; ferner wurden sie, damit sie krause Haare bekommen sollten, nach der Geburt mit weißem Wein gewaschen und erhielten ins Bad Reben von weißen Stökken. Die Nägel an den Fingern biß ihnen das erste Mal die Mutter ab, damit sie nicht stehlen lernten; ferner hütete man sich, das neugeborene Kind auf die linke Seite zu legen, weil man fürchtete, es werde sonst linkisch. Wer in eine Wochenstube kam und einen Tragkorb bei sich trug, mußte einen Span von demselben abbrechen und in die Wiege stecken, weil er sonst beim Fortgehen der Mutter oder dem Kind die Ruhe wegnahm; ebenso war das Wiegen leerer Wiegen verpönt, weil dadurch dem Kind angeblich die Ruhe weggewiegt wurde. Was endlich die Entwöhnung betrifft, so galt in Litauen die Zeit des abnehmenden Lichtes für Mädchen, und die des vollen für Knaben für passender; erstere sollten dann keinen zu großen Busen bekommen und letztere groß und stark werden; entwöhnte man ein Kind zur Zeit, wo die Vögel wegzogen, so wurde es unstet und unruhig. Seltsame Vorstellungen verbanden sich auch mit der sogenannten Glückshaube, d.h. den den Kopf des Kindes umhüllenden Eihäuten; man schloß aus derselben, das Kind werde einst besonders glücklich sein und bewahrte sie infolgedessen wie ein Familienheiligtum sorgfältig auf. In einer Privatsammlung zu Osnabrück wurde noch im vorigen Jahrhundert die des Hans Sachs gezeigt.

Eine noch größere Zahl abergläubischer Meinungen war mit der Verlobung, dem Brautstand, der Hochzeit sowie mit dem späteren ehelichen Zusammenleben verbunden, wobei denn auch die Frage, ob in der künftigen Haushaltung der Mann oder die Frau das Regiment führen werde, keineswegs fehlt. Alle diese Umstände, von denen Glück oder Unglück einer Ehe abhängen konnten, dachte man sich teilweise von allerlei unberechenbaren Zufälligkeiten, zum Teil aber auch vom Beobachten oder außer acht lassen bestimmter Verhaltensmaßregeln abhängig.

Beim Kirchgang soll die Braut demjenigen, welcher ihr Gutes anwünscht, augenblicklich danken, wenn der Wunsch etwas nützen soll. Ferner müssen sich Braut und Bräutigam unterwegs vor Dachtraufen hüten und sich nicht umsehen. Auf dem Heimweg sollen sie eine schwarze Henne zuerst durch die Haustür gehen lassen oder durchs Fenster hineinstecken, dann trifft alles mögliche Unglück zuerst diese. Soll aus der Braut eine haushälterische Frau werden, so wirft man ihr beim Kirchgang die Hausschlüssel nach. Nicht ganz unbedenklich war es, wenn Bräutigam und Braut gleichzeitig Gevatter standen; man glaubte nämlich, es gebe dann eine unfriedliche Ehe, und, um dieses zu verhüten, pflegte sich der Geistliche mitten zwischen sie zu stellen. Ferner glaubte man, so oft ein solches Paar nach seiner Vermählung den Koitus ausübe, gebe es ein Donnerwetter. Die Trauung sollte nicht stattfinden, solange ein Grab offenstand, weil sonst eines der Brautleute bald stirbt, ferner nicht bei schlechtem Wetter, weil sonst die Ehe übel ausfällt. Flakkert oder erlischt eine auf dem Altar neben der Braut oder dem Bräutigam brennende Kerze, so fängt die betreffende Person bald an zu kränkeln, oder sie stirbt. Um das Regiment im Haus zu führen, soll der Bräutigam in der ersten Nacht seine Hose unter das Kissen legen; die Braut hingegen erreicht den nämlichen Zweck, wenn sie sich am Hochzeitstag in einem Backtrog anzieht und an die Kirchtüre klopft. Andere rieten derselben, den Bräutigam in die Kirche vorausgehen zu lassen oder nach der Trauung ihren Gürtel so in die Schwelle der Haustüre zu legen, daß der Mann über denselben hinwegschreiten muß. Ferner gab es Zeichen, welche für beide Teile gültig waren; man glaubte z.B., dasjenige werde die Herrschaft im Haus führen, welches bei der Trauung die Hand oben habe oder welches sich zuerst von den Knien erhebe; letzteres war französische Anschauung. Prügel hatte diejenige Frau von ihrem Mann zu erwarten, welcher ein Hund zwischen den Beinen durchlief, und gegenseitig wird die Prügelei, wenn sich während des Kirchgangs die Hunde herumbeißen. Auch gegen das berüchtigte Nestelknüpfen kannten die Franzosen ein Mittel; wenn der

Mann der Frau den Trauring ansteckte, durfte er denselben nur bis zum zweiten Gelenk bewegen, und die Frau mußte ihn dann zum dritten selbst schieben. Wer eine Nonne verführt, stirbt mit mehr Pein als andere Leute; Konkubinen von Geistlichen werden, wenn der Tod sie in diesem Stand überrascht, des Teufels Pferde, und es ist nicht einmal erlaubt, für sie zu beten.

Damit es in der künftigen Haushaltung niemals an Brot fehle, bewahrt man etwas Brot vom Hochzeitsmahl auf. Ferner gibt es Zeichen, aus welchen man erkennen kann, welches von beiden vor dem anderen stirbt; es ist dasjenige, dessen Hand bei der Trauung vor dem Altar die kältere ist oder nach dem Glauben der Esten dasjenige, welches zuerst einschläft. Damit die künftige Gattin stets glücklich niederkomme, bindet ihr der Bräutigam am Hochzeitstag die Strumpfbänder fest. Bleibt eine Frau während der zweiten Hälfte ihrer Schwangerschaft vor einem Speiseschrank stehen, so wird das Kind gefräßig; doch kann die Mutter dieses verhüten, wenn sie dasselbe nachher entweder in den Schrank selbst oder in einen Winkel setzt und es daselbst, auch wenn es schreit, so lange sitzen läßt, bis sie selbst neunerlei Arbeit verrichtet hat. Ferner soll eine Schwangere niemals etwas aus einem Kessel essen, sonst stammelt das Kind. Stirbt ein Säugling, so gibt man demselben, damit der Mutter die Milch ohne Brustschmerzen vergeht, eine Flasche Muttermilch mit in den Sarg. Die Esten glaubten, wenn einer auf einer Stute zum Werben ausreite, bekomme er später lauter Mädchen, und sie vermieden infolgedessen diese Art des Ausreitens soviel als möglich. Sie waren ferner der Ansicht, ein Mensch, welcher an einem der letzten Wochentage geboren sei, heirate entweder spät oder gar nicht.

Im römischen Altertum galt der ganze Monat Mai für unheilvoll in bezug auf das Heiraten; bei Ovid heißt es:

Hac quoque de caussa, si nos proverbia tangunt
Mense malum Majo nubere, vulgus ait.

Diese Anschauungsweise war noch später im Abendland eine weit verbreitete, sie galt z.B. noch im siebzehnten Jahrhundert in Ferrara und in Modena. Sie galt ferner auch in Schottland, und zwar bis in die neueste Zeit, nur war man sich hier ihres römischen Ursprungs nicht mehr bewußt und führte dafür die freilich als sehr unglücklich bekannte Vermählung der Maria Stuart mit Bothwell an, welche ebenfalls im Mai vollzogen worden war. Ebenso heißt es in Süddeutschland „Im Maien soll man nicht freien".

Auch an das Verhältnis zwischen Herrschaft und Dienerschaft knüpften sich mancherlei seltsame Vorstellungen. Nach der Chemnitzer Rockenphilosophie z.B. soll die in ein Haus einziehende Magd zuerst ins Ofenloch schauen; ja, es kam sogar gelegentlich vor, daß dieselbe zwischen den Beinen der Herrschaft durchkriechen mußte. Ferner hütete man sich, einem Dienstboten gleich am ersten Tag Sauerkraut zu essen zu geben, weil man glaubte, es falle ihm sonst jede Arbeit beschwerlich; ebensowenig ließ man denselben am ersten Sonntag zur Kirche gehen, weil er sich sonst angeblich nicht ans Haus gewöhnte. Wollte eine Magd wissen, ob sie in einem Dienst noch länger bleibe, so kehrte sie am Weihnachtsabend den Rücken gegen die Tür und warf einen Schuh vom Fuß über den Kopf; stand die Spitze des Schuhs gegen die Tür, so mußte sie abziehen; war hingegen der Absatz gegen die Tür gerichtet, so konnte sie bleiben. Beim Verlassen eines Hauses hütete sich der abziehende Dienstbote, die Ankunft seines Nachfolgers abzuwarten; jedenfalls mußte er seine Habseligkeiten fortgeschafft haben, bevor dieser kam. Wenn der Mond zum Kammerfenster hereinschien, zerbrachen die Mägde viele Töpfe. War ein Dienstbote entlaufen, so legte man einen gewissen Pfennig in das Pfännlein einer Mühle und ließ diese angehen und stärker laufen; der Flüchtige geriet infolgedessen in solche Angst und Besorgnis, daß er so rasch als möglich wiederkam. Auch die Türken sollen es verstanden haben, flüchtige Sklaven durch magische Mittel wieder in ihre Gewalt zu bringen. Sie schrieben nämlich den Namen des Entlaufenen auf einen Zettel, hängten diesen in der Wohnung desselben auf und verfluchten ihn dazu in den stärksten Ausdrücken. Auf dieses hin glaubte der Entsprungene, er werde bei fortgesetzter Flucht lauter Löwen und Schlangen begegnen und zog es daher vor, freiwillig zurückzukehren.

Ähnliche Ansichten herrschten an manchen Orten auch hinsichtlich der Haustiere. Man ließ z.B. die Hunde durch einen Dreifuß trinken, um sie gegen den Biß toller Hunde sicherzustellen. Leckte sich die Katze den Hintern oder brachte sie den Fuß hinter die Ohren, so erwartete man noch am gleichen Tage Regen. Wer einer Katze ein Leid zufügte oder dieselbe gar umbrachte, dem stand großes Unheil bevor. Ein Hund, welcher in der Christnacht heulte, verlor noch im gleichen Jahr den Verstand. Um die Tauben an das Taubenhaus zu gewöhnen, legte man einen Strick in dasselbe, durch welchen ein Mensch erwürgt worden war. Um das Vieh vor Wölfen zu schützen, bestrich man dasselbe mit einer Wolfshaut. Noch weiter gingen in dieser Beziehung die französischen Bauern. Wenn sich eine zum ersten Mal auf die Weide geschickte Kuh verirrt hatte, so steckten sie zwei kleine Scheidemünzen in das Schloß, warfen sich auf die Knie und beteten zu Händen St. Huberts fünf Paternoster und fünf Ave Maria mit lauter Stimme; dann waren sie sicher, daß die Wölfe nicht nur das Rind nicht fraßen, sondern daß sie es sogar unverletzt wieder zur Herde zurückbrachten. In anderen Gegenden war es Sitte, daß derjenige, welcher eine Kuh aus einem anderen Dorf gekauft hatte, zu dem Kaufpreis noch den sogenannten Milchpfennig bezahlte, damit die Milch nicht zurückgehalten werde; auf der Grenze zwischen beiden Dörfern drehte er dann die Kuh dreimal um und ließ sie nach der alten Heimat schauen, um ihr die Sehnsucht nach derselben zu vertreiben. Um das Gedeihen der Pferde zu fördern, vergrub man einen Totenkopf im Stall; um ihnen ferner das Ziehen schwerer Lasten zu erleichtern und sie vor Übersaufen zu schützen, flochten die Fuhrleute eine Schlangenzunge in die Peitsche. Den Hühnern legte man am liebsten Eier zum Brüten unter, während die Leute aus der Kirche kamen; man glaubte, auf diese Weise am meisten Küchlein zu erhalten. Die Esten vergruben im Frühjahr, wenn das Vieh zum ersten Mal auf die Weide getrieben wurde, Eier unter die Schwelle der Stalltür, um dasselbe vor Schaden zu bewahren; wenn Viehseuchen herrschten, vergruben sie ebenfalls ein Stück aus der Herde; ohne Zweifel waren das Opfer, welche man den schädlichen Dämonen glaubte darbringen zu müssen.

Auch der Wolf, obschon an und für sich nichts weniger als ein Haustier, gehört doch wegen seiner feindseligen Beziehungen zu den Haustieren hierher. Sein Geheul bedeutet Sterben, Teuerung oder Krieg; läuft er hingegen mit offenem Rachen rechts an einem Menschen vorbei, so bedeutet er Glück. Wer das Fleisch eines Tieres, das der Wolf getötet hat, ißt, kann nicht sterben, bis jener tot ist. Begegnet man einem Wolf, so kommt es darauf an, ob man ihn zuerst sieht oder von ihm zuerst gesehen wird; im ersteren Falle ist man sicher, im letzteren hingegen nicht.

Neben den menschlichen und tierischen Bewohnern des Hauses kam auch dieses selbst als Ganzes und kamen seine einzelnen Bestandteile, der Tisch, die Küche, der Keller und außerhalb desselben Stall und Garten in Betracht. Im Erzgebirge glaubte man, wenn beim Holzfällen auf den ersten Hieb Feuer hervorspringe, so werde ein aus dem betreffenden Holz gebautes Haus abbrennen; ebenso im Ansbachischen, wenn der letzte Nagel, welchen der Zimmermann einschlägt, Feuer gibt; zerbrach das Glas, welches er nach Ausbringung des Zimmerspruchs vom Giebel warf, so hieß es, der Hausherr werde bald sterben; blieb es ganz, so prophezeite man demselben umgekehrt langes Leben. Die Esten bauten nie ein Haus auf den nämlichen Platz, auf welchem schon eines abgebrannt war. Für absolut vor Feuersbrünsten sicher galten hingegen diejenigen Häuser, in welchen der Hund, die Katze und der Hahn von schwarzer Farbe waren. Im Fürstentum Lippe herrschte der Glaube, zu einem neuen Haus gehöre dreierlei Holz, gekauftes, geschenktes und gestohlenes; die reichsten Bauern, welche Überfluß an eigenem Holz hatten, pflegten daher regelmäßig, wenn sie bauten, einen Baum zu stehlen; hernach gingen sie vor Gericht, bekannten ihren Diebstahl und bezahlten ihre Strafe. Wer in ein neues Haus zog, warf zuerst etwas Lebendiges, etwa einen Hund oder eine Katze in dasselbe, weil man glaubte, daß dasjenige Geschöpf, welches das Haus zuerst betrete, auch zuerst sterben müsse. Die Esten endlich legten an den Ort, wo sie einen Stall bauen wollten, vorher Lappen und Kräuter; krochen auf denselben schwarze Ameisen umher, so galt der Ort für passend, waren es hingegen rote, so galt er für untauglich. Beim Ausfegen der Korn- und Mehlkästen ließen sie einen kleinen Rest liegen, um nie in Not zu geraten. Beim Ansetzen von Essig soll man nach der Chemnitzer Rockenphilosophie dazu ein saures Gesicht machen und böse sein, sonst mißrät derselbe. Und nach der nämlichen Quelle kann man das Zustandekommen der Butter verhindern, wenn man während des Butterns die Reife am Butterfaß von unten nach oben und dann wieder von oben nach unten zählt. Im Keller muß, wenn ein Toter im Haus ist, an alle Weinfässer geklopft werden, sonst steht der Wein ab.

Was den Hof und den Garten betrifft, so soll man, um vor Raupen und Würmern sicher zu sein, die Bäume während der Fastnacht beschneiden. Neue Strohbänder, um ebendieselben geflochten, machen sie fruchtbar. Wer

Pfropfreiser bricht, darf dieselben nicht fallenlassen, sonst fallen nachher die Früchte ebenfalls vor der Zeit ab; wer hingegen nie an einem Sonntag gearbeitet hat, dem stiehlt kein Vogel etwas. Um viel Korn zu erhalten, bindet man am St. Vincentiustage Stroh um die Bäume; zur Beförderung des Graswuchses endlich pflegte man in der Christnacht den Garten im bloßen Hemd mit einem Flegel zu dreschen. Sechswöchnerinnen dürfen weder über ein Gartenbeet noch über das Feld gehen, sonst wächst einige Jahre hindurch nichts darauf. Steckt man hingegen Strohwische von Bettstroh, auf welchem ein Toter gelegen hat, auf das Feld, so kommt kein Vogel in die Saat.

Am Eßtisch soll man sich namentlich davor hüten, ein Messer auf den Rücken zu legen, sonst wird man nicht satt, und es könnte sich ein Engel daran schneiden; auch das Brot darf nicht auf dem Rücken liegen. Man soll ferner den Tisch nicht decken, ohne gleich Brot darauf zu legen oder wenigstens einen Zipfel des Tischtuchs zu überschlagen. Liegt das Tischtuch verkehrt, so wird man nicht satt, und knackt der Tisch sehr, so ist an demselben entweder einmal ein ungerechtes Urteil gesprochen worden, oder es kommen noch Gäste. Wird ein Stück Brot mehr abgeschnitten als Leute am Tische sitzen, so ist ein hungriger Gast unterwegs. Was während der Mahlzeit verabredet wird, mißlingt. Wer seinen Mund mit dem Tischtuch abwischt, wird nicht satt. In Schwaben glaubte man, nach dem Gebetläuten müsse das Trinkwasser gesegnet werden, sonst trinke man sich an demselben eine Krankheit oder gar den Tod. Wenn man endlich einem Trinker Branntwein zu trinken gibt, welcher durch einen

Totenlappen geseiht war, so verliert jener die Lust am Trinken.

Weiber, welche auf den Markt gehen und ihre Waren teuer verkaufen wollen, müssen den rechten Schuh zuerst anziehen. Begegnet einer Person auf dem Weg nach dem Markt jemand, der Wasser trägt, so hat jene kein Glück und tut am besten daran, wieder umzukehren. Trägt man hingegen eine abgebissene Maulwurfspfote bei sich, so kauft man wohlfeil ein und verkauft teuer. Will man ein Stück Vieh leicht verkaufen, so räuchere man es vorher mit einer aus der Mitte eines Ameisenhaufens gegrabenen schwarzen Kugel. Wer das zuerst auf dem Markt gelöste Geld wegborgt, verborgt damit sein Glück. Den ersten Käufer soll man nicht gehen lassen, auch wenn man die Ware zu wohlfeil verkaufen müßte.

Vor Gericht kommt es namentlich darauf an, welcher von zwei den Prozeß gegeneinander führenden den anderen zuerst sieht; jener gewinnt. Ebenso gewinnt derjenige, welcher das Gerichtslokal zuerst mit dem rechten Fuß betritt.

Ein Spielender soll dem Mond nie den Rücken zukehren, sonst verliert er. Wer hingegen in der Christnacht die ersten Geldstücke vom Altar nimmt, spielt mit denselben ein ganzes Jahr hindurch glücklich. Namens eines anderen, der beim Spiel setzt, den Daumen halten, bringt jenem Glück. Wer beim Spiel Geld wegleiht, verliert, wer hingegen borgt, der gewinnt.

Auch an das Geld knüpfen sich mancherlei abergläubische Vorstellungen. Wer viel Geld eingenommen hat, der lege ein Stück Kreide dazu, so können ihm böse Leute nichts wegnehmen. Wem der Neumond in den leeren Beutel scheint, der hat einen ganzen Monat lang kein Geld, wer hingegen beim Neumond welches zum Zählen hat, dem fehlt es überhaupt nie daran. Ebenso glücklich ist derjenige, welcher einen Beutel aus Maulwurfsfell hat, in welchem der Kopf eines Wiedehopfes nebst einem Pfennig steckt. Behextes Geld nimmt während des Zählens ab; um dieses zu verhüten, legt man Salz und Dill dazwischen sowie ein Kreuzzweipfennigstück. Umgekehrt nimmt das Geld während des Zählens zu, wenn sich ein Hecketaler darunter befindet; auch kehrt letzterer, wenn man ihn ausgegeben hat, immer wieder zu seinem früheren Besitzer zurück. In Estland gab man nicht gerne alles Geld zugleich aus dem Beutel; war aber dieses nicht zu vermeiden, so spie man wenigstens in letzteren.

Seltsame Vorstellungen hingen auch mit der Behandlung der Kinder, und zwar zunächst namentlich in bezug auf Taufe und Namensgebung zusammen. Um denselben zum voraus ein langes Leben zu sichern, nannte man wohl die Knaben Adam und die Mädchen Eva. In Irland hütete man sich, einem Kind den Namen seines Vaters oder eines Freundes zu geben, weil man glaubte, diese müßten dann sterben; der Sohn durfte infolgedessen den Namen des Vaters erst nach dessen Tod führen. Anderwärts trägt man noch jetzt Bedenken, nachgeborenen Geschwistern den Namen von früher verstorbenen beizulegen. Ferner war es Sitte, eine Anzahl Kerzen anzuzünden und an jede derselben den Namen eines Heiligen zu kleben. Nun erhielt das Kind, zu dessen Nutz und

Frommen die Lichter brannten, den Namen desjenigen Heiligen, dessen Kerze am längsten brannte. Unter den Juden soll die Sitte geherrscht haben, in schweren Krankheiten den Namen zu wechseln. Leute, welche schon viele Kinder verloren hatten, trugen die späteren nicht mehr durch die Tür zur Taufe, sondern sie steckten dieselben zum Fenster hinaus. Kinder, welche erst lange nach der Geburt getauft werden, sollen besonders große und schöne Augen bekommen.

Schrie man über ein Kind, so hörte dasselbe auf zu wachsen, bis man die betreffenden Worte wieder über sich selbst zurückgeschrieen hatte. Auch glaubte man wohl, daß Kinder, welche unter Tischen und Stühlen oder unter den Füßen erwachsener Personen durchkröchen, nicht mehr wüchsen. Damit die Kinder krause Haare bekommen, werden sie gleich nach der Geburt mit weißem Wein gewaschen und erhalten Zweige von weißen Reben ins Bad. Sollen sie hingegen anständig und gesittet werden, so gibt man ihnen, noch ehe sie an die Brust der Mutter kommen, einen gebratenen Apfel. Um dem Mann Liebe zu seinen Kindern einzuflößen, gießt die Frau neun Tage lang etwas von dem Harn derselben in das Wasser, mit welchem sich jener wäscht.

Ferner fehlt es nicht an abergläubischen Vorstellungen und Gebräuchen, welche mit den verschiedenen Beschäftigungen und Berufszweigen der Menschen im Zusammenhang stehen. So soll z.B. der Jäger, ehe er in die Nähe des Wildes kommt, die Büchse umgekehrt tragen, sonst trifft er nicht. Wen der Binsenschneider zuerst erblickt, der muß sterben. Wer seine Ware teuer loswerden will, legt einen Diebsdaumen zu derselben oder trägt ihn bei sich. Beim Brauen soll man einen Strauß von großen Brennesseln auf das Faß legen, so schadet der Donner dem Bier nichts; man soll ferner dabei singen, wenn das Bier gut geraten soll. Wer sich eines Hahns bedient, welcher von einer mitten aus einem Ameisenhaufen herausgewachsenen Birke stammt, der schenkt Wein und Bier schnell aus; ebenso wer auf dem Grunde des Bierfasses das männliche Glied oder den Finger eines Gehängten aufbewahrt. Zwei Nachtwächter, welche an zwei Straßenenden zusammen blasen, machen, daß ein altes Weib in der Straße stirbt. Ein junger Priester hatte bei seiner Weihe nach dem Glauben der Luzerner Bauern die Wahl zwischen drei Dingen: entweder Unwetter fernzuhalten oder den Verlust der Seelen der Sterbenden zu hindern oder endlich gestohlene Gegenstände durch Messelesen wieder herzuschaffen. In Kärnten glaubte man allgemein, die Priester vermöchten Ungewitter abzuhalten; taten sie es nicht, so brachten ihnen die Weiber ihrer Gemeinden ganze Schürzen voll Schlossen als Zehnten ins Haus. Der Dieb endlich soll etwas von dem, was er gestohlen hat, ins Wasser werfen. Öfteres Beten des sechzehnten und des hundertundneunten Psalms bewirkt das Entdecken eines Diebes durch den Bestohlenen.

Wieder andere Vorstellungen beziehen sich nicht sowohl auf dauernde als auf vorübergehende Zustände oder Beschäftigungen, also auf Reisen, allerlei Gefahren, das Wetter u. dgl. m. Wer z.B. das Haus verläßt und etwas vergessen hat, soll nicht selbst umkehren, sondern sich den zurückgelassenen Gegenstand durch eine andere

Person bringen lassen, sonst geht alles schief. Reitet ein Mann über Feld und stößt dabei auf ein spinnendes Weib, so ist das ein schlimmes Zeichen, und er soll wieder umkehren. Wenn Geistliche reisen, so gibt es Regen. Wer das Haus zu Pferde verläßt, soll sich die Waffen nicht von seiner Frau geben lassen, sonst versagen sie ihm den Dienst. Ebenfalls ist es ein böses Zeichen, wenn einem Reitenden seine Frau spinnend begegnet; er muß in einem solchen Fall einen anderen Weg einschlagen. Schildert man das körperliche Gebrechen eines anderen, so hüte man sich, dasselbe am eigenen Leib zu beschreiben; tut man es doch, so füge man wenigstens die Worte „keinem Menschen zugemessen" hinzu.

Auch das Wetter läßt sich auf künstliche Weise machen, lange dauerndes gutes Wetter z.B. durch Einmauern eines Hahnes, vier Wochen lang anhaltendes Regenwetter hingegen durch das Töten einer Schwalbe. Von einer anderen Art des Wettermachens, bei welcher die Mitwirkung böser Geister oder ein förmlicher Bund des Ungewitter hervorbringenden Menschen mit solchen vorausgesetzt wird, soll später im zweiten Buch die Rede sein.

In Schaltjahren soll man nichts Besonderes unternehmen, und nichts bauen, nichts anpflanzen; denn es gerät nicht recht.

Kinder, welche während ihrer Taufe schreien, werden nicht alt; soll hingegen ein Kind ein Alter von hundert Jahren erreichen, so muß man ihm aus drei Kirchspielen Gevatter bitten. Bekommen die ersten Kinder die Namen ihrer Eltern, so sterben sie vor denselben. Ist ein Kranker dem Tode nahe, so muß das Fenster geöffnet und alles im

Haus, was hohl ist, gestopft und umgekehrt werden, damit die Seele freie Ausfahrt hat und nirgends anstößt. Ferner müssen der Essig gerückt, der Vogelkäfig anders gehängt, das Vieh anders angebunden und die Bienenkörbe anders gestellt werden; man muß ferner an alle Weinfässer klopfen. Ist der Kranke wirklich gestorben, so lasse man keine Tränen auf die Leiche fallen, sonst findet dieselbe keine Ruhe. Hat ein Toter den Mund offen, so erkennt man hieraus, daß derselbe früher einmal Löffel gestohlen hat. Kämme, Messer und Tücher, deren man sich zum Rasieren und Kämmen eines Toten bedient hat, müssen demselben in den Sarg mitgegeben werden, sonst fallen denjenigen, welche sich ihrer nachher bedienen, die Haare aus. Ferner darf man, wenn der Verstorbene im Grab Ruhe haben soll, dem Schreiner, welcher den Sarg verfertigt hat, an seinem Lohn nichts abbrechen. Ebenso muß die Wäsche des Toten bald gereinigt werden, sonst findet derselbe keine Ruhe; und umgekehrt entbehren die am Leben Gebliebenen der Ruhe, wenn der Totengräber das Grab zu früh, d.h. vor dem Tag der Beerdigung gräbt. In Frankreich pflegte man den Tod eines Hausbewohners den Bienen förmlich anzusagen, und zwar jedem Stocke besonders, außerdem befestigte man an jeden ein Stück schwarzes Tuch, weil man glaubte, die Bienen würden sonst zugrunde gehen. Ebenso sagte man in Litauen die Todesfälle nicht nur den Hausbienen, sondern auch den Pferden und sogar den Bäumen an; ferner legte man den Leichnam immer so, daß er sich nicht im Spiegel besehen konnte, oder man bedeckte den Spiegel wenigstens mit einem Tuch; wurde letzteres unterlassen, so stand der Tote, wie man wähnte, auf und besah sich in jenem.

In dieser Weise war beinahe das ganze Menschenleben vom Glauben an eine Unzahl bedeutsamer Umstände umgeben, deren Beobachtung für unerläßlich galt und deren Vernachlässigung unter Umständen schlimme Folgen haben konnte. Nicht mit Unrecht sagt daher der schon häufig als Quelle zitierte Männling: „Wer allen Aberglauben zusammen will fassen, der würde meines Erachtens mehr Pappier beschreiben, als Madagascar dazu Laub in einem Jahre könnte steuren.“ Andere sahen wohl auch das Verwerfliche solcher Vorstellungen ein, und Martin Luther meinte z.B.: „Wer sich selbs, sein Viehe, Haus, Kinder, und allerlei Gut vor Wolfen, Eisen, Feur, Wasser, Schaden mit erdichten Gebeten segenet und beschwört, übertritt das erste Gebot.“ Nichtsdestoweniger leben manche dieser Ansichten in vielen Gegenden noch jetzt, namentlich auf dem Lande, weiter, und Kirche und Schule geben sich vergeblich Mühe, dieselben zu bekämpfen und auszurotten.

Zweites Buch.

Zauber- und Hexenwesen.

Erstes Kapitel.

Zauberei.

Wir haben bis jetzt die einzelnen Gattungen des Aberglaubens der Reihe nach betrachtet. Mangelhafte Kenntnisse und unzureichende Forschung auf dem Gebiet der Natur schufen im Orient, im griechisch-römischen Altertum und im Mittelalter neben den wirklichen Wissenschaften eingebildete und falsche; sie stellten die Sterndeuterei neben die wirkliche Sternkunde, die Alchemie neben die Chemie, sie brachten ferner in die einzelnen Zweige der Naturgeschichte eine Menge fabelhafter Vorstellungen. Auch die zu praktischen Zwecken angewandten Kräfte und Kenntnisse der Natur, die Heilkunde, konnte sich den Einflüssen des Aberglaubens nicht entziehen und gestaltete sich infolgedessen allmählich zur Magie um. Endlich wurden noch hervorragende Männer der Kirche und ebenso gewisse Bestandteile des Kultus nebst den dazugehörigen Stoffen und Gerätschaften ebenfalls in das Gebiet des Aberglaubens gezogen, so daß schließlich das gesamte Leben des mittelalterlichen Menschen von einem Netz abergläubischer Meinungen und Vorstellungen gleichsam umwoben war.

Nun konnten sich allerdings einzelne Zweige des Aberglaubens dem Menschen gegenüber mehr oder weniger neutral verhalten. Durch die Alchemie z.B. ruinierte sich höchstens derjenige, welcher sich entweder geradezu selbst mit derselben einließ oder allenfalls noch, wer den Adepten sein Vertrauen schenkte; wer sich hingegen, wie es auch im Mittelalter schon vorkam, von derselben fernhielt, war vor ihr sicher. Ebenso verhielt es sich auch mit der Astrologie und mit den angeblichen Wundern der Minerale, der Pflanzenwelt und des Tierreichs. Bedenklicher war hingegen schon das Eindringen des Aberglaubens in das Gebiet der Medizin; hier lag allerdings die Gefahr nahe, daß man über den vermeintlichen Heilmitteln die wirklichen übersah oder wenigstens ihre Wirkungen lähmte, ganz abgesehen von der mangelhaften Ausbildung der Ärzte innerhalb einer von Aberglauben beherrschten Wissenschaft. Andere in das Gebiet des Aberglaubens fallende Vorstellungen, z.B. solche von religiösem und kirchlichem Anstrich, konnten wohl auch ermutigend oder tröstend auf gewisse Menschen einwirken. Es konnte ferner der Glaube, Beraubung von Kirchen und Klöstern, Störung gottesdienstlicher Handlungen u.a.m. werde sofort und auf mehr oder weniger übernatürliche Weise bestraft, manchen gewalttätigen Fürsten oder Edelmann wirksamer von derartigen Unternehmungen abhalten als alle staatlichen und kirchlichen Verbote; denn die Furcht vor den möglichen schlimmen Folgen verhindert das Böse häufig leichter und sicherer als Gehorsam oder grundsätzlicher Hang zum Guten an sich. Aber ganz ohne Gefahr waren doch auch diese Vorstellungen nicht. Sie konnten unter Umständen das religiöse Bewußtsein vergröbern oder die Denkenden der Kirche überhaupt entfremden; gab es doch schon im dreizehnten Jahrhundert Leute, denen wie z.B. dem Pariser Theologen Simon von Tournay oder Kaiser Friedrich II. entweder schon die Zeitgenossen oder wenigstens die Nachwelt die Ansicht zuschrieben, nicht nur Moses und Mohammed, sondern auch Christus sei ein bloßer Betrüger gewesen. Im großen und ganzen hat jedenfalls der Aberglaube mehr zum Unglück als zum Glück der Menschheit beigetragen, und veredelt hat er sie entschieden zu keiner Zeit.

Nun gab es aber auch zahlreiche Fälle, in welchen der Mensch sein Unglück nicht den Sternen, auch nicht tückischen Elementargeistern, sondern einfach der Bosheit eines anderen, und zwar der mit Hilfe magischer Mittel operierenden Bosheit, zuschrieb. Schon bei den Römern war z.B. der Glaube verbreitet, man könne unter Umständen das Korn von einem fremden Acker auf den eigenen zaubern oder Ungewitter erregen. Ferner gehört der Glaube an den sogenannten bösen Blick, die „fascinatio" der Römer, hierher; diese Vorstellung ist eine uralte und findet sich schon bei den Akkadiern, jenem vorgeschichtlichen Volke turanischen Stammes, welches schon vor den Semiten das Land am Euphrat und Tigris bewohnte und den Semiten einen guten Teil seines Dämonenglaubens hinterließ. Aus dem Orient ist die Vorstellung vom bösen Blick nach Griechenland und Italien gekommen und hat sich hier in den südlichsten Teilen, in Unteritalien und namentlich in Griechenland bis auf den heutigen Tag erhalten. Ferner wurden gewissen Worten magische Kräfte, natürlich überwiegend im schlimmen Sinne, zugeschrieben, und auch hierin scheinen die Akkadier späteren Völkern vorangegangen zu sein; Griechenland und Rom haben auch diese als Erbschaft übernommen, wenn nicht, was allerdings ebenso gut möglich ist, ähnliche Ansichten auch hier, unabhängig vom Orient, bereits vorhanden waren. Der Liebeszauber, und im Gegensatz zu diesen angeblichen Bosheiten, der Glaube an die schützende Kraft gewisser Amulette haben sich ebenso aus dem klassischen und vorklassischen Altertum auf das spätere christliche Abendland vererbt. Dazu kamen dann noch die dem Bild dieser oder jener Person zugefügten Schmerzen, von welchen man glaubte, sie würden von der betreffenden Person ebenfalls empfunden, sowie der Glaube an Luftfahrten während der Nacht. Die Wege, auf welchen diese verschiedenen Zweige des Wahns aus dem Altertum ins Mittelalter und aus dem Heidentum in die christliche Kirche gekommen sind, lassen sich beinahe Schritt für Schritt verfolgen; sie sind so mannigfaltig und so deutlich nachweisbar, daß es überflüssig und zugleich verkehrt ist, das germanische Heidentum, wie es zuweilen noch geschieht, ausschließlich oder auch nur in erster Linie dafür verantwortlich zu machen. Denn ganz abgesehen von der im Grunde höchst zweifelhaften Ehre, welche man letzterem damit erweist, deutet schon die Übereinstimmung der einzelnen Erscheinungen in den verschiedenen romanischen, germanischen und zum Teil auch slawischen Ländern auf einen gemeinschaftlichen Ursprung hin; dieser aber kann nur das klassische Altertum mit seinen Entlehnungen aus dem Orient, nicht aber das germanische Heidentum gewesen sein. Es genügt hier, daran zu erinnern, daß, abgesehen von Italien und Griechenland, Gallien, Britannien und Hispanien beim Beginn der Völkerwanderung romanisiert waren, und daß selbst von Germanien der Westen und Südwesten seit Jahrhunderten ebenfalls römischen Einflüssen, guten sowohl als schlimmen, preisgegeben waren. So faßte denn schon im Jahre 314 die Synode von Ancyra Beschlüsse gegen abergläubischen Unfug, bei welchem schwerlich jemand speziell an germanische Mißbräuche wird gedacht haben. In einer Predigt des heiligen Eligius (†659) wird neben zahlreichen abergläubischen Gebräuchen, welche sich in allen Heidentümern finden, vor Anrufung des Neptun, des Orcus, der Diana, der Minerva und des Geniscus (?) gewarnt. Auch Karl der Große, der das Wettermachen in einem Kapitular vom Jahre 789 verbot, und der etwas jüngere Agobard von Lyon in seiner bereits früher erwähnten Schrift *Contra insulsam vulgi opinionem de grandine et tonitruis* geben nirgends zu verstehen, daß sie ausschließlich oder auch nur hauptsächlich an die germanischen Bewohner des fränkischen Reiches gedacht haben. Letzteres läßt sich nicht einmal von Burchard von Worms behaupten, obschon sein Kanon allerdings auf ein rein deutsches Publikum berechnet war; auch er bekämpfte das vermeintliche Übel offenbar nicht als ein spezifisch germanisches.

Nun kommen aber zu den aus dem Römertum ererbten Vorstellungen auch noch speziell christliche; allerdings nicht christliche in dem Sinne des Wortes, als ob dieselben mit dem Wesen des Christentums in einem notwendigen Zusammenhang stünden, wohl aber solche, welche sich mit einem gewissen Anschein von Berechtigung auf die heilige Schrift berufen konnten. Man ging z.B. von der neutestamentlichen Versuchungsgeschichte Christi durch den Satan aus, berief sich auf einzelne aus dem Zusammenhang gerissene Stellen der Bibel, welche ebenfalls den Satan betrafen, und kam so allmählich dazu, ein förmliches Reich des Teufels, bestehend aus ihm selbst und aus einer ihm ergebenen Schar böser Geister, anzunehmen. Diese letzteren rekrutierten sich dann aus den Göttern der verschiedenen heidnischen Völker, welche die Heidenbekehrer keineswegs hinsichtlich ihrer Existenz leugneten, wohl aber zu den bösen Dämonen rechneten. Dieses Reich der bösen Geister faßte man nun in jeder Beziehung als den diametralen Gegensatz zu den himmlischen Heerscharen auf und gelangte so zu der Annahme eines vollständigen Dualismus im Reich der Geister. Wie man von Gott alle guten Gaben erwartete, so schrieb man umgekehrt alles Böse, Mißwuchs, Ungeziefer, Krankheiten u. dgl. dem Satan zu. Die notwendige Folge hiervon war, daß man mit den natürlichen Ursachen auch die natürlichen Hilfsmittel ignorierte und dafür mit Chrisam, Agnus Dei, dem Zeichen des Kreuzes, Reliquienküssen, mit Amuletten von jeder Art desto mehr zu erreichen glaubte. Nebenbei dachte man sich den Satan auch noch in der Weise tätig, daß man ihm parodische und sakrilegische Nachäffung des christlichen Gottesdienstes zuschrieb: in diesem Sinne hatte sich schon Tertullian ausgesprochen und der *Hexenhammer* läßt den Teufel sogar in der Kirche predigen.

Der Wahn erschöpfte sich jedoch keineswegs mit diesen Vorstellungen. Wie man sich den Teufel nach der Apokalypse (12,7-9) als gefallenen Engel vorstellte, so dachte man sich nun auch Menschen, welche von Gott abgefallen wären, sich dem Teufel verschrieben hätten und nun diesen in sakrilegischer Weise verehrten. Die Verschreibung geschieht, wo sie ausdrücklich erwähnt und geschildert ist, mit Blut; das unnatürliche Mittel sollte wohl das unnatürliche Bündnis charakterisieren. War der Abgefallene etwa des Schreibens unkundig, so war Meister Satan bereit, ihm die Hand zu führen. Daß man nun diese vermeintlichen Teufelsdiener für Ketzer erklärte, war am Ende begreiflich; aber schlimm war es, daß erstens die Sache selbst ja nur in der Einbildungskraft der Leute existierte, daß sie aber daneben für den Verdächtigen doch in praktischer Hinsicht üble Folgen haben konnte; und zweitens war es nicht weniger schlimm, daß man auch umgekehrt jede Ketzerei, d.h. jede Abweichung von den Dogmen der Kirche, geradezu als Teufelsdienst brandmarkte. Ketzer und Exkommunizierte gehörten nach mittelalterlicher Vorstellung von Rechts wegen dem Teufel; daraus erklärt sich der seit dem Ende des zweiten Jahrhunderts mit der Taufe verbundenen Exorzismus, die von dem Täufling geforderte „Abrenuntiatio diaboli". Wer sich dem Teufel ergeben und wer ihm das „Homagium" geleistet hatte, der verwandte dann die ihm von jenem verliehene Macht dazu, anderen zu schaden, die Frommen zu ärgern usw.; nebenbei wurde natürlich auch ein förmlicher und mit greulicher Unzucht verbundener Teufelsdienst getrieben und unter den noch nicht Abgefallenen soviel als möglich Propaganda gemacht. Was die sonst noch beim „Homagium" oder „Vasallagium" in Betracht kommenden Bedingungen betrifft, so schwört der künftige Teufelsdiener Taufe und Glauben ab und tritt Kruzifixe sowie Bilder der Madonna und anderer

Heiliger, wenn sich dazu Gelegenheit bietet, mit Füßen. Der Teufel seinerseits verspricht seinen Anhängern alle nur denkbaren Genüsse und gibt ihnen Dämonen, welche ihnen dienen, sie zugleich aber auch überwachen. Da jedoch die meisten Teufelsanbeter trotz alledem zu keinem wirklichen Wohlstand, geschweige denn zu Reichtümern gelangten, so nahm man zur Erklärung dieses Widerspruches an, daß der Satan seine Versprechungen nicht halte, und daß er seine Getreuen, um sie stets zu neuen Sünden zu verleiten, absichtlich arm lasse.

Ihrer Mehrzahl nach gehören diese angeblichen Teufelsdiener dem weiblichen Geschlecht an; es sind die sogenannten Hexen (lat. malefica, ital. strega, französ. sorcière, engl. sorceress); der männliche Zauberer oder Hexenmeister (lat. maleficus, ital. incantatore, französ. sorcier, engl. sorcerer) ist viel seltener. Auch dafür gab es Erklärungen; das Weib sei im ganzen schwächer und sein Sinn lenksamer als der des Mannes; der Hauptgrund, welcher freilich nirgends ausgesprochen ist, dürfte indessen wohl der sein, daß, weil man sich den Teufel selbst als Mann dachte, die von ihm zur Unzucht verführten weiblichen Geschlechtes sein mußten. Erst die Annahme männlicher Teufelsdiener und Teufelsbuhler scheint dann die Voraussetzung hervorgerufen zu haben, daß jener gelegentlich auch als weiblicher Buhlteufel (Sukkubus) auftrete.

Die Wirksamkeit der Hexen ist nun eine zwiefache, je nachdem sie den Satan oder die Menschen zum Objekte hat. Im ersteren Falle handelt es sich um Anbetung des Teufels, unter Umständen auch um Buhlen mit demselben; dieser tritt als Bock oder als schwarzer Kater, als Hund, daneben aber auch in menschlicher Gestalt auf; in letzterem Falle erinnern einzelne tierische Attribute gelegentlich daran, daß es sich um keinen normalen Menschen handelte. Auch die eiskalte Hand u.a.m. macht einen unheimlichen Eindruck. Der Kultus selbst, der sogenannte Hexensabbat, findet an bestimmten Orten, auf den Gipfeln von Bergen, unter Bäumen oder Kruzifixen, auch wohl zu bestimmten Zeiten statt. Die Hexen fuhren auf Besen, Ofengabeln, auch wohl auf dem Rücken eines Bocks unter der Zauberformel „oben aus und nirgend an" zum Kamin hinaus und brachten dann die Nacht an dem betreffenden Ort zu; unterwegs den Namen Christi anzurufen oder auch nur auszusprechen, war gefährlich; die Luftfahrt wurde hierdurch augenblicklich sistiert, und die Hexe selber fiel auf die Erde herab. Ebenso gefährlich war den Hexenfahrten das Glockengeläute, es zwang den Dämon, die Hexe, welche er trug, niederzusetzen; man richtete sich daher so ein, daß man vor dem ersten Ave Maria Geläut am Morgen wieder zu Hause war.

Häufig examiniert der Teufel zur Eröffnung des Hexensabbats die Hexen, und diese müssen dann von allem Unheil, welches sie seit der letzten Zusammenkunft begangen haben, Rechenschaft ablegen; diejenigen, welche sich keiner Missetat zu rühmen wissen, erhalten zur Strafe Schläge; diejenigen hingegen, welche den Sabbat versäumten, konnten sich mit einer bestimmten Geldbuße abfinden. Im übrigen füllen Tänze, Gelage, Prügeleien nebst Obszönitäten und sakrilegischen Handlungen jeder Art bei solchen Festen die Zeit aus. Einzelne Hexen standen gebückt umher und trugen, damit es nicht an Beleuchtung fehle, brennende Kerzen im Hintern; oder sie standen auf dem Kopf und hatten eine Kerze zwischen den Beinen und auf jedem Fuß. Die Prügel konnten wohl auch anderen Individuen als den eigentlichen Teilnehmern und Teilnehmerinnen zugute kommen. So fanden sich bei einem Teufelssabbat, der in der Nähe von Mendrisio im Kanton Tessin stattfand und bei welchem der Teufel als Bock figurierte, ein Inquisitor, der Podestà von Mendrisio und ein Notar ein, um die Hexen zu belauschen; sie wurden jedoch von den Hexen „jussu Diaboli" und „Deo ob eorum curiositatem permittente" so geprügelt, daß sie fünfzehn Tage später infolge der erlittenen Mißhandlungen starben.

Was die Gelage und die an denselben in Betracht kommenden Speisen betrifft, so weist bei dem großen Hexenprozeß von Mora in Dalekarlien im Jahre 1670 das Menu Kohlsuppe, Speck, Haferbrei, Milch, Butter und Käse auf; doch verwandeln sich die Speisen für Nichteingeweihte gerne in Kot, Brot und Salz aber fehlen bei solchen Gelagen beinahe durchweg, zum Teil wegen ihrer Bedeutung bei jüdischen Opfern, zum Teil wegen der Bedeutung des Brotes beim Abendmahl. Haben die Hexen zuviel getrunken, so speien sie die sogenannte Hexenbutter aus der Luft herab; diese findet sich dann in Kohlgärten. Wahrscheinlich ist ein pilzartiges Gewächs gemeint, welchem sein auffallend rasches Wachstum den Verdacht einer derartigen Entstehungsweise zuzog. Auch mancherlei satanisches Blendwerk konnte mit solchen Zusammenkünften verbunden sein. Prätorius erzählt von einem Pfeifer, welcher in einer Nacht des Jahres 1645 in der Nähe von Königsberg den Hexen von einem Baum herab zum Tanz gepfiffen hatte, derselbe habe sich des Morgens plötzlich allein gesehen, seine Pfeife sei der Schwanz einer toten Katze und sämtliche Speisereste seien Kot gewesen. Ähnliches erfuhr ein Mädchen aus dem Sabinerlande, welches zu einem Hexensabbat war geführt worden; es sah den Satan prächtig in Gold und Purpur gekleidet und rief: „Jesu benedetto, che cosa è questa"; da verschwand plötzlich die ganze Versammlung.

Auch der musikalische Apparat des Hexensabbats verdient Beachtung. Als Geigen dienten nämlich nach Grimmelshausen Pferdeköpfe, als Harfen das Gerippe einer Kuh und als Pfeifen Nattern, Vipern und Blindschleichen; außerdem trompeteten die Teufel durch die Nase.

Zahlreich sind die Orte, welche für besonders beliebte und besuchte Hexentanzplätze galten. In Italien werden besonders ein Nußbaum bei Benevent sowie das Ufer des allerdings weit entfernten Jordan genannt, ferner die Ebene von Mirandola und der Berg Paterno bei Bologna, ja, es wird sogar angedeutet, jede Diözese habe eigentlich ihren besonderen Berg. In Frankreich spielte namentlich der jetzt als meteorologische Station bekannte Puy de Dôme eine hervorragende Rolle, im nördlichen Deutschland seit dem fünfzehnten Jahrhundert der Blocksberg, in Thüringen der Horselberg bei Eisenach, in Schweden der Blakulla u.a.m. Selbst der ehrwürdige Königsstuhl bei Rhense entging dem Verdacht nicht, daß der Teufel ihn zum Schauplatz seiner Unzucht ausersehen habe. Je tiefer man in das Gebiet der Lokalgeschichte eindringt, desto zahlreicher werden natürlich auch die betreffenden Lokalitäten; einzig in Köln z.B. werden der Domhof, das Margarethenkloster, das Gereonskloster, das Apostelkloster, der Neumarkt, der Platz vor Maria Magdalena, Deutz und eine Waldlichtung in der Vill namhaft gemacht. Hier und da begnügte man sich auch mit dem erstbesten Garten, in welchem dann am Morgen die Fußstapfen der Tänzerinnen deutlich sichtbar sind. Endlich findet sich die Bezeichnung Venusberg in den verschiedensten Gegenden Deutschlands für Berge gebraucht, an welchen sich der Begriff des Zauberns und des Buhlens mit dem Teufel festgesetzt hatte. Geiler von Kaisersberg bezeichnet denselben als Ziel der Hexenfahrten; noch früher findet er sich in dem Gedichte *Margaretha von Limburg* (1357) und in Niders *Formicarius* (Nider starb 1440) erwähnt. Man dachte sich den Venusberg als einen Ort, an welchem die sogenannte schwarze Kunst erlernt wurde, und als Schauplatz sinnlicher Ausschweifungen war derselbe förmlich sprichwörtlich; die *Zimmerische Chronik* vergleicht infolgedessen den Hof Franz I. von Frankreich mit einem Circeum oder Venusberg. Ja, es kam sogar vor, daß der Magie beflissene Deutsche auch anderswo, z.B. in Italien, den deutschen Venusberg glaubte finden zu können.

Die Wochentage, auf welche der Hexensabbat fällt, weichen je nach den verschiedenen Ländern voneinander ab. Man erkennt dieselben hauptsächlich daran, daß die Hexen am folgenden Morgen regelmäßig müde sind und an Schwindel leiden. Gerne fällt die betreffende Feier in die Nähe hoher Kirchenfeste, und dieser Umstand hängt natürlich mit der dem Satan und seinen Anhängern zugeschriebenen Tendenz zusammen, die kirchlichen Gebräuche nachzuäffen und zu parodieren.

Was sodann die Wirksamkeit der Zauberer und Hexen in menschlichen Verhältnissen betrifft, so werden uns so ziemlich überall die nämlichen Dinge genannt, also Wettermachen, Ruinieren oder Verzaubern von Feldfrüchten, Speisen, Milch, Wein u. dgl., Behexung von Menschen und Haustieren mit allerlei Krankheiten, ja, mit dem Tod selbst; dazu kommen ferner das tückische Nestelknüpfen und die Hinderung an der Erfüllung ehelicher Pflichten, das Töten oder Auffressen kleiner Kinder, endlich die Fähigkeit, sich selbst oder andere Menschen in Tiere zu verwandeln. Charakteristisch ist beinahe bei allen diesen Machinationen, daß die Hexen einzeln und nicht in Gemeinschaft handeln; vielleicht glaubten sie – nämlich in den Augen ihrer Ankläger – dadurch weniger Aufsehen zu erregen als bei massenhaftem Auftreten, oder sie erwarteten, nicht so leicht durch Helfershelfer verraten zu werden. Doch ist ausnahmsweise wohl auch von einer größeren Zahl von Hexen die Rede; der berüchtigte Hexenrichter Nicolaus Remigius aus Lothringen z.B. will u.a. von mehr als zweihundert Zauberern und Unholden herausgebracht haben, daß sie an gewissen Tagen haufenweise an irgendein entlegenes Gewässer gegangen wären und dieses mit Ruten, welche ihnen der Teufel gegeben, so lange gepeitscht hätten, bis Wolken und Nebel aus demselben aufgestiegen seien.

Die Ansicht, plötzliche Ungewitter seien auf diese oder jene Weise von Menschen mit Hilfe des Teufels oder wenigstens durch unheimliche Künste erregt, war früher sehr verbreitet. Für Personen, welche sonst schon aus dieser oder jener Ursache übel beleumdet waren, war daher nichts gefährlicher, als wenn sie in solchen Momenten allein auf dem Feld oder in der Nähe eines Gewässers gesehen wurden; noch größer war die Gefahr, wenn sie gar aus irgendeinem Grund einen Stab und dazu einen Topf, einen Krug oder eine Wanne bei sich hatten. Im Jahre 1488 bekannten zwei Weiber im Bistum Konstanz, sie hätten auf dem Feld kleine Gruben gegraben, in diese um die Mittagsstunde Wasser gegossen, dasselbe durch allerlei Zauberworte getrübt und dazu den Teufel angerufen; auf dieses hin sei ein heftiges Gewitter mit Hagel entstanden und habe die Feldfrüchte vier Meilen weit zerstört; die beiden Weiber waren von der öffentlichen Meinung als verdächtig bezeichnet worden, ihre Geständnisse verdankte man wie gewöhnlich der Tortur. Aus demselben Grund wurden im Jahre 1583 in Berlin zwei alte Weiber verbrannt. Nach dem *Hexenhammer* geht dem Erregen eines Ungewitters neben der Anrufung des Satans auch noch das Opfern eines schwarzen Huhnes voran. In anderen Fällen ist der Verkehr mit dem Bösen ganz direkt erzeugt. Ellsy Stäle aus Büsserach im Kanton Solothurn hatte, nachdem sie zuvor die Bekanntschaft des bösen Feindes gemacht, sich zweimal mit Wettermachen abgegeben, das eine Mal bei der Brunnstube von Zwingen, das andere Mal in den Weinbergen zwischen Reinach und Therwil; der Satan war ihr in Gestalt eines Wolfes erschienen, und sie hatte denselben sogar geritten. Eine von sakrilegischen Handlungen begleitete, aber nicht von berufsmäßigen Hexenmeistern bewirkte Erregung eines Ungewitters erzählt Pontanus im fünften Buch seines *Neapolitanischen Krieges*. Im Jahre 1464 nämlich belagerte König Ferdinand von Neapel die Stadt Suessa, und diese litt, da es schon lange nicht mehr geregnet hatte, an Wassermangel. Da warfen einige Bürger ein Kruzifix unter scheußlichen Lästerungen ins Meer, Geistliche führten einen Esel vor die Kirchtür, stießen ihm eine Hostie ins Maul und begruben ihn hierauf lebendig vor der Kirche. Auf dieses hin soll in der Tat ein gewaltiges Ungewitter ausgebrochen sein.

Interessant ist es zu sehen, wie man die Möglichkeit solcher Ungewitter mit dem Glauben an die Güte und Vorsehung Gottes zusammenzureimen suchte. Man traute nämlich dem Teufel und seinen Kreaturen zu, daß sie, falls es in ihrer Macht stünde, am liebsten alles vernichten würden; da nun aber letzteres faktisch doch nie geschah, so nahm man an, jene zerstörten gerade soviel, als Gott sie ruinieren lasse; den biblischen und folglich untrüglichen Beweis hierfür lieferte dann das Buch Hiob.

Mit der Vorstellung, der Teufel und seine Anhänger seien imstande, Ungewitter zu erregen, hingen dann die bereits früher erwähnten Vorstellungen von der Macht der geweihten Kirchenglocken sowie des von gewissen Gräbern stammenden, ebenfalls geweihten Wachses oder Öls zusammen. Überhaupt waren die entsprechenden Gegenmittel nichts weniger als frei von Superstition. Als in Florenz im Jahre 1478 der bekannte Verschwörer Giacomo Pazzi erdrosselt worden war, traten Regengüsse ein und bedrohten die Ernte; nun rissen eine Menge Leute, meist Bauern, die Leiche aus der Kirche, und sofort trat wieder günstiges Wetter ein. Ähnliches geschah im gleichen Jahr zu Piacenza.

Übrigens gab es außer dem Erregen von Ungewittern noch andere Mittel, die Felder und ihren Ertrag zu vernichten. Von den hierhergehörigen römischen Vorstellungen und ihren mittelalterlichen Nachklängen oder Fortsetzungen ist schon früher die Rede gewesen. In Deutschland hieß ein Mensch, welcher dieser Beschäftigung oblag, Pilwiz; doch scheint sich aus den mancherlei Angaben und Berichten über die Pilwize zu ergeben, daß dieselben ursprünglich mythische, elfenartige Wesen waren, welche sich dann im Laufe der Zeit allmählich vermenschlichten und geradezu als boshafte Menschen gedacht wurden. Schon die *Lex Bajuvariorum* deutet etwas derartiges an, und Mederer bemerkt dazu: „Der böse Mensch, der seinem Nachbar auf die gottloseste Weise schaden will, geht Mitternachts, ganz nacket, an den Fuss eine Sichel gebunden und Zauberformeln hersagend, mitten durch den eben reifenden Getreideacker hin. Von dem Theil des Feldes, den er mit seiner Sichel durchschnitten hat, fliegen alle Körner in seine Scheune, in seinen Kasten." Offenbar waren es häufig Insekten, welche das Getreide streckenweise zerstört hatten, deren Vernichtungswerk aber Hexen oder bösen Nachbarn zugeschrieben wurde und deshalb z.B. in Bayern „Hexengetraidschnitt" genannt wurde. Aus dem Volksglauben sind dann die hierhergehörigen Vorstellungen in den *Hexenhammer* und die demselben verwandte Literatur übergegangen.

Die Frechheit der Hexen ging aber noch weiter; sie begnügten sich nicht damit, nachts die Felder zu plündern, sondern sie wußten gelegentlich auch aus Häusern, aus der Küche, ja, sogar aus wohl verschlossenen Kellern Vorräte zu holen. Über diesen Punkt berichtet Anhorn in seiner *Magiologia* folgendes:

„Zu O. am Rhein wurde auf eine zeit eine fürnemme Hochzeit gehalten, an deren man, neben anderen delicaten Speisen auch mit köstlichen Fischen tractieren wollen. Als man nun dieselbigen gekochet, angerichtet, vnd jetz auftragen wollen, sind sie einesmahls weggekommen, dass niemand gewusst wohin, vnd hat man keinen Grath mehr davon finden und sehen können, sind ohnzweifel zu dergleichen Hexenmahlzeit getragen worden, vnd hat der H. GOtt solches verhengt, weil eintweders bey den Köchen, oder bey den Hochzeitleuten, oder viellicht bey beyden Theilen, wenig Frommheit vnd Bätten zufinden gewesen."

„Mir ist ein Ort sehr wol bekannt, und an demselbigen ein Hauss, in welchem (den Nammen schone ich.) ein gross Fass von etlichen Fuderen dess besten, Anno 1626. gewachsenen Weins, in kurzer Zeit gelähret worden: dann als der Haussherr vom selbigen Wein versuchen wollen, war das Fass lähr, vnd keine einige Gemerkzeichen in dem Keller zufinden, daß der wein aussgerunnen seyn solte. Bald hernach ist ein Zauberer vnd etliche Hexen eingezogen worden, welche bekennet, daß sie Nachts in diesen Keller gefahren, dasselbige Fass nach vnd nach gelähret, vnd den Weyn bey ihren Mahlzeiten getrunken haben."

So konnten freilich, vorausgesetzt, daß diese und andere Erzählungen von ähnlicher Art nicht auf Erfindung oder Mißverständnis beruhen, treulose Diener oder Landstreicher straflos ausgehen und an ihrer Stelle Personen, welche der Hexerei verdächtig waren, unschuldigerweise bestraft werden.

Auch plötzlich entstandene Feuersbrünste wurden ab und zu auf angeblichen Zauber zurückgeführt; so soll z.B. im Jahre 1533 eine solche durch eine Hexe zu Schiltach durch Umschütten eines Hafens „voller wusts" bewirkt worden sein.

Kaum weniger allgemein war der Glaube an Behexung des Viehs verbreitet. Man glaubte dieselbe am leichtesten dadurch zu erreichen, daß man unter die Schwelle der Stalltüre desjenigen, welchem man übel wollte, irgendein schädliches oder für schädlich gehaltenes Pulver legte. Natürlich ist es nicht unmöglich, daß in einer Zeit, in welcher dieser Wahn allgemein verbreitet war, derartige Versuche wirklich gemacht und Hexen infolgedessen scheinbar auf der Tat ertappt wurden. Eine andere Frage ist freilich die, was diese damit erreichen konnten, und jedenfalls stand ihre Bestrafung in keinem Verhältnis zu ihrer Wirksamkeit. Oft aber fehlte jeder vernünftige Grund zu gerichtlichem Einschreiten, indem der Kläger, wenn er irgendein Haustier durch eine ganz natürliche Ursache verloren hatte, aufs Geratewohl oder auf bloßen Verdacht hin oder wohl auch infolge schlechten Rates irgendjemanden der Hexerei beschuldigte. Einen Fall von dieser Art erzählt Francisci, er gehört der Mitte des siebzehnten Jahrhunderts an: Einem Bürgersmann war ein Pferd krepiert; nun kocht derselbe auf den Rat des Scharfrichters in einem Topf über dem Feuer um Mitternacht Fleisch. Da kommt eine sehr reiche und fromme Matrone der Stadt zu ihm herein und bittet ihn, den Topf vom Feuer zu nehmen, sie könne sonst nicht ruhig schlafen; an dem Tod seines Pferdes sei sie allerdings schuldig, sie wolle ihm aber den Schaden ersetzen. Der Mann läßt sich beschwichtigen und geht am nächsten Morgen zu der Dame, das Geld einzuziehen, diese aber will jetzt von dem ganzen Handel nichts wissen. Nun kommt dieser vor Gericht; die bereits siebzigjährige Matrone wird zur Wasserprobe und, nachdem diese zu ihren Ungunsten ausgefallen ist, zur Folter verurteilt; auf dieser gesteht sie vor Schmerz ihre angebliche Schuld, und schließlich endigt der ganze Skandal mit ihrer Verbrennung.

Auch das Melken fremder Kühe gehört hierher. Man nimmt ein beliebiges Instrument, z.B. eine Gabel, steckt dieses unter allerlei Beschwörungsformeln in eine Wand oder Säule, nimmt einen Kübel zwischen die Knie, nennt die Kuh, auf welche man es abgesehen hat, mit Namen und melkt dann das betreffende Instrument. Nun füllt sich der Kübel mit Milch, d.h. der Teufel schafft dieselbe durch die Luft herbei, und der rechtmäßige Eigentümer der Kuh geht an dem betreffenden Tag leer aus. Nicht gerade vernünftiger, aber doch harmlos war es, wenn man das Anschwellen des Euters einer Kuh in Böhmen Spitzmäusen oder dem Biß großer schwarzer Laubfrösche, in der Schweiz hingegen saugenden Schlangen zuschrieb.

Da sich der Gerechte bekanntlich auch seines Viehes erbarmt, so war es selbstverständlich, daß man den Stall soviel als möglich durch allerlei Mittel vor Viehseuchen und deren vermeintlichen Urhebern, Hexen, bösen Geistern u. dgl. zu schützen suchte. Man hielt dieses Verfahren wohl darum für besonders nötig, weil die Haustiere erstens so nützlich waren, daß man kein Mittel zu ihrer Erhaltung scheuen wollte; und zweitens, weil dieselben teils wegen Mangel an Einsicht, teils aus Mangel an Freiheit nicht so leicht wie der Mensch für sich selber sorgen konnten. Man nahm also Wachstropfen, welche von dem oberen Teil einer am Osterfeste geweihten Kerze stammten, und formte aus denselben durch Zusammensetzung kleine Kerzchen. Nun stand man am Sonntag in der Frühe auf, zündete die Kerzchen an und ließ von denselben einzelne Tropfen den Tieren auf Hörner und Ohren fallen, mit dem Reste des Wachses aber machte man ein Kreuz über die Stalltür. Ferner war es Sitte, am Walpurgistage drei Löcher über der Türe des Kuhstalls zu bohren und diese mit zu bestimmten Stunden gegrabenen Wurzeln auszufüllen, wodurch man Unholde und Hexen ebenfalls abzuhalten glaubte; das nämliche geschah wohl auch am Tag der Apostel Philippus und Jacobus. Zum Schutze der Schweine schnitt man den Namen des heiligen Blasius, des Schutzpatrons der Hirten, in den Hirtenstab. Die Wenden steckten in früheren Zeiten Stier- oder Pferdeköpfe auf Stangen vor den Ställen auf, um schädliche Einflüsse fernzuhalten. Zu demselben Zweck dienen in Griechenland und Kleinasien noch jetzt Stierköpfe auf Bäumen oder Stangen, in der Walachei Widderköpfe, welche nach Osten schauen. In Ostpreußen bedienen sich die Bauern der Bärenführer oder vielmehr ihrer Bären, um sich zu versichern, daß ihre Ställe in Ordnung seien. Der Bär weigert sich nämlich, behexte Ställe zu betreten, während er in nicht behexte geht; die Bärenführer lassen sich in solchen Fällen mit 1 bis 10 Talern bezahlen.

Endlich gehört noch das sogenannte Notfeuer hierher, welches zur Abwehr allgemeiner Viehseuchen diente, und welches sich schon im *Indiculus superstitionum et paganiarum* und in einem Kapitular Karlmanns vom Jahre 742 erwähnt findet. Es wurde auf verschiedene Weise und aus verschiedenen Holzarten bereitet, und zwar durch Reibung, jedoch erst, wenn in keinem Haus der Gemeinde mehr gewöhnliches Feuer vorhanden war. Die Haustiere mußten sich zwei- oder dreimal durch dasselbe treiben lassen. Die meisten Nachrichten über dasselbe stammen aus keltischen oder germanischen Gegenden, erhalten hat es sich hier und da bis in die letzten Jahrhunderte.

Natürlich haben es aber die Hexen auf die Menschen ebenso sehr wie auf die Tiere abgesehen. Der Glaube, man könne andere durch magische Mittel ums Leben oder wenigstens um die Gesundheit bringen, reicht in das frühe Mittelalter zurück. Schon Gregor von Tours weiß von Weibern, welche auf der Folter bekannten, es seien schon viele durch sie gestorben, und zu derselben Zeit gestand auch der Majordomus Mummolus auf der Folter, er habe von diesen Weibern Salben und Tränke erhalten, um durch diese die Gunst des Königs Chilperich und seiner Gemahlin zu gewinnen. Schon der Hauch der Hexen ist giftig, und ihr bloßer Blick genügt, den Leuten Krankheiten anzuzaubern. Nach Sprenger soll eine Hexe im Bistum Konstanz auf dem Scheiterhaufen den Scharfrichter angehaucht haben, worauf dieser alsbald aussätzig geworden und infolgedessen gestorben sei. Säugenden Frauen vertrocknet die Milch durch den Hauch der Hexen, und Kreißenden wird durch dieselben die Niederkunft erschwert. Ebenso bedenklich ist es, wenn im Geruch der Hexerei stehende Personen andere berühren; man pflegte alle nur denkbaren Schäden auf derartige Berührungen zurückzuführen, wenn dieselben auch noch so handgreiflich infolge von Unvorsichtigkeit oder Nachlässigkeit des Betroffenen selbst herrührten. So hatte sich im Jahre 1631 ein Weib durch allzu langes Verweilen auf einer feuchten Wiese im Frühjahr einen Beinschaden zugezogen. Statt nun diesen aus seiner wirklichen Ursache zu erklären und demgemäß zu behandeln, wurde er einer gewissen Anna Lorschin zugeschoben, weil diese die kranke Person in die Hüfte gestoßen habe und ihr mit einer Hand über das Bein gefahren sei; dieselbe Anna Lorschin sollte auch noch durch ihre bloße Anwesenheit den Sturz einer Person auf dem Eis verschuldet haben. Der Prozeß der Unglücklichen währte vom Mai 1631 bis zum August 1634; sie wurde als angebliche Hexe schließlich enthauptet, ihr Leichnam verbrannt. Ähnliche Verdächtigungen, ähnliche Untersuchungen und ähnliche Resultate finden sich natürlich überall.

Häufig bedienen sich jedoch Zauberer und Hexen bestimmter Salben, um zu ihrem Ziel zu gelangen. Sie schleichen sich z.B. nachts in die Schlafzimmer, selbst wenn diese fest verschlossen sind, und bestreichen die Schlafenden mit denselben; oder sie verstecken ihr Gift in Betten und unter Türschwellen. Auch allgemein verbreitete Seuchen, namentlich die Pest, konnten durch die böswillige Tätigkeit von Leuten entstanden sein, welche mit dem Teufel im Bunde standen. Zwei hierhergehörige Fälle, die Pest vom Jahre 1536 in Casale und die Mailänder vom Jahre 1630 sind schon früher von diesem Gesichtspunkt aus angeführt worden.

Daß die Kinder vorzugsweise für das Ziel solcher Anschläge galten, ist bekannt. Man war infolgedessen namentlich um ihre Sicherheit und Gesundheit besorgt und hielt letztere z.B. für gefährdet, wenn ein Kind von übel beleumdeten Personen gelobt wurde. Ferner fürchtete man das Anhauchen derselben und das heimliche Bestreichen mit irgendeinem Gegenstand. Zum Schutz gegen derartigen Zauber dienten Segensformeln, Weihwasser und Amulette, auch wohl ein Kreuz aus geweihtem Wachs an der Wiege.

Natürlich mußten die Hexen, um in dieser Weise vorgehen zu können, ein wohl ausgestattetes Lager hierhergehöriger Stoffe haben. Und in der Tat dachte man sich auch ihren Haushalt mit allen möglichen Schmieralien reichlich versehen, mit Haaren, Rippen, Zähnen, Augen von Toten, Bestandteilen von Unken, Molchen u. dgl. Die berühmteste Schilderung einer solchen Hexenküche findet sich wohl im vierten Akt von Shakesperes *Macbeth*; selbst wenn man das eine oder das andere der hier namhaft gemachten Stücke der Phantasie des Dichters zuschreibt, so bleibt doch immer noch ein ganz stattlicher Vorrat von ekelhaften, zum Teil aus Gräbern stammenden Dingen übrig. Auch der Schmierhafen der Nonne Renata Sengerinn im Kloster Unterzell bei Würzburg, deren Prozeß in das vorige Jahrhundert fällt, gibt den Schätzen der Zauberweiber im *Macbeth* wenig nach. Selbst geweihtes Öl und Hostien schrieb man den Hexen zu. Ersteres sollte aus dem ewigen Licht in Kirchen entwendet, letztere beim Abendmahl auf die Seite geschafft worden sein; daher die Vorschrift des *Hexenhammers*, den Weibern bei der Feier des Abendmahls genau in den Mund zu sehen, ob sie die Hostie auch wirklich verschluckten und sie nicht unter der Zunge behielten, um sie hernach zu sakrilegischem Unfug zu mißbrauchen oder dem Teufel einzuhändigen; darum sollten die Weiber „aperto ore et lingua bene extensa, cum amotione pepli" kommunizieren. Überhaupt glaubte man, die Hexen schändeten als Dienerinnen des Teufels die kirchlichen Gerätschaften auf jede nur erdenkliche Weise, sie träten die Hostie mit Füßen, pißten in das Taufwasser usw.

Doch diente die Hostie auch noch zu anderen als geradezu sakrilegischen Zwecken. Man zerstieß sie z.B. zu Pulver und mischte sie so unter Speisen und Getränke, um durch diese die Frauen zu verführen; als Würze kamen dazu dann noch „verba satis turpia atque nefanda", welche vielleicht noch wirksamer waren als jene. Oder man bestrich sich die Lippen mit Tauföl, küßte so die Männer und hoffte, sie auf diesem Wege zu betören. Selbst nach der Reformation wurde die Hostie noch hier und da zu magischen Zwecken gebraucht. Andererseits diente auch die Hexensalbe nicht ausschließlich dazu, den Leuten zu schaden, vielmehr bedurften die Hexen ihrer auch, um mittelst derselben den Hexensabbat besuchen zu können.

Natürlich suchte man sich gegen alle diese Schädigungen soviel als möglich sicherzustellen. Man glaubte z.B. durch „cruor menstruus" auf den Türpfosten Hexen und böse Geister fernhalten zu können. Gegen Dämonen bediente man sich besonders gerne kirchlicher Gegenmittel, z.B. des Zeichens des Kreuzes, der Inkubation, heiliger Reliquien usw. Traute man aber die Leiden, welche man hatte, eher der Tätigkeit böser Menschen als der böser Geister zu, so war natürlich die Anklage derselben das probateste Verteidigungsmittel; nur setzte dieselbe voraus, daß man den angeblichen Schuldigen wirklich kannte oder wenigstens einen bestimmten Verdacht hatte. Da aber dieses nicht immer möglich war, so kam man schon frühzeitig darauf, jene Einflüsse durch prophylaktische Mittel von vornherein unschädlich zu machen. Diese schon dem Altertum geläufigen Mittel, die Amulette der Römer und der Griechen, sind an und für sich Dinge, auf welche die verschiedensten Völker leicht unabhängig voneinander kommen konnten. Damit sind jedoch mancherlei Entlehnungen seitens der Griechen und später auch der Römer bei Ägyptern und Orientalen sowie Entlehnungen scheinbar mittelalterlicher Gebräuche bei den Völkern des klassischen Altertums keineswegs ausgeschlossen. Das Zeichen des Kreuzes z.B. oder das „Agnus Dei" sind so speziell mittelalterlich als andererseits das prophylaktische Tragen gewisser Steine dem Altertum und dem Mittelalter gemeinsam und folglich von letzterem aus ersterem entlehnt ist.

Die größte Wirksamkeit haben wohl die Ägypter ihren Amuletten zugeschrieben, indem sie dieselben noch über dieses Leben hinaus wirken ließen und sie demgemäß ihren Abgeschiedenen mit in die Gruft gaben. Ihr hauptsächlichstes Amulett war bekanntlich das Bild eines Käfers, von welchem die Sage ging, er entstehe ohne Zeugung einfach aus Kot und Mist. Von den Juden weiß man, daß sie Zettel, welche mit den Geboten des Moses beschrieben waren, in Kapseln am linken Arm oder auf der Brust trugen; sie schrieben denselben die Kraft zu, böse Geister und überhaupt allerlei Unheil fernzuhalten. Christus hat bekanntlich gegen diese jüdische Volkssitte geeifert.

Auch die Griechen und die Römer waren reich an Amuletten jeder Art, und sie trugen dieselben namentlich gern am Hals. Hierher gehörte u.a. das Pentalpha oder Pentagramm der Pythagoräer, ein regelmäßiges Fünfeck, dessen Linien nach außen so weit verlängert wurden, bis sie zusammentrafen, so daß die Figur, von jeder ihrer fünf Ecken aus betrachtet, ein A bildete; es bedeutete bei den Pythagoräern selbst die Gesundheit; in späterer Zeit galt es dann für ein Mittel, durch welches man Hexen und böse Geister abhalten könne, und in diesem Sinne hat es ja bekanntlich noch Goethe in seinem *Faust* angebracht. Bei den Römern spielten namentlich Phallusbilder und gewisse Steine so wie der Bernstein eine hervorragende Rolle; letzterer wurde nach Plinius besonders Kindern um den Hals gehängt. An den Phallus mag die noch später bei den Südländern verbreitete Sitte erinnern, durch die geschlossene Faust mit zwischen Zeige- und Mittelfinger durchgestrecktem Daumen den bösen Blick zu entkräften. Indem man das überall für unanständig Gehaltene dem bösen Blick entgegenhielt, glaubte man offenbar, den Blick selbst von sich abzuwenden und infolgedessen seine Kraft zu brechen oder wenigstens zu schwächen.

Auch die Germanen hatten ähnliche Anschauungen. Da gab es z.B. Runenzeichen, welche, in ein Trinkhorn geritzt, den Trinkenden vor Zauber schützten, während andere, auf Steven oder Steuerruderblatt angebracht, das Schiff vor Gefahr sicherten. Der Angelsachse Beda erzählt von einem gefangenen Krieger zur Zeit des Königs Edilred, dessen Fesseln sich, sooft er gebunden wurde, immer wieder von selbst lösten, und den man deshalb fragte, ob er lösende Runen (literas solutarias) bei sich habe. Von den Aestiern, den späteren Preußen, berichtet Tacitus, sie hätten im Krieg, um sich persönlich sicher zu stellen, Eberbilder bei sich getragen. Doch haben die Gebräuche dieser nordischen Völker auf das spätere Mittelalter wenig oder keinen Einfluß gehabt; sie beweisen höchstens, daß unter gleichen Bedingungen überall ähnliche Anschauungen und Gewohnheiten entstehen können. Das Mittelalter schloß sich vielmehr hier wie in so vielen anderen Dingen an das Altertum an, formte die Überlieferungen desselben etwa in zweckdienlicher Weise um oder erfand wohl auch neue Amulette, welche seinen Bedürfnissen besser als die hergebrachten entsprechen mochten. Auf das Altertum läßt sich z.B. der Bernstein zurückführen; die italienischen Bauernweiber tragen ihn noch jetzt am Hals, wie sie es schon vor bald zweitausend Jahren getan haben. Und hatten einst die Juden Zettel mit Stellen des mosaischen Gesetzes mit sich herumgetragen, so schrieben die Christen an die Stelle jener die Anfangsworte des Johannesevangeliums. Ferner gehört das „Agnus Dei“ hierher, das Bild eines Lammes aus geweihtem Wachs, welches namentlich vor Dämonen und vor Plagen, welche man von den Dämonen erwartete, schützen sollte. Papst Urban V. schickte dem griechischen Kaiser drei solcher wächserner „Agnus Dei“, und aus den diesem Geschenk beigefügten lateinischen Hexametern erkennt man zugleich, was für Wirkungen der heilige Vater seiner Gabe zutraute; sie sollte nämlich den Blitz abhalten, Schwangere am Leben erhalten und zugleich deren Niederkunft befördern, dem Feuer Einhalt tun und vor dem Ertrinken schützen. Ein anderer Papst, Johann XIII., hatte schon im Jahre 969 dem Bischof Theoderich von Metz einen Ring aus der Kette des Apostels Petrus geschenkt, welcher die Fähigkeit hatte, Besessene zu heilen, und noch früher soll Gregor der Große dem Frankenkönig Chilperich die Schlüssel St. Peters geschickt haben, welche denjenigen, der sie am Hals trug, vor jedem Unheil bewahren würden. Ähnlichen Zwecken diente auch ein am Hals getragenes Kreuz oder ein Kreuz, das mit Zinnober oder Blut gemalt war. Gegen die Epilepsie bediente man sich folgender Verse:

Caspar fert myrrham, thus Melchior, Balthasar aurum:
Haec tria qui secum portabit nomina regum,
Solvitur a morbo Christi pietate caduco.

Gegen den Biß toller Hunde schrieb man auf ein Stück Brot, bevor man dasselbe aß:

Irioni khiriori essera khuder fere.

Oder man schrieb auf Brot und wohl auch auf Papier: „O rex gloriae Jesu Christe, veni cum pace in nomine Patris † max in nomine Filii † max in nomine Spiritus sancti † prax Caspar Melchior Balthasar † prax † max † Deus ymax †." Handelte es sich darum, Blutverlust zu verhindern, so schrieb man: „Sepa † sepaga † sepagoga † sta sanguis, Consummatum, in nomine Patris † podendi † et Filii † pandera † et Spiritus sancti † pandorica † pax tecum, Amen."

Aber auch anderen, an und für sich nicht weniger als heiligen Gegenständen wurden bisweilen ähnliche Wirkungen zugeschrieben. Eine Muskatnuß z.B., welche man am Neujahrstag erhalten und in ein Kleid eingenäht hat, schützt vor Schaden. Ebenso eine Weglugenwurzel, welche man am Tag Johannes des Täufers vor Sonnenaufgang kniend mit Gold berührt und dann mit einem Eisen im Namen des Schwertes des Judas Maccabaeus ausgegraben hat. Selbst Münzen mußten sich hier und da zu derartigen Zwecken gebrauchen lassen. Gegen die Epilepsie z.B. hing man früher im südlichen Deutschland die sogenannten Fraischbeinspfennige oder Jesuspfennige an. Die von den Fürstbischöfen von Breslau zwischen 1500 und 1510 geprägten sogenannten Johannesgroschen sollten Pocken und Masern oder, wenn man sie auf die Stirn band, Augenkrankheiten abhalten und außerdem noch das Nasenbluten stillen. Bräutigame banden sich dieselben wohl auch an die Beine, um vor den üblen Folgen des Nestelknüpfens sicher zu sein.

Die Kirche war diesen Gebräuchen anfänglich nichts weniger als günstig gesinnt, und es fehlt infolgedessen in der älteren christlichen Zeit keineswegs an hierauf bezüglichen Verboten; dieselben fruchteten aber im ganzen wenig, weil dem Privatleben und den Gewohnheiten der einzelnen, welchen ja die Amulette beinahe ohne Ausnahme dienten, nie so leicht beizukommen war wie dem offiziellen Glauben und Kultus ganzer Nationen. Ohnehin rekrutierte sich die Geistlichkeit, wenigstens die niedere, meist aus dem gemeinen Volk, und so kam es allmählich, daß der unter diesem herrschende Aberglaube schließlich auch in den Reihen jener immer weiter um sich griff. Und zuletzt kam es wohl auch vor, daß einzelne Geistliche, namentlich Bettelmönche, selbst Amulette verfertigten und diese den Leuten verkauften. Im vierten Jahrhundert wurde dieses auf der Kirchenversammlung zu Laodicea den Klerikern noch bei Strafe der Amtsentsetzung untersagt, später aber ließ man dieselben gewähren, ohne daß übrigens die Kirche als solche die Gültigkeit der Amulette irgendwie anerkannt hätte.

Diejenigen Menschen, welche man sich den Machinationen der Hexen oder Hexenmeister in erster Linie preisgegeben dachte, waren die kleinen Kinder, und zwar dachte man sich dieselben ohne Zweifel gleich den Haustieren wegen ihrer Hilflosigkeit mehr als andere bedroht und folglich auch in höherem Grade der Amulette bedürftig. Zu Boltigen im Kanton Bern sollen z.B. dreizehn Kinder von den Hexen gefressen worden sein, und zu Thann im Elsaß soll sogar eine einzige Hexe über vierzig dadurch getötet haben, daß sie ihnen unmittelbar nach der Geburt eine Nadel in den Kopf stieß. Nach Anhorn liegt die Ursache, weshalb es die Hexen vorzugsweise auf kleine Kinder abgesehen haben, darin, daß sie deren Fett zur Bereitung der Hexensalbe brauchen; darum soll man auch nie Hexen als Hebammen gebrauchen; denn sie töten die Kinder, opfern sie dem Teufel oder machen die Gebärenden für die Zukunft unfruchtbar. Ähnliche Ansichten, wie sie in unseren Gegenden die Verfasser des *Hexenhammers* und ihre Gesinnungsverwandten vertraten, herrschen bei den Neugriechen teilweise bis auf den heutigen Tag. Eine Art geflügelter Weiber, sollen den Kindern das Blut und die Eingeweide aussaugen. Als Gegenmittel werden allerlei Geräusch, unablässige Bewachung der Säuglinge, Räucherung der Schlafgemächer mit Schwefel und brennenden Kerzen, das Aufhängen von allerlei Amuletten u.a.m. empfohlen; ähnliche Vorstellungen sind auch bei den Wlachen und Albanesen nachweisbar.

Auch mit Bildern aus Wachs oder Blei wurde mancherlei Zauber getrieben, wobei es sich da, wo das betreffende Bild die Form eines Herzens hatte, darum handeln konnte, in demjenigen, dessen Herz das künstlich gemachte vorstellte, durch magische Mittel Liebe zu erregen. In Italien z.B. kam es vor, daß Hexen ein solches Herz aus Asche formten, in dasselbe stachen und dazu folgende Verse rezitierten:

Prima che'l fuoco spenghi
Fa ch' a mia porta venghi:
Tal ti punga il mio amore
Quale io fo questo cuore.

Weit häufiger aber hatte der Bilderzauber den Zweck, wirkliche Menschen alles Leid und allen Schmerz empfinden zu lassen, welchen man ihrem Bilde antat. Die Sitte selbst reicht in das früheste Altertum hinauf und ist schon den Akkadiern bekannt gewesen; andererseits finden sich auch bei Griechen und Römern Spuren derselben. Das früheste hierhergehörige Beispiel aus dem Mittelalter gehört der schottischen Geschichte an. Als König Duffus krank war und langsam hinsiechte, fand man in einem Schloß bei Fontes Moraviae zwei Weiber, welche ein wächsernes Bild des Königs verfertigt hatten; die eine hielt dasselbe an einem Bratspieß über ein brennendes Feuer, die andere sang dazu Zauberlieder; die rechtzeitige Entdeckung der beiden Zauberinnen rettete dem König das Leben. In Basel hatte im Jahre 1407 Ursula von Bärenfels ein Männlein aus Wachs, welches einen gewissen Burkart ze Rin vorstellen sollte, und welches sie ebenfalls ins Feuer hielt. Bekannt ist ferner, wie Enguerrand de Marigny, der Minister Philipps des Schönen, beschuldigt wurde, er habe Ludwig X. gegenüber Bilderzauber geübt. In England fand man im Jahre 1578 drei Wachsbilder, welche ein (katholischer?) Geistlicher sollte verfertigt haben, um die Königin Elisabeth nebst anderen hochgestellten Personen mittelst derselben ums Leben zu bringen. Und noch im Jahre 1635 sollen mehrere italienische Mönche, an deren Spitze der Franziskaner Cherubin de Serafini aus Ancona stand, versucht haben, mittelst eines Wachsbildes Papst Urban VIII. aus der Welt zu schaffen. Als nun einer von ihnen vorher dem Satan sollte geopfert werden, traf das Los den Augustiner Domencio

Zampone, dieser aber verriet, um dem Opfertod zu entgehen, den ganzen Anschlag. Er wurde nebst einigen anderen auf die Galeere geschickt, die eigentlichen Häupter des Unternehmens aber traf der Tod. Widmann erzählt im *Leben des Doktor Faust* folgendes; Ein Schwarzkünstler in Toledo stach einem wächsernen Männlein mit einer Nadel in das eine Auge, worauf dem anwesenden Famulus Fausts, Wagner, aus einem seiner Augen Wasser lief und das Auge verdarb; nun ließ Wagner eine blutrote Rose aus dem Tisch hervorwachsen, schnitt dieselbe ab, und alsbald fiel auch der Kopf des Zauberers von seinem Rumpf. Überhaupt riefen Machinationen auf diesem Gebiet immer Rache oder Strafe hervor; und wenn ein Hinsiechender nicht gerade wußte, wer es auf ihn abgesehen hatte und doch von der Existenz eines solchen Attentates überzeugt war, so glaubte er wohl, durch magische Gegenmittel den unbekannten Gegner dennoch erreichen zu können.

Außerordentlich groß ist endlich die Tätigkeit der Hexen und ihres Gebieters, des Satans, auf dem Gebiete der geschlechtlichen Liebe und des ehelichen Lebens. Es kann sich hierbei um das Erregen wie um das Nehmen der Liebe, um Beförderung des Koitus wie um das Bewirken seiner Erfolglosigkeit handeln. In den beiden zuerst genannten Fällen sind es natürlich meist Verliebte, welche aus Mangel an Erfolg oder Gelegenheit sich an Zauberkundige wenden und sich mit Hilfe derselben magische Mittel verschaffen. Anhorn zählt in seiner *Magiologia* eine Menge hierhergehöriger Gegenstände auf, welche den Leuten in Speise und Trank gemischt wurden, um ihre

Liebe zu erregen, z.B. Steine, Kräuter, Beine von Fröschen und Kröten u.a.m. Namentlich liebte man es, gewisse Früchte wie Äpfel und Birnen, Zitronen oder Orangen künstlich mit für magisch gehaltenen Substanzen zu versehen. Bisweilen richtete man sich auch nach dem Geschlecht derjenigen Person, deren Liebe erst gewonnen werden sollte und brachte den Männern in irgendeiner Speise „menstruum muliebre" und den Weibern auf ähnliche Weise „sperma virile" bei; auch das sogenannte Jungfernpergament, welches aus der Haut eines neugeborenen, noch vor der Taufe gestorbenen Kindes bereitet wurde, gehört hierher. Ferner kam es vor, daß Liebende Wachsbilder verfertigten und diesen den Namen der geliebten Person gaben; man öffnete nun die Brust des Bildes, verfertigte aus irgendeinem vorgeschriebenen Material ein Herz und verschloß dieses unter allerlei Zauberformeln in das betreffende Bild. Überhaupt fehlte es in solchen Fällen nie an Formeln, und diese mußten manchmal mit Blut geschrieben sein; doch verschweigt Anhorn dieselben, um sein Buch nicht zu einem Lehrbuch solcher Dinge zu machen. Andererseits gab es aber auch Mittel, durch welche man sich gegen den Liebeszauber glaubte schützen zu können; so z.B. der Staub des Maulesels, eine über dem Bett aufgehängte St. Johannesblume, eine in die frisch abgezogene Haut eines Tieres gewickelte Kröte, das Trinken von Bocksharn usw., lauter Mittel, welche übrigens Anhorn selbst für erfolglos hält.

Daß derartige Mittel häufig angewandt wurden, liegt in der Natur der Sache; ja, es ist sogar denkbar, daß man in Fällen, wo es sich um Beseitigung eines wirklichen oder vermeintlichen Nebenbuhlers handelte, manchmal sogar vor Gift nicht zurückschreckte. Besonders berühmt ist in dieser Beziehung der Prozeß, welcher im Jahre 1680 am französischen Hof spielte, und als dessen wohl kaum unschuldiges Opfer die Giftmischerin Voisin fiel, während man sich der ebenfalls in denselben verwikkelten Gräfin von Soissons, der Mutter des Prinzen Eugen von Savoyen, gegenüber mit Landesverweisung begnügte. Es soll sich nämlich damals darum gehandelt haben, die Liebe des Königs dauernd für Frau von Montespan zu gewinnen, und infolgedessen stand natürlich auch diese dem Prozeß nicht fern. Die magischen Mittel, zu welchen die Verschworenen ihre Zuflucht nahmen, bestanden in der Opferung eines Kindes und darin, daß ein Abbé namens Guibourg über dem nackten Leichnam einer Frau Messen las; der Abbé schrieb überdies mit dem Blut des getöteten Kindes unter den Meßkelch: „Je demande l'amitié du roi et celle de Mr. le dauphin, qu'elle me soit continuée, que la reine soit stérile, que le roi quitte son lit et sa table pour moi, que j'obtienne de lui tout ce que je lui demanderai pour moi, mes parens; que mes serviteurs et domestique lui soient agréables. Chérie et respectée des grands seigneurs, que je puisse être appelée aux conseils du roi et savois ce qui s'y passé, et que, cette amitié redoublant plus que par le passé, le roi quitte et ne regarde La Vallière, et que, la reine étant répudiée, je puisse épouser le roi."

Hier soll also zugunsten der Montespan nicht nur der König durch magische Mittel betört, sondern auch die Königin unfruchtbar gemacht werden. In Wirklichkeit soll dieselbe übrigens bloße Pulver erhalten haben, welche indes doch, wenn man gewisse Dosen davon genoß, ein wirkliches Gift bildeten. Was die männliche, durch Behexung bewirkte Impotenz betrifft, so glaubte man nach Weier, dieselbe dadurch beseitigen zu können, daß man durch den Trauring das Wasser ließ.

Am häufigsten wandte man aber, um Ehen unfruchtbar zu machen, das sogenannte Nestelknüpfen an. Es bestand im Knüpfen eines Knotens und wurde gewöhnlich während der Trauung vollzogen; je nach der Art und Weise des Zaubers und der dabei angewandten Formeln und Zeremonien wirkte es längere oder kürzere Zeit; immer aber mußte der Nestel, wenn die Erfüllung der ehelichen Pflichten wieder ermöglicht werden sollte, zuvor wieder aufgelöst werden. Wie verbreitet der Glaube an diesen Wahn gewesen ist, geht u.a. daraus hervor, daß verschiedene Autoren von nicht weniger als fünfzig verschiedenen Arten desselben sprechen.

Andere hierhergehörige Arten des Verfahrens kommen mehr nur gelegentlich vor. So versenkte z.B. die Mätresse des Grafen Heinrich von Thierstein einen mit mancherlei Ingredienzien angefüllten Hafen „mit etlichen ceremonien“ in den Brunnen von Hohkönigsburg; solange der Hafen dort versenkt war, konnte der Graf mit seiner Gemahlin keine Kinder zeugen. Zuletzt kam die Sache an den Tag; Heinrich ließ den Hafen hervorholen, mit seinem ganzen Inhalt zerschlagen und die Überreste verbrennen; dann feierte er mit seiner Gemahlin zum zweiten Mal Hochzeit und erhielt nun Kinder; doch starben dieselben alle rasch wieder weg.

Nun wollten aber die Hexenmeister und die Hexen nicht nur in die ehelichen Verhältnisse anderer eingreifen, sondern sie gingen auch darauf aus, ihre eigenen Bedürfnisse außerhalb des rechtmäßigen Ehebettes zu befriedigen, und dazu diente ihnen in der Regel ein böser Geist. Dieser Geist kam in männlicher Gestalt, als sogenannter Inkubus, zu den Weibern und in weiblicher, als Sukkubus, zu den Männern. Auch diese Vorstellung reicht in die Urzeit des heidnischen Orients, in die der vorchaldäischen Akkadier zurück, um dann später wie so mancher andere Wahn im Mittelalter wieder aufzutauchen. Im dreizehnten Jahrhundert z.B. erwähnt Gervasius von Tilbury den Inkubus, ohne sich jedoch bestimmt für die Wirklichkeit desselben auszusprechen; später aber werden die hierauf bezüglichen Erzählungen immer häufiger. Einen Sukkubus soll u.a. Markgraf Albrecht von Brandenburg (†1557) gehabt haben.

Selbstverständlich spielte nun auch die Frage nach den Resultaten solcher Buhlereien mit bösen Geistern eine bedeutende Rolle; doch weichen die Ansichten der betreffenden Schriftsteller in dieser Beziehung wesentlich voneinander ab. Nach Delrio ist der männliche Dämon, der Inkubus, überhaupt nicht zeugungsfähig; gebar nun aber ein Weib, welches im Ruf stand, mit einem solchen Umgang gehabt zu haben, doch, so suchte man die Sache so zu erklären, daß der Dämon den Samen eines Mannes, welchen dieser in der Nacht verloren, sich angeeignet und mit diesem operiert habe. Andere nahmen an, die Buhlteufel seien zwar zeugungsfähig, brächten aber nur Ungetüme oder Ungeziefer zur Welt. So soll eine schottische Dame, welche von einem Inkubus schwanger war, ein „monstrum undequaque aspectu foedum" geboren haben, welches die Hebammen gleich nach der Geburt verbrannten. In Gent soll ferner ein vom Teufel geschwängertes Mädchen eine große Menge haariger Würmer zur Welt gebracht haben, deren Gestank den Anwesenden beinahe den Atem nahm. Hier und da wird auch erzählt, daß sämtliche Körperteile von Menschen, die sich mit Buhlteufeln eingelassen hätten, abgefault oder schwarz geworden seien.

Zu den Teufelskindern, an deren Existenz man wirklich glaubte, gehören die sogenannten Kielkröpfe oder Wechselbälge, mißgestaltete Geschöpfe mit dicken Bäuchen, kleinen mageren Gliedern und großen Kröpfen; sie zeichnen sich durch ihr entsetzliches Geschrei und ihre Unersättlichkeit aus, und die Milch mehrerer Weiber genügt oft nicht, ihren Heißhunger zu stillen. Die Teufel gehen hauptsächlich darauf aus, den Müttern ihre wirklichen Kinder zu nehmen und ihnen dafür ihre eigene häßliche Nachkommenschaft unterzuschieben. Doch gab es Mittel, durch welche man jene wiedergewinnen und diese wieder loswerden konnte. So hatte in der Nähe von Breslau ein Teufel einer mit Reuen beschäftigten Frau ihr Kind weggenommen und ihr dafür einen Kielkropf hingelegt. Sobald aber die Frau diesen mit Ruten strich, brachte ihr der Teufel das gestohlene Kind wieder. In bezug auf das Vertauschen oder Stehlen der Kinder berühren sich übrigens die bösen Geister häufig mit Elfen und Zwergen, und die Beziehung der eben angeführten Vorstellungen auf letztere wird wohl auch die ältere und ursprünglichere gewesen sein.

Der Sukkubus kommt verhältnismäßig seltener vor als der Inkubus, wahrscheinlich weil man sich die bösen Geister häufiger männlichen als weiblichen Geschlechtes dachte, was dann wieder mit dem Glauben zusammenhing, daß es mehr Anhängerinnen als Anhänger des Teufels gebe. Doch erklärte z.B. der gelehrte Dominikaner Johannes Nider eine öffentliche Dirne, welche sich während des Konzils zu Konstanz befunden, für einen Sukkubus. Zum wunderbarsten endlich, was der Aberglaube auf dem Gebiet des geschlechtlichen Lebens ausgeheckt hat, gehört wohl der Glaube an die Möglichkeit einer Vertauschung des Geschlechtes durch dämonische Einflüsse. Diejenigen Schriftsteller, welche sich über diesen Punkt ausgesprochen haben, nehmen an, die Verwandlung der Weiber in Männer sei möglich, das Gegenteil aber nicht.

Ferner können Menschen durch magische Mittel in Tiere verwandelt werden. Doch sprechen die Schriftsteller des Mittelalters auf diesem Gebiet in der Regel nicht aus eigener Erfahrung, sondern sie schreiben die betreffenden Erzählungen laut eigenem Geständnisse regelmäßig aus älteren Werken ab. Am meisten verbreitet ist die Erzählung von dem in einen Esel verwandelten Jüngling. Ihre eigentliche Quelle sind natürlich die Metamorphosen des Apulejus; sie findet sich jedoch das ganze Mittelalter hindurch und wird dann von den Berichterstattern bald da, bald dort neu lokalisiert und chronologisch fixiert. Das Merkwürdigste an der Sache ist aber, daß diese den Apulejus zwar unaufhörlich vergleichsweise zitieren, daß es aber keinem einfällt, in demselben auch die Quelle der eigenen Erzählung zu erkennen. Übrigens kann die

Verwandlung eines Menschen in Tiergestalt auch ohne Mitwirkung des Teufels oder seiner Helfershelfer stattfinden. Nach Prätorius z.B. wurde noch im Jahre 1672 ein Edelmann in der Nähe von Prag durch „Gottes gerechte Gerichte“ in einen Hund verwandelt, und Prätorius selbst kannte jemanden, der den Hund, welcher also früher ein Edelmann gewesen war, gesehen hatte. Zuletzt entstand das Gerücht, die seltsame Bestie befinde sich in einem Kloster zu Augsburg, und der Rat von Nürnberg ließ dasselbe „mit Fleiß“ an den von Augsburg kommen; letzterer stellte dann in der Tat Nachforschungen an, ohne jedoch zu einem greifbaren Resultat zu gelangen. Es gibt jedoch auch Autoren, welche die Realität solcher Verwandlungen total leugnen und alles für Blendwerk erklären.

Haben wir bis jetzt das weibliche Geschlecht vorzugsweise im Bund mit dem Satan gesehen, so gibt es doch auch einzelne Gattungen des Zauberwesens, welche im ganzen mehr zu den Vorrechten des Mannes gehören. Die eine derselben, die Lykanthropie, reiht sich zugleich, da sie ebenfalls auf der Voraussetzung der Verwandlungsfähigkeit des Menschen beruht, am passendsten an das zuletzt Gesagte an. Der Wahn, daß gewisse Personen sich vorübergehend in Wölfe verwandeln und eine zeitlang wie Wölfe leben könnten, gehört überwiegend dem sechzehnten und siebzehnten Jahrhundert an; er tritt vereinzelt auch noch im achtzehnten auf und soll in der Bretagne noch jetzt nicht ganz erloschen sein. Andrerseits bezeichnet aber auch schon Burchard von Worms (†1024) den Glauben an die Möglichkeit der Lykanthropie als „vulgaris stultitia“. Noch früher wird dieselbe schon von

Plinius erwähnt, zugleich aber auch geleugnet. Bei alledem ist es schwerlich reiner Zufall, daß derselbe hauptsächlich dann am regelmäßigsten aufgetreten ist, wenn wirkliche Wölfe in größerer Zahl das Land unsicher machten. Offenbar glaubte man den durch sie verursachten Schaden gerade wie den durch plötzliche Ungewitter entstandenen nicht genügend aus natürlichen Ursachen erklären zu können und suchte ihn daher auf übernatürliche zurückzuführen. Man nahm also an, Menschen, und zwar Menschen männlichen Geschlechts, hätten Wolfsgestalt angenommen und hätten in dieser ganz in der Weise gewöhnlicher Wölfe Menschen und Tiere angefallen und erwürgt. In Deutschland hieß ein Mann, welcher diese Fähigkeit besaß, Werwolf, in Frankreich Loup garou, in der Picardie Loup varou. Die französischen Kriminalprozesse enthalten seit dem sechzehnten Jahrhundert weitmehr hierhergehöriges Material als die deutschen, und in Deutschland befinden sich unter hundert der Zauberei angeklagten Personen durchschnittlich nur etwa drei oder vier Lykanthropen. Immerhin war der Glaube an die Lykanthropie selbst und an den durch die Verwandelten angerichteten Schaden so verbreitet, daß man sich jene als vermeintliche Tatsache irgendwie zurechtlegen mußte. Man nahm also entweder an, der Teufel blende die Menschen so, daß sie einen wirklichen Menschen für einen Wolf hielten, oder er umhülle einen Menschen mit einem Wolfsfell oder mit verdichteter Luft von der Gestalt eines solchen, oder endlich er versenke den Menschen in Schlaf und verübe unterdessen selbst die jenem zugeschriebenen Missetaten. Hatte er dann von denjenigen, welche er anfiel, Wunden oder Schläge erhalten, so ermangelte er nicht, dieselben dem schlafenden Menschen beizubringen; so kam es, daß der als Werwolf Angeklagte die Wunden, welche andere ihm wollten beigebracht haben, wirklich hatte. Natürlich kümmerte sich aber der wirkliche Volksglaube wenig um die Distinktionen der Gelehrten; nach ihm gab es eben einfach Menschen, welche die Wolfsgestalt annahmen und in derselben Menschen und Tiere anfielen. Die Verwandlung erfolgte mit Hilfe eines aus Wolfsleder oder aus der Haut eines Gehängten verfertigten Gürtels, welcher etwa noch mit astrologischen Zeichen versehen war, und welchen der Lykanthrop auf seinem Leib trug. Eine erhaltene Wunde hob dann die Verwandlung wieder auf und verriet also unter Umständen den Zauberer, der Tod endlich löste den Zauber völlig; letzteres konnte übrigens auch geschehen, wenn jemand den Bezauberten mit seinem Taufnamen anrief. Anderwärts wurde die Verwandlung mit einer Salbe, mit welcher man sich den nackten Leib einrieb, zustande gebracht und durch eine andere wieder beseitigt. Außerdem glaubte man die Werwölfe in ihrer menschlichen Gestalt als solche an ihren zusammengewachsenen Augenbrauen zu erkennen, während sie sich in der Wolfsgestalt durch ihren abgestumpften oder gar nicht vorhandenen Schwanz verrieten. Ihr Schicksal war, im Falle sie entdeckt wurden, das der übrigen Zauberer, also der Tod auf dem Scheiterhaufen. Nur selten konnte sich einer retten, wenn ihn etwa seine hohe Stellung vor Denunzianten und Inquisitoren schützte. So soll nach Bodin ein nicht lange vor 1579 gestorbener Fürst, und zwar einer der mächtigsten in der Christenheit, ein Werwolf gewesen sein; wahrscheinlich ist König Karl IX. von Frankreich gemeint, welcher im Jahre 1574 starb und unter dessen Regierung man jenem Eiferer im Aufspüren der Zauberer zu lau war.

Obschon der Werwolf in den Prozessen sowie in den übrigen hierhergehörigen Schilderungen einfach als eine Gattung des Zauberers überhaupt erscheint, bedarf doch sein Wesen noch einer besonderen Besprechung. Leubuscher in seiner Schrift *Über die Werwölfe und Tierverwandlungen im Mittelalter* faßt die Sache vom Standpunkt der Psychiatrie auf und erklärt sie demgemäß lediglich für einen Zweig der Dämonomanie überhaupt, also für eine sporadisch auftretende Geisteskrankheit. Andererseits macht aber Hertz geltend, daß die Seltenheit der Krankheit in keinem Verhältnis zur Verbreitung der Sage stehe. Letzteres ist indessen nicht ganz richtig; denn die Verbreitung der Sage läßt eher umgekehrt auch auf Verbreitung der Krankheit schließen, wobei nur noch zu berücksichtigen wäre, daß eine psychiatrische Untersuchung der Mehrzahl der Fälle allerdings nicht stattgefunden hat. Gleichwohl hat der mehr historische Standpunkt, welchen Hertz einnimmt, seine entschiedene Berechtigung. Und wie sollten auch Leute in den verschiedensten Jahrhunderten und den verschiedensten Ländern gerade auf diese Vorstellung gekommen sein, wenn nicht der Glaube an die Möglichkeit gerade dieser Verwandlung schon existiert hätte? Denn auch die von Soldan aufgestellte Behauptung, als ob die Erzählung des Petronius, in welcher ein Mensch in Wolfsgestalt das Vieh anfiel, in dieser eine Halswunde erhielt und dieselbe nach eingetretener Rückverwandlung noch hatte, die ausschließliche Quelle aller späteren Werwolfsgeschichten sei, klingt doch gar zu abenteuerlich. Der ganze Vorstellungskreis ist viel zu weit verbreitet und wurzelt viel zu tief in den Anschauungen der verschiedensten ost- und westeuropäischen Völker, als daß man es wagen dürfte, denselben auf einen einzelnen, ohnehin nicht einmal populären Schriftsteller des Altertums zurückzuführen. Überdies ist die Sache im Altertum selbst viel älter als Petron, sie findet sich schon bei Herodot; nach diesem war es unter den Neurern Sitte, daß jeder einmal im Jahr für einige Tage ein Wolf war. Die Neurer werden zu den Slawen gerechnet, und gerade bei den späteren Slawen erscheint der Glaube an Werwölfe noch verbreiteter als im westlichen Europa. Aus alledem dürfte nun hervorgehen, daß die Vorstellung als solche verschiedenen indogermanischen Stämmen gemeinsam war, den Slawen, Germanen und Kelten, und in der älteren Zeit auch Griechen und Römern. Und gerade da, wo unsere Quellen verhältnismäßig am reinsten fließen, erscheint die Verwandlung als eine periodisch wiederkehrende; z.B. bei den Neurern und ebenso auch in Preußen, Livonien und Litauen, wo es nach Olaus Magnus die Weihnachtszeit ist, in welcher unzählige Menschen als Wölfe herumlaufen. Hieraus ergibt sich, daß wir es mit einer uralten, verschiedenen Völkern gemeinsamen Kultushandlung zu tun haben, nach welcher entweder das gesamte Volk oder nur einzelne aus demselben, dem Sündenbock der Hebräer vergleichbar, vielleicht um irgendeine verderbliche Gottheit zu sühnen, in Wolfspelzen umherirren mußten. Darum heißt wohl auch bei den Germanen der Geächtete und von der Gemeinschaft der übrigen Ausgeschlossene „warch“, d.h. Wolf. Nun erklärt es sich auch, warum das Ganze nach der Einführung des Christentums einen so düsteren Anstrich erhielt; es teilte in dieser Beziehung eben einfach das Schicksal der meisten aus dem Heidentum stammenden Gebräuche und Anschauungen. Wo es etwa noch eine zeitlang fortdauerte, mußten sich die Beteiligten in dunklen Stunden und abgelegenen Gegenden treffen, weil ihr Beginnen das Brandmal des Teuflischen trug. Und endlich aus ihren historischen Bedingungen herausgerissen, hielt sich die Lykanthropie auch nicht mehr ausschließlich an ihre ursprüngliche, durch den Kultus bedingte Jahreszeit, sondern sie trat nun vereinzelt und zu jeder Zeit des Jahres auf. Ob, wie Leubuscher annimmt, die einzelnen Werwölfe stets von vornherein von ihrer Verwandlung überzeugt waren, ist zweifelhaft; die Analogie der übrigen Erscheinungen des Hexenprozesses spricht dagegen und führt eher zu der Annahme, daß die meisten Geständnisse durch Inquirieren oder mit Hilfe der Folter erpreßt waren. Immerhin mag es einzelne besonders verwilderte Naturen mit verdorbener Phantasie gegeben haben, in welchen sich der Wahn, wenn er sich einmal bei ihnen festgesetzt hatte, zur förmlichen Lykomanie entwickelte. Als Kuriosum mag noch erwähnt werden, daß im sechzehnten Jahrhundert im Abendland das Gerücht ging, Sultan Soliman der Große habe im Jahre 1542 in Konstantinopel eine Expedition gegen die Werwölfe unternommen. Vermutlich waren es die herrenlosen Hunde der türkischen

Residenz, gegen welche der Beherrscher der Gläubigen im Interesse der Straßenpolizei einschritt, die sich in der Phantasie der Abendländer in Werwölfe verwandelt haben.

Außer der Wolfsgestalt begegnen wir in den Hexenprozessen auch noch anderen Tieren; Weiber nehmen z.B. gerne die der Katze an, und dieser Zug kehrt demgemäß in einer großen Zahl Erzählungen in den verschiedensten Variationen wieder. So hörte einst ein reisender Edelmann nachts in einem Wald auf einem Baume Lachen, und unmittelbar darauf vernahm er eine Stimme, welche nach der Ursache des Gelächters fragte. Es erfolgte die Antwort: „Solt ich nit lachen, seitmals des bischofs von Brixen katzen die schwiger gestorben?" Tags darauf kommt derselbe Edelmann am Hof zu Brixen an, sieht die Katze zur Seite des Bischofs und lacht nun selber; um die Ursache seines Lachens gefragt, wiederholt er, was er im Wald gehört; da fängt die bischöfliche Katze fürchterlich zu schreien an, springt zum Fenster hinaus und kommt nicht wieder. „Was das gewest fur ein catz, ist leuchtlichen zu erachten", meint der Verfasser der *Zimmerischen Chronik*. Häufig findet sich in den hierhergehörigen Erzählungen der Zug, daß die einer solchen Katze beigebrachte Wunde nachher an irgendeiner Frau im Haus oder in der Nachbarschaft wieder zum Vorschein kommt. So hatte einst ein Müllerknecht einer Katze, welche die Mühle während der Nacht unsicher machte, mit einer Axt eine Pfote abgehauen; am anderen Morgen lag ein blutender Frauenarm mit einem Ring am Boden, Schwanwitt aber, eine Frau aus der Nachbarschaft, wurde mit abgehauenem Arm in ihrem Bett gefunden und später als Hexe verbrannt. In dem berüchtigten Prozeß des Priesters Urbain Grandier zu Loudun in der Diözese Poitiers, dessen Ende in das Jahr 1634 fiel, kam in dem dort befindlichen Kloster der Ursulinerinnen eine Katze durch den Schornstein herab und setzte sich auf einen Betthimmel; sie wurde, obschon sie notorisch zu den wohlbekannten Klosterkatzen gehörte, mit Grandier in Verbindung gebracht, für einen bösen Geist gehalten und demgemäß von einem anwesenden Exorzisten unter vielfacher Bekreuzung beschworen. Im Bistum Straßburg hatte sich ein Mann gegen drei große Katzen, welche ihn anfielen, mit seiner Axt verteidigt; bald darauf wurde er vor den Richter geführt und von diesem beschuldigt, drei ehrbare Matronen der Stadt verwundet und übel zugerichtet zu haben. Der Mann erzählte genau, was geschehen war, und wurde dann von den Richtern ersucht, die Sache aus Rücksicht auf die betreffenden Damen geheimzuhalten.

Man pflegt in der Annahme der Katzengestalt durch Hexen oder böse Geister gewöhnlich Nachklänge aus heidnisch-germanischer Zeit, und zwar speziell aus dem Mythenkreise der Göttin Freyja zu erkennen. Dieser Annahme steht aber zunächst die Tatsache entgegen, daß Freyja in Deutschland nirgends nachgewiesen ist und daß ihr Kultus wohl ausschließlich den skandinavischen Germanen angehörte; andererseits aber ist die Katze als dämonisches, in den Teufelsdienst verflochtenes Tier auch außerhalb der Grenzen Deutschlands nachweisbar.

Auch andere Tiere, vierfüßige sowohl als Vögel, Amphibien und Insekten, ja, sogar leblose Gegenstände wie

Sturzwellen und Wasserhosen, kommen gelegentlich in ähnlicher Weise vor. Als im Anfang des siebzehnten Jahrhunderts (1611) der Benefiziatpriester Louis Gaufridy aus Marseille wegen angeblicher Zauberei zu Aix gefangen saß, glaubte man in dem Geheul der Hunde sowie einer großen Katze, welche ihre Stimmen zufällig in der Nähe seines Gefängnisses erhoben, die der in Gaufridys Zaubereien verwickelten Menschen zu erkennen. Bekannt ist auch die Erzählung, nach welcher ein Jäger eine Wildgans schießt und unmittelbar darauf eine ihm wohlbekannte Frau nackt im Gebüsch findet. Andere hierhergehörige Erzählungen hat Hertz zusammengestellt. Sie beruhen natürlich beinahe immer auf mythischen Anschauungen im weiteren Sinne des Wortes; nur wird man dieselben nicht immer auf irgendein bestimmtes, dem Christentum vorausgegangenes mythologisches System zurückführen können.

Eine Art von Zauber endlich, welcher aus naheliegenden Gründen nur Männern zugeschrieben wurde, ist der Gebrauch von sogenannten Freikugeln, d.h. von Kugeln, gelegentlich auch Pfeilen, welche ihr Ziel unter allen Umständen trafen. Man gewann dieselben dadurch, daß man auf eine Hostie oder auf das Bild des Gekreuzigten dreimal schoß oder die Hostie wohl auch zum Laden benutzte; so oft der betreffende Schütze in die Hostie oder in das Kruzifix geschossen hatte, so groß war dann die Zahl der Personen, welche er an einem Tage töten konnte. Fürsten hielten sich zuweilen solche Freischützen, unter welchen im *Hexenhammer* seltsamerweise auch Wilhelm Tell figuriert.

Umgekehrt bedienten sich aber auch die Soldaten magischer Mittel, um sowohl gegen Stich und Hieb als gegen Pulver und Blei sicher oder, wie der Kunstausdruck lautet, „fest“ zu sein. Das klassische Zeitalter der hierauf bezüglichen Vorstellungen und Gebräuche ist das siebzehnte Jahrhundert und die Zeit des Dreißigjährigen Krieges; vereinzelt aber findet sich die Sache auch in früherer oder späterer Zeit. Wir sehen hierbei von rein mythischen Beispielen, also von der Unverwundbarkeit Achills und des Telamoniers Ajax, von Siegfried und seiner Hornhaut u.a.m. gänzlich ab und halten uns lediglich an diejenigen Fälle, welche in historische Zeiten gehören. Hierher gehören also die Nägel vom Kreuze Christi, welche Konstantin, allerdings nur nach späteren Quellen, in seiner Sturmhaube trug, um vor Wunden sicher zu sein; nach Euseb hätte er freilich seit dem Jahre 312 nur die griechischen Buchstaben X und P ineinander verschlungen auf derselben gehabt, und diese wären dann eher von symbolischer als magischer Bedeutung gewesen. Die spätere Überlieferung beruht möglicherweise auf einem bloßen Mißverständnis der früheren, obschon der sonstige Charakter Konstantins die Möglichkeit des Reliquientragens nicht gerade ausschließt.

Daß das christliche Mittelalter den Glauben an unverwundbar machende Stoffe nicht aufgegeben hat, ergibt sich aus mehreren Heldengedichten desselben, deren Verfasser die betreffenden Vorstellungen schwerlich erfunden, wohl aber vorgefunden haben. Hierher gehört die durch Drachenblut hart wie Horn gewordene Haut Siegfrieds sowie Wolfdietrichs St. Jörgenhemd. Was jene betrifft, so ist die Vorstellung als solche wohl eher germanisch als mittelalterlich; dieses erinnert an das in späteren Jahrhunderten häufig vorkommende sogenannte „Nothemd". Über letzteres gibt, soweit es sich um seine Anfertigung handelt, Anhorn in seiner *Magiologia* genaue Auskunft: „Wann jemand ein solches Nothembd wollen machen lassen, hat man an einem gewissen Abend in dem Jahr, so viel gantz reine Jungfrawen zusammen gesetzt, als viel gnugsam gewesen, dieses Hembd, in einer Nacht ausszumachen. Wann nun eine auss diesen Jungfrawen sich wenigst beflekt gewüsst, hat sie sich in diese Gesellschaft nicht einmischen dörffen. Wann diese Jungfrawen beysammen gewesen, haben sie die gantze Nacht in dess Teufels Namen spinnen, weben und nähen müssen, biss solches Nothembd in der Länge, von dem Halss biss auf den halben Mann, mit beyden Ermeln also verfertiget worden, daß auf die Brust, zwey Häupter, eines auf der rechten Seyten, mit einem langen Bart vnd Helm; Das andere, auf der lincken Seiten, mit einer erschröklichen, doch gekrönten Teufelsgestalt, angenähet worden."

Am berühmtesten waren aber im siebzehnten Jahrhundert die Passauerkunst und die mittelst derselben verfertigten sogenannten Passauerzettel. Über ihren Ursprung geben Anhorn, der *Achilles panoplus redivivus* des Johann Ernst Burgraf und das simplicianische *Vogelnest* Auskunft. Im Jahre 1611 nämlich zog ein Heer gegen Matthias und die böhmischen Stände, die sogenannten „Passauer", aus Passau nach Böhmen. Da verkaufte der passauische Henker Kaspar Neithardt den Soldaten talergroße, mit allerlei Zeichen und Figuren, zum Teil sogar mit dem Blut von Fledermäusen bemalte Zettel. (Das *Vogelnest* nennt statt des Henkers einen Studenten aus Passau als Erfinder.) Diese wurden nun von den Soldaten als Amulette getragen (nach Anhorn sogar gegessen) und dienten von da an auch in späteren Feldzügen als solche. Ihre Wirkung war der Art, daß „diese gottlosen Teufelsdiener weder von Rapier noch Degen wund gemacht werden: vnd die Musquetenkugeln in die Ermel empfahen, und mit den Händen auffangen könten" (Anhorn). Wer vollends dergleichen Passauerzettel mit Heckerling oder geschnittenem Stroh in eine Pistole lud und diese rückwärts abfeuerte, dem stellten sich so viele Reiter ins Feld, „als des Hecksels gewesen"

Daß die Passauerkunst für teuflisch galt, ergibt sich schon aus dem von Anhorn mitgeteilten Rezept; zum Überfluß schrieb man wohl noch auf die Zettel:

Teuffel, hilf mir
Leib und Seel gib ich dir.

Auch der Werwolf galt für fest, und dann mußte man, um ihn zu erlegen, das Gewehr mit Holundermark oder Erbsilber laden. Ja, es wird sogar erzählt, man habe zuweilen auch Hunde und Pferde fest gemacht; einmal ist sogar von einem Hering die Rede, welcher fest war und infolgedessen nicht konnte angeschnitten werden.

Ferner gab es Münzen, welche, als Amulette getragen, fest machten; so z.B. der gräflich Mansfeldische St. Jürgenthaler von 1609 und 1611 oder von 1521 bis 1523 mit der Figur des Ritters St. Georg zu Pferd und den beiden Buchstaben G und M (Georgius Miles); ferner galten die ungarischen Georgentaler von 1690 mit St. Georg in einem Schiff für wirksam, namentlich in Seekriegen. Die Unverwundbarkeit des Gegners glaubte man dadurch auflösen zu können, daß man Ohrenschmalz auf die Degenspitze strich.

Infolge dieser Vorstellungen hielten sich nun im siebzehnten Jahrhundert und auch noch im achtzehnten manche für fest, oder sie galten wenigstens bei ihren Zeitgenossen oder Untergebenen dafür; manchmal finden sich sogar ganze Familien, namentlich fürstliche, in welchen diese Eigenschaft geradezu für erblich galt. Zu letzteren gehörte u.a. das Haus Savoyen, dessen sämtliche Glieder namentlich von Kugeln nicht verletzt werden konnten; ein Versuch, welchen der kaiserliche Generalmajor von Schomburg machte, den Prinzen Thomas von Savoyen (†1656) erschießen zu lassen, soll in der Tat vergeblich gewesen sein, da dem dazu kommandierten General die Flinte schlechterdings versagte. Karl XII. von Schweden hielt sich selber für fest, und Friedrich der Große sowie der alte Dessauer galten wenigstens bei ihren Soldaten dafür.

Natürlich gab es aber auch in den Zeiten des dicksten Aberglaubens einzelne, welche das Festmachen als solches verlachten oder verabscheuten. Schon im Jahre 1622 schlugen die Graubündner diejenigen feindlichen Soldaten, welche für fest galten, einfach mit Prügeln tot, und 1633 wurden im Treffen bei Philippsburg ein Jäger und ein Schultheiß, welche nicht anders umzubringen waren, mit Hilfe von Streithämmern ins Jenseits befördert. Auch ein Stallmeister Bernhards von Weimar konnte weder totgestochen noch totgeschossen werden; da gruben ihn die Kroaten so in die Erde, daß nur der Kopf hervorschaute, und nun kegelten sie ihn tot.

Natürlich gab es aber auch zahlreiche Fälle, in welchen der Aberglaube, um seine Ziele zu erreichen, nicht bloß zu törichten, sondern zu wirklich scheußlichen Mitteln griff und in welchen folglich das Einschreiten der Gerichte als wohltätig und notwendig erscheinen mußte. Man glaubte namentlich, verschiedene Glieder und Teile neugeborener, ungetauft gestorbener oder gar noch nicht geborener Kinder enthielten mancherlei magische Eigenschaften oder Kräfte, und suchte sich dieselben demgemäß zu verschaffen. So glaubten z.B. vor Zeiten die Gauner in Mittelfranken, das aus den Genitalien eines unschuldigen Knaben mit drei Holzscheitern aufgefangene Blut mache sie bei ihren Diebstählen unsichtbar. Bei Speyer mußte noch zu Anfang dieses Jahrhunderts der Kirchhof bewacht werden, weil manche den Fingern ungetauft gestorbener Kinder die nämliche Eigenschaft zuschrieben. Ein entsetzliches Scheusal aber war namentlich der in der Mitte des vorigen Jahrhunderts in Bayreuth hingerichtete Hundssattler. Er hatte, als er in die Hände der Justiz fiel, nicht weniger als acht schwangere Frauen ermordet, ihren Leib aufgeschnitten und die noch zuckenden, warmen Herzen der Kinder gegessen, in der Meinung, durch den Genuß von neun solcher Herzen sich die Fähigkeit des Fliegens erwerben zu können. Ähnlich verfuhren in den Jahren 1577 und 1601 einzelne in Nürnberg, um sich aus den Fingern ungeborener Kinder Diebslichter zu verschaffen. Andererseits konnten auch nicht ernsthaft gemeinte Aussagen oder Prahlereien mit allerlei Kunststükken leicht gefährliche Folgen haben. So wurde z.B. in Siena ein gewisser Griffoletto aus Arezzo auf Befehl des Bischofs verbrannt, weil er sich gerühmt hatte, fliegen zu können, und weil er einen gewissen Albero durch angeblichen Unterricht in dieser Kunst geprellt hatte.

Fälle von der Art der zuletzt angeführten dürfen nicht völlig ignoriert werden. Sie beweisen, daß es neben den allerdings zahlreichen schuldlosen Opfern der Hexenprozesse an mehr oder weniger schuldigen doch auch nicht gefehlt hat. Und wenn wir die barbarische Justiz früherer Jahrhunderte mit Recht verabscheuen, so müssen wir andererseits doch auch gestehen, daß es Dank der übertriebenen Humanität unserer Tage gegenwärtig Staaten gibt, deren Gesetzgebung nicht einmal die Hinrichtung eines Scheusals von der Art des eben erwähnten Hundssattlers gestatten würde.

Zweites Kapitel.

Divinationen und Beschwörungen.

Die Divination, mit welcher wir es hier zu tun haben, gehört der Hauptsache nach ebenfalls zum Zauberwesen, nur ist sie viel unschuldiger als das Hexenwesen. Zwar kann der Teufel auch hier seine Hand im Spiel haben, es wird aber doch keine Apostasie und kein förmlicher Teufelskultus vorausgesetzt. Man läßt sich den Beistand des Bösen, der übrigens keineswegs regelmäßig erwähnt wird, vorübergehend gefallen, die Sache hat aber keine weiteren Konsequenzen; der Satan erwirbt keine förmlichen Ansprüche, und der mit Divinationen beschäftigte seinerseits riskiert nichts. In den meisten Fällen handelt es sich um die Ermittlung künftiger Dinge, ferner etwa noch um die Entdeckung von Missetätern, namentlich von Dieben. Die Divination sucht gleichsam dasjenige, was die Vorzeichen von selbst andeuten, in Ermangelung solcher durch künstliche Mittel herauszubringen. Ganz ohne einen unheimlichen Beigeschmack ist die Sache freilich auch nicht; sie konnte insbesondere verhängnisvoll werden, wenn ein Unschuldiger durch sie als schuldig bezeichnet wurde, zumal wenn etwa die Gerichte ihre Berechtigung zugaben und mit Hilfe der Tortur die Sache weiterverfolgten. Der Divinierende hingegen hatte seinerseits den Vorteil, daß man ihn in der Regel gewähren ließ, und letzteres war auch um so leichter möglich, als sich die Sache selbst meist der Öffentlichkeit entzog.

Die wichtigsten hierhergehörigen Divinationen schildert der schon öfters angeführte Weier; die meisten derselben waren schon den Griechen und Römern, einzelne sogar schon dem Orient oder den Ägyptern bekannt. Es sind:

1) Der Beckenzauber. Man legte goldene und silberne Scheiben oder Steine in ein mit Wasser gefülltes Becken, beschwor einen Dämon mit Worten und stellte eine bestimmte Frage; sobald das Wasser anschwoll, ertönte leises Flüstern als Antwort aus demselben. An und für sich soll der Beckenzauber assyrischen Ursprungs sein. Als der byzantinische Kaiser Andronikus (1183-1185) durch Zauber die Zukunft des Reiches in einem Wasserbecken erforschen ließ, zeigte sich im Wasser zuerst ein S in Gestalt eines Halbmondes und dann ein I, worunter Andronikus den Isaurer Isaak Comnenos verstand. Als der Kaiser weiterfragte, wann dieser auf ihn folgen werde, sprang der Geist des Beckens mit Geräusch ins Wasser und rief „vor Kreuzerhöhung".

2) Der Bauchzauber. Dazu gehörten runde, mit Wasser gefüllte Gefäße; man stellte brennende Wachslichter um dieselben herum auf und rief den Dämon an; zum Beobachten bediente man sich eines keuschen Knaben oder einer schwangeren Frau. Der Geist antwortete durch Bilder auf dem Wasser (imagines aquae impressae), welche durch das Glas des Gefäßes sichtbar waren.

3) Der Spiegelzauber und 4) der Kristallzauber gehören in der Hauptsache zusammen und dienen namentlich zur Ermittlung der Zukunft, in erster Linie in Liebesangelegenheiten, sowie zur Wiedererlangung vermißter oder ent-

wendeter Gegenstände. Nach Peller ließ sich ein englischer Legat auf dieses Verfahren ein, um die Zukunft seines Landes kennenzulernen. Er sah zuerst einen großen braunen Mann, welcher dem Papst die Füße küßte, sodann eine schöne Jungfrau, die der Mann bei der Hand nehmen wollte; der Papst wollte diesen daran hindern, erhielt aber dafür solche Maulschellen, daß ihm die dreifache Krone vom Haupt fiel. Nun erschien ein schöner Jüngling, auf dessen Stirn die Worte „Angelus, Rex et Puer" standen. Dann folgte ein Weib mit der Inschrift „Furia furiarum", welche fünfmal hin- und herging, hierauf ein schönes Weib, welches fünfundvierzigmal ab- und zuging, und auf deren Brust das Wort „excellentissima" geschrieben stand. Jetzt erschien wieder ein bejahrter Mann mit einem Buch unter dem Arm; auf letzterem stand die Überschrift „pacem damnosam semper amavi". Die letzte Gestalt endlich war die eines schönen Mannes von jugendlichem Aussehen mit der Inschrift „coniunctio in sanguine concepta est et sanguine finienda erit"; dieser trat vierundzwanzigmal auf und verschwand zuletzt mit blutigem Kopf. Man erkennt in diesen Figuren leicht König Heinrich VIII., Anna Boleyn, Papst Clemens VII., Eduard VI., die Königinnen Maria und Elisabeth mit der Zahl ihrer Regierungsjahre, Jacob I. und Karl I.; auch der politische oder kirchliche Standpunkt des Dämons läßt in bezug auf Deutlichkeit nichts zu wünschen übrig, desto mehr aber die unbestimmte Angabe der Zeit, in welcher diese Konsultation stattfand.

Hierher gehört auch der Zauberspiegel, welchen der in vielen Alpensagen wiederkehrende „Venediger" in seiner Wohnung hat und in welchem der nach der Lagunenstadt gekommene Alpenbewohner sieht, was bei ihm zu Hause vorgeht. Der Venediger selbst vereinigt die Natur des alpinen Zwergs, welcher in seiner Höhle unterirdisches Gold hütet, mit der des durch seine Reichtümer halbmythisch gewordenen Venezianers; auch Gerüchte von Alchemisten in der Lagunenstadt, welche etwa von dort heimgekehrte Schweizersoldaten nach Hause brachten, ja, sogar der Ruf der natürlichen venezianischen Spiegel können bei der allmählichen Entstehung derartiger Sagen tätig gewesen sein und dem Venediger einen mehr oder weniger dämonischen Anstrich gegeben haben. Der Zauber selbst soll ursprünglich in Persien zu Hause gewesen sein; im Altertum soll ihn der römische Kaiser Didius Julianus angewandt haben.

Was die Art und Weise betrifft, auf welche die im Spiegel oder im Kristall gesuchten Gegenstände entdeckt wurden, so ist zuweilen der Neugierige selbst der Entdekker; in anderen Fällen sucht der Besitzer des Spiegels die Gegenstände zu erkennen, und endlich kommt es auch vor, daß der Zauberer sich einer dritten Person bedient. Diese dritte Person ist dann entweder ein noch unschuldiges Kind oder allenfalls eine Schwangere; bekannt sind namentlich die dressierten Knaben geworden, deren sich Cagliostro zu diesem Zweck bediente. In den Sagen vom Venediger hingegen wird der Älpler in der Regel aufgefordert, selbst in den Spiegel zu sehen.

5) Der Wasserzauber. Auch hier wird ein Geschirr mit Wasser gefüllt, dann ein Ring an einen Bindfaden befestigt und hin- und hergeschwungen. Die Antwort hängt dann vom Anschlagen des Rings an dem Geschirr ab.

6) Der Nagelzauber. Man strich auf den Nagel eines Knaben Öl und Ruß, murmelte etwas dazu und hielt den Nagel gegen die Sonne; nun konnte man auf demselben allerlei Bilder und Figuren sehen. Nach Geiler von Kaisersberg kann jeder das Experiment an seinen eigenen Nägeln vornehmen und nur die Person, welche die Bilder auf dem Nagel konstatiert, muß ein unbeflecktes Kind sein.

7) Der Siebzauber. Hier handelte es sich namentlich um die Entdeckung von Schuldigen. Man legte ein Sieb auf eine Zange, hielt zwei Finger an diese, murmelte dazu sechs Worte der Beschwörung und darauf die Namen der Verdächtigen; bei wessen Namen das Sieb zittert oder sich bewegt, der ist der Schuldige. Ein an eine runde Scheibe gehaltenes Beil tut übrigens denselben Dienst.

8) Der Fingerzauber. Hier handelte es sich um Ringe, welche den verschiedenen Himmelsgegenden entsprachen.

Andere Gattungen der Divination scheinen weniger bedeutend gewesen zu sein. So z.B. die *Tephramantie*, bei welcher man mit einem Finger oder einem Stäbchen in Asche schrieb und darauf diese der Luft aussetzte; entscheidend waren diejenigen Buchstaben, welche der Wind nicht wegblies. Ferner gehört die *Alectryomantie* hierher. Hier bediente man sich eines Kreises mit vierundzwanzig Feldern; auf jedem Feld lag ein Korn, und jedem entsprach zugleich ein Buchstabe des Alphabets; es kam nun darauf an, welche Körner ein herbeigeholter Hahn wegpickte. Andere bestrichen eine Henne mit Ruß und ließen, wenn es auf das Entdecken eines Diebstahls ankam, die Verdächtigen dieselbe betasten; wer dann keine schwarzen Hände bekam, war der Dieb. Endlich der

Schlüsselzauber: Man legte einen Schlüssel nebst Kreuz und Zettel, auf welchem die Namen der Verdächtigen stehen, auf das aufgeschlagene erste Kapitel des Johannesevangeliums; eine Jungfrau hielt den Schlüssel, und der Tragende nannte die auf dem Zettel stehenden Namen; bei der Nennung des Schuldigen bewegten sich nun Zettel und Schlüssel. Von den Mönchen des Berges Athos erzählte man, sie gewahrten auf ihrem Nabel, was andere in Gefäßen oder auf den Fingernägeln sahen.

Natürlich waren nicht alle Leute für derartige Dinge in gleichem Grade empfänglich oder, wie man die Sache vielleicht auch ausdrücken könnte, es waren nicht alle in gleichem Grade in die Geheimnisse derselben eingeweiht. Johannes von Salisbury z.B. (†1181) sah als Knabe in einem Becken, in welches ein Priester ihn zuweilen schauen ließ, nichts, während ein Mitschüler mancherlei Gestalten in nebelhaften Umrissen in demselben zu erkennen glaubte; er wurde auch später infolgedessen nicht mehr zugezogen. Ebenso verhielt es sich mit einem Kristall, welchen ein Nürnberger von einem Unbekannten erhalten hatte; Knaben sahen auf demselben Figuren und ebenso die Frau des Besitzers, als sie mit einem Knaben schwanger ging, andere Leute hingegen bemerkten nichts. Der Kristall soll in seinen Antworten stets die Wahrheit gesagt haben, was aber seinem Eigentümer zuletzt einen so unheimlichen Eindruck machte, daß er ihn zerschlagen und die einzelnen Stücke in einen Abtritt werfen ließ.

Sehr lange, zum Teil sogar bis in unsere Tage, hat sich die Sitte erhalten, glühendes Blei ins Wasser zu gießen und aus den Figuren, welche es da bildete, Zukünftiges zu erraten. Ja, sogar der Kaffee, dieses so verhältnismäßig moderne Getränk, oder vielmehr sein Bodensatz, ist vor noch nicht ganz hundertundfünzig Jahren in den Kreis abergläubischer Vorstellungen hineingezogen worden:

In Leipzig war damals, die nun verlohrne Kunst,
Aus dickem Caffeesatz, durch schwarzer Geister Gunst,
Die Zukunft auszuspähn; und die geheimsten Thaten,
Geschehn, und künftig noch, prophetisch zu errathen.

Selbstverständlich war die betreffende Kunst nicht auf Leipzig beschränkt, sondern auch sonst in hohem Grade verbreitet.

Noch deutlicher als bei der bloßen Divination tritt der Beistand der bösen Geister bei wirklichen Beschwörungen zutage. Es handelt sich hier nicht um unfreiwillige Geisterseherei, sondern um Leute, welche darauf ausgingen, Geister von Verstorbenen oder Dämonen zu erblikken und auch wohl zu befragen. Man zitierte dieselben entweder, falls man die dazu erforderlichen Mittel oder Fähigkeiten besaß, selbst, oder man wandte sich, im Fall jene fehlten, an Totenbeschwörer (Nekromanten). Schon den Wilden war dieses Verfahren keineswegs fremd, und das hebräische Altertum kannte dasselbe ebenfalls; im ersten Buch Samuelis wird bekanntlich erzählt, wie König Saul durch eine Zauberin zu Endor den Schatten des Propheten Samuel aus dem Grab heraufbeschwören ließ. Auch die Griechen kannten das Beschwören von Göttern und Heroen und wandten dasselbe vorzugsweise im Interesse des Privatlebens an; einen bekannten, freilich mythischen Beleg liefert die Beschwörung des Schattens des Tiresias in Homers Odyssee. Wirklich bedeutende Dimensionen nimmt aber die Sache erst in der späteren römischen Kaiserzeit bei den Neuplatonikern an. Man beschwor jetzt Götter, Dämonen, Heroen und Seelen ganz nach Bedürfnis, bediente sich dazu mit Vorliebe fremder, barbarisch klingender Anrufungen und wandte neben der „Laterna Magica" auch stark narkotisch wirkende Dämpfe an; wenn beim Ritual Verstöße vorkamen, so stellten sich statt der zitierten guten Geister böse ein.

Auch diese Gebräuche vererbten sich zunächst auf die altchristliche Zeit und dann auf das Mittelalter; als Hauptträger dieser Kunst galten in letzterem die sogenannten fahrenden Schüler und als Hauptsitze derselben Toledo, Salamanka und Krakau. Der Beschwörer zieht, wenn er Dämonen sehen will, mit dem Schwert einen Kreis um sich herum und hält sich und, falls er Genossen hat, auch diese innerhalb der Peripherie desselben; während der Beschwörung darf dann keiner den Kreis verlassen oder auch nur ein Glied über denselben hinausstrecken. Einen Fall dieser Art teilt Cäsarius von Heisterbach mit. Fahrende Schüler aus Bayern und Schwaben studierten in Toledo Nekromantie. Sie wünschten Dämonen zu sehen und wandten sich daher an ihren Lehrer; dieser führte sie auf das offene Feld und begann daselbst seine Beschwörungen. Da erschienen Dämonen zuerst in der Gestalt von Rittern und führten alle erdenklichen ritterlichen Spiele auf. Hierauf verwandelten sie sich in schöne Mädchen und gaben als solche ein wahres Teufelsballett zum besten; eines der Mädchen hatte es überdies auf einen der Schüler besonders abgesehen, indem es beim Vorbeitanzen regelmäßig einen goldenen Ring nach ihm ausstreckte. Zuletzt verlor der Jüngling seine Kaltblütigkeit, er griff nach dem Ring und streckte dabei einen Finger über den Kreis hinaus. Alsbald ergriff ihn das Mädchen an dem Finger, die Dämonen verschwanden alle in einem Ungewitter, und der Jüngling verschwand mit ihnen. Mit derartigen Katastrophen pflegen solche Szenen in der Regel zu schließen, hier aber ging es ausnahmsweise anders. Die übrigen Schüler wollten nämlich ihren Freund um jeden Preis wiederhaben und bedrohten ihren Lehrer mit dem Tode, falls er ihnen dabei nicht behilflich sei. Der Lehrer, welcher den heftigen Sinn der Bayern kannte und fürchtete, versprach seine Verwendung, der Fürst der Dämonen war ausnahmsweise nicht unerbittlich, kurz, der Jüngling kam wieder.

Der Zweck solcher Beschwörungen ist zuweilen wie in der eben mitgeteilten Erzählung des Cäsarius bloße Neugierde; es kann aber auch wie z.B. in der Szene zu Endor die Erforschung künftiger Dinge beabsichtigt sein. Hierher gehört z.B., was die fränkischen Chronisten von der Brautnacht König Childerichs und seiner Gemahlin, der thüringischen Basina, erzählen. Jener sah, nachdem er gelobt hatte, seine Gattin in der ersten Nacht nicht zu berühren, an der Tür seiner Burg im Hofe zuerst Leoparden, Einhörner und Löwen, hierauf Wölfe und Bären und zuletzt Hunde und kleinere Tiere, welche sich gegenseitig zerfleischten. Die zauberkundige Königin bezog die erste Gruppe auf ihren ersten Sohn Chlodwig, die zweite auf dessen Nachkommen, die Hunde auf die letzten Merowinger und die kleineren Tiere auf das fränkische Volk. Auch die große Beschwörungsszene in Shakesperes *Macbeth* fällt unter diesen Gesichtspunkt, während z.B. die Zitierung des Schattens Alexanders des Großen und seiner Gemahlin vor Kaiser Karl V. durch Doktor Faust eher zur Befriedigung der kaiserlichen Neugierde scheint gedient zu haben.

Bisweilen erhielten die Beschwörungen auch einen mehr oder weniger kirchlichen Anstrich. Man zündete z.B. eine Lampe zu Ehren des heiligen Antonius an und glaubte nun, aus der Flamme derselben die Zukunft erfahren zu können; doch verbot im Jahre 511 das Konzil von Orléans dieses Verfahren bei Strafe der Exkommunikation. Das Verbot scheint indessen wenig gefruchtet zu haben; denn die Sitte, „le sort des saints" um Rat zu fragen, erhielt sich bis in das siebzehnte Jahrhundert, trotzdem daß der Klerus behauptete, unbefugtes Anwenden derselben verdanke allenfallsige Winke und Aufklärungen lediglich dem Teufel.

Häufig ist auch davon die Rede, daß Kindern zum Zweck derartiger Konsultationen die Köpfe abgehauen werden, worauf dann der betreffende Kopf befragt wird. Dieses Verfahren scheint ursprünglich der späteren römischen Kaiserzeit anzugehören und heidnischen Ursprungs zu sein; doch haben wir es jedenfalls mit starken Übertreibungen, wo nicht mit reiner Erfindung zu tun, wenn wir z.B. lesen, man habe nach Kaiser Julians Tod in seinem Palast zu Antiochien ganze Körbe, welche mit solchen Köpfen angefüllt waren, gefunden. Einen hierhergehörigen Fall aus christlicher Zeit erzählt Jean Bodin: Ein mächtiger König des sechzehnten Jahrhunderts (Karl IX.

von Frankreich?) habe, um die Zukunft zu erforschen, einen Dominikaner, welcher auf dem Gebiet der Magie Erfahrungen besaß, zu sich berufen. Der Mönch habe einem zehnjährigen Knaben den Kopf abgeschnitten, auf den abgehauenen Kopf eine Hostie gelegt und denselben beschworen; es sei aber aus dem Kopf nichts als die Worte „vim patior" herauszubringen gewesen, worauf der König rasend geworden und bald gestorben sei. Übrigens dachte man sich außer dem menschlichen Haupt auch noch andere Körperteile als Sitz prophetischer Gaben und zugleich selbstverständlich als unter dämonischen Einflüssen stehend, so namentlich den Bauch und die weibliche Scham. Was den Bauch betrifft, so war es die an und für sich ganz harmlose Kunst der Bauchrednerei, welche in einem Zeitalter, wo der Teufel überhaupt alles vermochte, ebenfalls auf seinen Einfluß zurückgeführt wurde.

Namentlich eng war die Kunst des Beschwörers aber mit der des Schatzgräbers verbunden. Natürlich muß hier zwischen wirklichen und bloß vermeintlichen in der Erde verborgenen Schätzen unterschieden werden. Es liegt in der Natur der Sache und ist überdies durch Schriftsteller des siebzehnten Jahrhunderts bezeugt, daß während des Dreißigjährigen Krieges häufig Geld und andere Kostbarkeiten vergraben wurden. Starb nun etwa derjenige, welcher dieselben verscharrt hatte, ehe er sie wieder ausgraben konnte, oder traten anderweitige Hindernisse ein, so konnten die vergrabenen Gegenstände früher oder später leicht in andere Hände geraten. Mancher mag auch demgemäß an den natürlichen Ursachen eines solchen Schatzes schon damals nicht gezweifelt haben, andere aber zogen es in solchen Fällen vor, ein Wunder anzunehmen, für dessen Urheber sie dann im Geist ihres Jahrhunderts sofort den Teufel oder irgendeinen Kakodämon erklärten. Dazu kam nun noch, daß man nach solchen Schätzen förmlich suchte und sich dabei, namentlich wenn etwa das gewöhnliche Suchen nicht gleich den gewünschten Erfolg hatte, mit Vorliebe magischer Mittel bediente; die letzteren lieferten fahrende Schüler, auch wohl Bettelmönche, überhaupt herumziehende Leute von zweideutiger Art. Daß man sich den Teufel gern als ursprünglichen Eigentümer solcher Schätze dachte oder daß man ihm wenigstens eine gewisse Gewalt über dieselben zutraute, ergibt sich aus mancherlei hierhergehörigen Zügen. Schon das Beschwören setzt voraus, das man sich auf einen gewissen Widerstand gefaßt machte und annahm, einfaches Graben allein führe nicht zum Ziel. In vielen Sagen und Erzählungen werden die Schätze überdies von Tieren gehütet, welche mit dem Teufel in Verbindung stehen, z.B. von Schlangen, Kröten oder schwarzen Hunden. Der Schatzgräber darf ferner kein Brot bei sich haben, ohne Zweifel, weil das Brot dem Teufel zuwider ist, er soll ferner während seiner Arbeit schweigen, sonst verrückt der Teufel den Schatz.

Am Weihnachtsabend des Jahres 1715 wurde in einem Rebhäuschen bei Jena um eines angeblichen Schatzes willen eine solche Beschwörung, die sogenannte „Jenaische Conjuration“ vorgenommen, bei welcher mehrere Bauern infolge des dabei entstandenen Kohlendampfes erstickten. Die öffentliche Meinung nahm aber an, der Teufel habe dieselben getötet. Als daher in der folgenden

Nacht diejenigen, welche die Totenwache hielten, infolge übertriebenen Tabaks- und Schnapsgenusses, zum Teil auch, weil der Kohlendampf noch nicht aufgehört hatte, ebenfalls in Ohnmacht fielen, hieß es wieder, der Teufel habe sie „beunruhigt". Die juristische und die medizinische Fakultät der Universität Leipzig erkannten die wahren Ursachen dieser Unglücksfälle, die theologische hingegen schloß sich der öffentlichen Meinung an und sah in dem Teufel den Urheber jener Todesfälle; ein in die Affäre verwickelter Student wurde infolgedessen auf ewig und sein Ratgeber wenigstens auf zehn Jahre des Landes verwiesen.

Auch sonst liefen Beschwörungen der verschiedensten Art nicht immer gefahrlos ab. Als Agrippa von Nettesheim sich in Löwen aufhielt, betrat ein neugieriger Tischgenosse trotz des ausdrücklichen Verbots des Meisters dessen Zimmer und schlug das Beschwörungsbuch auf. Da erschien ihm ein Geist und fragte, warum er ihn zitiert habe, und da der Verwegene keine Antwort wußte, erwürgte ihn jener. Als nun Agrippa wieder nach Hause kam und sah, was geschehen war, zwang er den Geist, in den Leichnam des Getöteten zu fahren und in diesem mehrmals auf- und abzugehen; infolgedessen fiel letzterer zusammen. Ebenso soll Herzog Leopold von Österreich von dem Dämon, mit dessen Hilfe er seinen Bruder Friedrich den Schönen aus seiner Haft befreien wollte, so betäubt worden sein, daß er bald darauf starb. Wenn nun auch diese Erzählungen erst in späteren Quellen erscheinen, so daß von historischer Glaubwürdigkeit derselben eigentlich keine Rede sein kann, so zeigen sie doch, was für Vorstellungen sich an derartige Beschwörungen knüpften. Die Gründe des Mißlingens endlich können innerhalb des ganzen Vorstellungskreises sehr verschiedener Art sein; namentlich sind entweder beim Beschwören selbst Fehler im Ritual begangen worden, oder der Beschwörer ist ein Neuling gewesen, welcher seiner Aufgabe nicht gewachsen war.

Umgekehrt wurden aber auch Abgeschiedene wieder aus ihren Gräbern heraufbeschworen, um durch ihr Zeugnis unschuldig Angeklagten Beistand zu leisten. So mußte auf den Befehl des heiligen Macarius ein Ermordeter sein Grab verlassen, um die Unschuld desjenigen zu bezeugen, welcher mit Unrecht für seinen Mörder gehalten wurde, und in der Legende von St. Fridolin steigt bekanntlich Ursus aus der Gruft, um die dem Kloster Säckingen von ihm und seinem noch lebenden Bruder gemachte, von letzterem aber später bestrittene Schenkung zu bestätigen. Etwas bedenklicher ist es schon, wenn Johannes Trithemius, wenigstens der Sage nach, die verstorbene Kaiserin Maria durch Beschwörungen zwingt, ihrem Gemahl Maximilian wieder zu erscheinen, weil dieser über ihren Tod über alles Maß traurig war.

Nicht zu verwechseln mit dem Zitieren der Dämonen ist nun aber das Austreiben derselben aus den Körpern solcher, welche man für besessen hielt. Auch die hierhergehörigen Vorstellungen reichen tief in das Altertum zurück und beruhen auf der bei den verschiedensten Völkern herrschenden Ansicht, daß die Krankheiten des Leibes wie der Seele nicht ausschließlich auf physischen Ursachen beruhten, sondern häufig das Werk böser Geister seien. Die geschichtlichen Bücher des Neuen Testamentes enthalten bekanntlich mehrere hierhergehörige Erzählungen von Austreibungen solcher Geister. Letztere wirken auf das Nervenleben, also auf die leiblichen Organe der psychischen Funktionen ein, wobei als Resultate dieser Einwirkungen die verschiedensten Zustände, Hellseherei, Tobsucht, Epilepsie, Stummheit usw. zutage treten. Der von einem solchen Geist Ergriffene heißt „Besessener", seine Leiden können bloß von einem Dämon, aber auch von mehreren zugleich herrühren. Die Austreibung brachte Christus durch seine als einfaches Gebot gesprochenen Worte zustande; auch hier erscheint dann bisweilen die Wut der Dämonen, unmittelbar bevor sie den Körper des Gequälten verlassen müssen, als eine gesteigerte; die Folge davon besteht häufig darin, daß sich die Besessenen vor der Heilung fürchten.

Aus der christlichen Urzeit ging nun die Krankheit des Besessenseins auch ins Mittelalter über, wobei jedoch ohne Zweifel mancher für besessen gehalten und demgemäß behandelt wurde, zu dessen Heilung gewöhnliche, leibliche Medizinen völlig hingereicht hätten. Man wandte sich, statt einen Arzt zu befragen, teils aus Gewohnheit, teils aus wirklicher Überzeugung lieber an Geistliche, welche dann den wirklichen oder vermeintlichen bösen Geist in ihrer Weise, mit Gebet, Handauflegen, Weihwasser, dem Zeichen des Kreuzes usw. zu bannen suchten; doch darf nicht übersehen werden, daß die Priester und namentlich die Mönche in früheren Zeiten häufig vorzugsweise im Besitz medizinischer Kenntnisse und wirklicher Heilmittel waren, welche letztere ihnen ursprünglich doch wohl das Zutrauen der Laienwelt in Krankheitsfällen verschafft hatten. Jedenfalls beweisen die im Neuen Testament erzählten Beispiele und vielleicht auch noch einzelne späteren Jahrhunderten angehörige, was ein dominierender Wille (ascendant moral) unter Umständen über einen niedergebeugten vermag.

Die Art und Weise, in welcher sich die Besessenheit äußert, ist nun eine sehr mannigfaltige. Der Besessene redet z.B. in Sprachen, welche er nie gelernt hat, er heult wie ein wildes Tier, weiß künftige und verborgene Dinge; er zeigt ferner eine oft bis ins Ungeheure gesteigerte körperliche Stärke und weigert sich beharrlich, den Namen Gottes oder Christi auszusprechen. Der heilige Bernhard soll einen Besessenen geheilt haben, welcher wie ein Hund bellte. In Frankfurt am Main äußerte sich die Besessenheit einer Magd im Jahre 1536 darin, daß dieselbe alle ihr zugänglichen Gegenstände, Kleidungsstücke, Münzen, Nadeln u. dgl. ergriff und in den Mund steckte. Auch die Bewohner und namentlich die Bewohnerinnen der Klöster sind vor derartigen Anfällen nichts weniger als sicher, zumal wenn sie in ihren Stand etwa unfreiwillig oder ohne wahren inneren Beruf getreten sind. So erzählt Weier von einer vornehmen Jungfrau, sie sei in das Brigittenkloster bei Xanten eingetreten, weil ihre Eltern ihre Verlobung mit einem Mann aus geringerem Stand zu hintertreiben suchten. Sie wurde nun im Kloster rasend, fing an zu muhen und zu blöcken, an den Wänden hinaufzulaufen und allerlei konvulsivische Bewegungen zu machen. Da ihre Aufführung auch die übrigen Nonnen anzustecken begann, so wurde sie schließlich eingesperrt und soll dann in ihrer Haft zweimal niedergekommen sein. In ähnlicher

Weise steckte im Kloster Nazareth in Köln im Jahre 1564 eine erst vierzehnjährige Nonne die übrigen an, so daß sich diese in den unanständigsten Stellungen auf den Rücken legten. Im südlichen Italien erregte der Biß einer für giftig gehaltenen Spinne, der Tarantella, nervöse Erregungen, welche sich hauptsächlich in tollen und ausgelassenen Tänzen äußerten. Die Sympathie trug zur weiteren Verbreitung des Übels bei, und dieses wurde durch Musik zunächst erregt, dann aber auch wieder beschworen.

Was nun die Exorzismen betrifft, so galt die Kirche für das zu ihrer Anwendung geeignetste Lokal; der Exorzist selbst sollte sich durch die Reinheit seiner Sitten auszeichnen. Hinsichtlich der anzuwendenden Mittel war man natürlich nicht durchweg gleicher Ansicht. Vernünftige Leute verwarfen z.B. magische Mittel wie Weihrauch, Osterwachs, d.h. Wachs von Kerzen, welche am Osterfest in der Kirche angezündet worden waren, ferner Osterweihrauch, am Palmsonntag geweihte Blätter u. dgl.; neben diesen gab es aber doch wieder genug Exorzisten, selbst unter den Priestern, welche sich mit Vorliebe jener bedienten. Sogar Mengus, welcher in seinem *Flagellum daemonum* von dem Exorzisten ausdrücklich Reinheit des Herzens verlangt, gibt daneben doch eine Menge ganz abergläubischer Mittel an: man solle den Besessenen mit Reliquien oder mit Zetteln behängen, auf welchen göttliche Namen geschrieben seien, wenn die Bannung des bösen Geistes gelungen sei, solle man dessen Namen auf geweihtes Papier schreiben und dieses verbrennen.

Häufig hatten auch die Exorzisten große Mühe, und es bedurfte langer Zeit und vielfacher Anstrengung, wenn man zum Ziel gelangen wollte; dieser Umstand hängt ohne Zweifel damit zusammen, daß der Dämon auch hier seine Wut unmittelbar vor seiner Austreibung noch einmal steigerte. Zuweilen mißlang die Beschwörung wohl auch gänzlich, und dann riskierte der Exorzist, daß man seinen Beruf zu solchen Dingen bezweifelte oder seine Heiligkeit für ungenügend erklärte; in anderen Fällen galt wohl auch die Persönlichkeit des zu Beschwörenden für das Hindernis, an welchem der ganze Akt scheiterte. Gelang hingegen die Beschwörung, so glaubte man den Geist häufig in irgendeiner unheimlichen Tiergestalt, als Schlange, schwarzen Vogel, Fliege u. dgl. entfliehen zu sehen; doch läßt sich aus noch erhaltenen Schilderungen solcher Exorzismen hier und da erkennen, daß die Augenzeugen sich häufig täuschten und nicht Vorhandenes zu sehen glaubten. Bei einer in der zweiten Hälfte des sechzehnten Jahrhunderts im Bistum Eichstädt vorgekommenen Teufelsaustreibung, welche den Inhalt einer Ingolstädter Flugschrift vom Jahre 1584 bildet, glaubten z.B. einige Anwesende den bösen Geist in Gestalt eines schwarzen Vogels aus dem Mund der Besessenen fliegen zu sehen; der geistliche Berichterstatter selbst ist indessen ehrlich genug, zu gestehen, er könne dieses bei seiner priesterlichen Würde nicht bestätigen. Auch die Schlange, welche man in dem Leib der Besessenen an ihren Bewegungen zu erkennen glaubte, beruhte wohl auf Selbsttäuschung oder auf unrichtiger Beurteilung konvulsivischer Bewegungen der Kranken. Glaublicher ist es hingegen, daß gelegentlich mit den krankhaften Zuständen Besessener üble Gerüchte verbunden waren; nur begegnen wir auch hier in den Berichten manchmal kolossalen Übertreibungen.

Im ganzen kommen die bekannt gewordenen Exorzismen häufiger in katholischen als in protestantischen Gegenden vor, wahrscheinlich weil der katholische Geistliche infolge von jahrhundertealter Tradition häufiger als der protestantische auch als Arzt funktionierte und folglich auch weit häufiger in solchen Fällen um Beistand angegangen wurde. Als im sechzehnten Jahrhundert die Reformation begann, gab es bereits Ärzte, welche die Sache mit anderen Augen ansahen und manches auf natürliche Weise erklärten, was sich früher einer solchen Erklärung entzogen hatte. Paracelsus z.B. soll die Tanzwut zuerst medizinisch behandelt haben, während früher ihre Heilung den Priestern zufiel. Immerhin ist es bezeichnend für den Ruf, welchen der katholische Geistliche als Beschwörer genoß, daß sich noch in unserem Jahrhundert die Bauern in protestantischen Gegenden, z.B. in Preußen, in mancherlei Angelegenheiten lieber an ihn als an den eigenen Seelsorger wandten; auch in der Schweiz geht der reformierte Bauer hier und da in ein benachbartes Kapuzinerkloster, wenn ihm besondere Unglücksfälle geistliche Hilfe als wünschenswert erscheinen lassen.

Eine merkwürdige Beschwörung eines Mädchens trug sich im Jahre 1559 in der Nähe von Joachimstal zu. Ein böser Geist war in Gestalt einer Fliege oder Mücke durch den Mund in den Leib der Unglücklichen gelangt, während dieselbe gerade Bier trank. Er sprach nun aus derselben, und das Haus, in welchem das Mädchen wohnte, wurde infolgedessen von unzähligen Neugierigen aufgesucht, welche dem Teufel allerlei Fragen vorlegten, denselben wohl auch durch Gebete zu vertreiben suchten. Die Unglückliche selbst ertrug ihre Leiden mit vieler Geduld und vereinigte zuweilen ihr Flehen mit dem ihrer Besucher; doch hatte sie in der Regel gerade dann am meisten zu leiden, weil der Dämon sie, wenn sie den Namen Christi aussprach, immer am heftigsten plagte; in solchen Augenblicken schwollen ihr die Augen an, die Zunge hing in der Form eines geflochtenen Strickes in der Länge einer Hand aus dem Mund heraus, und der Kopf drehte sich rückwärts gegen den Nacken hin. Erst nach unsäglichen Anstrengungen gelang es den Priestern der Umgegend, das Mädchen in einer Kirche von dem Dämon zu befreien, und zwar erst beim zweiten Versuch, nachdem ein erster bereits mißlungen war. Eine große Menge Menschen war anwesend und rief in Gemeinschaft mit den Exorzisten Christum an. Als der Geist endlich merkte, daß er überwunden sei, suchte er mit dem Mädchen zu kapitulieren und versprach zufrieden zu sein, wenn ihm ein einziger Nagel ihrer Finger oder ein bloßes Haar als Aufenthaltsort überlassen bleibe; es half aber alles nichts, er mußte weichen und verließ in derselben Gestalt, in welcher er gekommen war, den Leib des Mädchens wieder. Zwei Jahre lang hatte er laut eigenem Geständnis sich angestrengt, in den Leib der Besessenen zu gelangen. Die erste Beschwörung fand in der Kirche statt, war aber erfolglos, erst bei der zweiten gelang die Vertreibung des Dämons; die Beschwörungen begannen um Mitternacht und dauerten bis zum Mittag.

Während die Schilderung der eben erwähnten Exorzismen im ganzen den Eindruck macht, als hätten sämtliche Beteiligte in vollem Ernste und in voller Überzeugung von der Richtigkeit und Heiligkeit ihrer Bemühungen gehandelt, gibt es auch wieder Erzählungen von ähnlichem Inhalt, in welchen die Exorzisten in höchst zweifelhaftem Licht erscheinen. Dahin gehört z.B. der Prozeß des schon obenerwähnten Priesters Gaufridy in Marseille vom Jahre 1611. Hier scheint die Eifersucht, welche Gaufridys namentlich beim weiblichen Geschlecht große Popularität bei anderen Geistlichen, zumal bei den Dominikanern, erregte, die wesentliche Triebfeder gewesen zu sein. Um den gehaßten Priester zu stürzen, brachte man durch Exorzismen aus den Ursulinerinnen der Stadt die gravierendsten und zugleich abgeschmacktesten Dinge zu seinen Ungunsten an den Tag: Gaufridy habe sich dem Teufel verschrieben und spiele beim Hexensabbat als König der Zauberer eine ebenso entsetzliche als hervorragende Rolle; eine der Nonnen sollte er sogar dem in Gestalt eines Bockes auftretenden Satan zugeführt haben. Gaufridy leugnete alles, was man ihm vorwarf; da aber der angeblich aus der Nonne redende Dämon bei seinen Behauptungen blieb, und da sich ferner an dem Leib des Angeklagten ein sogenanntes „Stigma diabolicum" fand, wurde er zuerst gefoltert, dann degradiert und zuletzt in Aix im April des Jahres 1611 öffentlich verbrannt. Die Nonne ging trotz ihren Geständnissen straflos aus, weil die Gegner des Verurteilten sie als Werkzeug nötig gehabt und ihr folglich Straflosigkeit zugesichert hatten. Die Berichte über den ganzen Prozeß sind natürlich im Interesse der Gegner Gaufridys abgefaßt.

Mehr komisch als tragisch sieht das Beschwören aus, wenn es von den Menschen auf die Tierwelt ausgedehnt wird. Hierbei sind jedoch zwei Fälle wohl zu unterscheiden; man beschwor nämlich entweder nützliche Haustiere, weil man sie für besessen hielt, oder man suchte schädliche Tiere, namentlich Ungeziefer, wenn dasselbe zur förmlichen Landplage geworden war, durch Exorzismen zu vertreiben. In letzterer Beziehung ist namentlich die feierliche Verfluchung der Würmer zu Lausanne im Jahre 1517 bekannt geworden.

Wer sich für das bei Beschwörungen übliche Ritual interessiert, findet bei Mengus ein höchst ausführliches Material von rituellen Handlungen, Gebeten, Beschwörungen u. dgl. Noch ausführlicher ist u.a. Trithemius, welcher im dritten Buch seines *Antipalus malificiorum* auf nicht weniger als einundsechszig Seiten die notwendigen Heilmittel und unter diesen namentlich ein geweihtes Bad beschreibt, bei welchem wirkliche Heilkräuter und lediglich rituelle Gegenstände und Zeremonien in seltsamen Mischungen anzuwenden sind.

Noch in der Mitte des vorigen Jahrhunderts, im Jahre 1749, kam in Würzburg ein Prozeß zum Austrage, bei welchem die Besessenheit eine bedeutende Rolle spielte, er betraf die schon bejahrte Subpriorin des benachbarten Frauenklosters Unterzell, Maria Renata Sängerin. Mehrere Nonnen des Klosters waren nämlich besessen, und die aus ihnen redenden Dämonen erklärten, durch die bösen Praktiken der Genannten in die Leiber jener Klosterfrauen befördert worden zu sein. Maria Renata wurde infolgedessen verhaftet, und nun fand sich in ihrer Zelle ein

„Schmierhafen“ nebst Zauberwurzel und Zauberkräutern, ferner ein goldgelber Rock, in welchem sie angeblich zum Hexensabbat auszufahren pflegte. Beim Verhör gestand die Verhaftete – vermutlich infolge der gegen sie angewandten Tortur –, daß sie schon als Kind zur Zauberei und zum Teufelsdienst verführt worden sei, daß sie Gott und der Jungfrau Maria abgeschworen, in sechs ihrer Mitschwestern Teufel hineingehext habe usw. Sie wurde infolgedessen enthauptet, und ihr Leichnam wurde hernach verbrannt.

Drittes Kapitel.

Ausbildung, Höhepunkt und Abnahme der Hexenprozesse.

In seinen hauptsächlichsten Zügen findet sich der Glaube an Hexerei und Zauberei, soweit dieselben die Schädigung der Leute zum Zweck haben, schon im Orient und im griechisch-römischen Altertum; nur fehlte diesen der Begriff der Apostasie, weil die feindseligen Gottheiten, auf deren Einfluß oder Beistand man die Magie zurückführte, zwar gefürchtet und sogar gehaßt, daneben aber doch als den guten ebenbürtige Wesen anerkannt wurden. Der Begriff des Satans hingegen als einer dem alleinigen Gott entgegenwirkenden und zugleich von untergebenen bösen Geistern begleiteten Macht gehört zunächst dem Judentum an und ist aus diesem in das Christentum übergegangen. Christus selbst geht von der Existenz eines solchen aus, und zwar, wie seit Balthasar Bekkers *Betoverde Werelt* gewöhnlich gelehrt wird, nur insofern er sich den damals unter den Juden herrschenden Vorstellungen anbequemte; gegen diese Annahme spricht jedoch der Umstand, daß Christus auf dem Gebiet des religiösen Glaubens sonst nichts von Konzessionen und Akkommodationen weiß, daß also Analogien wie die von ihm allerdings gebrauchten Ausdrücke „Sonnenaufgang" und „Sonnenuntergang" schon darum nichts beweisen, weil sie mit dem religiösen Glauben direkt nichts zu schaffen haben und folglich nur scheinbare Analogien sind. Nirgends aber ist in den Evangelien und den übrigen Schriften des Neuen Testamentes von einem förmlichen Bund mit dem Teufel die Rede, durch welchen einzelnen Menschen eine übernatürliche Macht verliehen und gleichzeitig die Verpflichtung auferlegt wird, anderen auf jede Weise zu schaden. Diese Vorstellung ist vielmehr erst entstanden durch die Verbindung der genannten jüdisch-christlichen Anschauung hinsichtlich des Satans mit dem den Heiden geläufigen Glauben von schädlichen und feindseligen Gottheiten; sie ist also, insofern sie christliche Vorstellungen mit heidnischen vermengt, im Grunde selbst eine mehr oder weniger heidnische, jedenfalls eine unchristliche.

Im Laufe des Mittelalters mag sich dann, was von ähnlichen Vorstellungen unter den Völkern des Abendlandes vorhanden war, an den bereits vorhandenen, aus jüdisch-christlichen und heidnischen Anschauungen gemischten Glauben an Magie angeschlossen haben. Sobald einmal derartige Ansichten vorhanden sind, pflegen sich dieselben, solange ihnen nicht eine entgegengesetzte Weltanschauung übermächtig entgegentritt, nach allen Seiten auszudehnen und ähnliche oder verwandte Objekte in ihren Kreis zu ziehen. Auf diese Weise entwickelt sich dann aus anfänglich vereinzelten, bald mehr, bald weniger beachteten Zügen in der wahren Wissenschaft wie in der falschen nach und nach ein System. Dasjenige System, zu welchem der Glaube an Hexerei und Zauberei im Laufe der Zeit geführt hat, gehört in seinen Folgen zu den entsetzlichsten, welche die Geschichte kennt. Entwickelt aber hat sich dasselbe nur langsam und allmählich, und in seiner fertigen Gestalt tritt es erst ganz am Schluß des Mittelalters auf.

Fassen wir nun die Stellung ins Auge, welche die Kirche in den ersten Jahrhunderten nach Christus in bezug auf das Reich des Teufels einnahm, so erscheint bei den Kirchenvätern in der Tat schon ein solches; da aber Christus dasselbe durch seinen Opfertod und seine Auferstehung tatsächlich überwunden hatte, so brauchte sich der Christ vor den Dämonen nicht mehr zu fürchten. Immerhin verursachten dieselben Mißwachs und Dürre, bösartige Seuchen, ja, sie teilten sogar ihre geheimen Kenntnisse gerne gottlosen Weibern mit. Bei Augustin spukt sogar bereits die Möglichkeit der Verwandlung von Menschen in Tiere, namentlich in Zugtiere; wahrscheinlich hatte dieser in Italien eine Anekdote vernommen, welche als Lokalisierung der Metamorphosen des Apulejus zu bezeichnen ist. Die ersten christlichen Kaiser gingen auch, freilich ohne Mitwirkung der Kirche, bereits gegen Astrologen, Zauberer u. dgl. mit harten Strafen vor; am grausamsten verfuhr Valens während seines Aufenthaltes in Antiochien; doch darf nicht übersehen werden, daß das Vorgehen der dortigen Zauberer den ganz speziellen Anstrich eines Majestätsverbrechens hatte.

Im früheren Mittelalter wurde in den durch die Völkerwanderung entstandenen Reichen in solchen Fällen im ganzen mild, jedenfalls nicht wie später nach allgemein gültigen Strafgesetzen verfahren. Zwar erwähnt schon Gregor von Tours einzelne Fälle von Exekutionen an Leib und Leben sowie von denselben vorausgegangener Tortur; dieselben berühren sich jedoch insofern mit dem Verfahren des Valens in Antiochien, als auch hier die Dynastie der Merowinger ganz direkt beteiligt war, wodurch dann selbstverständlich Verschärfung der Strafe bedingt wurde. Im Zeitalter der Karolinger hingegen war man sogar schon so weit, daß man den Glauben an die Möglichkeit der Zauberei und Hexerei leugnete und sogar bestrafte; letzteres war entschieden nicht human, es verdient aber doch entschieden den Vorzug vor der Praxis späterer Jahrhunderte, welche überall böse Geister und infolgedessen auch überall mit diesen im Bunde stehende, böse Menschen zu sehen glaubten. Ihren Höhepunkt erreichte jene karolingische Auffassung in dem seit dem Jahre 900 nachweisbaren sogenannten *Kanon Episcopi*, welcher zwar mehrere Hauptzüge des späteren Hexenglaubens als verbreitete Vorstellungen annimmt, ihnen aber jede Realität abspricht und sie in das Gebiet bloßer Phantasiegebiete verweist. Die Strafe, mit welcher die damalige Kirche derartige Ansichten belegte, war die der Exkommunikation, von einer wirklichen Verfolgung der zu Bestrafenden aber mit Hilfe des weltlichen Armes war keine Rede, vielmehr trat die Kirche letzterem hier und da entgegen, wenn derselbe allzu streng einschreiten wollte. Letzteres geschah übrigens damals verhältnismäßig selten, und nur Byzanz machte schon in jenen Jahrhunderten eine unrühmliche Ausnahme. Der erste hervorragende Vertreter der abendländischen Kirche, welcher das Zauberwesen für etwas Reelles erklärte und folglich den Glauben an seine Existenz lehrte, war St. Thomas von Aquin; seine sonstige Größe und seine Bedeutung, so anerkennenswert sie auf anderen Gebieten des geistigen und kirchlichen Lebens sein mag, konnte gerade auf dem hier zu behandelnden nur unheilvoll wirken.

Dasjenige Element nun, von welchem der Glaube an die Realität des Zauberwesens ausgegangen ist, waren die Ketzer, welche ungefähr seit dem Anfang des zweiten Jahrtausends unserer Zeitrechnung in der Kirche des Abendlandes auftreten. Man dichtete ihnen ziemlich frühzeitig sakrilegische Handlungen nebst geheimer Unzucht an, wobei natürlich im einzelnen Fall nicht mehr immer zu unterscheiden ist, was der dichtenden Volksphantasie, was der bewußten Verleumdung einzelner Gegner und was etwa auch einzelnen wirklich vorgefallenen Exzessen seinen Ursprung verdankt. Einiges mag auf irriger Auffassung ihres Rituals beruhen; anderes mochte aus dem Eindruck hervorgehen, welchen das Geheimnisvolle an sich auf die Phantasie der Leute ausübt; wieder anderes erklärt sich daraus, daß die Kirche alle ihr widerstrebenden Elemente für von Gott abgefallene und folglich dem Satan zugefallene hielt und erklärte; letztere Ansicht mußte um so mehr um sich greifen, als die Zahl der ketzerischen Seelen namentlich im südlichen Frankreich und in Oberitalien notorisch eine sehr große war. Das Detail der hierhergehörigen Vorstellungen mag von sehr verschiedenem Ursprung gewesen sein. Manches erinnert an Züge des heidnischen Volksglaubens; ließt man z.B. die Vorrede, welche die Brüder Grimm ihren *Irischen Elfenmärchen* vorausgeschickt haben, so findet man hin und wieder Züge, welche auffallend mit Vorstellungen des Hexenglaubens übereinstimmen. Andererseits macht Soldan darauf aufmerksam, daß den Christen, wie wir aus *Minucius Felix* wissen, vormals ganz ähnliche Dinge zugeschrieben wurden, wie sie später der Volksglaube des

Mittelalters und zum Teil auch die Kirche desselben den Ketzern andichteten. War es törichte Verblendung, welche diese grausigen Auswüchse des Volksglaubens hervorrief, war er das Geheimnisvolle, womit manche dieser Sekten, zum Teil aus Vorsicht, ihre Zusammenkünfte umgaben, oder war es absichtliche Berechnung, welche den Grimm der Massen durch Verleumdung am sichersten glaubte gegen jene entflammen zu können, wir wissen es nicht; aber Tatsache ist, daß im zweiten Jahrtausend unserer Zeitrechnung alle bösen Künste des Heidentums wieder auflebten und nun vorzugsweise denjenigen zugeschrieben wurden, welche sich vom Glauben der Kirche losgesagt hatten. Dasjenige Ereignis, welches die Massenverfolgungen recht eigentlich hervorrief, war die weite und für die Einheit der Kirche allerdings gefährliche Verbreitung der Albigenser im südlichen Frankreich. Mit der großen Verbreitung dieser Sekte und mit der Gefahr, womit dieselbe die Kirche bedrohte, hingen nun natürlich die umfassenden Gegenmaßregeln zusammen, welche letztere zu ihrer Verteidigung ergriff, also die Errichtung der Inquisition und die Übertragung derselben an den Dominikanerorden. Und indem man die von der Kirche Abgefallenen zugleich für Verächter Gottes selbst hielt, schrieb man ihnen gleichzeitig einen förmlichen Teufelskultus zu. Der Teufel ist in der heiligen Schrift der diametrale Gegensatz Gottes, und da sich das Mittelalter bloße Gleichgültigkeit in religiösen Fragen gar nicht vorstellen konnte, machte es diejenigen, welche ihm als von Gott Abgefallene erschienen, ganz wörtlich und buchstäblich zu Anhängern und Anbetern des Teufels. Man glaubte, dieser erscheine in den Versammlungen der Häretiker persönlich in der oder jener menschlichen oder gar tierischen Gestalt und empfange in dieser die Huldigungen seiner Anhänger; diese Huldigungen selbst dachte man sich natürlich möglichst obszön. Der erste, welcher die Sache so darstellt, ist ein Theologe des zwölften Jahrhunderts, der Zisterzienser Alanus ab Insulis (von Ryssel). Die Früchte dieser Vorstellungen treten uns denn auch schon in der Übergangszeit aus dem zwölften Jahrhundert ins dreizehnte in dem berüchtigten Vertilgungskampf gegen die Stedinger entgegen. Um diese mit Erfolg bekriegen zu können, stellte man sie Papst Gregor IX. als frevelhafte Teufelsdiener und zugleich als ein auch in sittlicher Beziehung tief gesunkenes Volk dar und erwirkte durch dieses Mittel von ihm im Jahre 1232 eine Bulle, in welcher die Bischöfe des nordwestlichen Deutschlands aufgefordert wurden, gegen die Stedinger das Kreuz zu predigen. Noch entschiedener ertönt der Vorwurf des Teufelsdienstes in einer nur um ein Jahr späteren Bulle des nämlichen Papstes, in welcher von den Ketzern in Deutschland überhaupt die Rede ist. Nach dieser wird von den Häretikern zuerst ein Frosch oder eine Kröte von riesenhafter Größe auf das Maul geküßt; hierauf erscheint ein abgezehrter, bleicher Mann, welcher ebenfalls Küsse empfängt, und mit diesen letzeren verliert der Küssende jede Erinnerung an den katholischen Glauben. Darauf beginnt das Mahl, und wenn dieses zu Ende ist, steigt ein großer schwarzer Kater rückwärts aus einer Statue herab. Nun fängt das Küssen aufs neue an, zuletzt werden alle Lichter ausgelöscht, und jetzt überlassen sich sämtliche Anwesende der schändlichsten und zum Teil unnatürlichsten Wollust. Nichtsdestoweniger empfangen dieselben Leute alljährlich am Osterfest den Leib des Herrn aus den Händen des Priesters, aber nur, um die Hostie im Munde nach Hause zu nehmen und daselbst ihren Mutwillen mit derselben zu treiben. Das Detail dieser Schilderungen verdankte Gregor wahrscheinlich dem bekannten Konrad von Marburg, dessen Eifer im Aufspüren von Ketzern sogar einen Erzbischof von Mainz erbitterte und dessen Verfahren schon lebhaft an die Hexenprozesse des sechzehnten und siebzehnten Jahrhunderts erinnert. Konrad wurde bekanntlich selbst erschlagen, als er sich zu viele und zu mächtige Leute zu Feinden gemacht hatte, und die Inquisition hörte von nun an wenigstens in Deutschland auf.

Ähnliches trug sich auch in Frankreich im dreizehnten und im größten Teil des vierzehnten Jahrhunderts zu, bis das Parlament im Jahre 1390 den Hexenprozeß den geistlichen Gerichten abnahm und den weltlichen zuerkannte. Auch hier ist fortwährend von Teufelsanbetung, Buhlen mit bösen Geistern, Schädigung der Leute mittels dämonischen Beistandes usw. die Rede. Die Kirche hatte zur Ermittlung der Ketzer und ihrer Lehren die Inquisition eingerichtet und diese dem Dominikanerorden übertragen, seit dem Jahre 1232 ging dann dieselbe ihren geregelten Gang. Das Ansehen der Bischöfe wurde durch die Inquisitoren und die ab und zu erscheinenden päpstlichen Legaten unaufhörlich gelähmt. Indessen hätte das alles noch lange nicht genügt, wenn nicht seit dem Anfang des dreizehnten Jahrhunderts das prozessualische

Verfahren ein anderes geworden wäre. Bis dahin hatte nämlich im kanonischen Recht wie sonst das Akkusationsverfahren geherrscht, und niemand war zur Untersuchung gezogen worden, gegen den nicht ein bestimmter Kläger aufgetreten war. Das wurde jetzt anders, als an die Stelle des Akkusationsverfahrens das Inquisitionsverfahren trat, und als dieses zugleich durch die Einführung der Tortur verschärft wurde. Es liegt in der Natur der Sache, daß man ohne letztere schwerlich viele Geständnisse erreicht hätte; um also bei Verdächtigen solche zu erzielen, griff man seit der Zeit Innozenz IV. zur Anwendung der Folter, welche man aus dem römischen Recht entlehnte. Man inquirierte jetzt auf bloßen Verdacht hin, und wo man Kläger hatte, da war man in bezug auf ihren sittlichen Charakter nicht gerade wählerisch, nannte auch überdies dieselben dem Beklagten nicht. Daß auf diesem Weg grundlosen Anklagen, welche oft genug ganz unlauteren Motiven entspringen mochten, Vorschub geleistet wurde, liegt auf der Hand. Dazu kam aber noch, daß das Vermögen der Verurteilten konfisziert wurde und großenteils der Inquisition anheimfiel, was natürlich den Eifer dieser Behörde nicht gerade verminderte. Und nun hatten sich die Vorstellungen von der Macht des Teufels und seines Einflusses auf menschliche Angelegenheiten bereits so sehr entwickelt, daß die Hexerei gleichsam nur wie ein höherer Grad der Zauberei erschien und daß derjenige, welcher ein Ketzer war, schon deswegen riskieren mußte, gleichzeitig für einen Zauberer angesehen zu werden. Von diesem Verdacht sich zu reinigen, war schwer, ja, beinahe unmöglich; denn durch die Folter wurde der Schwerpunkt des Prozesses in das Geständnis des Beklagten verlegte letzteres aber war eben infolge der Tortur kein freiwilliges, sondern ein erzwungenes. Eine objektive Ermittlung der Tatsachen war eigentlich von vornherein unmöglich, wie denn überhaupt notorisch niemals Hexen beim Hexensabbat überrascht wurden. So konnte es, allerdings in viel späterer Zeit, vorkommen, daß einige Weiber, welche im Verdacht standen, ein totes Kind ausgegraben und zu einem Hexenbrei gekocht zu haben, verbrannt wurden, ohne daß es jemandem eingefallen wäre, auch nur das betreffende Grab zu öffnen und den objektiven Tatbestand zu konstatieren. Der Fall gehört zu dem sogenannten Lindheimischen Hexenprozeß vom Jahre 1661, hätte aber in der nämlichen Form und mit dem nämlichen Resultat auch im dreizehnten Jahrhundert vorkommen können. Übrigens sollte die Tortur nicht nur das eigene Geständnis eines Angeklagten, sondern auch das Nennen von Mitschuldigen bezwecken.

In dieser Weise war nun die Inquisition in Frankreich vom Anfang des dreizehnten bis zum Ende des vierzehnten Jahrhunderts tätig, während sie z.B. in Italien damals noch nicht recht gedieh und in Deutschland durch den übertriebenen Eifer Konrads von Marburg ihren Einfluß meistenteils verloren hatte. Doch fehlte es auch nicht an Widerspruch, indem weltliche Behörden jeder Art, ja, sogar Bischöfe oft und vernehmlich gegen ihr Verfahren protestierten. Die Stellung eines Inquisitors konnte sogar eine gefährliche werden, wenn das Volk, wie es zuweilen wohl geschah, sich selbst half und die verhaßten Ketzerrichter erschlug. In anderen Fällen war sie freilich auch eine dankbare und populäre; denn Hexen und Zauberer, welchen man Krankheiten von Menschen und Tieren, Mißwachs, Hagel u. dgl. zuschrieb, glaubte man auch gleich anderen Bösewichtern vertilgen zu dürfen, und so war der Hexenrichter gleichsam ein Wohltäter der geplagten Menschheit. Die Menge war natürlich in solchen Fragen in bezug auf ihr Verhalten unberechenbar und schwankend, wie sie es in Fragen, welche nicht gerade mit dem Beruf des einzelnen zusammenhängen, von jeher gewesen ist und auch immer sein wird. Das eine Mal brauchte sie gegen Hexenrichter und Inquisitoren Gewalt, und das andere Mal leistete sie ihnen Vorschub und ermunterte sie sogar durch Denunziationen; ihre leitende Motive waren meist durch persönliche Eindrücke wie Haß, Mitleid oder Mißtrauen und nicht durch bestimmte Grundsätze bedingt. Daß unter Umständen auch der Brotneid eine Rolle spielen konnte, zeigt das Schicksal des paduanischen Arztes Pietro von Abano, welcher notorisch dem Neid eines Kollegen zum Opfer fiel.

Während aber in Frankreich die Macht der Inquisition in Beziehung auf das Zauberwesen abnahm, trat dieselbe dafür in den angrenzenden Ländern bald da, bald dort auf. Einen der merkwürdigsten Belege hierfür liefert der große Waldenserprozeß von Arras im Jahre 1459; er zeigt namentlich deutlich, wie man aus den Leuten alles, was man nur wollte, herausfoltern konnte. Enguerran de Monstrelet, unser Gewährsmann, sagt es in seiner Schilderung mit dürren Worten heraus: „Povr ceste folie furent prins et emprisonnez plusieurs notables gens de ladicte ville d' Arras, et autres moindres gens, femmes folieuses et autres: et furent tellement gehinez et si terriblement tormentez, que les vns confesserent le cas leur estre tout ainsi aduenu, comme dit est. Et outre plus confesserent auoir veu et cogneu en leur assemblée plusieurs gens notables, Prelats, seigneurs et autres gouuerneurs de bailliages et de villes: voire tels selon commune renommée, que les examinateurs et les juges leur nommoient, et mettoient en bouche: si que par force de peines et de tormens ils les accusoient, et disoient que voirement ils les y auoient veuz." Noch deutlicher als Monstrelet ist Jacques du Clercq, bei welchem namentlich das Erscheinen des Teufels und dessen Verehrung mit aller nur wünschenswerten Deutlichkeit beschrieben ist: „Que quant ils voulloient aller à ladicte vaulderie, d'ung oignement que le diable leur avoit baillié, ils oindoient une vergue de bois bien petite, et leurs palmes et leurs mains, plus mectoient cette verguette entre leurs jambes, et tantost ils s'envoloient où ils voulloient estre, par-desseure bonnes villes, bois et eaues; et les portoit le diable au lieu où ils debvoient faire leur assemblée; et en ce lieu trouvoient l'ung l'aultre, les tables mises, chargiées de vins et viandes; et illecq trouvoient ung diable en forme de boucq, de quien, de singe et aulcune fois d'homme; et là faisoient oblation et hommaiges audict diable et l'adoroient, et luy donnoient les plusieurs leurs ames, et à peine tout ou du moings quelque chose de leurs corps; puis baisoient le diable en forme de boucq au derrière, c'est au cu, avec candeilles ardentes en leurs mains; Et, après celle hommaige faicte, marchoient sur la croix et cacquoient de leur salive sus, en despit de Jésus-Christ et de la saincte Trinité; puis montroient le cu devers le ciel et le firmament, en despit de Dieu. Et après qu' ils avoient touts bien bu et mangié, ils prenoient habitation charnelle touts ensemble, et mesme le diable se mectoit en forme d'homme et de femme; et prenoient habitation, les hommes avecq le diable en forme de femme, et le diable en forme d'homme avec les femmes, etc." Hier finden sich also sämtliche Hauptzüge des späteren Hexensabbats schon beisammen: das Ausfahren auf Stökcken, die Mahlzeit, der obszöne Teufelskult; das Buhlen mit dem Satan, das Treten und Bespeien des Kreuzes. Bezeichnend für die Vermischung von Ketzertum und Hexentum ist außerdem noch der Name „vauderie" (Waldenserei). Aus Monstrelets Bericht ist namentlich noch hervorzuheben, daß die Geständnisse und das Nennen von angeblich Mitschuldigen durch die Qualen der Folter erzwungen wurden.

Häufig rief übrigens die Anwendungen narkotischer Substanzen visionäre und ekstatische Zustände hervor, und dann bildeten sich namentlich die Weiber, auch ohne gefoltert zu werden, ein, den Hexensabbat wirklich mitgefeiert zu haben. Schon Weier kannte derartige Salben und nennt als Bestandteile derselben u.a. „aconitum" und „solanum somniferum". Die Frage, ob die Fahrt in der Wirklichkeit oder nur in der Einbildung der Hexen existierte, wurde von verschiedenen Autoren sehr verschieden beurteilt; wir müssen uns natürlich für letzteres entscheiden.

Übrigens mag zu dem Salben auch der Genuß narkotischer Mittel, z.B. des Bilsenkrauts, des Stechapfels, vielleicht auch des Opiums oder Hrachichs gekommen sein, durch welche bekanntlich ähnliche Empfindungen hervorgerufen werden. Doch ist in unseren Quellen in der Regel von Salben und nicht vom Genießen die Rede; die Genußmittel scheinen eher anderen beigebracht worden zu sein, was indessen den eigenen Genuß derselben von Seite der Hexen keineswegs ausschließt.

Wer an der Realität der Hexenfahrten festhielt, der brachte als Beweis anekdotenhafte Erzählungen vor, welche sich jahrhundertelang durch die Literatur des Mirakel- und Zauberwesens schleppten, an und für sich aber zu keiner Zeit und an keinem Ort wirklich geschehen waren. Dahin gehört z.B. die Frau, welche in der Nacht von Bergamo nach Venedig flog und welcher ihre Tochter das Kunststück nachmachte, ferner die Frau des Inquisitionsnotars in Lugano, welche man „nudam verendaquo praemonstrantem" in einem Winkel des Schweinestalles fand und welche gestand, sie sei auf der Fahrt gewesen; dann die bekannte Erzählung von dem Priester Johannes Teutonicus, welcher im Jahre 1271 in der Heiligen Nacht in Halberstadt, Mainz und Köln der Reihe nach zelebrierte, Fausts Zaubermantel u.a.m. Oder man suchte die Beweise in der Heiligen Schrift und fand sie daselbst in dem, was von Henoch, Elias und Habakuk erzählt wird, oder in der Erzählung von der Versuchung Christi durch den Satan auf dem Berg, wo indessen Matthäus 4,8 keineswegs nötigt, an eine Fahrt durch die Luft zu denken. Im *Simplicissimus* salben die Hexen nicht sowohl sich selbst als die Besen, Stöcke oder Bänke, auf welchen sie die Luftfahrt zu machen gedenken.

In dieser Weise, durch das Zusammenwirken der Tradition, des Glaubens an einen leibhaftig auftretenden Satan, durch die Einseitigkeit und Befangenheit der durchschnittlichen Bildung des Mittelalters und durch gewisse die Phantasie künstlich aufregende Mittel gestaltete sich der Boden allmählich günstig für die Aufstellung eines vollständigen, den Schein wissenschaftlicher Gründlichkeit tragenden Systems. Die Quintessenz dieses Systems enthält unstreitig der *Hexenhammer*, das berühmteste und mehr oder weniger auch das offiziellste der hierhergehörigen Bücher. Er ist aber keineswegs das älteste; schon das *Directorium Inquisitorum* des spanischen Dominikaners Nicolaus Eymericus (†1393) enthält, obschon zunächst mehr gegen die Ketzerei als gegen die Hexerei gerichtet, auch für den Hexenrichter mancherlei Material, ganz abgesehen davon, daß man überhaupt beide Erscheinungen gar nicht trennte. Von ähnlicher Art ist der *Liber insignis de maleficis et eorum deceptionibus* des deutschen Dominikaners Johannes Nider (†1440) und das etwas spätere *Flagellum haereticorum fascinariorum*, welches Nicolaus Jaquier im Jahre 1458 verfaßte. Alle aber überragt entschieden der berüchtigte *Hexenhammer* (*Malleus maleficarum*) der Kölner Inquisitoren Sprenger und Institoris. Die Entstehungsgeschichte dieses Buches ist folgende. Die genannten beiden Ordensmänner waren bei ihrer praktischen Amtstätigkeit im Aufspüren von Hexen und Zauberern vielfach auf Widerstand gestoßen; sie wandten sich infolgedessen an den damaligen Papst Innozenz VIII. und suchten sich durch dessen Autorität den Rücken zu decken. So erschien denn am 5. Dezember des Jahres 1484 die päpstliche Bulle „Summis desiderantes affectibus", durch welche das Aufsuchen der Hexenmeister und Hexen zur förmlichen Pflicht gemacht und eigentliche Inquisitoren, meist Predigermönche, ernannt wurden. Aber auch jetzt fehlte es an manchen Orten noch nicht an Widerspruch, und so entschlossen sich denn die beiden Kölner ein förmliches Lehrbuch des Hexenwesens und des Hexenprozesses herauszugeben, welches 1487 hauptsächlich von Sprenger verfaßt und 1489 zum ersten Mal gedruckt herausgegeben wurde; eben dieses Lehrbuch ist der *Malleus maleficarum*. Der persönliche Charakter der beiden Mönche ist uns zu wenig bekannt, als daß wir mit Sicherheit entscheiden könnten, ob sie ihr Buch in guten Treuen und in der vollen Überzeugung, einem wirklichen Schaden entgegenzutreten, geschrieben haben, oder ob sie den weitverbreiteten Glauben an Hexerei nur als Mittel benutzten, um auf diesem Wege der Ketzerei um so leichter beikommen zu können. Wir müssen uns ohnehin hüten, aus den Folgen des Werkes unumstößliche Schlüsse hinsichtlich des Charakters seiner Verfasser zu ziehen; der Umstand z.B., daß wir Männer von unbestritten edler Denkungsart, wie Johannes Trithemius einer war, oder relativ Fortgeschrittene wie Johannes Fischart als Übersetzer von Bodins Dämonomanie in denselben Bahnen wandeln sehen, nötigt uns jedenfalls zur Vorsicht in unserem Urteil. Im Grunde liegt auch wenig an dieser Frage, insofern die Verschmelzung von Hexerei und Ketzerei und die Rohheiten in der Führung der Hexenprozesse doch in der Hauptsache nicht das Werk der Willkür eines Einzelnen sein können, und insofern die Verfasser der genannten Werke doch mehr die zufälligen Vertreter allgemein verbreiteter Ideen als nur die ihrer persönlichen sind. Jedenfalls aber ist das Buch hinsichtlich seiner Folgen eines der entsetzlichsten, welche die Geschichte kennt. Es rief auch, eben weil es der Träger weit verbreiteter Ideen war und vermeintlichen Übelständen abzuhelfen schien, eine ganz beträchtliche Literatur von verwandtem Inhalt hervor, unter welchen die Werke von Jean Bodin, Nicolaus Remigius und Martin Delrio die wichtigsten sind. Der *Hexenhammer* wird in diesen durchweg als glaubwürdige Quelle benutzt, das abgeschmackteste Zeug, das er enthält, pietätsvoll nacherzählt und gelegentlich durch Zusätze, welche der eigenen Erfahrung entnommen sind, verbessert und erweitert. An den Grundlagen desselben haben freilich diese Fortsetzer nichts verändert.

An und für sich beginnt das Werk damit, daß es die Hexerei zum Dogma erhebt und den Zweifel an ihrer Realität als Ketzerei bezeichnet. Nun folgt eine Anschwärzung und Herabwürdigung des weiblichen Geschlechts, welche in ihrer Art wohl einzig sein dürfte. Die Sprichwörter Salomos, die Sentenzen Ciceros und Senecas, die ganze kirchliche und profane damals zugängliche Literatur, kurz alles, was den beiden Kölnern zu Gebote stand, mußte als Beweis für den Satz dienen, daß die Weiber im Grunde durch und durch schlecht seien. Zu bedauern bleibt allenfalls noch, daß sie den Simonides von Amorgos nicht auch noch gekannt haben, dessen Ausspruch mehr als alles andere mit Sprengers und Institoris Theorien übereinstimmt. Das Weib erscheint hier als ein notwendiges Übel, der Hagestolz als der glücklichste aller Sterblichen, und ohne die Frauen wäre die Erde ein wahres Paradies (conversatio deorum). Der Vorwurf der Schwatzhaftigkeit klingt noch relativ unschuldig; Sprenger wirft ihnen aber auch Unglauben (infidelitas), Ehrgeiz (ambitio) und Üppigkeit (luxuria) vor. Die größten Staaten sind durch die Schuld der Weiber zugrunde gegangen; Helena, Jesebel und Cleopatra beweisen es zur Genüge.

Der ganze *Hexenhammer* zerfällt in drei Teile. Der erste derselben ergeht sich in Erörterungen von allgemeinerer Art und in der Zusammenstellung zahlreicher Fälle und Belege. Der zweite handelt von den verschiedenen Gattungen des Zauberwesens, später auch von den Gegenmitteln und Vorsichtsmaßregeln. Der dritte endlich behandelt das gerichtliche Verfahren; er ist der weitaus interessanteste, weil er in der Praxis die größte und wirksamste Rolle gespielt hat.

Die Bulle *Summa desiderantes affectibus* hatte zunächst das Suchen von Zauberern und Hexen veranlaßt, und der *Hexenhammer* tat dasselbe, ja, er ging sogar noch weiter und erlaubte das Inquirieren auch ohne Anklage auf bloßen Verdacht hin. Verdächtig aber konnte man auf die unschuldigste Weise von der Welt werden. Im Jahre 1570 geriet zu Altheim im Gebiet von Kurmainz eine Frau in den Verdacht, eine Hexe zu sein, weil sie beim Ausbruch eines Gewitters gesagt hatte, das Wetter möge ihretwegen alles zerstören. Ebenso erging es einer anderen, welche beim Heuen infolge von Ermüdung sagte: „Wenn nur der Teufel das Heu holte!“ Da sich unglücklicherweise gerade ein Sturmwind erhob und das Heu wegtrieb, wurde die

Frau alsbald als Wettermacherin gefänglich eingezogen. Zuungunsten eines Angeklagten konnte jeder, auch der Verworfenste, zeugen; wer hingegen in der Verteidigung eines Unglücklichen zu eifrig war, geriet selbst in Verdacht. In der Regel aber gewährte man den Hexen weder einen Rechtsbeistand noch das Recht der Appellation. Plötzliche und peinliche Hausdurchsuchungen empfiehlt der *Hexenhammer* ebenfalls angelegentlich. In Schottland soll sogar die Sitte aufgekommmen sein, daß die Inquisitoren einfach einen Kasten mit einem Spalt im Deckel aufstellten; dann konnte jeder anonym Zettel mit den Namen angeblicher Hexen oder Zauberer in denselben werfen, ohne die Rache derselben fürchten zu müssen. Die Angeklagten waren in der Regel sowieso verloren. Bekannten sie sich schuldig, so waren sie es selbstverständlich; hatte aber jemand alle Qualen der Tortur standhaft ausgehalten, so geriet er in den Verdacht, vom Teufel unterstützt zu werden. Überhaupt fürchtete man die Hexen, auch wenn dieselben sich in der denkbar hilflosesten Lage befanden. Ihr Blick, glaubte man, könne den Richter zum Mitleid bewegen; wie ungegründet diese Furcht an sich war, geht schon daraus hervor, das beinahe nirgends von mitleidigen Richtern die Rede ist. In katholischen Gegenden kam es wohl auch vor, daß die Richter, bevor sie das Gefängnis betraten, dieses mit Weihrauch erfüllten und sogar die Folterinstrumente mit Weihwasser besprengen ließen, um sich gegen etwaigen Schaden sicherzustellen. Ohnehin dachte man sich den Teufel auch innerhalb der Kerkermauern als Beistand der Hexen immer noch tätig. Wurde eine solche während der Tortur vom

Starrkrampf befallen, so daß sie wenigstens äußerlich keinen Schmerz zu empfinden schien, so hieß es, der Teufel habe sie in Schlaf versenkt. Erlag dieselbe den Qualen der Folter, so mußte ihr der Satan den Hals umgedreht haben. Wurde endlich eine als Hexe eingekerkerte Weibsperson während ihrer Haft schwanger, so hatte sie selbstverständlich nicht mit dem Kerkermeister oder einem Henkersknechte, sondern wieder mit dem Teufel zu tun gehabt; und doch kam es notorisch hin und wieder vor, daß jene die Hilflosigkeit der Gefangenen zur Befriedigung ihrer Begierden mißbrauchten.

Was die Tortur betrifft, so empfahlen manche den Richtern, die Angeklagten vorher mit den Schrecken derselben bekannt zu machen, um sie zu einem mehr oder weniger freiwilligen Geständnis zu bringen. Eigentlich sollte dieselbe nur einmal angewandt und nicht wiederholt werden; man wußte sich indessen, wenn der Angeklagte auf der Folter alles, was man von ihm wissen wollte, gestand und es hernach widerrief, mit einer Wortverdrehung zu helfen, indem man die abermalige Anwendung der Tortur nicht Wiederholung, sondern einfach Fortsetzung nannte. Dieses sogenannte Fortsetzen war um so entsetzlicher, als man sich mit den Zahlen gerade wie mit den Worten die vollständigste Begriffsverwirrung erlaubte und unter dem Namen bloß einer als solcher aufgezählten Mißhandlung sich mehrere voneinander verschiedene erlaubte.

Mancherlei Umstände wirkten überdies noch ein, den Eifer der Richter anzuspornen und die Verzweiflung der Angeklagten zu steigern. Zunächst fielen die Güter der

Verurteilten teils ganz, teils als Sporteln den Richtern zu; auch diese Einrichtung war anfänglich mit der Inquisition verbunden gewesen und von dieser in den Hexenprozeß übergegangen. Dazu mochte noch der Umstand kommen, daß die Gerichte, wenn sie einmal bis zur Tortur geschritten waren, hinterher nicht gerne gestanden, daß sie sich geirrt hätten. Auch der Henker hatte seinen Anteil an den Exekutionen; in Hitzacker z.B., im Fürstentum Lüneburg, soll ein solcher bei der sogenannten Wasserprobe betrügerisch verfahren sein, um durch den Tod möglichst vieler persönlich möglichst viel zu gewinnen. Selbst über den Scheiterhaufen und über das Grab hinaus konnte sich die Verfolgung erstrecken; der Spanier Torreblanca z.B. fordert in seiner *Dämonomanie* Zitierung der Erben, falls der Schuldige vor der Exekution gestorben sei. Ohnehin hielt man das ganze Unwesen für erblich, oder man glaubte, die Weiber pflegten ihre Männer und die Mütter ihre Töchter dazu zu verführen. In Sachsen kam es in der zweiten Hälfte des siebzehnten Jahrhunderts sogar vor, daß die beiden Kinder eines Verurteilten ebenfalls getötet wurden, und zwar noch bevor der Vater den Scheiterhaufen bestieg.

Zu den erschwerenden Umständen, welche den Prozeß begleiteten, gehören in erster Linie die Rohheit der Henker und Gefängniswärter, zuweilen auch der Richter; man betrachte nur auf altdeutschen Gemälden, Holzschnitten oder Kupferstichen, welche die Passion oder die Leiden irgendeines christlichen Märtyrers zum Gegenstand haben, die entschieden aus dem Leben gegriffenen Physiognomien der Henker. Dann mochten in manchen Fällen auch die Sorgen der Eingekerkerten um ihre Angehörigen in Betracht kommen; denn wer von einer Person abstammte, welche wegen Zauberei verurteilt war, galt selbst für verdächtig oder wenigstens für „unehrlich“; letzterer Makel haftete übrigens auch an denjenigen, welche bloß der Hexerei verdächtig, aber nicht überführt waren. So war es denn auch kein Wunder, wenn hier und da Eingekerkerte ihrer Hinrichtung zuvorkamen und ihren Leiden durch Selbstmord ein freiwilliges Ende machten. Das Schlimmste aber von allem war, daß die Entdeckung und Überführung einzelner häufig eine Reihe neuer Verhaftungen, Untersuchungen und Verurteilungen nach sich zog. Eine der häufigsten Fragen war nämlich die nach vorhandenen Mitschuldigen, wobei natürlich die Folter ebenfalls in Bewegung gesetzt wurde. Außerdem läßt sich denken, daß in solchen Fällen neben jener etwa auch der Neid und die Bosheit bereits Angeklagter die Verhaftung anderer zur Folge hatten. Es half auch wenig, daß in Frankreich schon seit 1390 und in Deutschland seit der Reformation der Hexenprozeß von den geistlichen Gerichten an die weltlichen überging; denn das Verfahren blieb im ganzen das nämliche, ja, es scheint sogar, als ob die Diener des weltlichen Gerichts sich im sechzehnten und siebzehnten Jahrhundert vor denen des früheren geistlichen durch noch größere Rohheit ausgezeichnet hätten.

In zweifelhaften Fällen bediente man sich wohl zur Ermittlung der Schuld oder Unschuld eines Angeklagten der sogenannten Hexenwaage; als allzu leicht empfundene Personen galten dann für verdächtig, wahrscheinlich weil man ihre Leichtigkeit mit der den Hexen zugeschriebenen Fähigkeit des Fliegens in Verbindung brachte. Namentlich berühmt war die Hexenwaage von Oudewater in Holland, angeblich ein Geschenk Kaiser Karls V. Zu Szegedin in Ungarn wurden im Jahre 1728 sechs Hexenmeister und sieben Hexen verbrannt, und es soll unter diesen dreizehn Personen keine mehr als ein Lot gewogen haben. Tatsache ist, daß die Rettung der Angeklagten davon abhing, daß sie schwerer waren, als man angenommen hatte. Die Waage von Oudewater funktionierte im Jahre 1754 zum letzten Mal.

Sodann kam zweitens die Wasserprobe vor. Hier hätten eigentlich fast alle Hexen untersinken und folglich gerettet werden müssen. Es kam aber vor, daß die Henkersknechte, weil sie von der Exekution Vorteil hatten, den Strick so hielten, daß jene nicht sinken konnten. Zu Delten in Oberyssel wurde die Wasserprobe noch im Jahr 1823 angewandt, und die angebliche Hexe ging siegreich aus derselben hervor. Hingegen scheint die Feuerprobe, nachdem der *Hexenhammer* sie verworfen hatte, schon früh außer Gebrauch gekommen zu sein.

Die sogenannte Tränenprobe bestand darin, daß es Gefolterten zugute kam, wenn sie während der Tortur Tränen vergießen konnten, indem diese für ein Zeichen wahrer Reue angesehen wurden. Konnten sie hingegen nicht weinen, so galt das als Beweis ihrer Schuld, weil man das Ausbleiben der Tränen dem Beistand des Teufels zuschrie. Dem Teufel aber lag natürlich viel daran, daß die Gefangenen nicht freigesprochen wurden, weil er ihren Tod und ihren Einzug in die Hölle wünschte, ihre Bekehrung hingegen fürchtete. Aus dem nämlichen Grund half er ihnen auch trotz seinen Zaubermitteln nicht aus dem Kerker, woran ihn übrigens auch Gott gehindert hätte.

Fand sich endlich am Körper einer Angeklagten irgendein Mal, aus welchem nach wiederholtem Hineinstechen kein Blut floß, so wurde dieses ebenfalls dem Teufel zugeschrieben; es ist dieses das sogenannte Teufelsmal (stigma diabolicum). Natürlich führte das Suchen nach einem solchen Zeichen dazu, daß man die Angeklagten, also auch Frauen und Jungfrauen, völlig entkleidete und ihnen, um ja nichts zu übersehen, die Haare an allen Teilen des Körpers abrasierte oder abbrannte. Für untrüglich galt das Stigma freilich nicht; denn erstens nahmen manche an, der Satan zeichne nicht alle, die sich ihm ergeben hätten mit demselben, sondern bloß diejenigen, welchen er nicht ganz traue; und außerdem glaubte man auch, das Mal könne gelegentlich von selbst wieder verschwinden.

War ein vermeintlicher Teufelsdiener oder eine Hexe der zeitlichen Strafe aus diesem oder jenem Grund entgangen, so fielen dieselben natürlich der ewigen desto sicherer anheim. Das bekannteste hierhergehörige Beispiel liefert die Sage von Doktor Faust. Als der böse Geist demselben nach Verabredung vierundzwanzig Jahre lang gedient hatte, holte er ihn in der Mitternachtsstunde aus seinem Zimmer; dieses war hernach „voller Bluts gesprützet“, das Hirn des Frevlers klebte an der Wand, auch lagen seine Augen „vnd etliche Zäen“ noch da; zuletzt fand man draußen auf dem Mist auch noch den zerschmetterten Leichnam. So meldet das älteste Faustbuch vom Jahre 1587. Eine viel ältere Erzählung von teilweise ähnlicher Art findet sich aber schon bei Wilhelm von Malmesbury: Zu Berkeleya in England war eine Hexe gestorben. Vor ihrem Tod hatte dieselbe verordnet, man solle ihre Leiche in eine Hirschhaut nähen, dann in einen steinernen Sarg legen und auf letzteren einen schweren Stein mit drei eisernen Ketten befestigen; dazu sollten fünfzig Priester Tag und Nacht singen. Allein schon in der ersten Nacht erbrachen die Dämonen während der Messe die Kirchtür und die beiden äußeren Ketten, während die dritte einstweilen noch unbeschädigt blieb. In der dritten Nacht erschienen sie dann wieder, und einer unter ihnen von besonders schrecklicher Gestalt befahl der Toten aufzustehen. Diese antwortete, sie könne nicht; da zerbrach der Geist die Kette wie einen Strick aus Hanf, öffnete den Sarg und zerrte die Leiche heraus. Vor der Kirche stand ein schwarzes Pferd mit einem eisernen Hacken auf dem Rücken; auf diesen setzte der Böse die Tote, und alsbald verschwand dieselbe mit den Dämonen; doch wurde ihr Geschrei noch vier Meilen weit gehört.

Natürlich war auch der Hexenprozeß trotz seiner verhältnismäßig sehr ausgebildeten Konsequenz gewissen Schwankungen in bezug auf Ort und Zeit wie auf Stand und Persönlichkeit seiner Opfer unterworfen. So erfahren wir z.B. sogar aus Köln, dem Aufenthaltsorte Sprengers, daß der Rat das ganze sechzehnte Jahrhundert hindurch mild verfuhr und sich mit vorübergehender Einkerkerung und öffentlicher Ausstellung der Angeklagten begnügte. Größere Strenge trat erst im siebzehnten Jahrhundert ein, besonders während der Jahre 1627 bis 1632;

der Erzbischof hatte 1629 vom Rat dieselbe verlangt, ja, er hatte denselben darauf aufmerksam gemacht, daß die Stadt wegen der relativen Sicherheit, welche sie den Verdächtigen biete, von diesen vorzugsweise aufgesucht werde. Immerhin war auch jetzt noch ein Mehr von drei Stimmen erforderlich, wenn eine Exekution eintreten sollte, ferner sollte die Aufsuchung des Stigmas durch die Schöffen vorgenommen werden und nicht dem Henker überlassen sein. Das Vermögen der Verurteilten wurde nicht konfisziert, und letztere hatten folglich nur die Prozeßkosten zu tragen. Die Verdachtsgründe wurden von drei Schöffen und drei Ratsherren geprüft, die Verhaftung der Verdächtigen hing vom Rat ab, Grefe und Schöffen führten hingegen den Prozeß. Schon im Jahre 1655 fand die letzte Exekution statt. Leider aber verzeichnet die Geschichte Kölns während der kurzen Schreckenszeit zwischen 1627 und 1632 die Verurteilung der edlen unschuldigen Katharina Henot.

Was Stand und Persönlichkeit der Opfer betrifft, so war allerdings die Zahl der vom Hexenprozeß verschonten Kreise keine gar große. Es waren zunächst die fürstlichen Dynastien der einzelnen Länder, ferner die höchsten Würdenträger der Kirche, also Päpste, Kardinäle, Erzbischöfe und Bischöfe. Nur Philipp Adolf von Ehrenberg, Fürstbischof von Würzburg, wurde, als in den Jahren 1627 bis 1629 in seiner Residenz die Verfolgungen einen geradezu unerhörten Grad erreicht hatten, von den Angeklagten als mitschuldig bezeichnet. Damit hörten dann freilich die Verfolgungen auf, und der betrogene Prälat sah sich sogar veranlaßt, für die zahlreichen Opfer der genannten Jahre eine kirchliche Gedächtnisfeier zu stiften. Sonst aber konnte kein Geschlecht, kein Alter, kein Stand, weder Reichtum noch Schönheit vor Anklagen schützen. Sidonia von Bork, einst das reichste und schönste pommersche Edelfräulein, wurde im achtzigsten Jahre zu Anfang des siebzehnten Jahrhunderts auf dem Rabensteine vor Stettin enthauptet und verbrannt, ihr angebliches Hexenwerk wurde in einem Hängeschloß ins Meer versenkt. Die Würzburger Verzeichnisse der wegen Zauberei Hingerichteten nennen neben dem „dicksten Burger" noch die „schönste Jungfrau" der Stadt. Wenn die Mehrzahl der Opfer des Hexenwahns dennoch vorzugsweise den niederen Ständen angehört, so mag sich dieser Umstand zum Teil aus der größeren Zahl der geringeren Leute, zum Teil aber auch daraus erklären, daß man mit Bürgern der unteren Klassen, Bauern, Dienstboten u. dgl. weniger Umstände zu machen pflegte und daß dieselben seltener Schutz und Verwendung finden mochten. Was die Geistlichkeit betrifft, so war der mittlere und der niedere Klerus nichts weniger als absolut sicher; es gibt im Gegenteil Schriftsteller, welche wie z.B. Godelmann behaupteten, die Geistlichen seien vorzugsweise Zauberer, oder welche wie Remigius den verschiedenen Orden der römischen Kirche und namentlich den Jesuiten mit Vorliebe Kenntnisse und Tätigkeit auf dem Gebiet der Schwarzen Magie andichteten. Wo aber die Anklage nicht hinreichte, da ließ man wenigstens der Verleumdung freien Lauf, und dieser sind denn auch Könige und Päpste nicht entgangen. Unter den Päpsten des Mittelalters standen nicht weniger als sechs im Geruch der

Zauberei, nämlich Sylvester II., Benedikt IX., Johann XX., Johann XXI., Gregor VII. und Alexander IV. König Karl IX. von Frankreich soll nur darum so jung gestorben sein, weil er gegen die Hexen zu nachsichtig gewesen sei, und sein Bruder Heinreich III. galt sogar selbst für einen Zauberer; er soll einen „Spiritus familiaris" besessen haben, und es erschien als Anklage gegen ihn sogar eine Schmähschrift, betitelt *Les sorcelleries de Henri de Valois, et les oblations, qu'il faisait au diable, dans le bois de Vincennes. Chez Dichier-Millot. 1589.* Häufig traf die Verleumdung Persönlichkeiten, welche sich vor anderen durch mancherlei Kenntnisse auf dem Gebiet der Natur- oder der Heilkunde auszeichneten, die der unwissenden Menge rätselhaft erscheinen mochten; eine solche Auffassung des Natürlichen mochte dadurch befördert werden, daß sich die Gelehrten im Mittelalter meist der dem Volk unverständlichen lateinischen Sprache bedienten, manchmal auch ihre Kenntnisse in symbolische Ausdrücke oder seltsam klingende Formeln verhüllten. Wenn z.B. von Albertus Magnus die Sage ging, er habe, um König Wilhelm zu bewirten, im Klostergarten der Dominikaner zu Köln mitten im Winter Blüten und Früchte der schöneren Jahreszeit hervorgezaubert und diese nach dem Schluß der Mahlzeit sofort wieder verschwinden lassen, so möchte man beinahe glauben, es habe sich in Wirklichkeit einfach um Zimmergärtnerei und Aufbewahrung von Früchten gehandelt, und Albertus habe dieses einfach besser verstanden als seine Zeitgenossen. Die Tradition mag außerdem noch mancherlei zu dem wirklich Geschehenen hinzugedichtet haben. Jedenfalls handelte es sich bei ihm noch um die sogenannte natürliche Magie (magia naturalis) und nicht um die verpönte, nur mit Hilfe böser Geister mögliche schwarze. Trithemius hingegen, der gelehrte Abt von Sponheim, ein Zeitgenosse Kaiser Maximilians I., mußte sich schon gegen den Vorwurf unheimlicher Künste verteidigen, welcher ihm unter Umständen hätte können gefährlich werden. Ohne die Möglichkeit solcher Künste zu leugnen, blieb er dabei, sich bloß mit natürlicher Magie beschäftigt zu haben, und berief sich dabei ausdrücklich auf Albertus Magnus. Seine Verteidigungsschrift führte den Titel *Apologia pro memet ipso contra eos, qui me magicis artibus operam dedisse existimant.* Man hatte ihm namentlich vorgeworfen, dem Kaiser den Schatten seiner früh verstorbenen Gemahlin Maria von Burgund auf die Erde heraufbeschworen zu haben. Und doch geht aus seinem *Antipalus maleficiorum* deutlich genug hervor, daß Trithemius in seiner Abneigung gegen die divinatorische wie gegen die operative Magie den Verfassern des *Hexenhammers* wenig nachgab; auch hier werden Dinge für möglich erklärt, werden Vorsichtsmaßregeln und Strafen empfohlen, welche der Hauptsache nach mit den Ansichten Sprengers entschieden übereinstimmen.

Der Zeit nach ist das siebzehnte Jahrhundert entschieden die Blütezeit des Teufelsglaubens und der Teufelserscheinungen. In den letzten Jahrhunderten des Mittelalters war das Hexentum vorzugsweise wegen seines angenommenen Zusammenhangs mit dem Ketzertum verfolgt worden. Dieser Standpunkt wurde natürlich auch später nie förmlich aufgegeben, im Gegenteil, wer im Verdacht stand, unheimliche Künste zu treiben, galt immer noch für von Gott abgefallen; wohl aber betonte man jetzt in viel höherem Grad den vielfachen Schaden, welcher der Menschheit durch Zauberer und Hexen zugefügt werde. Dieser bildete gleichsam die Operationsbasis, von welcher man, um schon Geschehenes zu strafen und Künftiges zu vereiteln, ausging. Selbst die *Carolina* stellt sich ganz auf diesen Standpunkt und empfiehlt, sobald wirkliche Benachteiligung anderer nachgewiesen ist, Bestrafung der Schuldigen; andererseits modifiziert sie allerdings das Strafverfahren insofern in wohltätiger Weise, als sie damit das Inquirieren auf bloßen Verdacht hin beseitigen wollte. Leider war aber bei einem System, welches ja überhaupt nur in der Einbildungskraft der Leute wurzelte und zu dessen Hauptwerkzeugen die Tortur gehörte, der Nachweis der Schuld so leicht, daß die *Carolina* die Sache selbst doch kaum zu mildern vermochte. So erklärt es sich denn, daß die Verfolgungen trotz derselben im siebzehnten Jahrhundert ihren Höhepunkt erreichen konnten. Und so dachte man sich jetzt den Teufel in jeder Situation, an jedem Ort, in jedem Kreis der Gesellschaft: „In den Burgen der Ritter, in den Palästen der Großen, in den Bibliotheken der Gelehrten, auf jedem Blatt in der Bibel, in den Kirchen, auf dem Rathaus, in den Stuben der Rechtsgelehrten, in den Offizinen der Ärzte und Naturlehrer, in dem Kuh- und Pferdestall, in der Schäferhütte – überall und überall ist in diesem Jahrhundert der Teufel." Seine Intervention in menschlichen Angelegenheiten ist eine unaufhörliche, und zwar nicht nur bei solchen, welche sich ihm ohnehin mit Leib und Seele ergeben haben. Da erscheint z.B. im Jahre 1617 eine ganze

Schar Teufel auf einem Schloß bei Danzig und lärmt und zecht in demselben mehrere Tage hindurch, nur weil der Eigentümer im Ärger über das Nichterscheinen eingeladener Gäste den Satan herbeigerufen hatte. Nach einer anderen Version trug sich die Sache in Schlesien zu; das Lokal ist natürlich in solchen Fällen, wo es sich um den Wahn eines ganzen Jahrhunderts handelt, ziemlich gleichgültig. In Braunschweig machte er bald „nach geendigtem deutschem Kriege“ mit seiner eigenen Großmutter Hochzeit. Und in Wien fuhr er sogar am 26. Januar 1667 nachts zwischen elf und zwölf Uhr Schlitten; die Wiener Polizei hatte nämlich wegen vorgefallenen Unfugs das Schlittenfahren nach zehn Uhr abends verboten, und da war es selbstverständlich Pflicht und Aufgabe des Bösen, den Behörden gegenüber das Beispiel zum Ungehorsam zu geben. Daß fremde Reisende in auffallender Tracht oder an einsamen Orten, mutwillige Gesellen, die sich zu dem oder jenem Zweck vermummt hatten, u. dgl. m. von der betörten Menge hier und da für den Teufel angesehen wurden, ist in hohem Grade wahrscheinlich; glaubte man nun, den Satan wirklich einmal zu sehen, so sorgte die Phantasie schon dafür, daß auch jede Bewegung, jeder Gesichtszug, jedes Kleidungsstück an ihm möglichst satanisch aussah. Im Riesengebirge soll es z.B. vorgekommen sein, daß die Jäger des gräflich Schaffgotschischen Hauses sich maskierten, um neugierigen Reisenden den Anblick des berühmten Berggeistes Rübezahl zu verschaffen. Am zahlreichsten waren freilich diejenigen Fälle, in welchen der Böse nur in der Einbildungskraft gefolterter oder ekstasischer Personen existierte.

Die Konstatierung eines Höhepunktes der Hexenprozesse schließt auch mancherlei Schwankungen derselben in bezug auf die einzelnen Länder Europas keineswegs aus. In Italien, dessen Zauberwesen zum Teil auf anderen Voraussetzungen beruht als das nordische, war die Praxis namentlich im Zeitalter der Renaissance eine weit mildere, obschon gerade die italienische Hexe in höherem Grade als z.B. die deutsche wirkliche Betrügerin war. In Perugia z.B. konnten sich überführte Zauberinnen nach den Gesetzen der Stadt mit vierhundert Pfund loskaufen, und auch anderswo scheint ähnliches vorgekommen zu sein; die Loskaufsumme fiel dann wahrscheinlich teilweise den Geschädigten als Schadenersatz zu. Besonders vernünftig verfuhr in dieser Frage wie noch in so mancher anderen die Republik Venedig, während z.B. in der angrenzenden Lombardei in dem einzigen Jahre 1485 bei Como einundvierzig Hexen verbrannt wurden. Im Zeitalter der Gegenreformation trat allerdings auch im übrigen Italien größere Strenge ein; nach Grillandus z.B. endigten jetzt auch in Rom und in dessen Umgebung sämtliche Hexen ihr Leben auf dem Scheiterhaufen, und in der Lombardei kam es in der Diözese Como sogar vor, daß in einem Jahr mehr als tausend Personen verhört und über hundert verurteilt wurden. Nichtsdestoweniger begnügte man sich zuweilen auch jetzt noch mit leichteren Strafen. So wurde in Bologna eine Überführte von den Dominikanern mit entblößtem Oberkörper einfach rückwärts auf einen Esel gesetzt und herumgeführt; Weier hebt diese mehr beschimpfende als schreckliche Strafe rühmend als eine verhältnismäßig leichte hervor.

Diesseits der Alpen hat unter allen Ländern entschieden Deutschland am schwersten und am nachhaltigsten unter den Schrecken des Hexenprozesses zu leiden gehabt. Allerdings nahm das ganze Unwesen später als z.B. in Frankreich größere Dimensionen an, und es ist bezeichnend, daß der Dominikaner Johannes Nider in seinem *Formicarius* die gewählten Beispiele nicht seiner eigenen Erfahrung, sondern lauter fremden, namentlich französischen Kriminalprozessen verdankt. Was aber Deutschland in dieser Hinsicht im fünfzehnten Jahrhundert versäumt hatte, das holte es im sechzehnten und siebzehnten im Übermaß nach. Vor allen anderen kommen jetzt die geistlichen Stifte, namentlich Bamberg und Würzburg, die kleineren Reichsstädte und die ritterschaftlichen Gebiete in Betracht. Die geringste Ausdehnung erfuhr das Unwesen entschieden im Herzogtum Württemberg. In Lothringen hingegen rühmte sich der herzogliche Oberrichter Nicolaus Remigius auf dem Titelblatt seiner schon mehrmals zitierten *Dämonolatrie*, während eines Zeitraums von fünfzehn Jahren etwa neunhundert wegen Zauberei angeklagte Personen verurteilt zu haben.

In der Schweiz gereicht es besonders den beiden Städten Bern und Basel zur Ehre, in dieser Frage mit Besonnenheit und Mäßigung verfahren zu sein. In Basel verdankte man es namentlich der theologischen und der juristischen Fakultät der Hochschule, daß im ganzen siebzehnten Jahrhundert nur ein einziges Todesurteil wegen Hexerei vollstreckt und daß überhaupt seit dem Jahre 1643 auch die Folter zu diesem Zweck nicht mehr angewandt wurde. Die Berner Regierung hingegen hatte, so gut sie im deutschen Kanton Bern in dieser Beziehung verfuhr, alle Mühe, bei ihren französischen Untertanen im Waadtlande den Verfolgungseifer einigermaßen zu mäßigen. Überhaupt spielte die französische Schweiz im Hexenprozeß eine viel traurigere Rolle als die deutsche, und namentlich Genf zeichnete sich nach der Reformation durch Fanatismus und scheußliche Strafen, z.B. durch Einmauern lebendiger Verurteilter aus; es sollen daselbst einmal während dreier Monate nicht weniger als fünfhundert Personen verurteilt worden sein.

England hat ebenfalls schon im Mittelalter seine Hexenprozesse gehabt, wie jedermann aus der Geschichte König Heinrichs VI. und aus dem Prozeß der Jeanne d'Arc weiß. Ihren höchsten Grad erreichten aber die Verfolgungen erst im Anfang des siebzehnten Jahrhunderts, als das Land in der Person Jakobs I. einen König erhielt, welcher sich persönlich vor dem Teufel und seinen Verbündeten notorisch fürchtete. Jakob hatte schon in Schottland, also bevor er den englischen Thron bestieg, entsetzlich gehaust; und wie in einzelnen katholischen Territorien des deutschen Reichs die Protestanten als Abgefallene in erster Linie auch der Zauberei verdächtig waren, so mußten umgekehrt in Schottland die Papisten vorzugsweise herhalten. Als der König aus Dänemark zurückkehrte, hatte er unterwegs von schweren Stürmen zu leiden, welchen er durchaus keine natürlichen Ursachen zuschreiben wollte; ein gewisser Dr. Fian, auf welchen sein Verdacht hauptsächlich fiel, wurde auf die entsetzlichste Weise gemartert und schließlich, obschon er nichts gestand, als verstockter Missetäter verbrannt. Später wütete der König in

England auf ähnliche Weise und machte sich überdies dadurch lächerlich, daß er höchst eigenhändig eine Dämonomagie schrieb. Noch schlimmer stand es womöglich in England in der Mitte des nämlichen Jahrhunderts, als Cromwell und seine Heiligen die Herrschaft in den Händen hatten. Von 1649 an wurden förmlich Treibjagden veranstaltet, bei welchen Leute von der geringsten Sorte als Witch-finder-generals (Generalhexenfinder) funktionierten und das Land beinahe zur Verzweiflung brachten, bis sich das geängstigte Volk gegen ihr Treiben erhob und jene zuletzt ebenfalls hingerichtet wurden. Damals wurden namentlich die unglücklichen Verdächtigen häufig mit der sogenannten „Tortura insomniae" gequält, mit welcher anderthalb Jahrhunderte später die Franzosen das Kind Ludwigs XVI. zu Tode marterten; man jagte nämlich die unglücklichen Gefangenen unablässig umher, so daß sie weder am Tage noch in der Nacht zum Schlafen kamen. Doppelt schlimm war es endlich, daß sich die Verfolgungen und der Wahn als solcher in der zweiten Hälfte des siebzehnten Jahrhunderts von England aus auch nach Nordamerika vererbten und dort mehrere Jahrzehnte hindurch ebenfalls ihre Opfer verlangten. Im ganzen hat sich der Glaube an Hexerei und die Verfolgung derselben in Schottland länger als in England selbst erhalten; noch im Jahre 1727 wurden in der Grafschaft Sutherland zwei Hochländerinnen, Mutter und Tochter, deshalb eingekerkert; jene wurde auch nachher verbrannt, dieser hingegen gelang es zu entkommen.

In Frankreich unterlag das Hexenwesen bedeutenden Schwankungen. Nachdem dasselbe bald nach 1270 seinen Anfang genommen hatte, ließen von 1390 an, als die Verfolgungen dem Pariser Parlamente waren übertragen worden, dieselben bedeutend nach; besonders sollen sie während der Regierung König Ludwigs XII. selten gewesen sein, und auch unter Ludwig XI., Karl VIII. und Franz I. verfuhr man im ganzen vernünftig. Etwas mehr kam die Sache unter den letzten Königen aus dem Hause Valois wieder in Schwung, ohne jedoch den eigentlichen Fanatikern vom Schlag Jean Bodins genügen zu können. Diesem ging es immer noch zu ruhig her, und er klagt u.a., daß viele die ganze Sache für eine bloße Fiktion hielten, wünscht auch, es möchten den gewöhnlichen Richtern noch außerordentliche Kommissäre beigegeben werden. Ihren Höhepunkt erreichten die Prozesse unter Heinrich IV. und Ludwig XIII. in die Regierungszeit des letzteren fallen z.B. die beiden heillosen Prozesse gegen die Geistlichen Gaufridy und Grandier, von welchen schon früher die Rede gewesen ist. Erst Ludwig XIV. war vernünftiger, indem er teils (1672) Prozesse niederschlug, teils die Untersuchung auf wirklich sakrilegische Handlungen wie z.B. Mißbrauch der Sakramente oder auf gewöhnlichen Betrug einschränkte (1682), den Teufelsbund als solchen aber und den Hexensabbat einfach ignorierte.

Auch in anderen Ländern hat es an ähnlichen Erscheinungen keineswegs gefehlt. In Schweden z.B. spielte der große Hexenprozeß von Flora in Dalekarlien, welcher zweiundsiebzig Weiber und sogar fünfzehn Kinder das Leben kostete; doch scheint hier, abgesehen von dieser allerdings fürchterlichen Katastrophe, die Sache sonst keine besonders hervorragende Rolle gespielt zu haben.

Jedenfalls trägt das Unwesen im ganzen in allen von ihm heimgesuchten Ländern so ziemlich dasselbe Gepräge, und es dürfte sich infolgedessen nach der ausführlichen Behandlung des Gegenstandes durch Soldan kaum der Mühe lohnen, die Details noch weiter zu verfolgen.

Eine Behauptung, welche schon öfters aufgestellt wurde und scheinbar manches für sich hat, ist die, die Hexenverfolgungen hätten meist nur Personen betroffen, welche sich überhaupt eines bösen Rufes erfreuten. Daß Verfolgung und übler Leumund häufig zusammentrafen, läßt sich in der Tat nicht leugnen, und nur zu oft scheint allerdings der üble Ruf eines Angeklagten, sei es als Ursache, sei es zur Motivierung des Verdachtes von Gewicht gewesen zu sein. Hierher gehört z.B. der bekannte Prozeß gegen die Mutter Keplers, Catharina Kepler geb. Guldenmann, welche nach der unverdächtigen Angabe ihres eigenen Sohnes in der Tat ein böses Weib war, welches sich durch Schwatzsucht, Neugier und Jähzorn auszeichnete. Allein die Anklägerin dieser Frau war noch weit schlimmer als die Beklagte; sie warf nämlich dieser das „crimen veneficae potionis sibi exhibitae“ vor, während ihre Leiden faktisch eine ganz andere Ursache hatten (quia sterilis arte facta). Außerdem hatte die Klägerin nie einen ordentlichen Arzt befragt, sondern „allerhandt verbottene Teüffelische mittell“ gebraucht. Nun lagen gegen die alte Kepler allerdings noch andere Anklagen vor; sie habe des Sattlers Kuh um Mitternacht geritten, so daß dieselbe sterben mußte, sie habe vom Totengräber den Kopf ihres eigenen Vaters begehrt, um aus demselben ein Trinkgefäß zu machen, sie sei bei verschlossenen Türen in die Häuser eingedrungen, Kinder und Kälber seien durch ihre Berührung krank geworden usw. Diese und andere Klagen zogen sich fünf Jahre lang hin, die alte Frau wurde im August des Jahres 1620 zum ersten Mal gefoltert, von ihrem Sohn Johannes aber verteidigt und schließlich auch im November 1621 freigesprochen und aus ihrer Haft entlassen. Indessen obschon diese, und außer ihr noch viele andere Angeklagte, sich wirklich nicht des besten Rufes erfreuten, so sind doch die notorisch nachweisbaren Ausnahmen von der eben erwähnten angeblichen Regel so zahlreich, daß die Regel selbst durch sie mehr oder weniger in Frage gestellt wird; statt von einer Regel im gewöhnlichen Sinne des Wortes und von ihren Ausnahmen zu sprechen, wird man höchstens eine Mehrzahl und eine Minderzahl von Fällen konstatieren können. Ohnehin mochte auch da, wo der Strafe etwa ein gewisses Maß von Schuld, z.B. in der Form eines verübten Betruges, einer Prellerei oder Taschenspielerei vorausgegangen war, erstere doch im Vergleich mit letzteren meist viel zu hart gewesen sein. Von jedem Vergehen wird man freilich die Angeklagten oder wenigstens manche derselben auch nicht schlechthin freisprechen dürfen. Astrologen, Horoskopsteller, Alchemisten, Schatzgräber, Geisterbanner u. dgl. haben in früheren Jahrhunderten nur zu oft die Unwissenheit und Leichtgläubigkeit der Leute ausgebeutet. Manche sind unentdeckt und folglich auch ungestraft geblieben, andere hingegen fielen den Gerichten in die Hände und büßten dann ihre an sich häufig relativ leichte Schuld mit schweren Strafen an Leib und Leben. Es lag aber einem Zeitalter, welches wie das

Mittelalter zum Teil so sonderbare Vorstellungen von Ursache und Wirkung hatte, nur zu nahe, daß mancher auch für Dinge verantwortlich gemacht wurde, welche er selbst mit dem dazu erforderlichen bösen Willen gar nicht hätte vollbringen können; man denke an das angebliche Wettermachen, an das Hervorzaubern von Ungeziefer, das Eingreifen in eheliche Verhältnisse usw. Andererseits trifft aber, wo wirklicher Betrug geübt wurde, neben dem Betrüger auch den Betrogenen ein gewisses Maß von Schuld, insofern er sich gleich jenem in das Gebiet verbotener und unheimlicher Künste einließ und es folglich im Grunde zunächst sich selbst zuzuschreiben hatte, wenn er angeführt wurde. Hier und da kam es freilich auch vor, daß bloße Taschenspielerkünste als Zauber denunziert wurden und dann wohl auch tragische Folgen haben konnten. Auch Giftmischern und Pfuschern auf dem Gebiet der Heilkunst konnte das Schicksal der Zauberer zuteil werden, wenn das Mißtrauen gegen sie einmal erwacht war; jene sind jedenfalls unter allen Opfern der Hexenprozesse die schuldigsten gewesen.

Anders verhält es sich natürlich mit dem Hexensabbat, dem Kultus des Teufels und dem fleischlichen Umgang mit demselben. Allerdings war die Phantasie der Leute zum Teil mit derartigen Vorstellungen erfüllt, und die Sache selbst nahm zuweilen förmlich den Charakter einer Epidemie an. Gleichwohl sind die hierhergehörigen Ansichten ursprünglich doch auf künstlichem Wege zu einem System geordnet und dann als solches von geistlichen und weltlichen Richtern mehr oder weniger populär gemacht worden. Die Klagen, welche das Zauberwesen betreffen, gehen weitaus in den meisten Fällen von materiellen Schädigungen durch Hexen aus, betreffen also Behexung des Viehs, Krankheiten, Ungewitter u. dgl.; allein die Gerichte bringen dann die einzelnen Punkte mit dem ganzen System in Zusammenhang und examinieren ihre Opfer in einer Weise, welche meist einen förmlichen Bund mit dem Satan als letzte Ursache erscheinen läßt. Was die Tortur in solchen Fällen leistete und in welcher Weise sie den Wünschen der Richter zu Hilfe kam, ist schon früher angedeutet worden.

Das allmähliche Aufhören der Hexenprozesse verdanken wir hauptsächlich dem achtzehnten Jahrhundert; doch sind einzelne Gegner derselben schon viel früher aufgetreten. Schon im sechzehnten Jahrhundert bekämpfte ihn der bekannte Cornelius Agrippa von Nettesheim teils in seiner Schrift *De occulta philosophia*, teils auch, indem er geradezu in einzelne Prozesse eingriff und sich der Angeklagten annahm. So hielt er im Jahre 1519 einem Dominikaner in Metz, welcher ein Bauernweib für eine Hexe erklärte, weil die Mutter bereits eine gewesen sei, vor, er sei selbst ein Ketzer, weil er mit dieser Annahme die Möglichkeit der Teufelsaustreibung durch die Taufe geradezu leugne. Es gehört ferner Agrippas Schüler Johannes Weier, Arzt in Kleve, hierher, dessen Werk *De praestigiis daemonum, incantationibus, et veneficiis* eine wahrhaft vernichtende Kritik des ganzen Hexenglaubens und Hexenprozesses enthält. Das Buch war so bedeutend, daß fortan alle Schriftsteller auf diesem Gebiet dasselbe entweder als förmliche Autorität oder als ein mit aller Energie zu widerlegendes ketzerisches Machwerk ansahen. Im siebzehnten Jahrhundert traten die beiden Jesuiten Tanner und Friedrich von Spee gegen die nämlichen Mißbräuche auf, wobei es sich übrigens zunächst weniger um den Nachweis der Unmöglichkeit des ganzen Zauberwesens als um den der Unrichtigkeit und Ungerechtigkeit des gerichtlichen Verfahrens im einzelnen Falle handelte. Etwas später folgte der niederländische Theologe Balthasar Bekker (†1698), dessen *Betooverde weereld* in den Jahren 1691 bis 1693 in drei Büchern erschien. Bekker ging auf dem Wege der Erkenntnis und der Bekämpfung des herrschenden Unsinns insofern weiter als seine Vorgänger, als er den ganzen von der Machtstellung und Tätigkeit des Teufels beherrschten Ideenkreis seiner Zeitgenossen grundsätzlich mit den Waffen seiner eigenen Wissenschaft, der Theologie, angriff; er ließ den Satan zwar existieren, aber lediglich als gefallenen Engel, und er widerlegt namentlich alle ihm zugeschriebenen Bündnisse mit den Menschen. Am wirksamsten endlich war das Auftreten des 1655 in Leipzig geborenen und 1718 in Halle gestorbenen Professors der Rechte Christian Thomasius.

Zu den theoretischen Bemühungen dieser Leute mußte freilich noch kommen, daß der Arm der weltlichen Gerechtigkeit sie unterstützte, und letzteres war gerade bei Thomasius der Fall. Agrippa von Nettesheim, Weier, Spee, ja, sogar Bekker hatten doch nur vorübergehend und nur in den Gebieten, wo sie gerade lebten, ihren Ansichten Geltung verschaffen können, und sie waren überdies zum Teil wegen derselben bald so, bald anders angegriffen und verketzert worden. Von Agrippa von Nettesheim erzählte man sich, sein Lieblingshund sei eigentlich ein böser Geist gewesen und sei nach des Meisters Tode plötzlich verschwunden oder in die Saone gesprungen. Weier war infolge seines Buches die allgemeine Zielscheibe geworden, auf welche die Wortführer des Hexenprozesses ihre Geschosse richteten; Jean Bodin z.B. schloß seine *Dämonomanie* mit einer „ebenso gelehrten als frommen Widerlegung" (opinionum Joannis Wieri confutatio non minus docta quam pia) desselben, und der Italiener Bartholomäus de Spina erblickte in ihm geradezu einen Helfershelfer des Satans. Tanner, welcher als Professor der Theologie in Innsbruck tätig gewesen war, hatte das Unglück, auf einer Reise in einem kleinen tirolischen Dorfe zu sterben. Man entdeckte in seinem Nachlaß ein Glas, in welchem sich ein großer, dunkelfarbiger, haariger und mit Krallen versehener Teufel befand. Die Leute glaubten, einen „Glasteufel", d.h. eine Art von „Spiritus familiaris" gefunden zu haben und schlossen hieraus, der Verstorbene sei ein Zauberer gewesen; sie eilten daher zum Ortspfarrer und verlangten, daß dieser die Bestattung der Leiche in geweihter Erde verbiete, der Geistliche war indessen vernünftiger als seine Bauern; er erkannte in dem vermeintlichen Glasteufel ein unter einem Mikroskop befindliches Insekt, und es gelang ihm, die Leute zu beruhigen. Noch zu Ende des siebzehnten Jahrhunderts mußte sich Balthasar Bekker durch die Synode von Alkmaar seines Amtes entsetzen lassen, und an vielen Orten wurde ihm die Teilnahme an der Abendmahlsfeier verweigert; man hatte ihn, da er zwar nicht gerade die Existenz, wohl aber die Macht des Teufels leugnete, infolgedessen auch für einen Gottesleugner gehalten. Und selbst Thomasius wurde noch zu Anfang des vorigen Jahrhunderts in mannigfaltiger Weise verketzert.

Endlich wurden aber die theoretischen und wissenschaftlichen Bemühungen derer, welche das Zauberwesen zunächst auf dem Gebiet der Wissenschaft und der Publizistik bekämpften, auch von der Staatsgewalt unterstützt. Einzelne Fälle dieser Art kennt allerdings schon das siebzehnte Jahrhundert. Als z.B. Spees Freund und Gesinnungsgenosse Johann Philipp von Schönborn im Jahre 1647 Kurfürst von Mainz wurde, stellte er sofort alle Verfolgungen ein. Zehn Jahre später erließ sogar die Inquisition in Rom neue Instruktionen, in welchen sie das bis dahin übliche Verfahren und namentlich gewisse Arten der Tortur als verfehlt bezeichnete.

Aber ausgiebiger gestaltete sich die Bewegung gegen den Hexenprozeß doch erst im achtzehnten Jahrhundert. Zunächst wurde die Todesstrafe, wenn sie auch in den Gesetzbüchern noch nicht gerade fehlte, wenigstens in der Praxis nicht mehr vollzogen. In England z.B. hob das Parlament im Jahre 1736 das Statut Jacobs I. förmlich auf; in Schweden erfolgte die Aufhebung der Todesstrafe zwar erst 1779, man hatte sie jedoch damals schon lange nicht mehr angewandt. Sogar der polnische Reichstag verbot ungefähr zu gleicher Zeit (1776) alle Prozesse wegen Zauberei. Für das protestantische Deutschland war König Friedrich Wilhelm I. von Preußen, für das katholische die Kaiserin Maria Theresia mit gutem Beispiel vorangegangen. Immerhin hatten einige kleine Staaten Mühe, diesen Vorbildern zu folgen; der schon früher erwähnte Prozeß der Nonne Maria Renata von Unterzell bei Würzburg fällt erst in das Jahr 1749, erregte aber allerdings den heftigen Zorn der Kaiserin. In Frankreich fand im Jahre 1718 und in Spanien 1781 die letzte Hexenverbrennung statt. In der Schweiz blieben die demokratischen Kantone hinter den aristokratischen zurück, und in Glarus wurde z.B. noch 1782 eine Magd, welche man beschuldigt hatte, das Kind ihrer Herrschaft bezaubert zu haben, verurteilt und hingerichtet. Die letzte Exekution in Europa, scheint in einem ehemals polnischen, jetzt preußischen Städtchen erst im Jahre 1793 stattgefunden zu haben; sie traf zwei Weiber, welche rotentzündete Augen hatten, und in deren Nachbarschaft das Vieh beständig krank war.

Es versteht sich von selbst, daß die allmähliche Abnahme der Prozesse nicht von den geringeren, sondern von den höheren Ständen ausging. Nichts war in der Tat geeigneter, den Hexenrichtern das Handwerk zu legen, als der so vielfach getadelte und in mancher Beziehung auch wirklich tadelnswerte fürstliche Absolutismus des vorigen Jahrhunderts. Die bürgerlichen Magistrate, zumal der kleineren Städte, die französischen Parlamente, die schweizerischen Landsgemeinden u.a.m. waren in dieser Frage viel langsamer und schwerfälliger, und sie sind auch in der Tat lange nicht so rasch fertig geworden wie ein Ludwig XIV., ein Friedrich Wilhelm I. oder eine Maria Theresia. Auch dem Adel und dem Klerus fiel es bisweilen schwer, dem von Fürsten und Regierungen gegebenen Beispiel zu folgen; ein preußischer Edelmann beklagte sich noch Friedrich Wilhelm II. gegenüber wegen des Treibens der Hexenmeister. Der Pöbel würde, wenn ihm die Macht dazu nicht gefehlt hätte, die Exekutionen noch lange fortgesetzt haben; in England z.B. hatte er ein altes Weib noch kurz vor der Abschaffung des Statutes Jacobs I. bei der Wasserprobe umgebracht. Aus ähnlichen Kreisen sind ja bekanntlich noch in unserem Jahrhundert beim ersten Auftreten der Cholera Demonstrationen hervorgegangen, welche lebhaft genug an die Judenverfolgungen des Mittelalters erinnerten. Gleich dem Pöbel der größeren Städte verhielt sich auch das Landvolk in vielen Gegenden der Aufklärung gegenüber ziemlich indifferent. In Bayern z.B. spielten noch unter Kurfürst Karl Theodor (1777-1799) die sogenannten „Scheyerischen Kreuzl", kleine im Kloster Scheyern verfertigte Metallkreuze, mit welchen man das am nämlichen Ort befindliche Bruchstück des wahren Kreuzes Christi berührt hatte, eine bedeutende Rolle und wurden bis nach Sachsen und Polen als Mittel gegen die Tätigkeit der Hexen verkauft; auch der sogenannte Hexenrauch und der in manchen Klöstern stereotyp wiederkehrende Hexenpater gehören hierher. Da derartige Gegenstände und Funktionen den betreffenden Klöstern namhafte Einkünfte verschafften, so begreift man, daß dieselben nur ungerne darauf verzichteten. Übrigens ist auch in unserem Jahrhundert der Glaube an die Möglichkeit des Behexens von Menschen und Tieren keineswegs erloschen, er hat sich bloß in entlegenere Gegenden oder in kleinere Kreise der menschlichen Gesellschaft zurückgezogen, lebt aber in diesen, von oberflächlichen Reisenden und Beobachtern unbemerkt, fröhlich weiter. Wer das Landvolk genauer kennt oder gar längere Zeit unter demselben gelebt hat, wird die Wahrheit dieser Ansicht bald erfahren. Der Hauptunterschied zwischen ehemals und jetzt liegt hauptsächlich darin, daß sich der Staat nicht mehr zum Handlanger des Aberglaubens und zur Anhebung und Führung von Prozessen hergibt; die einzige unrühmliche Ausnahme von dieser Regel hat in neuester Zeit der mexikanische Freistaat gemacht.

Drittes Buch.

Die Geisterwelt.

Erstes Kapitel.

Die Geisterwelt überhaupt.

Die Betrachtung des allmählichen Entstehens, Bestehens und Verschwindens der Hexenprozesse hat uns aus dem Mittelalter bis in die neuere Zeit geführt; den nämlichen Weg werden wir aber auch hier einzuschlagen haben, teils infolge der dem ganzen Werk durch seinen Titel gezogenen Grenzen, teils wegen der historischen Kontinuität des Hereinragens der Geisterwelt in unsere sinnlich wahrnehmbare. Denn wenn auch die Geschichte im großen und ganzen mit Recht zwischen älterer, mittlerer und neuerer Zeit unterscheidet, so gelten doch diese Grenzlinien nicht für alle ihre Erscheinungen im einzelnen im nämlichen Grade. Und überhaupt sind die Abschnitte, in welche man ihr Gebiet der Bequemlichkeit und Deutlichkeit zuliebe zu teilen pflegt, in Wirklichkeit bei weitem nicht in der Schärfe gegeneinander abgegrenzt, wie sie sich dem ersten oberflächlichen Blick zu zeigen scheinen. Die Höhepunkte der verschiedenen geschichtlichen Epochen unterscheiden sich ja allerdings deutlich genug voneinander; aber neben und zwischen denselben befinden sich ja so viele Perioden des Übergangs, neben den Symptomen des sogenannten Fortschritts fehlen die Spuren rückläufiger Bewegungen so wenig, daß der Historiker dieselben niemals wird übersehen dürfen. So wäre es denn auch höchst sonderbar, wenn diese auf dem Gebiet jeder historischen Disziplin wahrnehmbaren Verhältnisse auf dem unsrigen, sich nicht ebenfalls in aller nur wünschenswerten Deutlichkeit darstellten.

Der Glaube an das Hereinragen der Geisterwelt in die materielle kann an und für sich auf verschiedenen Voraussetzungen beruhen; er kann entweder von einer von der Menschheit unabhängigen Welt von Geistern ausgehen, welche dann ihrerseits wieder in gute und böse zerfällt und welche als neben den Menschen existierend und zum Teil sogar als älter als diese gedacht wird; oder der Geisterglaube setzt die Möglichkeit des Wiedererscheinens verstorbener Menschen aus diesem oder jenem Grund voraus. „Die Geisterwelt ist weder der Himmel noch die Hölle, sondern ein Ort zwischen beiden; denn dort gelangt der Mensch zuerst nach seinem Tode an, und hernach wird er nach einer gewissen Zeit, nachdem sein Leben beschaffen, entweder in den Himmel aufgenommen, oder in die Hölle gestürzt", lehrt Swedenborg in seiner Schrift *De mundo spirituum et de Statu hominis post mortem.* Es gibt aber auch noch eine dritte Ansicht, welche Elemente der ersten und der zweiten miteinander vereinigt, indem sie einen von der Menschenwelt unabhängigen bösen Geist, den Satan selbst oder ihm untergeordnete Geister die Gestalt verstorbener Menschen annehmen und in dieser auf der Erde erscheinen läßt. Diese Ansicht wurde namentlich häufig nach der Reformation von protestantischen Theologen verfochten, welche die Wiederkehr der Abgeschiedenen wegen ihres Zusammenhanges mit der katholischen Lehre vom Fegefeuer verwarfen, welche aber die Geistererscheinungen als solche nicht in Abrede stellen konnten oder wollten. Die zuerst genannte Klasse von Geistern bildet in ihrer großen Mehrzahl einen wesentlichen Bestandteil der Religion des Volkes oder Landes, in welchem die betreffende Erscheinung erfolgt, und ihr Gebiet ist infolgedessen namentlich im ersten Buch schon mehr als einmal betreten worden; einige Nachträge mögen indessen hier ihre Stelle finden.

Hierher gehören zunächst die Hausgeister oder Kobolde, wie sie sich nach dem Volksglauben in Bergwerken, Mühlen u. dgl. finden und ihre Zeit teils mit Lärmen und Toben, teils aber auch mit freiwilligen Dienstleistungen ausfüllen. Solche Poltergeister sind dann entweder Personifikationen des in den betreffenden Lokalitäten wahrnehmbaren Klapperns und Hämmerns, oder es sind in halbheidnischer Weise gedachte Haus- und Schutzgötter; für letzteres sprechen namentlich die ihnen zu gewissen Zeiten dargebrachten Speisen, welche offenbar die Stelle der Opfer im Heidentum vertreten. Zu diesen Haus- und Schutzgöttern gehören namentlich die geisterhaften Bewohner und Beschützer des häuslichen Herdes, der Butz, der Kobold, der Tatermann usw. Der Volksglaube schrieb ihnen gerne rotes Haar, rote Bärte und namentlich Hütchen und Mützchen von roter Farbe zu; alles das weist deutlich auf das ihnen als Grundlage dienende Element des Feuers hin; ebenso gehört wohl der Name „Tatermann“ zu „tattern“ (zittern) und deutet folglich eine Personifikation der zuckenden Flämmchen des Herdfeuers an. Ebenso haben auch die Seefahrer ihren besondern Schutzgeist, den Klabatermann oder Klabotermann; man hört denselben im Schiff hämmern oder im Schiffsraum die Waren besser nachstauen, sehen kann man ihn hingegen nur, wenn dem Schiff der Untergang bevorsteht.

Gelegentlich tritt auch neben der elementaren Natur solcher Hausgeister oder statt derselben die ethische mehr in den Vordergrund. So empfiehlt z.B. ein Mann, welcher eine längere Reise zu machen hat und seiner Frau nicht ganz traut, diese der Aufsicht eines solchen Geistes, welcher den Namen „Hütgen" führt. Der Geist erfüllt seine Aufgabe mit großer Gewissenhaftigkeit, lärmt und klopft, wenn ein Liebhaber erscheint und wirft denselben wohl auch zu Boden. Sobald aber der Mann von seiner Reise zurückgekehrt ist, bittet ihn Hütgen dringend um Erlösung von seiner peinlichen Aufgabe; lieber wolle er alle Schweine in ganz Sachsen als noch einmal diese einzige Frau hüten.

Wieder von anderer und zwar von wesentlich düsterer, unheimlicher Art ist der sogenannte „Spiritus familiaris", ein durch magische Mittel in ein Glas, in Kristall, auch wohl in einen Ring gebannter und eingeschlossener Geist, von welchem man im Krieg, in geschäftlichen Unternehmungen, in der Liebe, kurz in allen nur denkbaren Angelegenheiten Hilfe und Beistand erwartete. Trotz dieser vermeintlichen Eigenschaften war aber ein solcher Geist ein Besitztum von höchst zweifelhaftem, ja bedenklichem Werte, weil derjenige, welcher ihn im Augenblick seines Todes noch besaß, den höllischen Mächten verfallen und folglich auf ewig verloren war. Darum suchen diejenigen, welche im Besitz eines solchen Glasgeistes sind, diesen zu rechter Zeit wieder loszuwerden; letzteres kann aber nur dadurch erreicht werden, daß derselbe an eine andere Person verkauft wird; wirft man ihn hingegen einfach weg, so kehrt er auf magische Weise wieder zu seinem früheren Besitzer zurück und findet sich plötzlich wieder in seiner Tasche oder irgendwo sonst. Aber auch das Verkaufen des unheimlichen Gastes hat seine eigentümlichen Schwierigkeiten, indem der Preis bei jedem neuen Verkauf geringer sein muß als beim vorausgegangenen. Selbstverständlich tritt infolgedessen irgendeinmal ein Minimalpreis ein, unter welchem ein weiterer Verkauf nicht mehr möglich ist. Umgebracht werden können solche Geister auch nicht; wohl aber soll es vorgekommen sein, daß sie sich gegenseitig aus ihren Gläsern oder Kristallen befreiten.

Die Gestalt solcher Glasteufel ist nicht überall die nämliche. Im allgemeinen dachte man sich dieselbe tierisch, namentlich spinnen- oder skorpionartig. Natürlich wurde aber mit diesen Geschöpfen auch mancherlei Betrug getrieben; man verfertigte sie wohl aus einem Stück Moos und gab ihnen eine menschen- oder tierartige Form; J. G. Keyssler sah z.B. in Wien in einem Glas einen auf diese Weise verfertigten. Der Betrug auf diesem Gebiet erklärt sich sehr leicht, wenn man bedenkt, daß es eben trotz allem Unheimlichen, welches den Glasgeistern angedichtet wurde, doch immer genug Leute gab, welche einen solchen wegen der eventuell mit demselben verbundenen Vorteile um jeden Preis zu erwerben wünschten. In Preußen gehörten dieselben geradezu zum Haushaltungsinventar und wurden den Töchtern, wenn sie sich verheirateten, als Aussteuer mitgegeben; auch sollen sie ebendaselbst mit Milch, ja, sogar mit Hostien gefüttert worden sein. In einem Tiroler Hexenprozeß vom Jahre 1650 kauften zwei Bauern aus dem Zillertal einen Glasteufel, der sich im Besitz des Angeklagten befand, um schweres Geld.

Zuweilen umgaben sich die Besitzer eines solchen dienenden Geistes auch sonst mit allerlei magischem Apparat. Obregon, der Held des gleichnamigen spanischen Schelmenromans des Vicente Espinel, ließ sich von vier Genfer Herren zu einem Nekromanten führen, welcher zwischen Turin und Buffalora ein einsames Haus bewohnte. Sie fanden im ersten Gemach Löwen, Tiger, Faune, Zentauren u. dgl., teils gemalt, teils in plastischen Figuren dargestellt. Im zweiten, in welchem ein ziemliches Dunkel herrschte, befand sich ein großer Globus von Glas, mit allerlei geheimnisvollen Linien und Buchstaben versehen, auf einem Gestell. Der Nekromant selbst trug ein grünes Schleppgewand, welches mit mancherlei Linien, Schlangen und astronomischen Zeichen bemalt war, und auf dem Kopf hatte er eine große Mütze aus Wolfsfell; in seinem Handschuh steckte ein Magnet. Der „Spiritus familiaris“ befand sich in dem gläsernen Globus; er hatte die Gestalt eines Männchens mit eisernen Ärmchen und war aus einer sehr leichten Materie verfertigt. Im übrigen war der Nekromant ein Betrüger; denn das eiserne Ärmchen des Geistes wurde durch einen Magneten, welchen jener in der Hand verborgen trug, bewegt. Hier und da werden auch hervorragende historische Persönlichkeiten mit solchen Glasgeistern in Verbindung gebracht und die Erfolge jener dem Wirken dieser zugeschrieben. Mehrere Päpste sogar sollen ihre ganze

Karriere solchen Geistern verdankt haben, und ein großer siegreicher, zuletzt aber doch im Krieg gefallener Fürst des siebzehnten Jahrhunderts führte nach Schott ebenfalls einen Dämon in einem Ring bei sich; gemeint ist wahrscheinlich Gustav Adolf.

Besonders alt scheint der Glaube an die Möglichkeit solcher Geister nicht zu sein. Die simplicianischen Schriften gehören bekanntlich dem siebzehnten Jahrhundert an, und was von den Erklärern derselben sonst noch zitiert wird, ist ebenfalls nicht älter. Im Vorbeigehen mögen hier die sogenannten Hecketaler und Brutpfennige erwähnt werden. Sie werden auf magische Weise und mit Hilfe böser Geister gewonnen; sie haben ferner die Eigenschaft, das vorhandene Geld ihres Besitzers zu vermehren und, wenn sie ausgegeben sind, immer wieder in die Hand desselben zurückzukehren. Da sie jedoch durch unerlaubte Mittel erworben sind, bringen sie ihrem Eigentümer in der Regel doch zuletzt Unglück und Untergang.

Zweites Kapitel.

Die Geister der Abgeschiedenen.

Mit den Geistern verstorbener Menschen, welche in sichtbarer Gestalt ihre Gräber verlassen und ihre Angehörigen oder einen Schauplatz ihrer früheren Tätigkeit wieder aufsuchen, betreten wir ein neues Gebiet. Die abscheulichste Form, in welcher solche Geister auftreten, ist der sogenannte Vampirismus.

Die Vorstellung von Vampiren, d.h. von Menschen oder vielmehr ihrer Geister, welche ihre Gräber verlassen, um noch Lebenden das Blut auszusaugen, reicht zum Teil in uralte Zeiten zurück; sie findet sich u.a. schon bei den Akkadiern des Euphratlandes. Schon diese dachten sich derartige Geister, welche die Menschen nicht bloß durch ihr Erscheinen ängstigen, sondern dieselben geradezu anfallen. Aber auch dem griechischen Altertum ist diese Vorstellung keineswegs fremd gewesen, und Goethes *Braut von Korinth*, die dichterische Behandlung eines scheinbar ganz unpoetischen Stoffes, beruht bekanntlich auf Phlegon von Tralles, einem griechischen Schriftsteller aus der Zeit Kaiser Hadrians. Doch darf hier nicht übersehen werden, daß es sich nicht um Aussaugen, sondern um Liebesgenuß zwischen einem noch lebenden Jüngling und seiner bereits verstorbenen Geliebten handelt. Noch bedeutender aber als im Altertum tritt der Vampir in der mittleren und neueren Zeit bei den Bewohnern des südöstlichen Europa, also bei den Slawen und Neugriechen, auf. Bei jenen heißt er Brukolakas; als

Ursache dieses Zustandes geben die Neugriechen den Genuß des Fleisches von Lämmern an, welche der Wolf zerrissen hatte, ferner Verkehr mit Zauberern, Exkommunikation, auch wohl Verfluchung, welche nicht gerade von der Kirche ausgegangen war, endlich überhaupt konsequentes Sündigen. Zur Abhilfe pflegte man das Grab des Vampirs zu öffnen und den Leichnam in Stücke zu hauen; letzteres geschah z.B. in den Jahren 1617 und 1618 zu Eyanschitz in Mähren. Fruchtete dieses Mittel nichts, so stieß man der Leiche einen Pfahl durch den Leib, und wenn auch dieses nichts nützte, so verbrannte man dieselbe. Noch im Jahre 1732 wurden in Serbien dreizehn Vampire entdeckt und durch kaiserliche Feldscherer konstatiert; es erschienen dann in den nächsten Jahren in Deutschland nicht weniger als zwölf Schriften und vier Dissertationen über diese Unholde. Zuweilen schadeten die Verstorbenen auch den Lebenden, ohne gerade ihre Gräber zu verlassen, indem sie einfach ihr Leichentuch nach und nach fraßen und dadurch Seuchen hervorbrachten; in Leipzig und Halle pflegte man im siebzehnten Jahrhundert, um solches zu verhüten, den Toten ein Stück Rasen auf den Hals zu legen.

Übrigens sind die Slawen und Neugriechen keineswegs die einzigen, welche im neueren Europa an Vampire glaubten. Ein skandinavisches Beispiel, welches hierher gehört, findet sich z.B. bei Saxo Grammaticus: Hier fällt Asvit, nachdem er sein Pferd und seinen Hund, welche man ihm ins Grab mitgegeben hatte, aufgezehrt, einen noch lebenden Freund an; ebenso gehören die eben angeführten Fälle aus dem *Hexenhammer* und dem *Anthro-*

podemus plutonicus in germanisches Gebiet. Jedenfalls liegen dem Glauben an Vampire eher psychologische als mythische Elemente zugrunde. Träume und Visionen mögen den Glauben an ein derartiges Wiederkehren der Toten zuerst veranlaßt haben; Seuchen, durch welche die Angehörigen eines unlängst Verstorbenen diesem rasch nachfolgten, mochten denselben steigern, und als er zuletzt herrschend geworden war, blendete er die Sinne der Menschen in solchem Grade, daß sie Dinge wahrzunehmen glaubten, welche in Wirklichkeit gar nicht vorhanden waren. So kam es im Jahre 1701 auf der Insel Micon im griechischen Archipel vor, daß die nächtlichen Ausgelassenheiten einiger Landstreicher einem kürzlich begrabenen Bauer zugeschrieben und dieser folglich von allen Bewohnern der Insel für einen Broukulaken gehalten wurde. Man las Messen über Messen, grub den Leichnam, welcher bereits zehn Tage im Grab gelegen hatte und entsetzlich stank, wieder aus und ließ das Herz des Toten durch einen Fleischer herausschneiden. Der Vampir fuhr mit seinen nächtlichen Störungen nichtsdestoweniger fort, so daß man drei Tage und drei Nächte Prozessionen abhielt, während die Geistlichen fasten mußten. Alle Häuser wurden mit Weihwasser besprengt, und dem Toten wurde sogar solches in den Mund gegossen; zuletzt verbrannte man den ganzen Leichnam, und nun soll der Lärm in der Tat aufgehört haben.

Sehr häufig treten an den Erscheinungen Verstorbener bösartige Züge zutage. Hatten sich dieselben schon bei Lebzeiten durch Gewalttätigkeit hervorgetan, so treten solche Züge jetzt aufs neue hervor, und sie sind überdies genügend motiviert. So erscheint z.B. der Enderle von Ketzsch, welcher in seinem Leben ein böser, ruchloser Mensch gewesen war, dem Pfalzgrafen Otto Heinrich von Zweibrücken auf dem Meer in schrecklichem Ungewitter. Und in der Nähe von Eger packte der Geist eines Junkers, welcher sich zu Lebzeiten das Vergnügen gemacht hatte, Grenzsteine zu verschieben, ein Mädchen dergestalt, daß dasselbe an den Folgen seines Griffs am dritten Tag starb. Eines ähnlichen Vergehens hatte sich auch der Geist schuldig gemacht, welcher den Simplicissimus bei seiner Reise durch Savoyen in dem Schloß eines Edelmannes rasieren wollte: auch dieser macht infolgedessen einen mehr oder weniger schrecklichen Eindruck. Dem berühmten Zürcher Naturforscher Scheuchzer erzählte ein Priester aus dem Schächental, er habe in seiner Jugend die Seele eines auf den Klariden verwünschten ruchlosen Sennen herausgefordert, worauf die Erde in eine Erschütterung geraten und die Felsensteine von der Höhe mit großem Geräusch und zu seinem großen Schrecken heruntergefallen, also daß er sich mit der Flucht salviert und Gott gedanket, daß er mit dem Leben davongekommen. Überhaupt ist die Annahme der Bösartigkeit der Geister eine so allgemeine, daß man ihnen auch ohne bestimmte äußere Veranlassung verderbliche Absichten zutraute. Horatio z.B. warnt den Hamlet von vorneherein, dem Geist seines Vaters zu folgen, weil ihn dieser an eine gefährliche Stelle locken könnte.

Außerdem gibt es Geister, welche einander zuwiderhandeln. Justinus Kerner erzählt, wie in Weinsberg im Jahre 1827 zwei Geister sowohl der Seherin von Prevorst als einem öffentlichen Diener der Stadt häufig erschienen, von welchen der eine ein vornehmer Herr, der andere hingegen der Jäger desselben zu sein schien. Jener forderte diejenigen, welchen er erschien, auf, ihn in die Burg zu begleiten, dieser suchte sie daran zu hindern. Beide waren durch einen Schwur aneinander gebunden, laut welchem keiner die Seligkeit annehmen solle, bevor sie nicht auch dem anderen zuteil geworden sei; da dieselbe nun dem Jäger wegen seines schlimmen Wandels verweigert wurde, hinderte er seinen Herrn auch an der Erlangung der seinigen und suchte das zu hintertreiben, was beim Gang auf die Burg für jenen hätte geschehen sollen. Ebenso erschien einem Mädchen von Ensingen, welches zu Vaihingen an der Enz in einem Dienst stand, in jeder Nacht ein weißer, weiblicher Geist und flehte dasselbe an, eine vergrabene Summe Geldes zu heben und ihn auf diese Weise zu erlösen. Aber ein schwarzer Geist, der des Mannes der weißen Gestalt, trat dem Mädchen, sooft es sich in das betreffende Gewölbe begeben wollte, entgegen; dieses erschrak dann und verzichtete schließlich auf das Werk der Erlösung.

Was aber die Geister weitaus in den meisten Fällen fürchterlich macht, das sind ihre Umgebungen, die unheimliche Stunde, in welcher sie den Lebenden nahe, ihre Gestalt usw.; es bedarf infolgedessen meist gar keiner besonderen Bösartigkeit, die Umstände ihres Auftretens sind an sich schon beängstigend genug. Oder die Stimmung der Menschen ist aus der oder jener Ursache vielleicht schon vor dem Erscheinen des Geistes eine bange, so daß letzterer die Bangigkeit nicht erst hervorruft, sondern bloß vermehrt. Daß es in den meisten Fällen krankhaft angelegte Naturen sind, welchen solche Erscheinungen am häufigsten zuteil werden, liegt in der Natur der Sache; doch kommen neben krankhafter Disposition auch andere Ursachen wie Leichtgläubigkeit, Fehler der Erziehung, angeborene Furchtsamkeit, teils einzeln, teils in ihrer Zusammenwirkung, in Betracht. Endlich kommt es auch vor, daß die genannten Eigenschaften eines Menschen von anderen in der oder jener Absicht, sei es aus Mutwillen, sei es im Hinblick auf irgendeinen praktischen Zweck, benutzt werden.

Auf Seite der Geister selbst ist es meist das Bedürfnis nach Erlösung und nach definitiver Ruhe, welches dieselben in die Nähe oder Gegenwart noch lebender Menschen treibt. Die Ursachen, welche die Ruhe im Grab oder im Jenseits verhindern, können natürlich von sehr verschiedener Art sein.

Unrichtig ist jedenfalls die von Prätorius aufgestellte Ansicht, als ob die römisch-katholische Kirche die große Mehrzahl der Gespenstergeschichten erfunden habe, um die Lehre vom Fegefeuer durch dieselben beweisen zu können. Allerdings hat es zu allen Zeiten künstliche Geistererscheinungen gegeben und unter diesen natürlich auch solche, bei welchen etwa Geistliche ihre Hände im Spiel hatten; allein dieselben verdankten ihr Dasein nicht diesem oder jenem Dogma der Kirche, sondern ganz anderen, viel materielleren Bedürfnissen. So hatten z.B. die Mönche der Reichenau einen Geist ausgerüstet, welcher nachts auf einem unheimlich beleuchteten Schiff nach dem Mindelsee fahren mußte. Ein Abt des Klosters hatte nämlich letzteren an die von Bodmen verschenkt, und nun mußte der künstlich abgerichtete Geist erklären, er könne nicht zur Ruhe kommen, bis der See wieder zur Reichenau gehöre. Wenn man nun auch zugibt, daß die Kirche dergleichen Geister für Bewohner des Fegefeuers erklärte, so ist damit noch lange nicht bewiesen, daß sie dieselben im Interesse dieses Dogmas erfunden hat, und es ist sogar fraglich, ob dieselben wirklich, wie König Jakob behauptet, nach der Reformation wesentlich an Zahl abgenommen haben. Jedenfalls lassen sich gegen ein förmliches Erfinden der hierhergehörigen Vorstellungen mehr und entschiedenere Gründe geltend machen als zugunsten desselben. Zu diesen Gründen gehört in erster Linie der Umstand, daß der Geisterglaube überhaupt viel älter ist als die katholische Kirche und ihre Dogmen, daß er ins Heidentum und sogar in Zeiten zurückreicht, welche weit hinter aller Zivilisation liegen. Dazu kommt ferner, daß die Geistererscheinungen, wenn sie auch nach der Reformation wirklich sollten abgenommen haben, doch noch lange nicht erloschen und höchstens anders als früher erklärt wurden. Der naive Volksglaube plagte sich ohnehin nicht gerade mit Erklärungsversuchen; wohl aber stellten seit dem sechzehnten Jahrhundert die Geistlichen, namentlich die Theologen, um das verhaßte Fegefeuer der Papisten nicht anerkennen zu müssen, hier und da den Satz auf, es sei eigentlich der Teufel, welcher die Gestalt verstorbener Menschen annehme und in dieser auftrete. Die katholische Kirche hingegen blieb bei der Ansicht, das Fegefeuer sei der gewöhnliche Aufenthaltsort der nach ihrem leiblichen Tod noch nicht zur Ewigen

Ruhe Gekommenen. Es wird diese Annahme indirekt schon durch die Behauptung erwiesen, daß Juden und Mohammedaner nach ihrem Tod nicht mehr zu erscheinen pflegten; ohne Zweifel dachte man sich dieselben definitiv in der Hölle untergebracht.

Zuweilen sind nun die Ursachen, wegen welcher ein Mensch nach seinem Tod wieder erscheinen muß, mehr oder weniger unverschuldet. Es kann z.B. der Mangel an Seligkeit wie bei Hamlets Vater durch einen unerwartet schnellen Tod verschuldet sein. Am häufigsten aber erscheint unter den hierhergehörigen Ursachen der Mangel an ehrlichem Begräbnis. Ein bekanntes Beispiel dieser Art, welches noch dem Altertum angehört, bildete nach Plinius die Erscheinung, welche dem Philosophen Athenodorus in Athen, ein mittelalterliches lieferte das Leben des St. Germain d'Auxerre. Im Stall des Pfarrhauses zu Mittelstadt hatten die Tiere keine Ruhe mehr, und im Haus selbst war es ebenfalls nicht ganz geheuer, bis man in einer Mauer Reste einer Kinderleiche fand und diese begrub; leider gibt Justinus Kerner, unser Gewährsmann, keine nähere Zeitbestimmung an. So war es denn auch nur konsequent, wenn man annahm, die Seelen schon begrabener Menschen verlören ihre Ruhe wieder, wenn der Leib wieder ausgegraben werde. Als der polnische Fürst Radzivil von seiner Reise nach Palästina zwei ägyptische Mumien mitbrachte, wurde sein Schiff von entsetzlichen Ungewittern bedroht, und diese legten sich erst, als man die beiden Leichen, deren Geister einem auf dem Schiff befindlichen Priester erschienen waren, ins Meer warf. Auch die ungetauften Kinder erscheinen nach den Vorstellungen mancher Völker wieder, verfolgen die Ihrigen unaufhörlich und verlangen getauft zu werden; so z.B. in Kleinrußland, wo sie nach dem Volksglauben auf Rohr und Weiden schaukeln, bald klagen und bald wieder laut auflachen.

Weniger harmlos klingt es, wenn ein Kind einem armen Mann statt zweier Heller nur einen gibt und nun zur Strafe dafür nach seinem Tod vier Wochen lang erscheinen und alle Spalten und Ritze durchsuchen muß, bis der Bettler den zweiten Heller ebenfalls erhält, oder wenn beim Teilen einer Erbschaft die sehende Schwester die blinde übervorteilt und dafür als Geist um die Ruine des väterlichen Schlosses schweben muß. Besonders aber sind die Kindsmörderinnen und ihre Helfershelfer zu ruhelosem Umherirren verurteilt, und es fällt in solchen Fällen höchstens auf, daß die getöteten Kinder nicht ebenfalls wegen abnormaler Beerdigung erscheinen müssen. Doch kommen auch umgekehrt Fälle vor, wo das Wegräumen der Kinderleichen die Ruhe im Haus wiederherstellt. So mußte z.B. ein Pastor in Königsberg, welcher unerlaubten Umgang mit seiner Magd gehabt und von ihr Kinder erhalten hatte, einem seiner Amtsnachfolger erscheinen, und der Spuk hörte erst auf, als letzterer die Gebeine der getöteten Kinder in einer Vertiefung unter einem Ofen gefunden und aus dem Pfarrhaus entfernt hatte. Dieser Pastor nämlich, ein Herr Lindner, erkannte den Geist als früheren Geistlichen an einem Bild, welches jenem ähnlich sah und im Chor der Kirche hing; ein achtzigjähriger Greis erzählte ihm, der längst verstorbene Pastor habe uneheliche Kinder gehabt, über deren Schicksal man aber nie etwas Zuverlässiges erfahren habe.

Namentlich aber traf das Schicksal ruhelosen Erscheinens und Wanderns diejenigen, welche sich während ihres Lebens der Kirche gegenüber feindselig erwiesen hatten. So machte ein gewisser Jörg Zopp der Kaplanei zu Zimmern einen ihr gehörigen Acker streitig; als er endlich sein Anrecht auf denselben eidlich bekräftigen sollte, hatte er Erde von einem ihm wirklich gehörigen Landstück in die Schuhe genommen und schwor nun, auf seinem eigenen Grund und Boden zu stehen; später ging aber sein Geist auf dem widerrechtlich erworbenen Acker um. Graf Hans von Lupfen mußte sogar in zwei Häusern umgehen, im Zimmer'schen zu Konstanz und in seinem eigenen zu Engen, weil er das Stift zu Konstanz benachteiligt und überhaupt ein liederliches Leben geführt hatte. Ein förmliches Sündenregister aber bildete, ebenfalls nach der *Zimmerischen Chronik*, das Leben eines gewissen Schmeller. Dieser hatte zunächst ohne triftige Gründe die Felder armer Leute zu Pferde durchjagt, ferner war er ein ungerechter Richter gewesen; dazu kam, daß er den Leuten eigene Backöfen verboten und sie dadurch genötigt hatte, ihr Brot bei seinem Bäcker zu kaufen. Er hatte außerdem von je zwanzig Laiben einen für sich verlangt und eine Kälberweide eingezogen. Zur Strafe für alle diese Frevel mußte er nun in seinem Schloß zu Ringingen als Geist umgehen. Seine Frau und seine drei Töchter verließen das Schloß infolgedessen und zogen nach Rotenburg am Neckar. Der Geist zog ihnen aber nach, worauf sie sich wieder nach Ringingen wandten, wo naturlich der Spektakel aufs neue begann. Endlich erscheint der Geist einem heimkehrenden Soldaten, bittet denselben, ihn zu erlösen und drückt ihm als Wahrzeichen seinen Hut auf. Der Soldat geht zu Schmellers Frau, diese gibt die von ihrem Gatten auf ungerechte Weise erworbenen Güter wieder heraus, läßt für die Ruhe seiner Seele eine Messe lesen, und der Spuk hört auf.

Überhaupt geht der Glaube an die den Toten mangelnde Ruhe und ihr Wiedererscheinen beinahe immer von der Voraussetzung aus, daß ein begangenes Vergehen nicht gebeichtet oder nicht gesühnt ist. Der Geist ist dabei häufig an die Lokalität gebunden, in welcher der betreffende Mensch früher das Unrecht verübt hat, und Wanderungen von einem Ort an den anderen, wie sie der eben erwähnte Schmeller antrat, sind bloße Ausnahmen. Darum sind Gebäude, welche ein gewisses Alter haben und in welchen folglich wegen ihres Alters sich schon mancherlei zugetragen haben konnte, wie Kirchen, Klöster, Ritterburgen, alte Häuser in Städten u. dgl., nach dem Volksglauben vorzugsweise die Aufenthaltsorte von Geistern. Aber auch die freie Natur ist nicht ohne gespensterhafte Wesen, und selbst in öden Hochgebirgslandschaften oder auf der unermeßlichen See fehlen dieselben durchaus nicht. Auf dem Rawyl z.B., welcher aus dem Berner Oberland ins Wallis führt, gehen die Säumer um, welche während ihres Lebens den Wein, den sie aus dem Süden brachten, mit Wasser oder Schnee vermehrten. Namentlich berühmt aber ist bei den Küstenbewohnern die sagenhafte Figur des fliegenden Holländers; leider fehlt aber in bezug auf diesen Repräsentanten des

Geisterreichs eine ältere, über unser Jahrhundert zurückreichende Aufzeichnung dessen, was ihm der Glaube der Uferbewohner und Seeleute zuschreibt. Nach einer im *Morgenblatt* anonym mitgeteilten und laut der Mitteilung aus einer alten Handschrift übersetzten Version handelt es sich um ein schwarzes Geisterschiff mit bleicher, hohläugiger und abgemagerter Mannschaft. Am Schnabel des Schiffes befand sich ein menschliches Gerippe, welches einen Speer in der Rechten hielt. Der holländische Kapitän von Evert hatte nämlich eine edle Spanierin namens Lorenza an den Mast seines Schiffes gebunden und ihren Bräutigam Don Sandovalle d'Aranda getötet; Sandovalles Vater soll diese Begebenheit durch eine Vision erfahren haben. Das Schiff, auf welchem der junge Sandovalle nach Spanien zurückkommen sollte, kam nie zum Vorschein, gleichzeitig aber verschwand ein berüchtigter holländischer Seeräuber zwischen dem Kap und dem La Plata-Strom spurlos. Nach einer anderen Version hatte ein holländischer Schiffskapitän namens Van der Decken um das Jahr 1600, als er vergeblich das Kap der guten Hoffnung zu umsegeln versuchte, den Schwur getan, er wolle trotz Sturm und Wellen, trotz Donner und Blitz, trotz Gott und dem Teufel um das Kap herumfahren, und wenn er bis zum Jüngsten Tag fahren müßte; auf dieses hin vernahm er eine Stimme vom Himmel, welche ihm zurief, er müsse nun wirklich bis zum Tag des Gerichts segeln. Sein Schiff ist schwarz und führt eine blutrote Flagge, es fährt im ärgsten Sturmwind mit vollen Segeln, und sein Erscheinen kündigt den Fahrzeugen, welche ihm begegnen, Sturm oder Untergang an. Manchmal übergibt dieses unter dem Namen des fliegenden Holländers bekannte Geisterschiff anderen Schiffen auch Briefe zum Besorgen; diese sind aber stets an längst verstorbene und verschollene Personen gerichtet und können infolgedessen nicht abgegeben werden. Auch von einer Erlösung des verdammten Kapitäns ist wohl die Rede, sie geschieht in Richard Wagners Oper durch eine reine Jungfrau, in Marryats Roman durch den eigenen Sohn; nur kann ich nicht angeben, ob diese Züge auf wirklicher Tradition beruhen oder ob sie bewußte Erfindungen Wagners und Marryats sind.

Die Existenz eines Geisterschiffs, dessen Mannschaft zu ruhelosem Umherfahren verurteilt ist, ist der diesen sonst mehrfach voneinander abweichenden Sagen gemeinsame Zug; außerdem stimmen dieselben noch darin überein, daß die Mannschaft dieses Schiffes aus Holländern besteht. Was für Ereignisse oder Anschauungen aber der Sage als solcher zugrunde liegen, ist nicht ganz leicht festzustellen, weniger wegen der Abweichungen der einzelnen Versionen unter sich als wegen des Mangels an älteren, zuverlässigeren Quellen; der Bericht im *Morgenblatt* gibt die seinige nicht an, und bei Heine, Lyser und Marryat erkennt man nicht leicht, was Überlieferung und was Zutat der betreffenden Schriftsteller ist. Man könnte an wirkliche Schiffe mit verhungerten Matrosen oder überhaupt mit Leichen denken, welche sich in der Phantasie der Seeanwohner allmählich zum Geisterschiff gestalteten. Es könnte ferner der Anblick von bis zur Tollkühnheit verwegenen Seefahrern oder das Abweichen von der hergebrachten Weise des Fahrens auf die

Entstehung und Weiterbildung der Sage eingewirkt haben; vielleicht waren es gerade die Holländer, deren anerkannte Virtuosität im Seewesen ihren zurückgebliebenen Nachbarn zu denken gab. Vielleicht darf man auch noch an Luftspiegelungen denken, bei welchen man in früheren Jahrhunderten häufig Schiffe zu erblicken glaubte, oder es mögen mehrere der angegebenen Ursachen zusammengewirkt haben. Jedenfalls aber ist die Sage von irgendeiner äußeren Veranlassung ausgegangen, und die Motivierung ist das jüngere Element, welches erst hinzutrat, als jene bereits in der Phantasie der Seeleute lebte.

Zum Geisterglauben der Seeleute gehört auch noch die Vorstellung, die Sturmvögel seien die Geister ertrunkener Matrosen, und es sei infolgedessen nicht erlaubt, dieselben zu erlegen.

Eine besondere Klasse von Menschen, welche nach ihrem Tod zu ruhelosem Auftreten gezwungen sind, bilden ferner die Exkommunizierten. Nach einer dem frühesten Mittelalter angehörigen Auffassung müssen dieselben ihre in den Kirchen befindlichen Gräber verlassen, wenn der Priester die noch lebenden mit der Exkommunikation belegten Gemeindeglieder dazu auffordert.

Endlich kann es auch die ungestillte Sehnsucht der Lebenden nach den Toten oder der Letzteren nach den noch am Leben gebliebenen Angehörigen sein, welche die Verstorbenen auf die Erde zurückruft. Ein Beispiel der ersteren Art enthält das schöne serbische Volkslied *Jeliza und ihre Brüder*. Die neun Brüder Jelizas sind gestorben, der Schmerz der allein noch lebenden Schwester ist so groß, daß es den Herrn im Himmel erbarmt und daß er seine Engel an die Gruft des Johannes, des jüngsten Bruders, sendet:

Eilig gehen Gottes beide Engel
Zu dem weißen Grabe des Johannes,
Machen aus dem Leichenstein ein Ross ihm,
Hauchen an mit ihrem Geist den Knaben,
Brot bereiten sie ihm aus der Erde,
Aber aus dem Leichentuch Geschenke;
Rüsten ihn, daß er zur Schwester gehe.

Hernach begleitet Jeliza die Leiche des Bruders zur Kirche, dieser steigt wieder in seine Gruft, und Jeliza begibt sich zu ihrer alten Mutter, und zuletzt

Festumschlingend sich mit weissen Armen,
Sanken beide tot zur Erde nieder.

Erhabener noch ist der Schmerz der Sigrun um ihren entschwundenen Gatten Helgi in dem schönen Eddaliede von Helgi, dem Hundingstöter dargestellt:

Du Sigrun bist Schuld von Sewafiöll,
Daß Helgi trieft von tauendem Harm.
Du vergießest, Goldziere, grimme Zähren,
Sonnige, südliche, eh' du schlafen gehst.
Jede fiel blutig auf die Brust dem Helden,
Grub sich eiskalt, in die angstbeklommene.

Den ganzen Kreis der hierhergehörigen Vorstellungen, welche in Bürgers *Leonore* ihren poetischen Abschluß finden, hat Wilhelm Wackernagel erschöpfend dargestellt.

An die Möglichkeit der Erlösung solcher Geister knüpfen sich ebenfalls ganz bestimmte Vorstellungen. In katholischen Gegenden werden für dieselben wohl ein paar Messen gelesen, weil das Meßopfer auch den Toten zugute kommen kann. Auch durch Beten, Fasten, Almosengeben, fleißigen Kirchenbesuch, Wallfahrten, fromme Schenkungen u. dgl. kann solchen Seelen geholfen werden; Thomas von Cantimpré teilt einen lateinischen Hexameter mit, welcher in sieben Imperativen die zu solchen Zwecken erforderlichen Mittel aufzählt:

Fle, pete, ieiuna, vigila, da, redde, celebra,

und vergleicht dieselben mit den sieben Pyramiden auf dem Grab der Eltern und Brüder des Simon Makkabäus. Auch bei den Protestanten finden sich ähnliche Vorstellungen mit einigen Modifikationen. Dann gibt es aber neben diesen und anderen allgemeingültigen Vorschriften auch noch solche, welche nur auf bestimmte Fälle anwendbar sind. Hamlet z.B. soll, um dem Geist seines Vaters Ruhe zu schaffen, dessen Mord rächen, und auf der Blümlisalp muß eine geisterhafte Kuh stillschweigend gemolken werden, damit der mit seinem ganzen Haushalt verwünschte Senn zur Ruhe kommen kann. Selbst magische Mittel werden gelegentlich zur Errettung unglücklicher Seelen nicht verschmäht. So hatte der wilde Jäger die Magd eines Geistlichen, welche mit ihrem Herrn unerlaubten Umgang getrieben hatte, entführt; ein fahrender Schüler aber rettete dieselbe, indem er einen Kreis mit magischen Figuren um sie zog, bei welcher Gelegenheit dann außer der Magd auch noch das Horn des wilden Jägers zurückblieb. Nur einer kann niemals erlöst werden, er muß vielmehr bis zum Jüngsten Tag auf der Erde bleiben, und dieser eine ist Cartaphilus oder Ahasverus, der Ewige Jude. Aber Ahasverus ist auch gar kein Geist, sondern er ist ein Mensch, dessen Seele ihren Körper noch gar nicht verlassen hat.

Als Lokalitäten, an welchen die Geister vorzugsweise erscheinen, werden besonders entlegene, menschenleere und unheimliche Orte genannt, z.B. Wälder, Sümpfe, Schlachtfelder, Höhlen, Burgruinen; auch Kirchen und Klöster kommen vor, gelegentlich sogar Privathäuser. Wenn Klöster und Kirchen häufig in Gespenstergeschichten eine Rolle spielen, so darf nicht übersehen werden, daß in oder vor denselben sich häufig Begräbnisstätten befanden, und mit den Schlachtfeldern verhält es sich natürlich ebenso; jedenfalls kannte das Mittelalter das unheimliche Gefühl des Grauens noch nicht, welches der moderne, durch gewisse Romane oder Schauspiele geschulte Mensch beim Anblick eines Klosters empfindet. Wenn hingegen gewöhnliche Häuser als Sitz von Geistern erscheinen, so sind dieselben meist sehr alt, oder sie sind lange Zeit unbewohnt gewesen, oder es hat sich vielleicht irgendeine auffallende Katastrophe in denselben zugetragen. Immerhin kam es schon im Altertum vor, daß Wohnungen oder wenigstens einzelne Teile derselben infolge von Geistererscheinungen gemieden wurden und im Mittelalter sowohl als in neuerer Zeit hat man ebenfalls häufig die nämliche Erfahrung machen können. Nach Alexander ab Alexandro standen im fünfzehnten Jahrhundert in Rom zahlreiche Häuser aus diesem Grund leer.

Ähnlich verhielt es sich mit dem Schloß der Freiherren von Zimmern zu Seedorf und mit dem Palais de Vauvert in Paris; hier waren es die Barthäuser, welche sich nicht fürchteten und das Gebäude im Jahre 1259 in Besitz nahmen. Auch in Bologna befand sich in der Nähe von St. Maria Maggiore ein lange Zeit wegen böser Geister leerstehendes Haus, und im *Simplicissimus* wird wenigstens das verrufene Zimmer eines savoyischen Schlosses nicht bewohnt, bis der Held des Romanes erscheint und den Bann löst. Levin Schücking hat bekanntlich in einem seiner besseren Romane, der *Marketenderin von Köln*, dieses Motiv in sehr anmutiger Weise zu verwerten gewußt.

Es gab aber auch Orte, an welchen man künstliche Geistererscheinungen machte, um dieselben aus dem oder jenem Grund in Verruf zu bringen. Und ebenso häufig oder vielleicht noch häufiger kam es vor, daß Täuschungen jeder Art, zumal optische, Leute zu dem Glauben brachten, sie hätten einen Geist gesehen. Der Kardinal de Retz z.B. hielt einige Mönche, welche, als es schon dunkel geworden war, im Freien badeten, für Gespenster.

Zuweilen bleiben auch die gespensterhaften Wesen dem Auge verborgen, und man spürt ihre Gegenwart nur an dem Lärm und Unfug, welchen sie anrichten. Als der große Hugenottenführer Agrippa d'Aubigné einst auf einem Feldzug seinen katholischen Mitoffizieren zuliebe das Vaterunser vor dem Einschlafen nach katholischem Ritus betete, erhielt er, so oft er an die Worte „führe uns nicht in Versuchung“ kam, jedesmal von unsichtbarer Hand eine Ohrfeige, so daß er das Gebet schlechterdings nicht vollenden konnte. Noch interessanter ist in dieser Beziehung, was Fr. Perreaud in seinem *Antidémon de mascon* (Genève 1653) erzählt. Im September 1642 nämlich machte ein Geist in seinem Haus zu Macon zum ersten Mal während der Nacht Lärm; er betete, sang, fluchte, erzählte laut Geheimnisse, zog den Schlafenden die Dekken und Bettvorhänge weg, warf das Geschirr in der Küche herum und sprach von einem im Haus verborgenen Schatz. Zu sehen war nichts, obschon der Unfug länger als ein Vierteljahr währte. Im Dezember verließ endlich eine große Viper das Haus, und von da an herrschte Ruhe in demselben. Perreaud fügt noch hinzu, der vorige Besitzer des Hauses sei von seiner eigenen Frau ermordet worden; er selbst hatte das Haus durch einen richterlichen Spruch erhalten, die Frau aber, welche es an ihn verlor, hatte vor einem Kamin den Teufel angerufen und ihn und seine Familie verflucht. Perreaud war sonst nicht besonders abergläubisch und warnt im Gegenteil in seiner *Démonologie* vor übertriebener Leichtgläubigkeit wie vor absichtlichem Betrug. Dennoch könnte hier ein solcher im Spiel gewesen sein, und es könnte sich z.B. darum gehandelt haben, dem neuen Besitzer das Haus im Interesse der früheren Eigentümerin zu verleiden.

Im allgemeinen sieht nicht jeder Geister. Damit aber diejenigen, welchen ihr Anblick versagt ist, nicht ganz leer ausgehen, empfinden sie deren Gegenwart an einer gewissen Angst und Beklemmung, welche sich mit der Anwesenheit solcher Wesen einstellen; oder man hört das von denselben hervorgebrachte Geräusch, bemerkt, wie allerlei Gegenstände von ihnen bewegt werden, usw. Justinus Kerner bezeichnet sein Gefühl, das er hatte, als man ihm einst einen Geist in sein Schlafzimmer geschickt hatte, als ein unbeschreibliches, das sich wohl nachfühlen, aber nicht mit Worten aussprechen lasse; gesehen hatte er freilich nichts.

Wir haben die Geister bis jetzt als Wesen kennengelernt, welche aus irgendeinem Grund noch an die Erde gefesselt sind und demnach vorzugsweise hilfeflehend auftreten. Es gibt aber neben diesen auch Erscheinungen, welche nicht um ihrer selbst willen, sondern im Interesse noch lebender Personen erscheinen. Solche Geister treten gewöhnlich in Momenten auf, in welchen ein bedeutendes Ereignis, und zwar in der Regel ein tragisches, bevorsteht; sie stehen ferner meist in irgendeinem näheren oder entfernteren Verwandtschaftsgrad zu denjenigen Personen, welche sie durch ihr Erscheinen auf die bevorstehende Katastrophe aufmerksam machen. So erscheint in vornehmen Häusern die Ahnfrau in verhängnisvollen Momenten meist als weiße Frau gedacht; nach der gewöhnlichen Annahme die Gemahlin Johanns von Lichtensteins, geb. von Rosenberg aus Böhmen, ist sie erst später durch Heiraten ihrer weiblichen Deszendentinnen auch zur Stammutter fürstlicher Dynastien, namentlich des Hauses Hohenzollern, geworden. Doch scheint dieselbe ursprünglich mythische Bedeutung gehabt zu haben.

Endlich ist zuweilen das Interesse, welches lebende Personen an Erscheinungen haben, der Art, daß letztere auf ganz bestimmten Versprechungen beruhen, wobei zwei im Leben einander nahestehende Freunde oder Amtsbrüder sich das Wort geben, der zuerst gestorbene wolle dem anderen erscheinen. Schon Wilhelm von Malmesbury hat eine hierhergehörige Erzählung, welche er nach Nantes verlegt. Zwei Geistliche in dieser Stadt, welche ihre Ämter mehr der Protektion des Bischofs als ihrer persönlichen Tüchtigkeit verdankten, machten unter sich aus, wenn einer von ihnen sterbe, so solle er dem Überlebenden spätestens dreißig Tage nach seinem Tod erscheinen und Nachricht aus dem Jenseits bringen; auf diese Weise werde sich herausstellen, welcher griechische Philosoph richtigere Ansichten über die menschliche Seele gelehrt habe, Plato oder Epikur. Nach einiger Zeit starb einer der beiden und kam in die Hölle. Er erschien hierauf seinem Amtsbruder in der Tat und schilderte ihm die Qualen seines Aufenthaltsortes mit großer Anschaulichkeit; er legte ihm sogar in handgreiflicher Weise seine eiternde Hand auf Stirn und Schläfe, um ihm eine recht deutliche Vorstellung von der Glut des höllischen Feuers zu geben, und wies ihm sogar einen Brief vor, in welchem die Freude des Satans über pflichtvergessene Priester ausgesprochen war. Noch bekannter ist ein ähnlicher Vorfall, welchen Baronius in seinen Annalen mitteilt und bei welchem es sich ebenfalls um eine Bestätigung der platonischen, indirekt also auch der christlichen Lehre von der Unsterblichkeit der Seele handelt. Der eine der beiden Freunde ist hier der als Platoniker bekannte florentinische Arzt Marsilio Ficino, der andere sein Freund Michele Mercato. Auch hier sollte also der zuerst gestorbene dem anderen erscheinen und ihm auf diese Weise die Fortdauer der persönlichen Existenz der menschlichen Seele unwiderleglich dartun. Als nun Mercato einst des morgens früh aufgestanden war, hörte er Pferdegetrappel vor dem Haus. Er eilte ans Fenster und sah seinen Freund auf einem weißen Pferd; dieser rief ihm zu: „O Michael, vera sunt illa" (nämlich, was der Volksglaube in bezug auf das Jenseits annimmt). Mercato öffnete das Fenster und wollte Ficino zu längerem Verweilen auffordern, allein dieser sprengte eilends davon. Als er nun nach Florenz schrieb, erhielt er von da die Nachricht, Marsilio sei an ebendem Tag und zu ebender Stunde gestorben, in welcher er ihm in Rom in der angegebenen Weise erschienen war.

Ebenso soll in Frankreich ein gewisser Marquis de Rambouillet dem Marquis de Precy erschienen sein und ihn zu einem besseren Lebenswandel aufgefordert haben. Auch hier war der Vision eine ähnliche Übereinkunft vorausgegangen, und Rambouillet erschien seinem Freund, nachdem er selbst in einer Schlacht gefallen war, und prophezeite ihm dazu, daß er ebenfalls nicht mehr lange leben werde. Die Prophezeiung traf auch in der Tat ein, und Precy fiel in einem Straßenkampf in der Vorstadt St. Antoine zu Paris. Reservierter spricht sich hingegen im *Actius* des Giovio Pontano, ein Freund des Sannazaro, über die Schrecklichkeit und Ewigkeit der Höllenstrafen aus. Er sagt bloß, daß alle aus diesem Leben Geschiedenen ein unwiderstehliches Verlangen hätten, in dasselbe zurückzukehren. Mit diesen Worten grüßt und verschwindet die Erscheinung. Das war etwa im Sinn des homerischen gesprochen; doch ist nicht zu übersehen, daß Pontano das Ganze nur als Fiktion und nicht als Bericht über eine wirkliche Begebenheit gibt.

Der Wunsch, die Unsterblichkeit der Seele und namentlich auch die Realität der ewigen Verdammnis durch die Wiederkehr eines Toten bestätigt zu sehen, scheint ein sehr alter zu sein, wie sich schon aus dem Gleichnis vom reichen Mann und vom armen Lazarus im sechzehnten Kapitel des Evangelisten Lukas ergibt. Nur stellt schon Wilhelm von Malmesbury an die Stelle der von Christus gelehrten Unsterblichkeit die platonische, immerhin so, daß das höllische Feuer der christlichen und kirchlichen Lehre durch die Erscheinung bestätigt wird; bei Baronius fehlt letztere, dem Zeitalter der Renaissance entsprechend, und der Geist verschwindet überhaupt, ohne zu sprechen. Im Sinne des Christentums sind freilich, wie sich aus Lukas 16, 29-31 ergibt, solche Vereinbarungen überhaupt nicht.

Ganz eigentümlich sind diejenigen Fälle, in welchen die Seele einer noch lebenden Person ihre leibliche Hülle in Gestalt eines kleinen Tieres, etwa einer Maus, einer Schlange, eines Vogels, auch wohl eines bloßen Rauches, verläßt und sich anderswohin begibt. Ein altes Beispiel dieser Art findet sich in der Langobardengeschichte des Paulus Diaconus. Nach diesem war König Gunthram im Wald im Schoß eines Dieners eingeschlafen; da sieht der Diener ein Tierlein gleich einer Schlange aus dem Mund seines Herrn kommen und einem nahen Bach zueilen.

Da es über diesen nicht gelangen kann, legt der Diener ein Schwert so über das Wasser, daß es gleichsam eine Brücke bildet, und nun läuft das Tier hinüber und verschwindet drüben in einem Berg. Nach einiger Zeit kehrt es aus demselben wieder und begibt sich auf dem nämlichen Wege in Gunthrams Mund zurück. Bald darauf erwacht der König und erzählt, er sei im Traum über eine eiserne Brücke in einen mit lauter Gold angefüllten Berg gegangen. Eine Kopie dieser Erzählung mit einigen unwesentlichen Abweichungen teilt Vincent von Beauvais aus Helinandus mit. Hier sieht das Tierchen mehr wie ein Wiesel aus; es macht diesseits und jenseits des Wassers allerlei Wege in mancherlei Krümmungen, und nachher erzählt der Schlafende bei seinem Erwachen, es habe ihm geträumt, er sei auf vielen schwierigen Pfaden zu einer eisernen Brücke gekommen und habe diese zweimal passiert. Der Körper liegt während solcher Wanderungen der Seele starr und wie tot da; läßt man ihn ruhig liegen, so kehrt letztere nach einiger Zeit in denselben zurück, wird er hingegen gerüttelt oder in eine andere Lage gebracht, so ist der Seele die Rückkehr versagt, und der Leib bleibt tot. So soll auf einem Schloß bei Salfeld in Thüringen aus dem offenen Mund einer schlafenden Magd die Seele als rote Maus hervorgekommen und zum offenen Fenster hinausgelaufen sein. Unglücklicherweise wurde die Schlafende von einer anwesenden Person auf die andere Seite gelegt; als nun die Maus wiederkam, fand sie den Eingang zu dem Leib der Schlafenden nicht mehr an der rechten Stelle, sie verschwand, und die Magd erwachte nicht wieder.

Aber auch menschlich gedacht kann die Seele den Körper verlassen. In einem Passionsspiel des fünfzehnten Jahrhunderts, welches in Donaueschingen handschriftlich erhalten ist, findet sich folgende Bühnenweisung: „In dissem sol jeglicher schacher ein bildly im mull han, als ob es ein sel were. den nimpt der engel des guoten schachers sel und gat in himel und der tüffel des andern sel und loufft mit grossem geschrey in die hell." Daß unter dem Ausdruck „bildly" eine kleine menschlich gestaltete Figur zu verstehen ist, beweisen zahlreiche bildliche Darstellungen dieses Vorgangs, vor allem das berühmte Wandgemälde Luinis in der Kirche St. Maria degli Angeli zu Lugano oder, wenigstens in bezug auf den bußfertigen Schächer, die Darstellung des Gaudenzio Ferrari auf dem Sacro Monte von Varallo. Umgekehrt ist nur die Seele des unbußfertigen auf dem freilich teilweise zerstörten Frescobild des Nicolò di Pietro Gerini im Kapitelsaal von St. Francesco in Pisa sichtbar. Ein deutsches Werk der bildenden Kunst, welches die Seele des Judas Ischarioth in ähnlicher Weise durch zwei Teufelchen unmittelbar über der Figur des gehängten Exapostels wegtragen läßt, ist der große Skulpturenzyklus über dem Hauptportal des Freiburger Münsters.

Zu solchen Wanderungen der Seele gesellt sich dann hier und da noch ein zweites Moment, indem diese den Leib verläßt, um einen Auftrag in wenigen Minuten zu verrichten, zu dessen Bestellung der normale Mensch Tage, ja, Wochen nötig hätte. Da bringt z.B. einem in Bergen in Norwegen weilenden Schiffsherrn aus Lübeck ein Lappländer auf diese Weise Nachrichten von zu Hause. Und Jung-Stilling erzählt einen höchst merkwürdigen Fall dieser Art, welcher sich noch um die Mitte des vorigen Jahrhunderts in der Nähe von Philadelphia zugetragen habe. Ein Schiffskapitän blieb länger abwesend, als er seiner Frau versprochen hatte. Diese wurde um ihn besorgt, und wandte sich an einen in der Nähe der Stadt wohnenden Mann, welcher still und einsam lebte, und welchem man zutraute, er könne über verborgene Dinge Auskunft geben. Der Mann geht in sein Zimmer, die Frau bleibt draußen und wartet; als es ihr zu lange geht, guckt sie durch ein kleines Türfenster und sieht den Mann wie tot auf seinem Sofa liegen. Etwas später kommt aber derselbe heraus und meldet, der Kapitäin befinde sich in London in dem und dem Kaffeehaus, werde aber bald zurückkehren; auch die Gründe seines längeren Ausbleibens weiß er anzugeben. Der Kapitän kam auch in der Tat wieder und bestätigte diese Gründe. Als er aber später in Gegenwart seiner Frau den einsamen Mann sah, entsetzte er sich und erzählte, er habe diesen in London im Kaffeehaus schon einmal gesehen. Es ergab sich schließlich, daß dieses zu derselben Zeit gewesen war, während welcher die Frau vor dem Zimmer auf die Antwort dieses Mannes gewartet hatte.

Derartigen Vorstellungen liegt ohne Zweifel eine mythische Anschauung zugrunde, welche in entlegenen Jahrhunderten wurzelt, welche sich aber im Volksglauben unter mancherlei Modifikationen bis auf unsere Zeit erhalten hat. Es sind noch nicht viele Jahre verflossen, daß in einem Dorf des Berner Oberlandes ein Rabe, welcher häufig und zum Teil während des Gottesdienstes um die Kirche flatterte, für den Geist eines kürzlich verstorbenen Dorfbewohners gehalten wurde und daß niemand sich dazu entschließen konnte, auf den Vogel zu schießen. Und im St. Galler Rheintal wurde eine Katze, welche sich zuweilen in einer Sennhütte blicken ließ, ebenfalls für einen unlängst Verstorbenen gehalten; da letzterer bei seinen Nachbarn übel angeschrieben gewesen war, hielt man die Katze überdies für die Urheberin verschiedener Unregelmäßigkeiten, welche zur Zeit ihres Erscheinens unter dem in der Hütte befindlichen Vieh sich geltend machten. Die solchen Erzählungen zugrundeliegende Anschauung ist nun keine geringere als der Glaube an die sogenannte Seelenwanderung, d.h. an die Möglichkeit, daß die menschliche Seele zuweilen andere, namentlich tierische Gestalten annehmen könne. Diese Vorstellung findet sich bekanntlich bei verschiedenen heidnischen Völkern, sowohl bei Barbaren in mehr oder weniger naiver Gestalt als in mit Bewußtsein entworfenen philosophischen Systemen wie z.B. bei Pythagoras. Auch den Germanen scheint dieselbe nicht fremd gewesen zu sein, und wenn sie sich bei ihnen nicht zu einem förmlichen System entwickelt hat, so wird der Grund hiervon wohl in dem Umstand zu suchen sein, daß sie noch innerhalb des germanischen Heidentums durch andere Vorstellungen vom Jenseits verdrängt wurde. Immerhin fällt auf, daß in den hierhergehörigen Erzählungen die Seele in ihrer Tiergestalt in ihren vorigen Leib zurückkehrt. Sollen wir hierin eine Trübung älterer Vorstellungen erkennen, oder haben wir es mit einer besonderen germanischen Form der Seelenwanderung zu tun? Begreiflich ist, daß sich der ganze hierhergehörige Vorstellungskreis allmählich mit dem Glauben an Hexen vermischte; in der obenerwähnten von der Magd in Salfeld, aus deren Mund die rote Maus kam, wird noch hinzugefügt, daß ein ebendaselbst wohnender Knecht, welcher früher niemals Ruhe gehabt hatte, von dem Tag an, an welchem die Magd starb, nicht mehr geplagt wurde. Die betreffende Vorstellung haftete also an Personen, welche sich auch sonst nicht des besten Leumundes erfreuten.

Was nun die Geistererscheinungen überhaupt betrifft, so kommen in betreff ihrer Glaubwürdigkeit zwei Punkte in Betracht, die Wirklichkeit derselben im einzelnen und ihre Möglichkeit im allgemeinen. Man kann sich einzelnen hierhergehörigen Erzählungen gegenüber sehr skeptisch verhalten und die Möglichkeit als solche dennoch zugeben; leugnet man hingegen die Möglichkeit als solche, so fallen natürlich jene von selbst dahin, wenigstens für denjenigen, welcher ebendiese Möglichkeit nicht zugibt. Die Gründe, welche sich gegen die Möglichkeit als solche anführen lassen, sind hauptsächlich folgende:

Es sind beinahe ausnahmslos krankhafte Naturen, welche mit Erscheinungen aus dem Jenseits zu tun haben. Wenn es ausnahmsweise gesunde sind, so sind dieselben wenigstens vorübergehend, wie der bekannte, sonst durch seine Nüchternheit beinahe sprichwörtlich gewordene Berliner Buchhändler Nicolai, der Proktophantasmist in Goethes *Faust*, krankhaften Zuständen unterworfen gewesen; in solchen Fällen sind dann mit den Ursachen des physischen Leidens auch die Wirkungen desselben verschwunden. Erhitzung des Blutes, Überreizung der Nerven u.a.m. lassen das Gehirn Gestalten von Form und Farbe bilden, welche das Auge wahrnimmt und welchen auch die körperliche Bewegung nicht fehlt. Fast immer sind es die Sehorgane, welche der ersten Täuschung unterliegen, und die des Gehörs kommen in der Regel erst in zweiter Linie in Betracht; die Tastorgane werden noch seltener in Mitleidenschaft gezogen, schon deswegen, weil im Grunde der Begriff des Geistes den des körperlich Fühlbaren und Greifbaren ausschließt. Und in denjenigen Fällen, in welchen der angebliche Geisterseher eine sonst gesunde Natur hat, mögen Erziehung, angeborene oder anerzogene Leichtgläubigkeit, Zaghaftigkeit usw. das ihrige tun, um ihm namentlich während der Nacht an sich harmlose Gegenstände als Erscheinungen aus einer anderen Welt entgegentreten zu lassen. Herzhaftes Untersuchen des betreffenden Gegenstandes würde dem Leichtgläubigen und Furchtsamen regelmäßig beweisen, daß seine Angst eine vergebliche war, daß der gespensterhafte Mann ein Busch oder Strauch ist, daß der vermeintliche Totenvogel oder der Totenwurm sich auch dann hören läßt, wenn niemand im Haus stirbt, und daß die sogenannten Vorzeichen auf ganz natürlichen Ursachen beruhen; allein gerade das unbefangene Prüfen und Überlegen ist es ja, was den meisten in solchen Fällen nicht möglich ist. Gehen wir endlich umgekehrt von der Erscheinung selbst aus, so fällt es zunächst auf, daß die Geister stets in Kleidern erscheinen, welche der betreffende Mensch im Leben getragen hat und welche wir entweder an ihm selbst oder an seinem Porträt gesehen haben. Sind das nicht lauter Gegenstände, welche entweder längst vermodert sind, oder welche in verschlossenen

Schränken von den Erben des Verstorbenen aufbewahrt werden? Und wozu bedarf ein körperloser Geist überhaupt einer Garderobe? Wie roh und sinnlich ist überhaupt die Vorstellung, welche sich das Ewige und Unvergängliche am Menschen, die Seele, nicht anders als in einem roten oder schwarzen Rock, mit Hut, Stock, Degen u. dgl. zu denken vermag! Was uns unsere wichtigsten Quellen, die Evangelien, in betreff des Jenseits lehren, ist zwar kurz und fragmentarisch genug; jedenfalls führt es uns aber nicht zum Glauben, daß der Mensch aus dem Jenseits wiederkehrt und daß er hierzu seiner auf der Erde zurückgebliebenen Garderobe bedarf.

Es gibt allerdings verbürgte Tatsachen in der Art der oben von Ficino und Mercato erzählten, Visionen, Halluzinationen, Träume, deren Inhalt in Erfüllung geht, u.a.m. Es gibt aber auch Ahnungen und Visionen, welche sich hernach als unrichtig erweisen und welche folglich dasjenige, was die ersteren beweisen sollen, widerlegen. Nur liegt es in der Natur der Sache, daß die einen erzählt, mit anderen besprochen, wohl auch aufgezeichnet werden, während man sich bei den anderen mit dem bekannten Sprichwort begnügt, nach welchen Träume nichts als Schäume sind; höchstwahrscheinlich aber bilden die letzteren doch die große Mehrzahl.

Eine Darstellung des modernen Spiritismus gehört nicht in den Rahmen dieser Schilderung. Noch weniger kann die angebliche „systematisch betriebene Wiederbelebung des Hexenglaubens“ hier in Betracht kommen, aus welcher moderne Gelehrte glauben politisches Kapital schlagen zu können.

Inhaltsübersicht.

Erstes Buch.

Der Aberglaube in den verschiedenen Gebieten der Natur und des Lebens.

Zweites Buch.

Zauber- und Hexenwesen.

Drittes Buch.

Die Geisterwelt.